762 Night
711
610
508

3301250269

OX	CO	OX	BA		
7/11	5/17	3/18	7/25		
16/08/19.					

To renew this book, phone 0845 1202811 or visit
our website at www.libcat.oxfordshire.gov.uk
(for both options you will need your library PIN
number available from your library),
or contact any Oxfordshire library

OXFORDSHIRE COUNTY COUNCIL
www.oxfordshire.gov.uk
Working for you

L017-64 (02/09)

بسم الله الرحمن الرحيم

كَم تَرَكُوامِن جَنت وَعُيُونOوَزُرُوع وَ
مَقَام كَرِيم Oوَ نَعمَة كَانُوافَيهَا فكِهِينَ
Oكَذلِكَ وَاَورَثنهَا قَوماً اخَرِينَO

کتنے ہی باغ اور چشمے اور کھیت اور شاندار محل تھے جو وہ چھوڑ گئے۔ کتنے ہی عیش کے سرو سامان، جن میں وہ مزے کر رہے تھے اُن کے پیچھے دھرے رہ گئے۔ یہ ہوا اُن کا انجام اور ہم نے دوسروں کو اِن چیزوں کا وارث بنا دیا۔

(سورہ الدخان آیات 25-28)

اُندلس

منظر بہ منظر......

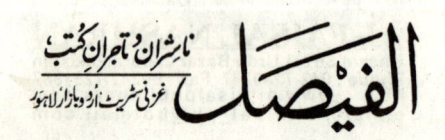

یعقوب نظامی

الفیصل
ناشرانِ و تاجرانِ کتب
غزنی سٹریٹ اُردو بازار لاہور

914.68 Yaqub Nizami
Andulas; Manzar Beh Manzar / Yaqub Nizami.- Lahore: Al-Faisal Nashran, 2010.
299p.

1. Safar Nama I. Title.

ISBN 969-503-791-7

جملہ حقوق بحق مصنف محفوظ ہیں۔

yaqubnizami@hotmail.com

نام کتاب : اُندلس..
مصنف : یعقوب ن
اشاعت اول : جون 10
ناشر : محمد فیصل
پرنٹرز : آر۔آر پ
فوٹوگرافی : منیر حسین
http://www.photogeniclandscapes.co.uk
قیمت : 350 روپے

AI-FAISAL NASHRAN
Ghazni Street,Urdu Bazar,Lahore.Pakistan
Phone : 042-7230777 Fax : 09242-7231387
http : www.alfaisalpublishers.com
e.mail : alfaisal_pk@hotmail.com

انتساب

بڑے بھائی

محمد ایوب صابر ایڈووکیٹ

اور بھابی صاحبہ

کے نام

جو میرے رول ماڈل بھی ہیں

اور

میرے لئے مشعلِ راہ بھی

ترتیب

یعقوب نظامی کی...... کتاب گاڑی...... خواجہ محمد عارف 13

اُندلس...... منظر بہ منظر 19

برطانیہ سے اُندلس 27

بریڈفورڈ سے مالیگاہ 31

سپین کا فضائی جائزہ 32

ہم برٹش ہیں! 33

اُندلس میں مسلمان 37

راڈرک اور جیولن کا قصہ 38

طارق بن زیاد کی آمد 40

موسیٰ بن نصیر کی آمد 42

جنوبی فرانس پر قبضہ 43

سپین پر قبضہ 45

پرتگال پر قبضہ 45

طارق اور موسیٰ کا انجام 46

کاونٹ جیولن کا صلہ 48

48	گاتھ شہنزادے
48	اُندلس میں اسلامی دور
50	اموی دور
52	یوسف بن تاشفین کی آمد
54	موحدین کا دور
56	اُندلس میں مسلمانوں کا انجام
61	مالیگاہ سے غرناطہ
64	بحیرہ روم کے کنارے کنارے
66	نرجا کا گاؤں
66	المنیکر کا ساحل
67	موٹرل
68	ال بشارات کے پہاڑوں میں
71	ایک پہاڑی گاؤں
72	مسلمانوں کی آخری آماجگاہ
74	لاج جورن کا قصبہ
79	غرناطہ
83	البیازین
86	غرناطہ کی جامع مسجد
95	غرناطہ شہر کا دل
95	ریشم مارکیٹ
97	اسلامی یونیورسٹی اور سکالر
99	کولمبس اور ملکہ ازبیل
100	غرناطہ کی ایک تاریخی جھلک

الحمرا کا محل	107
شاہی بازار	110
قلعہ قدیم	111
دربار عدل	113
دربار شاہی	114
حریم یا شیراں والا محل	115
حمام	119
شاہی باغات	119
باغ بہشت	121
الوداع غرناطہ	126
غرناطہ سے قرطبہ	129
الورہ کا گاؤں	133
جوڈی یا چودھری افسر	134
بینامی گاؤں	137
البدین	137
قرطبہ اور مدینۃ الزہرا	141
قرطبہ کا میلہ	143
مدینۃ الزہرا	144
مسجد قرطبہ	153
مسجد کا صحن	155
مسجد کی پہلی جھلک	156
محراب و منبر	158
مقصورہ	160

مسجد میں چرچ	162
مسجد مسلمانوں کے دور میں	164
الوداع مسجد قرطبہ	167
## قرطبہ اور مسلمان	173
الزہراوی	174
ابومحمد علی بن حزم	176
امام قرطبی	177
ابن رشد	177
موسیٰ ابن میمون	179
عباس بن فرناس	179
عبدالرحمان اول	180
عبدالرحمان سوئم	184
عبدالحکیم دوم	185
ابن زیدون اور ولادۃ	186
## قرطبہ شہر کی سیر	193
قرطبہ کے محلے	194
عربوں کا آبی نظام	197
قرطبہ مسلمانوں کے دور میں	197
دریائے الکبیر کی سیر	198
میلے کی رونقیں	201
قرطبہ میں پاکستانی	204
شاعر اقبال سٹریٹ	205
نماز جمعہ	206

208	قرطبہ میں لسی
213	قرطبہ سے اشبیلیہ
215	استجہ
216	کارمونا
218	اشبیلیہ کے مضافات
221	سپین آج اور کل
227	اشبیلیہ
229	اشبیلیہ کی جامع مسجد اور چرچ
232	اشبیلیہ کا شاہی محل
237	گولڈن مینار
238	دریا کی سیر
242	ایک عرب شاعر
247	اشبیلیہ سے جبل طارق
247	شراب کی ماں دھرتی
248	طارق اور راڈرک کا معرکہ
249	سینٹ ماریا
250	قادس Cadiz
254	قادس میں ملنگ بابا
255	بحر اوقیانوس کے ساحل
256	برطانیہ اور فرانس کی جنگ
257	طریف Tarifa
260	طریف کا ویو پوائنٹ
265	جبلِ طارق (جبرالٹر)

267	جبرالٹر کی پہاڑی اور بندر
268	سینٹ مائیکل کی غار
269	طارق کی دستار
271	جبل طارق کی سرنگیں
272	مسلمانوں کا قلعہ
273	جبرالٹر کا بازار
273	جبرالٹر کی مساجد
281	**جبرالٹر سے مالیگاہ**
282	گاڑی کی کہانی
283	شہر زندہ
284	مربلہ کا قصبہ
291	**مالیگاہ سے بریڈفورڈ**
294	بھارت کی پونم شرما
297	پاکستان کی کہانی

✈ ✈ ✈

یعقوب نظامی کی...... کتاب گاڑی

پرانے قصے کہانیوں میں ''اڑن کھٹولے'' یا ''اڑن چٹائی'' پر بیٹھ کر کہانی کا ہیرو پل بھر میں ایک جگہ سے اڑ کر ہزاروں میل دور چلا جایا کرتا تھا۔ افسانوی داستانوں کے زمانے میں اڑن کھٹولوں کا حقیقی وجود تو نہیں تھا البتہ داستان کے مصنف کے تخیل کی پرواز اور داستان پڑھنے یا سننے والوں کے ذوقِ تجسس کی وجہ سے الف لیلہ جیسے قصے وجود میں آئے۔ موجودہ زمانے میں انسان جہازوں میں بیٹھ کر پرواز کرنے لگا تو افسانوی طلسماتی چٹائیوں کا وجود ختم ہو کر رہ گیا۔ لیکن انسان کے اندر کائنات کے عجائبات کی سیر کا ذوق کبھی ختم نہیں ہو سکتا۔ جو لوگ دور دراز کے ان دیکھے ممالک کی سیر کی استطاعت نہیں رکھتے وہ کتابوں، تصاویر یا فلموں کی مدد سے اس ذوق کی تسکین کرنے کی کوشش کرتے ہیں۔ سیاح کسی ملک کی سیاحت کے بعد جب اپنے مشاہدات اور تجربات کو بیان کرتے ہیں تو ان نظاروں سے محروم افراد ان کے الفاظ سن یا پڑھ کر تصور میں ایک منظر تشکیل دے لیتے ہیں اور لطف اٹھانے کے ساتھ ساتھ اپنی علمی پیاس بھی بجھانے کی کوشش کرتے ہیں۔ ایک اچھا مصنف ان مشاہدات و احساسات میں قاری کو بھی شامل کر لیتا ہے۔ گویا ذہنی طور پر وہ اپنے قاری کو ساتھ لے کر سیر کر رہا ہوتا ہے۔

یعقوب نظامی تتہ پانی کے پُر فضا مقام پر پیدا ہوئے۔ بچپن سلواہ نامی ایک سرسبز اور خوبصورت گاؤں میں گزرا۔ سلواہ مہندھر ضلع پونچھ میں ہے۔ شاید سفر ان کی گھٹی میں شامل ہے۔ ان کی زندگی کا اکثر حصہ ہجرت کے سفر اور نقل مکانی میں گزرا۔ جب انھیں نقل مکانی کی مشکلوں سے ذرا آسودگی میسر آئی تو انھوں نے علمی پیاس اور ذوقِ جستجو کی خاطر سفر جاری رکھا

اور مشرقِ وسطیٰ اور یورپ کے بہت سے ممالک کی دیدۂ عبرت نگاہ کے ساتھ سیاحت کی۔ ان کے ساتھ سیر وسیاحت کرتے وقت ان کے دوست مسلسل تصاویر لیتے رہتے ہیں یا فلمیں بناتے ہیں۔ یعقوب نظامی اپنی اکثر سیاحتوں میں بہت سے ان دیکھے دوستوں کو شامل کرنے کے لئے ایک گاڑی تشکیل دیتے ہیں جس میں انھیں بٹھا کر ساتھ ساتھ لیے چلتے رہتے ہیں۔ ان کی یہ گاڑی جادوئی اڑن کھٹولا یا اڑن چٹائی کی طرح نہیں بلکہ کتاب کی صورت میں ہوتی ہے۔ میں نے ان کی اس گاڑی کو ''کتاب گاڑی'' کا نام دیا ہے۔

تو لیجئے! یعقوب نظامی نے ''پیغمبروں کی سرزمین'' اور ''مصر کا بازار'' کے بعد ایک اور گاڑی تیار کی ہے جس میں وہ قارئین کو اپنے ساتھ بٹھا کر اندلس کی سیر کو نکلے ہیں۔ بچپن میں پڑھی ہوئی نظم ''میری کتاب'' کے دو اشعار کے مطابق آپ بھی یعقوب نظامی کے ساتھ شریکِ سیر ہو جائیں۔

مِرا دل لُبھاتی ہے میری کتاب
بہت مجھ کو بھاتی ہے میری کتاب
کراتی ہے اونچے مقاموں کی سیر
ہوا میں اُڑاتی ہے میری کتاب

ہسپانیہ، سپین یا اندلس ایک ہی ملک کے تین نام ہیں۔ یہ ملک کرۂ ارض کے ایسے منطقہ میں واقع ہے جس کی آب و ہوا بہت ہی خوشگوار اور معتدل ہے۔ شمالی اور شمال مغربی یورپ کے یخ بستہ اور ابر آلود دھندلے ماحول سے اکتانے والے اور عرب و افریقہ کے ریگ زاروں کی لُو سے جھلسنے والے اکثر خوش حال لوگ اسی خطۂ زمین کے ساحلوں کا رخ کرتے ہیں۔ ان ساحلوں پر آسمان پر سورج اپنی پوری آب و تاب سے چمکتا ہے اور زمین پر مغربی تہذیب اپنے نقطۂ عروج کو چھو رہی ہوتی ہے۔ یہاں یار کو مہماں کیا جاتا ہے، جوشِ قدح سے بزم چراغاں ہوتی ہے اور تصورِ جاناں کیے ہوئے بیٹھنے کی بجائے ''لیٹے رہیں تقربِ جاناں کیے ہوئے'' کا نقشہ ہوتا ہے۔ لوگوں کی اکثریت زیادہ تر انہی مقاصد کے حصول کے لئے سپین کے ساحلوں کا رخ کرتی ہے لیکن ایک قابلِ ذکر گروہ تلاش وجستجو کے ارادے سے بھی سرزمینِ اندلس میں وارد ہوتا ہے۔ یہ طبقہ اندلس کی خوشگوار آب و ہوا سے راحت، اس کے قدرتی حسن سے فرحت، تاریخی یادگاروں سے حیرت اور زمانے کی ستم ظریفیوں سے عبرت کا سامان

حاصل کرتا ہے۔

یعقوب نظامی کی یہ ''کتاب گاڑی'' ہمیں جدید ہوائی اڈوں ، ساحلوں ، بندرگاہوں ، قدیم شہروں کے گلی کوچوں ، ہوٹلوں ، محلات ، باغات ، مساجد ، چرچوں ، کھیتوں ، کھلیانوں ، دریاؤں ، اجڑے ہوئے شہروں کے کھنڈروں اور غاروں کی سیر کراتی ہے۔ گاڑی کے ڈرائیور یعقوب نظامی ہمیں سامنے اور دائیں بائیں کے مناظر کے ساتھ ساتھ عقبی مناظر دکھانے والے آئینے کی مدد سے بار بار ماضی کی طرف لے جاتے ہیں۔ وہ کسی بھی گاؤں ، قصبے یا شہر میں داخل ہوتے ہی بڑے دلنشیں پیرائے میں اس کی موجودہ تصویر اور تاریخ میں محفوظ گزرے ہوئے زمانے کے مناظر بھی تصور کی آنکھوں کے سامنے لاتے رہتے ہیں۔

تاریخی مقامات خصوصاً قدیم عمارتوں کی موجودہ حالت ان کے تاریخی پس منظر کے بغیر دیکھنا تقریباً ایسے ہی ہے جیسے گلیوں بازاروں میں چلنے پھرنے والے اجنبی چہروں کو دیکھنا۔ دو اجنبی افراد راہ چلتے ایک دوسرے کے قریب سے گزر جائیں تو چند لمحوں کے بعد وہ ایک دوسرے کو بھول جائیں گے۔ اگر آپس میں ایک دوسرے کو سلام کرلیں تو شاید ذرا دیر تک ایک دوسرے کو یاد رکھ سکیں۔ اگر تعارفی مصافحہ بھی کرلیں تو ایک دوسرے کے ہاتھوں کے لمس ، گرفت ، جنبش اور حدت کی وجہ سے ان کے دل و دماغ پر پڑنے والا اثر مزید گہرا ہوگا۔ دل کو دل سے راہ ہونے کے بعد چند لمحات میں اتنی بے تکلفی بھی ہوسکتی ہے کہ چند لمحوں کی یہ ملاقات عمر بھر کا سرمایہ بن جائے۔

تاریخی مقامات بھی ان اجنبیوں کی طرح ہوتے ہیں جن سے مکالمہ کیا جائے تو وہ آپ سے فوراً بے تکلف ہوکر زبانِ بے زبانی سے اپنے نجی راز تک بتا دیتے ہیں۔ جس طرح جسمانی لحاظ سے تمام انسان کم وبیش ایک ہی طرح کے مادی اجزاء سے بنے ہیں لیکن سوچ ، عادات اور مزاج کے اختلاف سے ہر فرد ایک جداگانہ شخصیت کا مالک ہوتا ہے اسی طرح تاریخی مقامات بھی ایک دوسرے سے مادی یا شکل وصورت کی مماثلت کے باوجود اپنا الگ الگ تشخص رکھتے ہیں۔ اپنی اپنی کہانی بیان کرتے ہیں ، اپنے اپنے دکھڑے سناتے ہیں۔

جبلِ طارق پر کھڑے ہوکر یعقوب نظامی نے اپنی تاریخی یادداشتوں کو ٹٹولا تو ان کے ذہن میں پہلے سے موجود نقوش انھیں غیر واضح اور دھندلے سے محسوس ہوئے لیکن پہاڑ کی بلندی سے جب انھوں نے ایک ہی نگاہ کی تو انھیں ساحلِ اندلس پر طارق اپنے لشکر کو ایک

ایمان افروز خطبہ دیتے ہوئے دکھائی دیئے۔ پھر انھوں نے کشتیاں جلائے جانے کا وہ منظر دیکھا جو یہ ثابت کرتا ہے کہ اللہ کی ذات پر کامل اور پختہ ایمان رکھنے والے ظاہری اسباب کے جواز کے باوجود ان سے زیادہ امیدیں وابستہ نہیں رکھتے۔ اسی منظر سے اقبال نمودار ہو کر انھیں طارق کے خطبے کا خلاصہ فارسی نظم کی صورت میں سنانے لگتے ہیں۔

یعقوب نظامی ہمیں اپنی ''کتاب گاڑی'' میں بٹھا کر بہت سے مقامات پر لے جاتے ہیں اور ان سے ہمارا تعارف یا مکالمہ کرانے کی کوشش کرتے ہیں۔ مسجدِ قرطبہ میں پہنچ کر وہ کہتے ہیں کہ یہ ایک ایسے بزرگ ہیں جو تقریباً بارہ سو سال سے یہاں عمامہ باندھے کھڑے اپنی زبانِ حال سے کہہ رہے ہیں کہ:

دیکھو مجھے جو دیدۂ عبرت نگاہ ہو
میری سنو جو گوشِ نصیحت نیوش ہو

مسجد قرطبہ اپنی عظمتِ رفتہ کی کہانی بھی سناتی ہے اور پچھلے آٹھ سو سال سے اپنی محرومیوں کے دکھڑے بھی بڑے اداس لہجے میں کہہ رہی ہے۔ اپنے جگر میں پیوست ہونے والے چلیپائی تیروں سے لہولہو ہے۔ اس کے کان حجازی لَے میں نعرۂ اذان و تکبیر سننے کی بجائے کلیسائی گھنٹیوں کے بے ہنگم شور سے اکتائے ہوئے ہیں۔ اس کا بدن اللہ کے برگزیدہ بندوں، مجاہدوں، درویشوں، بادشاہوں اور عام مسلمانوں کی جبینوں کے نرم نرم بوسوں کی بجائے تثلیث پرستوں کے گھوڑوں کے سموں سے روندا جا رہا ہے۔ اس کے گلے میں آیاتِ قرآنی کے تعویزوں کی بجائے صلیبیں لٹکا دی گئی ہیں۔ اب یہاں سورۂ مریم کی تلاوت کر کے مریم کی پاکدامنی اور حضرت عیسیٰ کے گہوارے میں کلام کرنے کا تذکرہ نہیں ہوتا بلکہ انھیں سولی پر لٹکائے جانے کے من گھڑت افسانوں سے انسانیت کو گمراہ کیا جا رہا ہے۔ یہ مسجد اس بات پر گلہ مند ہے کہ میرے اجداد کی عظمت و رفعت کو آنے والی نسلیں برقرار نہ رکھ سکیں اور آج ذلیل و خوار ہیں۔ میں تقریباً آٹھ سو سال سے اس انتظار میں ہوں کہ ابراہیم اور اسماعیل کے بنائے ہوئے کعبے کو بتوں سے پاک کرنے والوں میں سے شاید کوئی میرے در پر بھی دستک دے اور یہ چلیپائی بت پاش پاش کر دے۔ لیکن افسوس کہ صورتِ حال یہ ہے

پا بہ زنجیر ہیں زنجیر ہلانے والے
ہاتھ مفلوج ہیں شمشیر اٹھانے والے

اہلِ توحید کے اونٹوں کے حدی خواں بھی ہیں آج
اہلِ تثلیث کے خنزیر چرانے والے

اسی طرح کے بہت سے مقامات سے مصنف ان کی خاموش زبان میں ہماری بات چیت کراتے ہیں۔

اس سفر میں کتاب گاڑی چلاتے ہوئے مصنف جہاں ذرا راستے کی دشواری محسوس کرتے ہیں وہاں فوراً علامہ اقبال کو ڈرائیونگ سیٹ پر بٹھا کر خود ذرا سستا لیتے ہیں اور وہ رہبرِ کامل انھیں اگلی منزل تک لے جاتے ہیں۔ اسی طرح وہ ابنِ بطوطہ کے نقشِ پا بھی مسلسل دیکھتے رہتے ہیں اور اپنی گاڑی صحیح راستوں پر دوڑاتے رہتے ہیں۔

کشمیر جنت نظیر کے بارے میں ایک شاعرانہ خیال ہے کہ اس کی صحت بخش فضا میں اگر بھنا ہوا مرغ بھی آجائے تو اس کے بال و پر پھر نکل سکتے ہیں۔ اندلس کی آب و ہوا بھی اسی طرح صحت بخش اور رومان پرور ہے۔ کشمیر اور اندلس دونوں میں حسنِ فطرت کی فراوانی ہے۔ اقبال سیہ چشمانِ کشمیری سے بھی متاثر ہیں اور اندلس کے بارے میں بھی یہ کہتے ہیں:

آج بھی اس دیس میں عام ہے چشمِ غزال

اگر یعقوب نظامی کے ہمراہیوں میں کوئی شاعر ہوتا تو یقیناً وہ اپنے کلام کا عمدہ ترین نمونہ اسی سرزمین میں تخلیق کرتا۔ میرے اس دعوے کی دلیل یہ ہے کہ اردو شاعری کی معراج کلامِ اقبال ہے، اقبال کا بہترین کلام بالِ جبریل اور بالِ جبریل کی اعلیٰ ترین نظم ''مسجدِ قرطبہ'' ہے۔ اب یہ تو ممکن نہیں کہ کوئی کلامِ اقبال کی بلندیوں کو چھو سکے لیکن اپنے اپنے انداز میں اچھی شاعری کرنے والے ہر دور میں موجود ہوتے ہیں۔

کتاب کے آخر میں 'مقطع میں آپڑی ہے سخن گسترانہ بات' کے مصداق مصنف نے اندلس کے مسلمانوں کی تاریخ اور پاکستان کے موجودہ حالات میں مماثلت کا جائزہ لیا تو ان کے دل میں تشویش اور افسردگی پیدا ہوگئی۔ اپنے اپنے کارناموں اور انجام کے لحاظ سے ہمیں طارق بن زیاد، موسیٰ بن نصیر اور ڈاکٹر عبدالقدیر ایک ہی صف میں کھڑے نظر آتے ہیں۔ غرناطہ کے مسلمان بادشاہ جس طرح اپنی چھوٹی سی بادشاہت کی خاطر عیسائیوں سے مل کر سقوطِ قرطبہ میں شامل ہوئے اسی طرح ہمارے حکمران بھی امریکی صلیبیوں سے چند ٹکے لے کر اور اپنی دو روزہ مانگی ہوئی حکومت کے لئے امریکا کے ہراول بن کر دہشت گردی کا نام نہاد لیبل لگا کر اپنی

ہی قوم کو تباہ و برباد کر رہے ہیں۔ ملک کو روشن خیالی کے نام پر اندھیر نگری بنا دیا گیا ہے۔

ہمارے حکمرانوں کو سپین کے روایتی وحشی سانڈ (بُل) کی طرح پال پوس کر کسی مخصوص رِنگ کی بجائے اپنی قوم کی بستیوں میں چھوڑ دیا جاتا ہے۔ جب ایک سانڈ گلیوں بازاروں میں خوب تباہی مچاتا ہے تو سی آئی اے کا کوئی خفیہ بُل فائٹر کہیں سے میدان میں کودتا ہے اور بُل کا کام تمام کر دیتا ہے۔ ہم تالیاں بجا بجا کر اسے داد دیتے ہیں اور سلام پیش کرتے ہیں۔ کچھ ہی عرصہ بعد یہی تماشا کسی دوسرے سانڈ کے ذریعے دہرایا جاتا ہے۔ ہم مسلسل اپنی بستیاں اجاڑتے ہیں اور پھر سانڈ کے خاتمے پر تالیاں بجا کر مطمئن ہو جاتے ہیں۔

بھارت کے کشمیری نژاد سیاستدان اور مشہور سفارت کار درگا پرشاد دھر (ڈی پی دھر) کی سربراہی میں ایک وفد خصوصی طور پر مطالعاتی اور تحقیقی مقصد کے لئے سپین بھیجا گیا تھا تاکہ سپین کے مسلمانوں کے زوال اور انجام کے حالات کا جائزہ لیا جائے اور وہاں کی تاریخ سے استفادہ کر کے بھارت میں بھی اسلامی تہذیب و تمدن کو مٹایا جائے۔ یاد رہے کہ ڈی پی دھر بھارتی انٹیلی جنس ادارے را (RAW -Research and Analysis Wing) کے بانیوں میں سے تھا اور اسی نے مشرقی پاکستان میں پاکستان کے خلاف سیاسی ابتری پیدا کر کے بھارتی مداخلت اور کھلی جارحیت کی منصوبہ بندی کی تھی۔

افسوس کہ پاکستان ایک بار پھر اپنی چالیس سال پرانی صورت کی طرف بڑھ رہا ہے اور ملک میں عملاً وہ حالات پیدا کر دیئے گئے ہیں جن سے پانچ چھ سو سال پہلے اندلس کے مسلمان دوچار ہوئے تھے۔

یعقوب نظامی نے اس کتاب کو محض سیر و تفریح کے حالات کا روزنامچہ نہیں بنایا بلکہ 'امروز کی شورش میں اندیشۂ فردا' کی طرف واضح اشارہ کر کے قارئین کو ایک دعوتِ فکر و عمل کے ساتھ اس کا خاتمہ کیا ہے۔

خواجہ محمد عارف

برمنگھم

21 اپریل 2010

اُندلس...... منظر بہ منظر

اُندلس کے کئی منظر ہیں۔ ایک منظر وہی ہے جسے انسانی آنکھ دیکھ کر کہتی ہے کہ یہ ملک خوبصورت ہے۔ اس میں نیلے آسمان کو چھوتے پہاڑ، برف پوش پربت، ہری بھری چراگاہیں، سرسبز میدان، نیلے پانی سے بھرے سمندر، جھلیں، دریا، ندی نالے، چشمے، آبشاریں اور جھرنے ہیں۔ کھیتی باڑی کے ساتھ ساتھ زیتون، انگور، سنگترے، خوبانی، انار، انجیر، بادام اور شہتوت جیسے میوے بکثرت ہیں۔ گندم اور مکئی کی فصل کے علاوہ سورج مکھی بھی بڑی مقدار میں پیدا ہوتی ہے۔

دوسرے منظر میں تاریخی اوراق الٹتے ہوئے معلوم ہوتا ہے کہ اس خوبصورت خطہ ارض پر مسلمانوں نے آٹھ سو سال حکومت کی۔ قدرتی وسائل اور اپنی صلاحیتوں سے مسلمانوں نے ہسپانیہ کو نیا رنگ دیا۔ اُندلس میں ایک نئی تہذیب پروان چڑھی۔ سکول کالج اور یونیورسٹیاں قائم ہوئیں۔ حکمت، سرجری، ہسپتال، مذہبی سکالر اور عظیم سائنس دان اس دھرتی سے اٹھے۔ اُندلس کے ابن رشد، ابن ماجہ، ابن عربی، امام قرطبی، ابوقاسم جیسے عظیم لوگوں کی تعلیمات اور کتب سے آج بھی دنیا فیض یاب ہو رہی ہے۔ مسلمانوں نے زراعت اور آبپاشی کا جو نظام متعارف کروایا وہ سپین میں اب بھی موجود ہے۔

ایک منظر میں الحمرا، مسجد قرطبہ، اشبیلیہ کے جیرالڈا اور گولڈن مینار جیسی مسلمانوں کی عظیم الشان تعمیرات کو دیکھنے دنیا بھر کے لاکھوں سیاح اُندلس جاتے ہیں۔ سیاحت سے مقامی

لوگوں کو روزگار مل رہے ہیں۔

ایک اور منظر میں مسلمان عروج سے زوال کی سمت سفر کرتے نظر آتے ہیں۔اُندلس کے مسلمانوں کو اللہ تعالیٰ نے تمام نعمتوں سے نوازا تھا لیکن آپس کی نااتفاقیوں، ریشہ دوانیوں، قبائلی عصبیتوں کے ساتھ ساتھ ممکن ہے وہ کسی مقام پر اللہ تعالیٰ کا شکر کرنا بھول گئے تو اللہ تعالیٰ نے اپنی تمام نعمتیں اُن سے چھین کر اُنہیں عبرت ناک سزا دی۔اسی تناظر میں قرطبہ کے نام ور محدث حافظ ابن عبدالبرا اپنے بیٹے کو نصیحت کرتے ہیں:

ولا تنس شکر اللہ فی کل نعمة

یمن بھا فا الشکر مستجلب النعمیٰ

(ترجمہ: اللہ تعالیٰ کی ہر نعمت کا شکر ادا کرنا۔اس لئے کہ شکر ادا کرنے سے مزید نعمتیں حاصل ہوتی ہیں۔کیونکہ شکر نعمتوں کے حصول کا ذریعہ ہے)

منظر نامے بدلتے ہیں۔جب اُندلس میں مسلمانوں کی عظمت کا سورج غروب ہو رہا تھا۔تب مشرق میں مسلمانوں کے جلال کا سورج ایک نئے انداز میں طلوع ہوا تھا۔ترک استنبول پر 1453ء میں قابض ہوئے تو اپنی طاقت اور جذبہ ایمانی سے آگے بڑھتے ہوئے یونان، البانیہ، بوزنیا، رومانیہ، ہنگری جیسے یورپی ملکوں کو زیر نگیں کرتے ہوئے انہیں خلافت عثمانیہ میں شامل کیا۔اسی پس منظر میں علامہ اقبال نے فرمایا تھا:

جہاں میں اہل ایماں صورتِ خورشید جیتے ہیں

اِدھر ڈوبے ، اُدھر نکلے ، اُدھر ڈوبے اِدھر نکلے!

اُندلس کے مناظر سے ہٹ کر اب چند ذاتی باتیں۔اس سفر نامے کو منظر عام پر لانے میں سب سے بڑا کارنامہ میرے ہم سفر ساتھیوں محمد شبیر مغل، ملک عبدالقیوم آفریدی اور منیر حسین کا ہے۔اگر یہ میرے ہم سفر نہ ہوتے تو ممکن ہے میں ہسپانیہ کی سیاحت سے اس طرح لطف اندوز نہ ہو پاتا۔

بیگم پروفیسر شمیم نظامی اور میرے بچے اگر مجھے اس سفر پر جانے کی اجازت نہ دیتے تو پھر یہ سفر ممکن نہ ہوتا۔

اے۔حفیظ، ابوحمزہ اور خواجہ محمد عارف نے کتاب پر نظر ثانی کر کے انتہائی قیمتی

مشورے دیئے۔ میں ان کا شکریہ ادا کرتا ہوں۔

''عاشقِ علم وادب'' محترم رفیق الاثری کا دل کی اتھاہ گہرائیوں سے شکریہ جنھوں نے اندلس کے حوالے سے انتہائی قیمتی کتابیں اور معلومات عنایت کیں۔

میری اِن سفری یادوں کو ''اُندلس...... منظر بہ منظر'' کا نام محترمی پروفیسر ڈاکٹر نثار تُرابی نے عطا کیا۔ میں تُرابی صاحب کی علم دوستی کا معترف ہونے کے ساتھ ساتھ اُن کا شکریہ ادا کرتا ہوں۔

آخر میں محترمی محمود ہاشمی صاحب کا شکریہ جو عمر رسیدگی کے باوجود میری حوصلہ افزائی اور مجھے قیمتی مشوروں سے نوازتے رہتے ہیں۔

یعقوب نظامی

بریڈفورڈ انگلستان

جمعہ 21 مئی 2010ء

M.Y.Nizami
257 Legrams Lane
Bradford, England U.K
BD7 2EJ
Tel: 01274 522658
yaqubnizami@hotmail.com

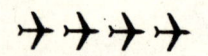

کچھ مصنف کے بارے میں

یعقوب نظامی برطانیہ کے شہر بریڈفورڈ میں آباد ہیں۔ کشمیری اور پاکستانی ہونے کے ساتھ ساتھ اب برطانوی شہری بھی ہیں۔ غم روزگار کے لئے مانچسٹر سٹی کونسل میں ڈپٹی مینجر کی حیثیت سے کام کرتے ہیں۔ ان کی بیگم شمیم نظامی بریڈفورڈ کالج میں انگریزی کی پروفیسر ہیں۔ بیٹی نفیسہ نظامی مانچسٹر یونیورسٹی میں ایم ایس سی کے بعد ملازمت کررہی ہیں۔ جبکہ سعدیہ نظامی ہڈرزفیلڈ یونیورسٹی میں قانون کی طالبہ ہے۔ شمائلہ نظامی اور بیٹا خرم نظامی کالج میں پڑھتے ہیں۔

یعقوب نظامی کا آبائی گاؤں سلواہ ہے جو مقبوضہ کشمیر ضلع پونچھ کی تحصیل مہنڈر میں ہے۔ ان کی پیدائش دوران ہجرت تتہ پانی ضلع کوٹلی کے مقام پر ہوئی۔ بچپن سلواہ میں گذرا۔ ان کے والد مولوی محمد اسماعیل جید عالم دین تھے جن کی سوانح حیات ''ایک صدی کی بات'' نامی کتاب میں محفوظ ہے۔ یعقوب نظامی کے بڑے بھائی محمد ایوب صابر ایڈووکیٹ میرپور میں وکیل اور صالح متین وادی نیلم میں ڈسٹرکٹ ایجوکیشن آفیسر ہیں۔ چھوٹے بھائی ڈاکٹر یوسف طارق گوجرانوالہ میں ڈینٹل سرجن ہیں۔ جبکہ ان کے بھتیجے پروفیسر الیاس ایوب میرپور ڈگری کالج میں انگریزی پڑھانے کے ساتھ ساتھ آزاد کشمیر بلائنڈ ایسوسی ایشن کے بانی چیئرمین اور میرپور آزاد کشمیر میں نابینا بچوں کی تعلیم و تربیت کے پہلے سکول کے سرپرست اعلیٰ بھی ہیں۔

دوسرے بھتیجے کلیم اللہ متین میرپور میں وکالت کرتے ہیں جبکہ پروفیسر محمد موسیٰ گوجرانوالہ میں ''یونی ورلڈ ایجوکیشن'' نامی کمپنی کے چیف ایگزیکٹو ہیں۔

یعقوب نظامی کی دیگر تصنیفات

☆ پاکستان سے انگلستان تک

☆ پیغمبروں کی سرزمین

☆ مصر کا بازار

☆ انگلستان میرا انگلستان

☆ ایک صدی کی بات

زیر مطالعہ سفرنامہ کے بعد یعقوب نظامی برطانیہ، فرانس، بلجیم، جرمنی، سوئزرلینڈ اور اٹلی کی سیاحت کر چکے ہیں جن کی یادیں ''سرزمین یورپ'' نامی کتاب میں عنقریب دستیاب ہوں گی۔

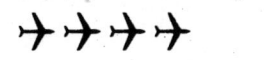

ہسپانیہ تو خونِ مسلماں کا امیں ہے
مانندِ حرم پاک ہے تو میری نظر میں
پوشیدہ تیری خاک میں سجدوں کے نشاں ہیں
خاموش اذانیں ہیں تیری بادِ سحر میں

(علامہ اقبال)

برطانیہ سے اُندلس

ہسپانیہ کی سیاحت ایک عرصہ سے دل کے نہاں خانے میں شمع کی مانند ٹمٹما رہی تھی لیکن کسی سبب سے یہ چنگاری شعلہ میں نہ بدل سکی۔ میں سعودی عرب، شام، عراق، اردن، فلسطین، اسرائیل، مصر اور پھر یورپی ممالک میں فرانس، بلجیم، جرمنی، سوئزرلینڈ، اٹلی اور ترکی کی سیاحت کر چکا ہوں لیکن اُندلس کی جانب چاہتے ہوئے بھی رخ نہ کر سکا۔ ایک رات سونے سے قبل کلام اقبال کا مطالعہ کرتے ہوئے میں نے پڑھا:

ہسپانیہ تو خونِ مسلماں کا امیں ہے
مانندِ حرم پاک ہے تو میری نظر میں
پوشیدہ تیری خاک میں سجدوں کے نشاں ہیں
خاموش اذانیں ہیں تیری بادِ سحر میں

یہ شعر اس سے قبل میں متعدد بار پڑھ چکا تھا لیکن آج ان شعروں نے دل پر گہرا اثر کیا۔ میں سونے کی بجائے گہری سوچوں میں گم ہو گیا۔ میرے اندر ہلکی آنچ پر عرصہ سے جو ہنڈیا پک رہی تھی اُس میں جوش بلکہ اُبال پیدا ہوا۔ وہ رات میں نے کروٹیں بدلتے گزاری۔ ذہن میں خیالات جنم لیتے اور میں خیالات کی دنیا میں بہتا ہوا ایک کنارے سے دوسرے کنارے پہنچ جاتا۔ میں حیران تھا کہ میں برطانیہ میں رہتے ہوئے بھی براعظم یورپ میں آباد

ہسپانیہ کی سیاحت سے محروم رہا۔ایک ایسا ملک جس پر مسلمانوں نے آٹھ سو سال حکومت کی۔ جس سرزمین کے چپہ چپہ پر مسلمانوں کے آثار اور پھر مساجد، قلعے، سڑکیں، درس گاہیں، ریسرچ سنٹر، نہریں اور آب رسانی کا منفرد نظام مغرب میں مسلمانوں کی موجودگی کی یادیں دلاتے ہیں۔ ہسپانیہ کا ذرہ ذرہ مسلمانوں کے عروج و زوال کی داستانیں سناتا ہے۔یہی سوچتے ہوئے دل نے فیصلہ دیا کہ چلو اس بار ہسپانیہ کی سیاحت کریں۔

میرا معمول ہے کہ میں سیاحت پر جانے سے قبل دوست واحباب کو بھی دعوت سفر دیتا ہوں۔اُس دن ہفتہ تھا۔ برطانیہ میں ہفتہ اتوار چھٹی ہوتی ہے۔ میں معمول کے مطابق صبح اپنے دیوان خانہ میں بیٹھ کر سوچنے لگا کہ اس سفر کے لئے کس کس دوست کو دعوت دی جائے۔ ابھی میں دوستوں کو اپنے نئے سفر کی اطلاع دینے کا سوچ ہی رہا تھا کہ دروازہ پر ہلکی سی دستک ہوئی اور پھر کسی کے گھر میں داخل ہونے کی آہٹ کے ساتھ ساتھ گنگنانے کی آواز اور سگریٹ کے دھواں سے گھر کے ماحول کو آلودہ ہونے کا احساس ہوا۔تو مجھے معلوم ہوگیا کہ میرے دوست ملک عبدالقیوم آگئے۔ گھر میں داخل ہونے کی اتنی بے تکلفی یہی صاحب کرتے ہیں۔ ملک صاحب آتے ہی آتش دان کے پاس والی نشست پر قبضہ جماتے ہوئے بولے: ''نظامی صاحب موسم بہار آچکا ہے لیکن برطانیہ اب بھی شدید سردی کی لپیٹ میں ہے۔ایسے میں کیوں ناں دھوپ تاپنے کی خاطر کسی ایسے ملک میں چلیں جہاں آپ اپنی مرضی کے مطابق سیر کریں اور میں دھوپ تاپ کر جسم میں حرارت پیدا کروں۔''

میں نے ملک صاحب کو بتایا کہ: ''میں سپین جانے کا پروگرام بنا رہا ہوں اگر چلنا ہے تو تیار ہو جائیں''۔ یہ سن کر ملک صاحب اچھل پڑے۔ کہنے لگے:

''میں اس سے قبل سپین کی سیاحت کر چکا ہوں۔ ملک گرم ہے۔ جہاں ہوٹل بک کروانے کی بھی ضرورت نہیں۔ سپین کے ساحل سمندر پر ہر وقت میلہ لگا رہتا ہے جہاں افریقی اور ایشیائی تارکین وطن نوجوان جنہیں ایجنٹ حضرات سبز باغ دکھا کر اُن سے لاکھوں روپے لے کر ایک اندھیری غار میں دھکیل دیتے ہیں۔ایسے ستم زدہ اپنے روشن مستقبل کی خاطر وطن عزیز میں مکان، زیورات اور زمینیں فروخت کر کے غیر قانونی طور پر سپین پہنچتے ہیں جہاں وہ

مایوسی کے عالم میں بے روزگاری سے مجبور وقت پاس کرنے اور
ذہنی چسکے کی خاطر ساحلوں پر دھوپ تاپتی دوشیزگان فرنگ
کو ہروقت ٹکٹکی باندھے تاڑنے میں وقت گزارتے ہیں۔ میں
رات اُن پناہ گزینوں کے ساتھ بسر کرلوں گا اور آپ گاڑی میں
سو جانا۔ دن کے وقت میں ان نوجوانوں کے ساتھ گوریوں کو دیکھ
دیکھ کر آنکھیں ٹھنڈی کروں گا اور آپ کسی ساحل پر بیٹھ کر کتاب
لکھتے رہنا۔ میں اس سفر کے لئے تیار ہوں۔ میرا نام اپنے قافلہ
میں لکھ لیں۔"

ملک صاحب میرے یار ہیں جنہیں لکھنے پڑھنے کا بالکل شوق نہیں۔ لیکن داستان گوئی کچھ اس انداز سے کرتے ہیں کہ بڑے بڑوں کے چھکے چھڑا دیتے ہیں۔ ملک صاحب کی لچھے دار باتیں سن کر مجھے اکثر ماسٹر محمد دین فاروقی یاد آتے ہیں۔ فاروقی صاحب گورنمنٹ پائلٹ ہائی سکول میرپور آزاد کشمیر میں استاد تھے۔ میں بھی اسی سکول کا طالب علم تھا۔ فاروقی صاحب پڑھاتے تو کہا کرتے تھے کہ بچو جب کسی سے بات کرو یا کوئی مضمون لکھو تو حوالہ دے کر لکھا کرو۔ ہم کہتے ماسٹر صاحب ہمارا تو مطالعہ محدود ہے ہم حوالہ کیسے دے سکتے ہیں۔ اس سوال پر فاروقی صاحب چہرے پر سنجیدگی لاتے ہوئے کہتے:

"برخوردار و حوالہ دینے کے لئے ضروری نہیں کہ آپ نے اس
موضوع پر کوئی کتاب پڑھی ہو۔ اس کے لئے کوئی بھی نام لے
کر کسی بھی فرضی کتاب کا نام لکھ دیں۔ اس سے مخاطب پر
رعب پڑتا ہے رعب۔"

میرے دوست ملک عبدالقیوم بھی لوگوں پر رعب ڈالتے ہیں۔ اسی رعب ڈالنے کی خاطر اب اپنے نام کے ساتھ آفریدی کا اضافہ بھی کر دیا ہے۔ آفریدی صاحب گذشتہ چالیس سال سے برطانیہ میں آباد ہیں۔ کاروباری شخصیت ہیں۔ ان کی ایک تعمیراتی کمپنی ہے جس کے یہ مینجنگ ڈائریکٹر ہیں۔

ملک عبدالقیوم آفریدی نے ابھی مجلس گرم کی ہوئی تھی کہ میرے ایک اور دوست منیر حسین تشریف لائے۔ منیر حسین اس سے قبل میرے ساتھ اٹلی اور مصر کی سیاحت کر چکے ہیں۔

بریڈفورڈ ایجوکیشن ڈیپارٹمنٹ میں ویلفیئر ایجوکیشن آفیسر کی حیثیت سے خدمات انجام دینے کے علاوہ فوٹوگرافی کا مشغلہ بھی اپنائے ہوئے ہیں۔ اگر آپ نے میرا سفرنامہ ''مصر کا بازار'' پڑھا ہے تو آپ منیر حسین سے اچھی طرح واقف ہوں گے۔ منیر حسین سے سپین چلنے کی بات کی تو وہ حسب معمول پہلے سے تیار تھے۔

میرے ایک اور دوست محمد شبیر مغل نے فون کر کے ہمارے ساتھ سپین جانے کی خواہش کا اظہار کرتے ہوئے کہا کہ: ''میں آپ کے ساتھ مصر کی سیاحت پر بھی جانے کے لئے تیار تھا لیکن کاروباری مصروفیات کی بناء پر ساتھ نہ جاسکا۔ لیکن اب کی بار میں ضرور ساتھ چلوں گا۔ انشاءاللہ۔''

محمد شبیر مغل کی شخصیت کے کئی پہلو ہیں۔ بنیادی طور پر یہ ایک کامیاب بزنس مین ہیں۔ برطانیہ کے شہر شفیلڈ میں ''کراچی سٹور'' جو فیشن کی دنیا کا ایک بڑا نام ہے، جہاں پاکستان اور بھارت کے جدید ترین فیشن کی موجودگی گاہکوں کو اپنی طرف کھینچتی ہے، کے مالک ہیں۔ فیشن کے سٹور کے ساتھ ''ذائقہ'' نام کا ایک ریسٹورنٹ اور ''باب علم'' نامی کتابوں کی دکان بھی ہے۔ ہماری بھابی کوثر نے ''رابطہ'' نام سے شادی بیاہ کا ایک ایسا ادارہ قائم کیا ہوا ہے جس کی شہرت اور نیک نامی برطانیہ بھر میں پھیلی ہوئی ہے۔ دونوں میاں بیوی خیراتی کاموں میں بھی بڑھ چڑھ کر حصہ لیتے ہیں۔ کاروبار کے ساتھ ساتھ مغل صاحب ریڈیو کے نام ور پیش کار ہیں۔ برطانیہ میں ریڈیو رمضان کے بانیوں میں سے ہیں۔ اب ٹیلی ویژن پر بھی اپنے فنی کمال کا جادو جگاتے ہوئے کئی پروگراموں کی میزبانی کرتے نظر آتے ہیں۔ کشمیر براڈکاسٹنگ کارپوریشن (کے بی سی) کے ایک پروگرام ''اپنا ولایت'' میں مجھے بھی شامل محفل رکھتے ہیں۔

فیصلہ ہوا کہ اگلے ہفتہ پروگرام کو حتمی شکل دی جائے گی اس دوران سب اپنی اپنی بیگمات سے ''اجازت نامے'' حاصل کریں تا کہ ہوائی جہاز کی ٹکٹیں اور ہوٹل کی بکنگ کی جاسکے۔ منیر حسین بولے مجھے بیگم سے ویزہ تو مل جائے گا لیکن اپنے تین سالہ پوتے سراج سے ویزہ ملنا مشکل ہے۔ سراج میرا پوتا میرا دوست اور گھر کا رازداں بھی ہے۔ جب میں کام کاج کے بعد شام گھر آتا ہوں تو اُسے گھر کے باہر اپنے انتظار میں کھڑا پاتا ہوں۔ مجھے دیکھ کر خوش ہوتا ہے۔ پھر میرا ہاتھ پکڑ کر اپنی توتلی زبان میں دن بھر کے تمام گھریلو رازوں سے آگاہ کرتے

ہوئے صوفے پر بٹھا کر میرے ساتھ کھیل کود میں مصروف ہو جاتا ہے۔

ہم نے پروگرام ترتیب دے کر ہوائی جہاز کے ٹکٹوں، ہوٹلوں اور گاڑی کی بکنگ کرواتے وقت اس بات کا خاص خیال رکھا کہ ہم اُن علاقوں کی سیاحت کریں جن پر مسلمانوں کی حکومت رہی۔

بریڈفورڈ سے مالیگاہ

19 مئی 2009ء بروز منگل لیڈز بریڈفورڈ کے ہوائی اڈے سے سپین کے ساحلی شہرہ مالیگاہ جانے کے لئے صبح سات بجے گھر سے نکلے۔ منیر حسین اور اُن کے جوان سال بیٹے نوید نے مجھے گھر سے اپنی گاڑی میں بٹھالیا۔ نوید نے ہڈرزفیلڈ یونیورسٹی سے سوفٹ ویئر انجینئر نگ میں ڈگری حاصل کی اور آج کل بریڈفورڈ کی ایک کمپیوٹر فرم میں ایڈوائز کی حیثیت سے کام کرتے ہیں۔ راستہ میں ملک عبدالقیوم آفریدی کے گھر گئے تو دیکھا وہ اپنے گھر کے صحن میں سفری بیگ لیے سگرٹ کے سوٹے لگاتے ہمارے منتظر تھے۔ پندرہ منٹ میں ہم ہوائی اڈے پر پہنچ گئے جہاں محمد شبیر مغل پہلے سے ہمارے انتظار میں تھے۔ بریڈفورڈ لیڈز کا ہوائی اڈا ہے تو بین الاقوامی لیکن اس میں ہوائی اڈوں والا رونق میلہ نہیں ہوتا۔ مقامی لوگوں کی طرح ہوائی اڈا بھی خاموش اور سنجیدہ نظر آیا۔ وسعت کے لحاظ سے بھی اتنا بڑا نہیں۔ فلائیٹ صبح آٹھ بجے اڑنی تھی۔ ہم کاؤنٹر پر جانے کی بجائے سیدھے جہاز میں بیٹھنے کے لئے انتظار گاہ کی طرف چل پڑے کیونکہ ٹکٹ اور سیٹیں ہم نے گھر سے انٹرنیٹ پر حاصل کر لیں تھیں۔

جیٹ۔ٹو Jet-2 کمپنی کے ایک جہاز پر ہم سوار ہوئے جس نے وقت مقررہ پر اڑان لی۔ تھوڑی بلندی پر جا کر جہاز کا رخ لندن کی طرف مڑ گیا۔ ہم مانچسٹر، برمنگھم، آکسفورڈ اور لندن کے اوپر سے پرواز کرتے ہوئے رودبار انگلستان (انگلش چینل) پہنچے تو دیکھا کہ جہاز فرانس کی بجائے دائیں ہاتھ رخ بدل کر سمندر کے اوپر پرواز کرنے لگا۔ برطانوی حدود سے نکلے تو مطلع صاف ہونا شروع گیا۔ اب ہم جہاز سے نیچے سمندر میں تیرتے جہاز، لانچیں اور مچھیروں کی کشتیاں دیکھ رہے تھے جو رات بھر مچھلیوں کے شکار کے بعد اپنی منزل کی طرف رواں دواں تھے۔ دفعتاً ساحل سمندر پر اونچے اونچے برف پوش پہاڑ نظر آنے لگے جن کے رخ سمندر کی طرف تھے۔ برف پوش پربت دیکھ کر میں چونکا۔ لیکن منیر حسین نے نقشہ دیکھ کر بتایا کہ یہ پہاڑ ''بے آف باسکے'' Bay of Biscay کے کنارے پر ہیں جو سپین کے شمال میں کوہ

پائیرنیس Pyrenees کہلاتے ہیں۔ یہ پہاڑی سلسلہ صوبہ لی اون Leon کی پشت پر واقع ہے۔

سپین کا فضائی جائزہ

اب ہمارا جہاز ہسپانیہ کی فضائی حدود میں داخل ہو چکا تھا۔ دل میں ایک عجیب خوشی محسوس ہو رہی تھی جبکہ ذہن تاریخ میں کھویا ہوا تھا جو مجھے آج سے دو ہزار سال پہلے کے اُس دور میں لے گیا جب اٹلی سے برطانیہ تک اور پھر ہسپانیہ سے شمالی افریقہ تک کا علاقہ رومن سلطنت میں شامل تھا۔ برطانیہ، ہسپانیہ اور ماریطانیہ جیسے نام ان ممالک کو رومنوں نے عطا کیے تھے جو آج تک زبان عام ہیں۔ ماریطانیہ Mauratania شمال مغربی افریقہ کا نام ہے جو رومن سلطنت کا ایک صوبہ تھا۔ جس کے باشندوں کو رومن ماریس Maurus کہتے تھے۔ بالکل اُسی طرح جس طرح برطانیہ کے باشندوں کو برطانوی اور ہسپانیہ کے باشندوں کو ہسپانوی کہتے تھے۔ ماریس کو انگریزوں نے بگاڑ کر مور Moor بنا دیا۔ مور یعنی شمالی افریقہ کا باشندہ۔ مور عربوں کے ساتھ اُندلس آئے تھے۔ اس طرح کے خیالات ذہن میں ابھر رہے تھے۔ جبکہ آنکھیں جہاز کی کھڑکی سے نیچے ہسپانیہ کی سرزمین پر جمی ہوئی تھیں۔

موسم شفاف اور تیز دھوپ کی وجہ سے ہر چیز نمایاں نظر آ رہی تھی۔ جہاز برف پوش پربتوں، جنگلوں، ہری بھری چراہ گاہوں، جھیلوں، دریاؤں، وادیوں، شہروں اور قصبوں کے اوپر سے گزر رہا تھا۔ نیچے موٹروے، سڑکیں اور اُن پر گاڑیاں فراٹے بھرتی نظر آ رہی تھیں۔ فضائی جائزہ سے معلوم ہوتا تھا کہ ملک پہاڑی اور میدانی علاقوں پر مشتمل ہے۔ سڑکیں سانپ کی طرح بل کھاتیں میدانوں سے پہاڑوں پر چڑھتی نظر آ رہیں تھیں۔ کچھ پہاڑوں کی چوٹیوں پر مصنوعی جھیلیں اور تالاب تھے۔ جن سے خشک سالی کے دوران کھیتوں اور باغات کو پانی دیا جاتا ہے۔ جنگلات سے ملحق چراگاہوں میں گائیں اور بھیڑ بکریاں چرتی قدرتی حسن میں نمایاں اضافہ کر رہی تھیں۔ چراگاہوں کے ساتھ وادیوں میں لہلہاتی فصلیں بلکہ اُس میں کاشت کار کام کرتے نظر آ رہے تھے۔ اس سے معلوم ہوتا تھا کہ اب جہاز بہت ہی نچلی سطح پر پرواز کر رہا تھا۔ یوں ہی سفر کرتے ہوئے اچانک دوبارہ سمندر نظر آنے لگا اور سمندر کے اُس پار صحرا اور ریگستان۔ پائلٹ نے اعلان کیا کہ ہم جبل طارق کے اوپر سے گزر رہے ہیں اور چند لمحوں بعد مالیگاہ کے ہوائی اڈے پر اترنے والے ہیں۔ حفاظتی بیلٹ باندھ لیجئے۔ ہم نے بیلٹ باندھے

اور ایک ہلکے سے جھٹکے کے ساتھ جہاز مالیگاہ کے ہوائی اڈے پر اُتر گیا۔

ہم برٹش ہیں!

جہاز مالیگاہ کے ہوائی اڈے پر رکا تو مسافروں نے اپنا اپنا سفری سامان اٹھایا اور جہاز سے باہر نکل آئے۔ اس فلائیٹ میں اکثریت برطانوی باشندوں کی تھی جو تعطیلات کے سلسلے میں دھوپ تاپنے سپین آئے تھے۔ جہاز سے ہم ایک بس پر بیٹھے جس نے ہمیں ہوائی اڈے کے ایک ٹرمینل پر اُتار دیا۔ برطانوی گوریاں اور گورے خوشی سے چہک رہے تھے۔ ہم بڑے ناز ونخرے سے یہ سوچتے ہوئے ٹرمینل میں داخل ہوئے کہ ہم برطانوی ہیں اور ہمیں دیکھتے ہی ہسپانوی آفیسر جھک کر سلام کرتے ہوئے ملکی دروازے کھول دیں گے۔ باہر سرخ قالین ہمارے لئے خصوصی طور پر بچھائی گئی ہوگی جس پر سے گزر کر ہم اس ملک میں چند دن خوشی خوشی گزاریں گے کیونکہ ہم برطانوی سیاح ہیں...... برطانوی!۔

یہی کچھ سوچتے ہوئے ہم ٹرمینل میں داخل ہوئے تو دیکھا کہ سب سے آگے ایک شوخ اور چنچل گوری چلتے چلتے دروازے کے پاس جا کر رک گئی۔ پھر دوسری رکی اور یوں ہم سب ایک قطار میں کھڑے ہو گئے۔ معلوم ہوا کہ ہسپانوی امیگریشن آفیسر ہمارے استقبال کی بجائے دوپہر کا کھانا کھانے کہیں گیا ہوا ہے۔ ہم نے چند منٹ انتظار کیا پھر آہستہ آہستہ کھسر پھسر شروع ہوگئی اور آخر میں آوازیں بلند ہونے اور زور زور سے دروازہ کھٹ کھٹانے کی نوبت آ گئی۔ ہم سب ایک ہال میں بند تھے۔ گرمی زور دکھا رہی تھی۔ ہال میں پنکھے اور ائر کنڈیشن نام کی کوئی چیز نہیں تھی۔ جب ہمارے پسینے نکلے تو ہم نے سوچا چلو جس دروازے سے اندر آئے تھے اُسی سے باہر نکل کر کھلی فضا میں سانس لیں۔ لیکن یہ جان کر حیرت ہوئی کہ وہ دروازہ بھی بند کر دیا گیا تھا۔ اب ہم قیدیوں کی طرح ایک ہال میں بند تھے۔ شیشے کی دیواروں سے باہر ہم صفائی کرنے والے مزدوروں کو دیکھ کر مدد مانگتے لیکن وہ بھی کندھے اچھال کر لاپروائی کا مظاہرہ کرتے گزر جاتے۔ ایسے میں ہمارے برطانیہ عظمیٰ کے سیاحوں کا نشہ ہرن اور تکبر ملیامیٹ ہونے لگا۔ اسی حالت میں کوئی آدھا گھنٹہ گزر گیا۔

انتظار کے دوران کچھ انگریز خواتین اور مرد جذباتی ہو کر گلے شکوے کرنے لگے کہ ہم برطانیہ عظمیٰ کے باشندے اور سپین ہمارا یورپی بھائی ہے لیکن ہماری عزت کی بجائے تذلیل

کر رہا ہے۔ ایک طرف کونے میں چند جپسی نما نوجوان گورے اور گوریوں کا ٹولہ فرش پر بڑے آرام سے بیٹھا گپ شپ میں مصروف تھا۔ جب اُن کے کانوں میں یورپی بھائی چارہ والی بات پہنچی تو انہوں نے کہا کہ اگر بھائی چارے والی بات ہے تو پھر برطانیہ کو چاہیے کہ وہ سپین کے علاقے جبرالٹر سے نکل جائے جہاں یہ تین سو سال سے زبردستی قابض ہیں۔ یہ سن کر گوروں کا جوش جھاگ کی طرح بیٹھ گیا۔

انتظار کے دوران مجھے یاد آیا کہ 1989ء میں، میں عمرہ کے لئے سعودی عرب گیا۔ ہوائی اڈے پر امیگریشن آفیسر کے پاس جب میری باری آئی تو وہ اٹھ کر چلا گیا۔ اب میں اور میرے ساتھ مسافروں کی ایک لمبی قطار کھڑی امیگریشن آفیسر کی واپسی کا انتظار کرنے لگی۔ انتظار کی گھڑیاں تو لمبی ہوتی ہیں لیکن اُس دن یہ کچھ لمبی ہوتی ہوتی چار گھنٹے تک پہنچ گئیں۔ شور شرابے سے کسی کے کان پر جوں تک نہیں رینگتی تھی۔ آخر خدا خدا کر کے ایک صاحب آئے اور انہوں نے مسافروں کے پاسپورٹ کی جانچ پڑتال کر کے جانے کی اجازت دی۔ اس دوران میرے بڑے بھائی الحاج میاں محمد یونس، جو اُن دنوں سعودی عرب میں مقیم تھے، مسلسل باہر کھڑے میرا انتظار کرتے رہے۔ بیس سال بعد آج جب وہی بات دہرائی جانے لگی تو احساس ہونے لگا کہ مؤرخین بجا فرماتے ہیں کہ ہسپانیہ پر مسلمانوں نے آٹھ سو سال حکومت کی تھی۔

جب میں یہ سوچ رہا تھا تب دفعتاً ایک صاحب چہل قدمی کرتے ہوئے دروازے پر آئے جنھوں نے دروازہ کھول کر ہمارے پاسپورٹ پر ایک سرسری نظر ڈالتے ہوئے ہمیں ہسپانیہ میں داخل ہونے کی اجازت دی تو سب کے چہرے کھل اٹھے۔

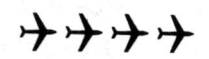

مغرب کی وادیوں میں گونجی اذاں ہماری
تھمتا نہ تھا کسی سے سیلِ رواں ہمارا
اے گلستانِ اُندلس، وہ دن ہیں یاد تجھ کو
تھا تیری ڈالیوں میں جب آشیاں ہمارا

(علامہ اقبال)

فلورنڈا نے اپنی درد بھری کہانی سے باپ کو آ گاہ کیا۔ کاؤنٹ جیولین ایک غیرت مند باپ تھا۔ اُس نے بیٹی کی عصمت دری کا بدلہ راڈرک سے لینے کا فیصلہ کیا۔ لیکن بادشاہ کے مقابلہ میں اُس کے پاس طاقت نہیں تھی۔ انتقام کی آگ جب شعلوں میں بدلی تو کاؤنٹ جیولین نے شمالی افریقہ کے مسلمان گورنر موسیٰ بن نصیر سے مدد مانگی اور پھر موسیٰ بن نصیر کو راڈرک کی کمزوریوں اور سپین کے حالات سے آ گاہ کرتے ہوئے بتایا کہ:

"سپین کے لوگ بادشاہ اور عیسائیت کے شکنجے میں سختی سے کسے ہوئے ہیں۔ جہاں شاہی حکم کے بعد پادریوں کا حکم چلتا ہے۔ ملک کی بڑی بڑی جاگیریں چرچوں کے لئے وقف ہیں اور لوگ چرچ کی زمینوں پر مزدور کی حیثیت سے کام کر کے دو وقت کی روٹی کھاتے ہیں۔ مذہب کے نام پر پادریوں نے اس قسم کے قانون بنائے ہوئے ہیں کہ عام انسان کا سانس لینا بھی مشکل ہے۔ جو بغاوت کرتا ہے اُسے عبرت ناک سزائیں دے کر اس دنیا سے ہمیشہ کے لئے ختم کر دیا جاتا ہے۔ لوگوں پر چرچ اور شاہی رعب اس طرح ہے کہ لوگ سہمے ہوئے اللہ کی ذات پر بھروسا رکھے کسی غیبی طاقت کی مدد کے منتظر ہیں"۔

موسیٰ بن نصیر نے جیولین کی باتیں سنیں تو طریف ابن ملوک نامی ایک صاحب کو تین سو فوجیوں کے ہمراہ سپین بھیجا تاکہ جیولین کی باتوں کی صداقت معلوم ہو سکے۔ طریف سپین کے انتہائی جنوب میں اُترا۔ یہ مقام آج طریف Tarif کے نام سے ہی جانا جاتا ہے۔ مقامی لوگوں نے طریف کو ظلم و جبر اور ناانصافیوں سے آ گاہ کیا۔ تمام معلومات جمع کر کے طریف نے واپس جا کر موسیٰ بن نصیر کو حقائق سے آ گاہ کیا۔

سائنسدان کہتے ہیں کہ ہر عمل کا ردعمل ہوتا ہے جبکہ کسان کہتے ہیں کہ "جو بوئیں گے وہی کاٹیں گے"۔ اہلِ مغرب کئی صدیوں سے افریقہ پر حملے اور ان ممالک پر قبضہ بلکہ حکومت کر رہے تھے۔ اب اُس کا ردعمل شروع ہونے والا تھا۔ سپین پر حملہ کے لئے موسیٰ بن نصیر نے اپنے قابل اعتبار جنرل طارق بن زیاد کا انتخاب کیا۔

طارق اُس وقت طنجہ Tanger کا حاکم تھا۔

طارق بن زیاد کی آمد

طارق بن زیاد 29 اپریل 711ء بروز بدھ اسلامی جھنڈا لہراتا سات ہزار مجاہدین کے ساتھ سپین کے ساحل سمندر جبل طارق پر اُترا۔

طارق نے جبرالٹر سے بائیں کا رخ کیا اور ایک معمولی جھڑپ سے جزیرہ خضریٰ کا شہر فتح کر لیا۔ پھر طارق بحرِ اوقیانوس کے کنارے کنارے فتوحات کرتا ہوا جب موجود شہر قدوس پہنچا تو وہاں پہلی جنگ ہوئی۔ اس موقع پر موسیٰ بن نصیر نے مزید پانچ ہزار مجاہدین طارق کی مدد کے لئے بھیجے۔

طارق کا ٹکراؤ راڈرک کے ساتھ قدس سے سات میل دور شریش نامی قصبہ میں دریا الکبیر کے دائیں کنارے ہوا۔ اسی مقام پر دریا بحرِ اوقیانوس میں گرتا ہے۔ اسلامی فوج کے بارہ ہزار مجاہدین جبکہ راڈرک کی قیادت میں ایک لاکھ فوج تھی۔ دونوں فوجوں کا مقابلہ 19 جولائی 711ء میں ہوا۔ راڈرک کی فوج میں وہ پادری بھی تھے جنہیں اپنا مستقبل تاریک نظر آ رہا تھا۔ فوج کے ہمراہ گوتھ شہزادے بھی تھے۔ اتنی بڑی تعداد کے باوجود شاہی فوج کا مورال گرا ہوا تھا۔ جبکہ اسلامی فوجیں تازہ دم، اسلامی تعلیم سے سرشار، ظلم اور ناانصافیوں کے خاتمہ اور دنیا میں اللہ تعالیٰ کی حاکمیت قائم کرنے کے جذبے سے میدان جنگ میں اُتریں تو اپنے سے کئی گنا بڑی فوج کو اس طرح کے گہرے زخم لگائے کہ صدیوں تک یہ زخم بھر نہ سکے۔ جنگ سے قبل کاؤنٹ جیولین نے طارق کے کہنے پر گاتھ شہزادوں سے خفیہ معاہدہ کر لیا تھا کہ فتح کے بعد اُن کی جائیدادیں اُن کے پاس ہی رہیں گی۔

طارق نے راڈرک کو میدان جنگ میں بری شکست دی۔ راڈرک میدان جنگ سے اس طرح بھاگا کہ اُس کی لاش کا بھی پتہ نہ چل سکا۔ اس جنگ میں کاؤنٹ جیولین اسلامی فوج کے ساتھ تھا۔ اب جیولین نے طارق کو مشورہ دیا کہ: ''فوج کو ملک کے مختلف حصوں میں پھیلا دے تاکہ جلد سے جلد پورے ملک پر قبضہ ہو سکے''۔

طارق کو یہ تجویز پسند آئی۔

طارق نے فوج کو مختلف علاقوں میں فتوحات کے لئے بھیج کر اس تجویز کو موسیٰ بن نصیر کی منظوری کے لئے افریقہ بھیج دیا۔ موسیٰ کو یہ تجویز پسند نہ آئی کیونکہ وہ سپین کے زمینی حقائق سے آگاہ نہیں تھا۔ اُسے خدشہ تھا کہ کہیں اسلامی فوج دشمن کے نرغے میں نہ آ جائے۔ لیکن

طارق نے تو اس پر عمل شروع کر دیا تھا۔ اس طرح موسیٰ بن نصیر اور طارق کے درمیان پہلا اختلاف پیدا ہوا۔

طارق بن زیاد نے کاؤنٹ جیولن کے مشورہ پر سپین کے دارالحکومت طلیطلہ پر حملہ کیا تاکہ راڈرک کا جانشین مقرر ہونے سے قبل اُن کی سلطنت ختم کر دی جائے۔ طارق کے طلیطلہ پہنچنے سے قبل ہی شاہی خاندان، امراء، روساء اور چرچوں کے پادری بھاگ چکے تھے۔ طارق نے آسانی سے طلیطلہ پر قبضہ کر کے تمام مال و دولت کو اپنی تحویل میں لے لیا۔ طلیطلہ کے مرکزی چرچ سے گاتھ بادشاہوں کے وہ تاج بھی ملے جو مرنے کے بعد چرچ کو دے دیئے جاتے تھے۔ سونے اور ہیروں سے مُرصع ہر تاج پر بادشاہ کا نام، عمر اور سال حکومت لکھے ہوتے تھے۔ طارق کو چوبیس تاج ملے تھے۔ طلیطلہ سے اس قدر دولت ہاتھ لگی کہ اُس کا شمار کرنا مشکل تھا۔ طارق کو یہ بھی معلوم ہوا کہ شاہی خاندان نے اپنی دولت طلیطلہ کے قریب ایک گاؤں میں چھپا رکھی ہے۔ چنانچہ طارق وہاں پہنچا اور ایک خفیہ مقام سے تمام شاہی خزانہ نکال کر اپنے قبضہ میں کر لیا۔ سونے، چاندی، ہیرے جواہرات کے ساتھ ساتھ وہاں سے سونے کی وہ تاریخی میز بھی ملی جسے یہودی حضرت سلیمان سے منسوب کرتے تھے۔ عربی میں ایسی میز کو مائدہ کہتے ہیں۔ چنانچہ یہ شہر مدینہ مائدہ کہلانے لگا تھا۔

طلیطلہ میں بیت الحکمۃ نامی ایک عمارت تھی جو ہمیشہ بند رہتی تھی۔ اس عمارت کے بارے میں ایک کہاوت مشہور تھی کہ جو بھی بادشاہ تخت پر بیٹھتا وہ صندوق والے کمرے میں ایک تالا لگایا کرتا تھا۔ یوں تالے لگائے جاتے رہے لیکن کسی کو علم نہیں تھا کہ اس کمرے کے اندر کیا ہے۔ روایت ہے جب راڈرک تخت نشین ہوا تو اُسے تجسس ہوا کہ اس کمرے کا حال معلوم کیا جائے۔ وزراء اور چرچ کے رہنماؤں نے مخالفت کی لیکن راڈرک نے کسی کی نہ سنی۔ آخر ایک مقررہ دن بادشاہ نے تالے کھولنے شروع کیے جو کل چھبیس تھے۔ جب سب تالے کھول کر راڈرک کمرے کے اندر گیا تو اُسے سونے کا ایک میز نظر آیا۔ یہ بڑ ''مائدہ سلیمان'' کہلاتا تھا۔ میز پر صندوق تھا۔ راڈرک نے وہ صندوق کھولا جس میں چند تصویریں تھیں جن کی شکلیں عربوں سے مشابہ تھیں۔ تصویروں کے ساتھ ایک تحریر تھی کہ ''جو بادشاہ اس صندوق کو کھولے گا اُس کی حکومت ان تصویروں سے ملتے جلتے لوگ ختم کریں گے''۔ یہ پڑھ کر راڈرک گھبرایا۔

جب طارق کی فوجیں اُندلس اُتریں تو راڈرک کے جاسوسوں نے اسے اسلامی فوج

کی عادات اور شکلوں سے آگاہ کیا تو وہ گھبرایا۔ کیونکہ اُسے صندوق میں رکھی وہ تصویریں یاد آنے لگیں تھیں۔

موسیٰ بن نصیر کی آمد

جب طارق بن زیاد کی فتوحات، سپین کی زرخیزی اور مال و دولت کی خبریں شمالی افریقہ میں موسیٰ بن نصیر تک پہنچیں تو موسیٰ نے اٹھارہ ہزار فوج لی اور خود جون 712ء میں سپین کی بندرگاہ جزیرہ خضریٰ میں جا اُترا۔ اب کیا تھا، ایک طرف طارق فتوحات کر رہا تھا اور دوسری طرف موسیٰ۔

موسیٰ بن نصیر نے اشبیلیہ سے فتوحات کا آغاز کیا۔ پھر مالیگاہ سے آگے بڑھا۔ اُدھر طارق نے اپنے ایک افسر مغیث کو چند سو فوجیوں کے ساتھ قرطبہ بھیجا۔ یہ فوجی قرطبہ کی پہاڑیوں میں جا کر چھپ گئے۔ انھوں نے موقع ملتے ہی شہر پر اس زور سے حملہ کیا کہ قرطبہ فتح کر کے وہاں اسلامی جھنڈا لہرادیا۔

طارق نے موجودہ پرتگال کو فتح کیا اور پھر سپین کے شمالی علاقوں سے فرانس کی سرحد کی طرف بڑھا۔ جبکہ موسیٰ بن نصیر بحیرہ روم کے کنارے کنارے آگے بڑھا۔ اس طرح دونوں جرنیل فتوحات کرتے آخر فرانس کی سرحد کے قریب جا ملے۔

موسیٰ بن نصیر اور طارق بن زیاد سپین اور پرتگال فتح کرتے ہوئے جب جنوبی فرانس میں داخل ہوئے تو اہل مغرب کو اپنا مستقبل ڈولتا ہوا نظر آنے لگا۔ عیسائی بادشاہ جو مسلمانوں کی آمد سے قبل آپس میں دست و گریباں تھے۔ اب اپنی دشمنیوں کو بھولا کر سر جوڑ کر تدبیریں کرنے لگے۔ لیکن عیسائی حکمرانوں کی کوئی بھی حکمت مسلمانوں کے جذبہ ایمان اور جذبہ جہاد کو آگے بڑھنے سے روکنے میں کامیاب نہ ہوسکی۔

مسلمانوں نے مغرب کے مفتوحہ علاقوں میں اسلامی بستیاں بسانی شروع کیں تو سپین کے گلی کوچے اذانوں سے گونجنے لگے۔ مساجد تعمیر ہونے لگیں، غیر مذہب دین اسلام میں جوق در جوق داخل ہونے اور ہر طرف اسلامی جھنڈے لہراتے نظر آنے لگے۔ اس منظر کو علامہ اقبال نے یوں بیان کیا تھا:

مغرب کی وادیوں میں گونجی اذاں ہماری
تھمتا نہ تھا کسی سے سیل رواں ہمارا

اے گلستان اُندلس ، وہ دن ہیں یاد تجھ کو
تھا تیری ڈالیوں میں جب آشیاں ہمارا

جب مغرب کے عیسائی حکمران اسلامی یلغار کو روکنے کی تدبیریں کر رہے تھے۔ تب دمشق میں بیٹھے خلیفہ المسلمین عیسائیوں اور مغربی ممالک کے حکمرانوں کے اتحاد کو سمجھنے سے قاصر تھے۔ خلیفہ نے ہر دو جرنیلوں کو جنگ روک دینے کا حکم دے کر دربار خلافت دمشق میں طلب کیا تھا۔ خیال آتا ہے کہ اگر ان جرنیلوں کو واپس نہ بلایا جاتا تو یہ فرانس، اٹلی، یونان، ترکی کو فتح کرتے ہوئے واپس شام پہنچتے۔ تو آج اسلامی دنیا کا نقشہ کچھ اور ہوتا۔

جنوبی فرانس کے شہروں پر قبضہ

سوئزرلینڈ کے برف پوش پربت جب گرمی کی حدت سے پگھلتے ہیں تو برفانی پانی ندی نالوں کی صورت میں بہتا ہوا جھیل جینوا میں جا ملتا ہے۔ جہاں سے "رودنہ" نامی دریا کی صورت اختیار کر کے یہ فرانس سے ہوتا ہوا بحیرہ روم میں گرتا ہے۔ دریا رودنہ جس مقام پر بحیرہ روم میں گرتا ہے وہ علاقہ ناربون کہلاتا ہے۔ ناربون شہر سے دریا رودنہ کے کنارے کنارے اگر واپس جائیں تو کوئی دو سو میل اوپر لیون Lyons جسے عرب لوذون کہتے تھے، تک کے علاقے مسلمانوں نے فتح کیے تھے۔ ان میں ارل، اویون اور والش قابل ذکر ہیں۔ اس کے علاوہ دریا سون کے کنارے ماکون، شالون اور بیونے Beawne کے شہر مسلمانوں نے فتح کیے تھے۔

ناربون کا علاقہ تین حصوں میں تقسیم تھا جن میں سپتیمانیہ، پراونسیہ اور برغونیہ Burgandia تھے۔ ان میں سپتیمانیہ جبل البرانس سے ملا ہوا تھا۔ یہ وہی پہاڑ ہیں جنہوں نے فرانس اور سپین کو قدرتی طور پر الگ کیا ہوا ہے۔ ان علاقوں کو موسیٰ بن نصیر اور طارق بن زیاد فتح کرنے کے قریب تھے کہ انہیں خلیفہ دمشق نے واپس بلا لیا تھا۔

جب سمح بن مالک اُندلس کا حاکم مقرر ہوا تو طارق اور موسیٰ کے ادھورے مشن کو مکمل کرنے کی خاطر ایک لشکر تیار کیا۔ 719ء میں فوج کی قیادت کرتے ہوئے جنوبی فرانس کے سرحدی صوبے سریطانیہ Septimania جا پہنچا۔ سریطانیہ کو فتح کر کے اسلامی فوجیں ناربون Narbonne پہنچیں۔ ناربون ساحلی شہر تھا جس کی بڑی اہمیت تھی۔ مسلمانوں نے اسے دفاعی لحاظ سے مضبوط کیا۔ جو 797ء تک مسلمانوں کے قبضہ میں رہا۔

ناربون کی فتح کے بعد اسلامی فوج نے جون 721ء میں جنوبی فرانس کے شہر طلوشہ

Toulouse پر حملہ کیا۔ گھمسان کی لڑائی میں امیر سمح بن مالک خولانی سمیت بہت سے مسلمان شہید ہوئے۔ امیر کی شہادت کے بعد قائم مقام امیر عبدالرحمان غافقی اسلامی لشکر کو میدان جنگ سے بچا کر باہر لے گئے۔ اس شکست کا بدلہ لینے کی خاطر 724ء میں اسلامی فوج نے دوبارہ ناربون پر حملہ کیا۔ آخر ایک معاہدہ کے مطابق صلح ہوئی۔

725ء میں اُندلس کے امیر عنبسہ بن سحیم کلبی نے فرانس پر حملہ کیا۔ اسلامی فوجیں ناربون سے فرانس کے صوبہ برغونیہ Burgandia پہنچیں جہاں شہر اوٹن فتح کیا۔ فتح کے بعد مال غنیمت کے ساتھ جنوری 726ء کو واپس آ رہے تھے کہ عقب سے عیسائیوں نے حملہ کیا جس میں امیر عنبسہ شہید ہوئے۔

عبدالرحمان بن عبداللہ غافقی جب 730ء میں امیر اُندلس مقرر ہوئے تو فرانس پر حملہ کے لئے تمام صوبوں سے مدد مانگی۔ لیکن فرانس کی سرحد کے قریب صوبہ سریطانیہ اور ناربون کے حاکم عثمان بن ابی نسعہ نے مدد دینے سے انکار کر دیا۔ اُس کی وجہ غالباً یہی تھی کہ مسلمانوں کا حاکم عثمان عیسائی ڈیوک آف ایکوٹین کی بیٹی ارمیسنڈا Ormesinda کو دیکھتے ہی فریفتہ ہوا تو ڈیوک نے دور اندیشی کا مظاہرہ کرتے ہوئے بیٹی کی شادی عثمان سے کر دی۔ اسی پس منظر میں عثمان نے اپنے سسر کی حمایت کرتے ہوئے مسلمانوں کی مدد سے انکار کیا تھا۔ عبدالرحمان نے مجاہدین کا ایک دستہ عثمان کی سرکوبی کے لئے بھیجا تو مقابلہ میں عثمان مارا گیا۔ اور اُس کی بیوی کو قرطبہ لے جایا گیا۔

عبدالرحمان بن عبداللہ غافقی نے 732ء میں ایک لاکھ فوج کے ساتھ کوہ پائرنیز (جبل البرانس) کو عبور کر کے جنوبی فرانس کی بندرگاہ بورڈس Bordeaux ، پائیٹرس Poitiers کو فتح کیا۔ بورڈس ایک بہت ہی اہم بندرگاہ تھی جس کی اہمیت آج بھی موجود ہے۔ اِس وقت اس ساحلی شہر کی آبادی دس لاکھ ہے اور شراب تیار کرنے والے شہروں میں ایک اہم مقام رکھتا ہے۔

امیر اُندلس عبدالرحمان بن عبداللہ غافقی نے دوبارہ فرانس پر حملہ کیا تو اس بار کاونٹ آف ایکوٹین نے دوسرے راجگان سے مل کر فوج تیار کی اور طلوشہ Touiouse کے مقام پر سخت مقابلہ ہوا۔ مقامی راجگان چارلس کی قیادت میں متحد ہوئے۔ چارلس نے جرمن، فرانسیسی اور برگانی جنگجو فوجیوں کا ایک لشکر جرار تیار کیا تھا۔ ایک خونریز جنگ میں امیر عبدالرحمان غافقی

شدید زخمی ہوئے جنہیں میدان جنگ سے ناربون لایا گیا جہاں وہ خالق حقیقی سے جا ملے۔اس طرح اکتوبر733ء میں یہ علاقہ مسلمانوں کے ہاتھوں سے جاتا رہا۔

فرانس کی سرحد پر اُندلس کے تین امیر شہید ہوئے۔عیسائیوں نے چارلس کو اس جنگ کا ہیرو قرار دیا اور اُسے ''مارٹل'' یعنی ہتھوڑا کا خطاب دیا تھا۔آج بھی اہل یورپ فخر کرتے ہیں کہ چارلس مارٹل نے فرانس اور دوسرے یورپی ممالک کو مسلمانوں کے سیلاب سے بچایا تھا۔ جبکہ مسلمان اس جنگ کو''بلاط الشہدا'' کے نام سے موسوم کرتے رہے۔اگر مسلمان یہ جنگ جیت جاتے تو وہاں سے پیرس ساڑھے تین سو میل دور تھا اور کیا ممکن کہ مسلمان پیرس تک پہنچ جاتے۔لیکن:

قسمت کی خوبی دیکھئے ٹوٹی کہاں کمند
دو چار ہاتھ جب کہ لبِ بام رہ گئے

سپین پر قبضہ

فرانس کی سرحد سے سپین کی طرف آئیں تو مشہور سیاحتی شہر بارسلونا آتا ہے۔ بارسلونا کو عرب برشلونہ کہتے تھے۔یہ شہر714ء سے801ء تک اسلامی اُندلس کے پرچم تلے رہا۔پھر لوئس نامی ایک عیسائی بادشاہ نے خون ریز جنگ کے بعد اسے مسلمانوں سے چھین لیا۔ جزیرہ پالماPalma جو اس وقت یورپی سیاحوں کی جنت کہلاتا ہے۔اور مجروقہ Majorca پر مسلمانوں نے902ء میں قبضہ کیا جو1229ء تک قائم رہا۔

سپین کے شمالی علاقے سرقسطہZaragoza ، برغوشBurgos،لیونLeon،اور بلدالولید Valladolidکے ساتھ سپین کا موجودہ دارالحکومت میڈرڈMadrid جسے عرب المجریط کہتے تھے پر مسلمانوں کا طویل عرصہ تک قبضہ رہا۔ 1085ء میں الفونسو پنجم نے میڈرڈ فتح کیا اور شہر کی جامع مسجد کو شہید کر کے اُس کی جگہ چرچ تعمیر کیا۔اس شہر میں محمد اول نے جو محل تعمیر کروایا تھا وہ اب بھی موجود ہے۔سپین کے جنوبی علاقے بلسیہ ، آش ،غرناطہ،قرطبہ، اشبیلیہ، مالیگاہ، جبرالٹر پر تو مسلمانوں کا آخری وقت تک مکمل کنٹرول رہا۔

پرتگال پر قبضہ

پرتگال یورپ کا ایک اہم ملک ہے۔ جو اسلامی دور حکوت میں سپین کا صوبہ تھا۔

اسلامی فوجوں نے پرتگال فتح کرنے کا آغاز لزبن Lisboan سے کیا۔ جو 6 اگست 711ء میں فتح ہوا۔ اور شہر میں مسلمانوں کو آباد کیا گیا۔ آج بھی شہر میں دریائے تاجہ کے کنارے پہاڑی کے اردگرد کا علاقہ Alfama الفاما جسے عرب المعدن کہتے تھے موجود ہے۔ یہ عرب بستی تھی۔ لزبن مسلمانوں کا بڑا ثقافتی مرکز رہا۔ جب سپین کی مرکزی حکومت ختم ہوئی تب عبدالعزیز ابن صابر اور عبدالملک بن صابر حکومت کرتے رہے۔ یہ خلیفہ الحکیم دوم کے آزاد کردہ غلام تھے۔ 1147ء میں عیسائی بادشاہ الفاسواول نے یہ شہر مسلمانوں کے قبضہ سے آزاد کروالیا۔ اُس زمانے میں شہر کی آبادی ڈیڑھ لاکھ تھی۔ جب مسلمان اُندلس سے چلے گئے تب شہر کی جامع مسجد کو چرچ میں بدل دیا گیا تھا۔ لزبن کا موجودہ مرکزی کیتھڈرل 1200ء میں جامع مسجد کی جگہ تعمیر ہوا تھا۔

لزبن سے شمال کی طرف شنترین Sntarem نامی شہر 712ء میں فتح ہوا جو ساڑھے چار سو سال بعد 1147ء میں عیسائیوں نے واپس چھین لیا تھا۔ اس شہر میں عرب تہذیب پروان چڑھی۔ یہاں کے ابن باصم اور ابن سارا نامی عربی کے شاعروں کے بہت چرچے ہوئے۔

پرتگال کے موجودہ شہر viseu کو مسلمانوں نے 714ء میں فتح کیا جس پر ایک سو سال تک قبضہ رہا۔ مقامی لوگوں کا کہنا ہے کہ سپین کا آخری بادشاہ راڈرک طارق کے ہاتھوں شکست کھانے کے بعد بھاگ کر اس شہر میں آ گیا تھا۔ مؤرخین کے مطابق اُس کی لاش کا پتہ نہ چل سکا تھا۔ ابھی حال ہی میں ایک قبر کی کھدائی سے ایک تحریر ملی کہ یہ قبر راڈرک بادشاہ کی ہے۔ پرتگال کے انتہائی شمال کے آخری شہر براگا Braga کو مسلمانوں نے 714ء میں فتح کیا اور 1040ء میں اس سے ہاتھ دھونے پڑے۔ اس طرح موجودہ پرتگال کے انتہائی شمال اور انتہائی جنوب کے شہر لزبن سمیت پورے ملک پر مسلمان حکمران رہے۔

طارق اور موسیٰ کا انجام

اُندلس میں طارق بن زیاد کا قیام تین سال چار ماہ اور موسیٰ بن نصیر کا دو سال چار ماہ رہا۔ اس قلیل مدت میں اِن مسلمان جرنیلوں نے پورا سپین، پرتگال اور جنوبی فرانس کے علاقے فتح کر کے قرآن پاک کی اس آیات کو عملی جامعہ پہنایا:

وَاَورَثَکُم اَرضَھُم وَدِیَارَھُم وَ اَموَالَھُم وَ اَرضًالَم
تَطئُوھَا وَ کَانَ اللہُ عَلٰی کُلِ شَیءٍ قَدِیرًا O

اور تم کو مالک بنایا ان کی زمین اور ان کے گھر اور ان کے مال کا اور
ایسی زمین کا جس پر کبھی تمہارے قدم نہیں گئے اور اللہ ہر چیز کے
کرنے پر قادر ہے۔

(سورہ الاحزاب آیات 27)

فاتح شمالی افریقہ و اُندلس موسیٰ بن نصیر اور طارق بن زیاد مال و دولت کے خزانے اور ہزاروں کی تعداد میں غلام لے کر جب دمشق پہنچے تو ان عظیم الشان فتوحات اور مال و دولت سے اُن کی عزت میں اضافہ کی بجائے خلیفہ منصور کے دل میں انتقام کا جذبہ پیدا ہوا۔ موسیٰ بن نصیر کو سخت سزائیں دیں۔ اس کے بیٹے عبدالعزیز جو اُندلس کا گورنر تھا، کو قتل کروا کر اُس کا سر دمشق منگوا کر موسیٰ کو پیش کیا۔

سنا ہے موسیٰ بن نصیر کے بیٹے عبدالعزیز نے راڈرک کی جواں سال ملکہ ایجلونا سے شادی کر لی تھی۔ ایجلونا جوان تھی اور اُس میں مردوں کو اپنی جانب متوجہ کرنے کی پوری صلاحیت تھی۔ اسی کشش نے عبدالعزیز کو قائل کیا اور اس نے ایجلونا کے عشق میں مبتلا ہو کر آخر اُس سے شادی کر لی تھی۔ شادی ہوئی تو اہل اُندلس میں یہ افواہ پھیلا دی گئی کہ عبدالعزیز نے اسلام ترک کر کے عیسائیت قبول کر لی ہے۔ اس خبر سے مسلمانوں کے اندر اس قدر نفرت پیدا ہوئی کہ نماز فجر میں ایک آدمی نے حملہ کر کے عبدلعزیز کو شہید کر دیا۔ مؤرخین کا خیال ہے کہ یہ کہانی من گھڑت ہے۔ عبدالعزیز کو قتل خلیفہ دمشق کے اشارے پر کیا گیا تھا۔

موسیٰ کے دوسرے بیٹے عبداللہ جو شمالی افریقہ کا حاکم تھا کو معزول اور قتل کروایا گیا۔
موسیٰ پر اس قدر بھاری جرمانے عائد کیے کہ اسے اپنے رشتہ داروں سے قرض لے کر شاہی خزانے میں جمع کروانے پڑے۔ اس طرح فاتح اُندلس موسیٰ بن نصیر انتہائی خستہ حالی میں جب حج بیت اللہ کے لئے گئے تو راستہ میں اللہ کو پیارے ہو گئے۔

موسیٰ کی طرح طارق بن زیاد بھی خلیفہ منصور کے عتاب سے نہ بچ سکے۔ طارق کے دمشق پہنچے سے قبل مغیث نے یہ بات مشہور کر دی تھی کہ: ''سپین کے لوگ طارق کی اس قدر عزت و احترام کرتے ہیں کہ اگر وہ قبلہ تبدیل کرنے کا کہیں تو لوگ تیار ہو جائیں گے''۔ اس سے خلیفہ کو حسد ہوا اور سزا کے طور پر طارق کو منظر نامہ سے اس طرح ہٹایا کہ فاتح اُندلس نے گمنامی میں وفات پائی اور گمنامی میں دفن ہوا۔

کاؤنٹ جیولن کا صلہ

فتح اُندلس کے بعد جب موسیٰ بن نصیر واپس دمشق جانے لگے تو کاؤنٹ جیولن جس نے اسلامی لشکر کی مدد کی تھی کا صلہ انہیں یہ دیا کہ اُسے سبتہ، جس کا وہ حاکم تھا، پر قائم رکھا اور اُس کے اردگرد کے علاقے بھی اُس کی زیرِ نگرانی میں کر دیئے۔ کاؤنٹ بدستور مذہب عیسائیت پر قائم رہا۔ بعد میں اُس کی نسلیں حلقہ اسلام میں داخل ہوئیں۔ کاؤنٹ جیولین کی نسل سے ابوسلمان ایوب چوتھی صدی میں بلند پائے کے فقہ کے عالم دین گزرے ہیں۔

گاتھ شہزادے

اُندلس میں المند، رملتہ اور ارطباس نام کے تین گاتھ شہزادے تھے۔ جب مسلمان اُندلس پہنچے تو کاؤنٹ جیولن نے اِن کے ساتھ خفیہ رابطہ کر کے ان کی ہمدردیاں اسلامی فوج کے ساتھ کر دیں تھیں۔ اس کے صلہ میں طارق نے انہیں موسیٰ بن نصیر کے نام ایک تفصیلی خط لکھ کر بھیجا۔ خط میں ان کی خدمات کا اعتراف کیا گیا تھا۔ موسیٰ بن نصیر نے اپنی سفارشات کے ساتھ ان شہزادوں کو دمشق خلیفہ ولید کے پاس بھیجا۔ خلیفہ نے ان کی بڑی عزت کی اور ان کی جائیدادیں اور ان کے وقار کو بحال کرتے ہوئے ایک حکم نامہ لکھ کر دیا جس کے تحت ان کی جائیدادیں انہیں واپس ملیں۔

المند کی جائیداد اشبیلیہ کے قریب تھی اس لئے وہ اشبیلیہ رہا۔ ارطباس کی جائیداد قرطبہ کے قرب وجوار میں تھی اس لئے وہ قرطبہ میں رہا اور تیسرے بھائی رملتہ کی جائیداد طلیطلہ کے قرب وجوار میں تھی اس لئے وہ طلیطلہ میں جا مقیم ہوا اور مسلمانوں نے وعدے کے مطابق ان کی عزت واحترام میں کوئی فرق نہیں آنے دیا۔

اُندلس میں اسلامی دور

اُندلس میں جس قبیلے نے جو علاقہ فتح کیا وہاں وہ آباد ہوئے اور ایک خوشحال زندگی کا آغاز کیا۔ یہ خوشحالی اور بھائی چارے کی فضاء زیادہ عرصہ قائم نہ رہ سکی۔ شمالی افریقہ میں عربوں نے چڑھائی کر کے ملکی حالات کچھ اس قدر بگاڑ دیئے کہ اُن سے اُندلس بھی متاثر ہوا۔ ردعمل میں اُندلس میں آباد بربر قبائل اٹھے اور اُن علاقوں میں جا پہنچے جہاں عرب آباد تھے۔ بربروں کے خوف سے عرب وسط اُندلس کے علاقے جلیقیہ، استورقہ سے نکل کر محفوظ مقامات پر منتقل

ہو گئے۔ لیکن بربروں نے پیچھا کیا۔ ان حالات میں عرب متحد ہوئے اور یوں عربوں اور بربروں میں لڑائیاں شروع ہو گئیں۔ پھر شامی، مدنی، یمنی اور مضری قبائل ایک دوسرے کے خلاف اٹھ کھڑے ہوئے۔ اس خانہ جنگی کا اصل سبب وہ حالات تھے جو شمالی افریقہ اور دمشق کے درمیان کشیدگی سے پیدا ہوئے تھے۔

اُندلس اسلامی ریاست کے صوبے شمالی افریقہ کے زیر انتظام تھا۔ اور شمالی افریقہ کا حاکم تمام احکامات کی توثیق دمشق سے لیتا تھا۔ اُندلس پر اُن تمام حالات کا اثر پڑتا تھا جو شمالی افریقہ اور دمشق کے درمیان پیدا ہوتے تھے۔ 741ء میں شمالی افریقہ کے حاکم عبداللہ بن حجاب کے خلاف بربروں نے بغاوت کی تو خلیفہ ہشام نے اس کا بدلہ لینے کے لئے عرب فوج بھیجی۔ عرب فوج افریقہ میں آباد عربوں سے مشورہ کرنے کی بجائے اُن کے خلاف بھی اقدام اٹھانے لگی۔ آخر عربوں کی آپس میں صلح ہوئی اور ستر ہزار فوج بربروں کو کچلنے میدان میں آئی لیکن عربوں کو اس جنگ میں شکست اٹھانی پڑی۔ اس کا اثر اُندلس پر پڑا۔

اُس زمانے میں اُندلس کا امیر عرب قبائل کا ایک سردار عبدالملک بن قطن فہری تھا۔ جس سے شامیوں کا ایک گروہ خوش نہیں تھا۔ 741ء میں شام کے باغی قرطبہ گئے اور امیر اُندلس عبدالملک کو زبردستی تخت سے اُتار کر اُن کی جگہ بلخ بن بشر قشیری کو امیر بنا کر اُس کی بیعت کر لی۔ عبدالملک کا تعلق مدینہ منورہ سے تھا اور دو سال سے امیر کے منصف پر مامور تھے۔ باغی شامیوں نے انہیں پکڑ کر قرطبہ کے رومن پل پر لائے اور وہاں سولی پر چڑھا دیا۔ پھر لاش کی تذلیل کے لئے ایک طرف کتا اور دوسری طرف سور لٹکا دیا۔ عبدالملک نوے سالہ عمر رسیدہ بزرگ تھے۔ جنگی معزولی، قتل اور پھر تذلیل نے مدنی اور شامی قبائل کے درمیان ایک ایسی نفرت پیدا کی جس کے اُندلس پر بہت دوررس نتائج پیدا ہوئے۔

عربوں کے ساتھ ظلم و زیادتیوں کا سلسلہ جاری رہا۔ عبدالملک کے قتل کے ایک سال بعد 742ء میں جب ثعلبہ بن سلامہ عجلی امیر اُندلس مقرر ہوا تو اس نے طلیطلہ سے خانہ جنگی میں دس ہزار عرب عورتوں، بچوں اور بوڑھوں کو گرفتار کر کے اونٹوں کے کجاووں میں بٹھا کر قرطبہ لایا جہاں محلّہ مصارہ میں لونڈیوں اور غلاموں کی طرح فروخت کیا۔ ان کے سردار ابوالحسن اور حارث ابن اسد کی بولی جب لگائی گئی تو اعلان ہوا کہ انہیں اُس آدمی کو دیا جائے گا جو سب سے کم قیمت لگائے گا۔ چنانچہ ان سرداران کو ایک کتے کے بچے کے عوض فروخت کیا گیا۔

مسلمانوں کے باہمی لڑائی جھگڑوں سے عیسائیوں نے بھرپور فائدہ اٹھایا۔الفانسو اول، جسے حال ہی عیسائیوں نے اپنا لیڈر بنایا تھا، نے صوبے جلیقیہ پر قبضہ کر کے اپنی بادشاہت کا اعلان کر دیا تھا۔اس طرح اُندلس میں مسلمانوں کی وسیع سلطنت کے پہلو میں عیسائیوں نے اپنی حکومت کی داغ بیل ڈالی اور پھر لیون، شمورہ، ظلمنکہ، استورقہ اور قشتالہ پر قبضہ کر کے وہاں سے مسلمانوں کو نکال کر مردوں کو غلام اور عورتوں کو اپنے حریم میں داخل کیا۔اسی عیسائی ریاست نے بعد میں پورے سپین پر قبضہ کیا تھا۔

711ء میں طارق کی اُندلس میں آمد سے لے کر 756ء تک کے پہلے پنتالیس سال فتوحات اور پھر قبائلی چپقلش میں گزرا۔اس دوان حکمران دمشق سے نامزد ہو کر آتے رہے۔کسی نے چند سال، کسی نے چند ماہ اور بعض نے کچھ دن حکومت کی۔اس طرح آغاز میں اُندلس میں مسلمانوں کی کوئی مستحکم حکومت قائم نہ ہوسکی۔

اُندلس میں اموی دور

اُندلس میں 756ء میں عبدالرحمان اول کی آمد اور ملکی باگ ڈور سنبھالنے سے ایک ایسے روشن باب کا آغاز ہوا جس پر ہم مسلمان آج بھی فخر کرتے ہیں۔عبدالرحمٰن اول اور اُس کے خاندان نے اُندلس پر 1009ء تک ڈھائی سو سال حکومت کی۔یہ دور اسلامی تاریخ اُندلس کا ایک سنہری باب ہے۔اسی دوران مسجد قرطبہ اور مدینہ الازہر نامی شہر تعمیر ہوا۔کتب خانے، سڑکیں، ہسپتال، سکول، کالج اور یونیورسٹیاں قائم ہوئیں۔عدل و انصاف کا نظام قائم کیا گیا۔اہل علم کے لئے قرطبہ کے دروازے اس طرح کھلے کہ قرطبہ ''شہر علم'' اور اشبیلیہ ''شہر ادب'' کہلانے لگا تھا۔

عبدالرحمٰن بنو امیہ کا ایک شہزادہ تھا۔جب 729ء میں دمشق میں آخری اموی خلیفہ مروان کو قتل کر کے اموی حکومت کا خاتمہ اور عباسی دور کا سورج طلوع ہوا تو عباسیوں نے امیہ خاندان کے لوگوں کو چن چن کر قتل کیا۔ایسے میں امیہ خاندان کے لوگ بھاگ کر دور دراز کے علاقوں میں جان بچانے کی خاطر جا چھپے۔اُن میں خلیفہ ہشام کا سترہ سالہ پوتا عبدالرحمان بھی اپنے بھائی یحییٰ کے ساتھ ایک گاؤں میں جا چھپا۔پھر موقع پا کر فلسطین سے ہوتا ہوا شمالی افریقہ میں بربر قبائل میں جا پہنچا۔عبدالرحمان کی ماں بربر قبائل سے تھی اور عباسی اثر رسوخ ابھی تک شمالی افریقہ نہیں پہنچا تھا۔اس دوران اُندلس میں مدنی، یمنی، مضری اور بربر قبائل ایک دوسرے

کے خون کے پیاسے تھے۔ایسے میں عبدالرحمان نے اُندلس کے حالات سے فائدہ ٹاٹھانے کا منصوبہ بنایا۔

اُندلس کے شہر البیرہ میں مقیم حضرت عثمان غنی رضی اللہ عنہ کے قرابت داروں میں ابوعثمان عبداللہ اور ابن خالد عرب قبائل کے قائد تھے۔عبدالرحمان نے ابوعثمان سے رابطہ کیا۔ اور پھر اپنے غلام بدر کو سپین بھیج کر حالات معلوم کیے۔عرب سرداروں کی کوششوں سے جب حالات بنو امیہ کے حق میں ہموار ہوئے تو ابوعثمان نے انتہائی رازداری سے عبدالرحمان کو اُندلس بلالیا۔

عبدالرحمان اول اپنے آپ کو خلیفہ کی بجائے سلطان کہلاتا رہا اور یہ سلسلہ عبدالرحمان سوئم تک پہنچا۔عبدالرحمان سوئم پہلا اُندلسی حکمران ہے جس نے اپنے آپ کو خلیفہ کہلوانا شروع کیا۔تاریخ اُندلس میں عبدالرحمان سوئم کا زمانہ عروج کا زمانہ ہے۔اس دور میں جہاں مسجد قرطبہ کی توسیع ہوئی وہاں مدینہ الزہرا نامی ایک بے مثل شہر آباد کیا تھا۔اس کے دور میں عیسائی، یہودی اور مسلمان شیر و شکر ہو کر رہتے تھے۔عبدالرحمان سوئم نے میدان جنگ میں بھی اپنی طاقت کا لوہا منوایا۔سب خوبیوں کے باوجود عبدالرحمان میں بھی بشری خامیاں تھیں۔

عبدالرحمان سوئم خواتین کا بہت ہی رسیا تھا۔اس کے حریم میں بیگمات اور کنیزوں کی بڑی تعداد تھی۔خلیفہ طروف نامی کنیز کو دل و جان سے چاہتا تھا۔ان کے عشق کی داستانیں بڑی مشہور تھیں۔ایک مرتبہ خلیفہ نے ایک لاکھ دینار کا ایک ہیرا طروف کو پیش کیا۔وزراء نے سوال اٹھایا کہ اتنا قیمتی ہیرا ایک کنیز کو عطا کر دیا۔عبدالرحمان نے کہا یہ ہیرا جس کے جسم کی زینت بنے گا وہ اس سے بھی قیمتی ہے۔اس کی ایک اور کنیز مدثرہ نامی تھی۔جس سے بعد میں اس نے شادی کر لی تھی۔وہ حسن و جمال کا پیکر ہونے کے ساتھ ساتھ خوبصورت شاعرہ اور ادیبہ بھی تھی۔ عبدالرحمان کے پنتالیس لڑکے جبکہ ایک روایت میں ایک سو پچاس لڑکے اور پچاس لڑکیاں تھیں۔خلیفہ کی رنگین زندگی میں موسیقی بھی شامل تھی۔یہ اپنے زمانے کے نامور گویے زریاب کا شیدائی تھا اور اُسے بغداد سے اپنے ہاں بلا کر محل اور جاگیریں عطا کیں تھیں۔

عبدالرحمان سوئم کا جانشین اُس کا بیٹا عبدالحکیم دوم ہوا۔عبدالحکیم علم دوست شخصیت کا مالک تھا۔اس کے ذاتی کتب خانے میں چار لاکھ سے زائد کتابیں تھیں۔وہ نہ صرف کتابیں جمع کرنے کا شوقین تھا بلکہ گہرا مطالعہ بھی کرتا تھا۔یہ اپنے باپ کی طرح صنف نازک میں دلچسپی

لینے کی بجائے ہم جنسی کا قائل تھا اور اس کے حریم میں نوخیز لڑکے بھی تھے۔ بڑی مشکل سے اس کے ہاں ایک ہی ولی عہد پیدا ہوسکا۔

عبدالحکیم دوئم کے بعد آہستہ آہستہ بنی امیہ کی حکومت کمزور ہوتے ہوتے 1009ء میں ہمیشہ کے لئے اس طرح ختم ہوئی کہ ملک اُندلس ٹکروں ٹکروں میں تقسیم ہوگیا۔

بنو امیہ کی حکومت ختم ہوتے ہی اُندلس تیس سے زیادہ چھوٹی چھوٹی ریاستوں میں تقسیم ہوا۔ غلاموں، وزیروں، سرداران عرب اور بربروں نے اپنے اپنے شہروں اور علاقوں میں خودمختار حکومتیں قائم کرلیں۔ عیسائی حکمران سپین پر دوبارہ قبضہ کرنے کے لئے جس موقع کی تاڑ میں بیٹھے تھے اب انہوں نے اُس پر عمل کرنا شروع کیا اور شمال کی طرف سے کمزور کمزور ریاستوں پر حملے کرکے اُنھیں عیسائی حکومت میں شامل کرنے کا آغاز ہوا۔ یہ اُندلس میں طوائف الملوکی کا دور تھا۔

یوسف بن تاشفین کی آمد

طوائف الملوکی کے زمانے میں اشبیلیہ کے حکمران دوسروں کی نسبت بہتر تھے۔ 1056ء میں عباد بن ابوقاسم نامی حکمران المعتمد کا لقب اختیار کرکے اشبیلیہ پر حکومت کرنے لگا۔ لیکن مسلمانوں کی آپس کی نااتفاقیوں سے عیسائیوں کی طرف سے مسلسل دباؤ کا سامنا رہا۔ قشتالہ کے بادشاہ الفانسو ششم کی بیوی جب فوت ہوئی تو اُس نے اشبیلیہ کے بادشاہ معتمد کے بیٹے ابوالفتح المومن کی بیوی زاہدہ سے شادی کی تھی۔ وہ جو کہتے ہیں گھر کا بھیدی لنکا ڈھائے، زاہدہ نے نہ صرف اسلام ترک کرکے عیسائیت اختیار کی بلکہ اسلام کے خلاف اور عیسائیت کے حق میں تقریریں کرنے کے علاوہ اشبیلیہ کے بادشاہوں کی تمام کمزوریوں سے بھی عیسائیوں کو آگاہ کیا۔ زاہدہ نے ترک اسلام کے بعد اپنا نام ازبیل رکھ لیا تھا۔

1065ء میں الفانسو ششم فوت ہوا تو اُس کا بیٹا الفانسو ہفتم تخت پر بیٹھا۔ یہ مسلمانوں کے سخت خلاف تھا۔ اس نے ایک بار اشبیلیہ کے شاعر بادشاہ معتمد کو ایک ہتک آمیز خط لکھا جس کے ردعمل میں معتمد نے شمالی افریقہ کے بادشاہ یوسف بن تاشفین سے عیسائیوں کے خلاف مدد مانگی۔ معتمد کے وزراء مدد لینے کے خلاف تھے۔ لیکن معتمد کی رائے تھی کہ: ”مجھے خنزیروں کی نگہداشت سے اونٹوں کا چرانا زیادہ عزیز ہے“۔

افریقہ کے سلطان یوسف بن تاشفین نے ستر سال کی عمر میں 1086ء میں اشبیلیہ

کے شاعر بادشاہ معتمد کی درخواست پر اُندلس پر حملہ کیا اور عیسائیوں کو عبرت ناک شکست دی۔ اُس زمانے میں یوسف بن تاشفین ''المرابطون'' کے لقب سے مراکش، الجزائر اور لیبیا پر حکومت کرتا تھا۔ جب یوسف بن تاشفین سپین میں عیسائیوں کے خلاف جہاد میں مصروف تھا تب دارالخلافہ میں سیاسی حالات کشیدہ ہونے کی بناء پر یوسف کو اپنا مشن ادھورا چھوڑ کر واپس مراکش جانا پڑا۔

1091ء میں یوسف بن تاشفین دوبارہ اُندلس گیا اور تمام مقامی ریاستوں کو ختم کرکے پورے اُندلس کو اسلام کے ایک جھنڈے تلے جمع کیا۔ اس طرح اشبیلیہ میں معتمد خاندان کے آخری بادشاہ محمد ابن عباد کی حکومت ختم ہوئی اور اُسے قید کرکے مراکش لے جایا گیا جہاں اس نے قید میں ہی 1095ء میں وفات پائی۔

مغربی مؤرخین کا خیال ہے کہ یہ شاعر بادشاہ صنف نازک کی بجائے ہم جنسی میں زیادہ رغبت رکھتا تھا۔ اپنے ایک وزیر ابن عمار پر بچپن سے فریفتہ تھا۔ معتمد نے ابن عمار کی محبت میں شاعری بھی کی۔ معتمد کے کچھ اشعار کا اردو ترجمہ:

معتمد نے نماز کے علاوہ تجھے ہمیشہ دل میں بسائے رکھا
غمگین راتوں اور خوشی کے دنوں میں
میری ایک ہی خواہش رہی کہ وہ میرے ساتھ رہے
میں ابن عمار کی محبت کو کبھی نہیں بھولا
یہ پیارا نام معتمد کے دل میں ہمیشہ رہے گا

جب معتمد کے والد کو علم ہوا تو اُس نے ابن عمار کو ملک بدر کر دیا تھا۔ لیکن باپ کی وفات کے بعد جب معتمد کو حکومت ملی تو اُس نے عمار کو واپس بلایا اور وزارت عظمیٰ کا قلم دان سونپا۔ ابن عمار بھی عربی کا خوبصورت شاعر اور شطرنج کا ناقابل شکست کھلاڑی تھا۔ روایت ہے کہ ایک بار ابن عمار نے طلیطلیہ کے عیسائی بادشاہ الفانسو ہفتم کو شطرنج کھیلتے ہوئے شکست دی تو اس شکست کے بدلے عیسائی بادشاہ نے اشبیلیہ پر حملہ ترک کر دیا تھا۔

ابن عمار خوبصورت بھی تھا اور ہوشیار بھی۔ اس نے اپنی قابلیت سے مرسیہ کی ریاست کو اشبیلیہ کے ساتھ ملانے میں کلیدی کردار ادا کیا تو معتمد نے اُسے مرسیہ کا گورنر بنا دیا۔ ابن عمار نے مرسیہ میں اپنی گورنری کے دوران اپنی خودمختار ریاست کا اعلان کرکے معتمد سے بغاوت

کردی۔ یہ خودمختاری زیادہ عرصہ قائم نہ رہ سکی۔ بغاوت میں ابن عمار کو گرفتار کر کے اشبیلیہ میں قید کر دیا گیا۔ دوران قید عمار نے جیل سے کچھ سازشی خطوط لکھے جس کا معتمد کو علم ہوا تو محبت نفرت میں اس طرح بدلی کہ 1086ء میں معتمد نے جیل میں جا کر ابن عمار کا گلا دبا کر اُسے اپنے ہاتھوں قتل کر کے اپنی ناکام محبت کا انتقام لیا۔

یوسف بن تاشفین نے اُندلس کو شمالی افریقہ میں شامل کر کے دارالحکومت مراکش منتقل کیا۔ 1106ء میں یوسف بن تاشفین کی وفات کے بعد اُس کا بیٹا علی ابن یوسف حکمران بنا۔ لیکن علی اپنے باپ کے مقابلے میں کمزور حکمران ثابت ہوا۔ آخر 1145ء میں اس خاندان کی حکومت مراکش، الجزائر اور لیبیا سے ختم ہوئی تو وہ اُندلس سے بھی محروم ہوئے۔ اس طرح اُندلس ایک بار پھر طوائف الملو کی کا شکار ہو گیا۔

موحدین کا دور

1147ء میں شمالی افریقہ کے ایک قبیلے نے موحدین کا لقب اختیار کیا اور حکومت کی بھاگ ڈور سنبھال لی۔ موحدین ابوعبداللہ محمد ابن تومرت کے پیروکار تھے اور امام غزالی کے افکار سے متاثر تھے۔ ان کا عقیدہ توحید خالص پر عمل کرنا تھا۔ یہ اسلام میں بدعت کے خلاف تھے۔ ابن تومرت مراکش میں پیدا ہوئے تھے اور ''مہدی'' ہونے کا دعویٰ کیا تھا۔ ہزاروں لوگوں نے ان کے دعویٰ کو سچ مانا اور انہیں ''مہدی'' تسلیم کیا۔ ابن تومرت نے اُندلس میں جا کر خالص توحید پر تقاریر کیں اور اہل اُندلس کو اپنے خیالات اور نظریات سے متاثر کیا تھا۔ ابن تومرت کی دوران سفر عبدالمومن نامی ایک گمنام، اجنبی اور غیر معروف شخص سے ملاقات ہوئی جو پہلے ان کا مرید اور بعد میں ان کا خلیفہ بنا۔ عبدالمومن نے بعد میں شمالی افریقہ اور اُندلس میں اپنی حکومت قائم کی تھی۔

جب الفانسو ہفتم نے 1114ء میں قرطبہ پر قبضہ کیا تو مسلمانوں نے شمالی افریقہ کے موحدین سے مدد مانگی جو اُندلس میں آئے اور وقتی امن قائم کیا۔ 1170ء میں انہوں نے اپنا دارالحکومت بھی اشبیلیہ منتقل کر دیا اور اُندلس، مراکش اور دوسرے علاقوں پر حکومت کرنے لگے۔ موحدین حکمرانوں کے ایک نامور بادشاہ سلطان ابویعقوب یوسف نے 1172ء میں اشبیلیہ کی جامع مسجد اور 1184ء میں جیرالڈ نامی مینار مسجد کے ساتھ تعمیر کروایا۔ یہ مینار اِس وقت بھی موجود ہے۔ سلطان یعقوب یوسف نے اسی طرح کے مینار مراکش کی مسجد

کتبین اور حسین ٹاور رباط میں بھی تعمیر کروائے تھے۔

1211ء میں پوپ نے سپین کے مسلمانوں کے خلاف صلیبی جنگ کا حکم دیا تو شمالی عیسائی ریاستوں کے چار بادشاہوں نے اتحاد کرلیا۔ طولوسہ کے مقام پر1212ء میں عیسائیوں اور مسلمانوں کے درمیان ایک فیصلہ کن جنگ ہوئی جس میں ساٹھ ہزار مسلمان شہید ہوئے۔ عیسائیوں نے مسلمانوں کے موحدین حکمران الناصر کو اس طرح شکست دی کہ پھر اُن کی فوجی قوت دوبارہ یکجا نہ ہوسکی۔ الناصر کا انتقال 1214ء میں ہوا لیکن موحدین کی حکومت مراکش میں قائم رہی۔ ان کے آخری حکمران ادریس دوئم کو ایک غلام نے 1269ء میں قتل کرکے موحدین کی حکومت ہمیشہ کے لئے ختم کردی۔ موحدین بادشاہوں کے مقبرے اب بھی مراکش میں موجود ہیں۔

موحدین کی سپین سے حکومت ختم ہوتے ہی ملک پھر ٹکڑوں میں بٹ گیا۔ چھوٹی چھوٹی اسلامی ریاستوں نے عیسائی بادشاہوں سے دفاعی معاہدے کرنے شروع کردیئے تھے۔ اب عیسائی اس قدر طاقتور ہوچکے تھے کہ مسلمان حکمران اُن کی خوشنودی کی خاطر ہر وہ کام کرنے کے لئے تیار رہتے تھے جس کی عیسائی خواہش کرتے تھے۔ یہ اسی تابعداری کا نتیجہ تھا کہ جب عیسائی بادشاہ نے اشبیلیہ کو فتح کرنے کے لئے حملہ کیا تو غرناطہ کے حکمران نے عیسائی بادشاہ کے شانہ بشانہ لڑنے کے لئے مسلمان فوج بھیجی جس نے اشبیلیہ میں اپنے مسلمان بھائیوں کو شکست دے کر یہ سرزمین ہمیشہ کے لئے عیسائی حکمرانوں کے قبضہ میں دے دی۔

اُندلس میں مسلمانوں کا آخری دور 1238 سے 1492ء کا ہے۔ جس میں مسلمان صرف غرناطہ تک محدود ہوگئے تھے۔ غرناطہ کے حکمرانوں کو عیسائیوں کا مطیع ہونا پڑا۔ غرناطہ کی حکومت مولائی حسن کے پہاڑوں سے لے کر بحیرہ رُوم کے ساحلوں پر واقع شہروں مالیگاہ اور جبرالٹر تک پھیلی ہوئی تھی۔ عیسائی اس حکومت کے حق میں تھے تاکہ اُندلس کی وہ ریاستیں جو عیسائیوں کے قبضہ میں چلی گئی تھیں وہاں کے مسلمان غرناطہ منتقل ہوجائیں۔ اس دور میں اُندلس کی باقی حکومتیں تو ختم ہوگئیں صرف غرناطہ باقی بچا تھا۔ جس کا اختتام 1492ء میں ہوا۔

سپین پر مسلمانوں نے آٹھ سو سال حکومت کی۔ جہاں انہوں نے اسلامی نظام عدل قائم کیا تھا۔ عدالتیں، قاضی (جج) مدرسے، کتب خانے قائم کیے تھے۔ زراعت کے لئے آبپاشی کا ایک ایسا منفرد نظام ایجاد کیا تھا جس سے اہل مغرب ابھی واقف نہیں تھے۔ اس نظام

کے تحت دریاؤں سے نہریں اور رہٹ لگا کر زراعت کو فروغ دینے کا بندوبست کیا۔عرب سے زیتون کے پودے لا کر اس سرزمین میں لگائے۔ کھجور کے پیڑ بھی عرب اپنے ساتھ لائے تھے۔پورے اُندلس میں پھلوں کے باغات لگائے گئے۔آج بھی سپین میں زیتون، انگور، سیب ،بادام کی جو کاشت تجارتی بنیادوں پر ہوتی ہے اُس کا سہرا مسلمانوں کے سر جاتا ہے۔

مسلمانوں کے مرکز مساجد ہیں، چنانچہ اُندلس میں جدھر بھی مسلمان گئے وہاں مساجد قائم کیں۔قرطبہ کی جامع مسجد آج بھی مسلمانوں کے شاندار ماضی کی یاد دلاتی ہے۔مسلمانوں کی زبان عربی تھی چنانچہ پورے ملک میں عربی زبان کو فروغ ملا۔نئے نئے شہر آباد کیے اور پرانے شہروں کو جدید بنایا۔غرناطہ کا الحمرا آج بھی اپنی آن وشان سے قائم ہے اور اپنے حسن اور امتیازی حیثیت سے دنیا بھر کے سیاحوں کو متوجہ کرتا ہے۔

مسلمانوں نے فروغ علم کے لئے جہاں درس گاہیں قائم کیں وہاں علم وادب کے لئے ایسا سازگار ماحول پیدا کیا کہ اس خطہ سے بڑے بڑے سکالر، فلسفی، مفکر، فقیہ، تاریخ دان اور سائنسدان پیدا ہوئے۔بحری طاقت میں اضافے کیے اور جدید ترین بحری بیڑے بحیرہ روم اور بحرِ اوقیانوس میں ڈالے گئے۔

اُندلس میں مسلمانوں کا انجام

اُندلس کے مسلمانوں کی نااتفاقیوں، ریشہ دوانیوں اور پھر اُندلس کو تیس سے زیادہ چھوٹے چھوٹے ٹکڑوں میں تقسیم کر کے اسلام کے عالمی اخوت و بھائی چارے کے تصور کو جب پارہ پارہ کیا تو قانون قدرت حرکت میں آئی:

اِنَ اللہ لاَ یَظلِمُ النَاسَ شَیاً وَ لٰکِنَ النَاسَ
اَنفُسَہُم یَظلِمُونَ

حقیقت یہ ہے کہ اللہ لوگوں پر ظلم نہیں کرتا۔لوگ خود ہی اپنے اوپر ظلم
کرتے ہیں۔

(سورہ یونس آیت 44)

اُندلس جہاں مسلمان فاتح بن کر گئے تھے وہاں آخر انہیں غلام بنا کر زبردستی عیسائی بنایا گیا۔مسلمان عورتوں کو نصرانی حکمرانوں نے اپنے محل میں بن نکاح کے رکھ کر بدلے لیے۔ مسلمانوں کو نماز، اذان اور اسلامی فرائض کی بجا آوری سے مکمل روک دیا گیا۔ بلکہ اسلامی نام

اور عربی میں بات چیت کی ممانعت کر دی گئی تھی

مسلمان، جو ظلم و جبر سے تنگ آ کر مذہب عیسائیت اختیار کرتے، انہیں ہسپانیہ کے عیسائی ''موریسکو'' کے نام سے پکارتے تھے۔1499ء میں غرناطہ کے لاٹ پادری نے مسلمانوں کو عیسائی بنانے کے عمل کو سست روی کا شکار قرار دے کر تیزی سے مسلمانوں کو زبردستی عیسائی بنانے کا آغاز کیا۔ جو انکار کرتے انہیں عیسائی مذہب کے خلاف بغاوت قرار دے کر زندہ آگ میں جلایا دیا جاتا تھا۔ جو ڈر کر عیسائی ہو جاتا اُسے سور کا گوشت کھلایا جاتا تا کہ یہ معلوم ہو سکے کہ واقعی اس نے دین اسلام کو چھوڑ دیا ہے۔

''موریسکو'' کے لئے لازم قرار دیا کہ وہ گھروں کے باہر سور کی دُم اور ران لٹکا کر رکھیں۔ عیسائی اس بات سے آگاہ تھے کہ مسلمانوں کے لئے سور کا گوشت حرام ہے۔ اسی وجہ سے وہ مسلمانوں کو زبردستی سور کھلاتے تھے۔ مشہور اُندلسی شاعر عبدون نے سقوط اُندلس پر جو مرثیہ لکھا اُسے پڑھیں تو تمام مناظر آنکھوں کے سامنے گھومنے لگتے ہیں۔

حیث المساجدُ قد صارت کنائسَ ما
فیھن الا نواقیس وصُلبانُ

حتی المحاریبُ تبکی وھی جامدۃ
حتی المنابُر ترثی وھی عیدانُ

بالامس کانوا ملوکاً فی منازلھم
والیوم ھُم فی بلادِ الکُفرِ عبدانُ

ولوارایت بُکاھم عند بیعھمِ
لھا لک الامرُ و استھوتک احزانُ

یارُب اُم وطفل حیل بینھُما
کما تفقُ اروح و ابدانُ

ترجمہ: ''جہاں مساجد چرچوں میں تبدیل ہو چکی ہیں، ان میں ناقوسوں اور صلیبوں کے سوا کچھ نہیں۔

محرابیں تک گریہ وزاری کرتی ہیں حالانکہ وہ ایک وجود جامد ہیں۔

منبر تک مرثیہ خواں ہیں حالانکہ وہ محض چوب خشک ہیں۔

(مسلمان) کل تک اپنے گھروں میں بادشاہ تھے اور آج وہ بلاد کفر میں غلام ہیں۔

جس وقت انہیں فروخت کیا جاتا ہے اس وقت اگر تو ان کی آہ و بکا کو دیکھے تو یہ صورت حال تیرا دل ہلا دے اور غم واندوہ تیرے ہوش اڑا دیں۔'')

✈ ✈ ✈ ✈

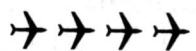

مالقه حييت ياتينها
فالفلك من اجلك ياتينها

نهى طبيبى عنك فى علته
ما الطبيبى عن حياتى نها

مالیگاہ سے غرناطہ

مالیگاہ کے ہوائی اڈے پر امیگریشن آفیسروں کے رویہ سے نالاں برطانوی سیاح پسینہ پونچھتے جب سامان اٹھائے ہوائی اڈے سے باہر نکلے تو براعظم افریقہ کی گرم ہواؤں نے استقبال کیا۔ ہم نے برطانیہ میں سخت سردی سے بچاؤ کی خاطر جو کوٹ اور سویٹر پہن رکھے تھے، آہستہ آہستہ اُتارنے شروع کر دیئے۔ اب ہم ایسے یورپی شہر میں تھے جہاں سے چند میل کے فاصلہ پر براعظم افریقہ آباد ہے۔

ہم نے ہوائی اڈے سے گاڑی لی جسے دو سو ستر پونڈ (چالیس ہزار روپے) ادا کرکے برطانیہ سے ہی پیشگی بک کروالیا تھا تاکہ آرام کے ساتھ ہسپانیہ کی سیاحت کر سکیں۔ ملک عبدالقیوم نے ڈرائیور کی نشست سنبھالی۔ گاڑی کے حرکت میں آتے ہی ہسپانیہ میں ہماری سیاحت کا آغاز ہوا۔

مالیگاہ جنوبی ہسپانیہ کا ساحلی شہر ہے جس کی پشت پر اونچے اونچے پہاڑ اور سامنے بحیرۂ روم موجیں مار رہا ہے۔ پہاڑوں کے دامن اور سمندر کے ساحل پر جو تھوڑی سی جگہ ہے اُس پر یہ شہر آباد ہے۔ اب آبادی پھیلتے پھیلتے پہاڑوں تک پہنچ گئی ہے۔ شہر کے بیچ میں سے دو دریا بہتے ہوئے بحیرۂ روم میں ملتے ہیں۔ آج سے تین ہزار سال قبل یہاں مچھیروں کی بستی تھی۔ پھر یونانی یہاں آئے اور شہر کی بنیاد پڑی۔ 711ء میں مسلمانوں نے شہر فتح کیا تو شہر کی زندگی

میں زبردست انقلاب آیا۔ قلعے، بندرگاہیں، مساجد، درسگاہیں اور مسافرخانے تعمیر کرنے کے ساتھ ساتھ نئی بستیاں بسائیں۔ مالیگاہ کی بندرگاہ کو بڑی اہمیت ملی۔ جوں جوں تجارت کو فروغ ملا اس بندرگاہ کو بھی وسعت ملتی گئی۔ مالیگاہ پر مسلمانوں نے تقریباً آٹھ سو سال حکومت کی۔ 1487ء میں یہ شہر مسلمانوں کے ہاتھوں سے نکل کر نصرانی حکمرانوں کے ہاتھ لگا۔ مسلمانون کے زمانہ میں اس شہر کو بہت عروج ملا تھا۔ 1325ء میں ابن بطوطہ نے اس شہر کی سیر کے بعد اپنی ڈائری میں لکھا:

> ''مالقہ شہر اُندلس کے خوبصورت اور بڑے شہروں میں سے ایک ہے۔ نہایت مضبوط شہر ہے۔ سمندر اور خشکی دونوں راستوں سے یہاں رسائی ممکن ہے۔ اناج اور پھل کثرت سے پیدا ہوتے ہیں۔ انگور بازار میں ایک درہم کے آٹھ رطل ملتے ہیں۔ یہاں کے مراکشی انار، جنہیں یاقوتی انار کہتے ہیں، تمام دنیا میں بے نظیر ہیں۔ انجیر اور بادام مشرقی ملکوں میں بھیجے جاتے ہیں۔
> شہر کی ظروف سازی اور جامع مسجد بہت ہی مشہور ہیں۔ جامع مسجد کا صحن اس قدر وسیع ہے کہ میں نے ایسا وسیع اور خوبصورت صحن کہیں نہیں دیکھا جس میں سنگتروں کے درخت لگے ہوئے ہیں۔ مسجد کا امام قاضی ابوعبداللہ بن قاضی ابوجعفر طنجانی تھا۔''

ابن بطوطہ جامع مسجد کے امام قاضی ابوعبدللہ سے جب ملاقات کے لئے گئے تو اُس وقت امام صاحب مسجد کے صحن میں بیٹھے چندہ جمع کرنے کی مہم چلا رہے تھے تاکہ جن مسلمانوں کو بحری قزاقوں نے پکڑ کر غلام بنالیا ہے اُن کی رہائی کا بندوبست کیا جاسکے۔ آٹھ سو سال بعد آج بھی ہمارے امام اُسی انداز میں اُن ہی مقاصد کے لئے چندے مانگ رہے ہیں۔ اُس زمانے میں بحری قزاق مسلمانوں کو پکڑ کر معاوضہ لے کر چھوڑ دیتے تھے۔ آج امریکی سی آئی اے اور بعض غرض مند طالبان بھی رعب اور دبدبے کی خاطر ایسے کارنامے انجام دیتے رہتے ہیں۔ اس عرصہ میں سب کچھ بدلا۔ اگر نہیں بدلا تو مقامی اور بین الاقوامی دہشت گردوں

کی بدمعاشیاں۔

اسلامی دور میں مالیگاہ علم وادب کا گہوارہ تھا۔ مساجد، مدرسے، درسگاہیں اور علمی مجالس کا اہتمام بڑے ذوق وشوق سے ہوتا تھا۔ شہر میں سفید عمامے باندھے باریش عرب علمی و ادبی بحث ومباحثہ میں نظر آتے۔ مشاعرے بھی ہوتے جہاں شعراء اپنا کلام سناتے۔ ادبی محفلیں زیادہ تر ساحل سمندر پر شام کے وقت منعقد ہوتی تھیں۔ اکثر شعراء خواتین کی خوبصورتی ، جنگ وجدل، بہادر مجاہدوں کی داستانیں اور وطن کی تعریف میں شعر کہتے تھے۔ تیرھویں صدی میں مالیگاہ کے ابوعبدالخطیب عبدالوہاب بن علی مالقی بہت نامور شاعر تھے جنہیں اپنے شہر کی مناسبت سے مالقی کہا جاتا تھا۔ مالقی نے شہر مالیگاہ کے بارے میں متعدد نظمیں لکھیں۔ اُن کی ایک طویل نظم کے چند اشعار ملاحظہ ہوں۔

مالقه حييت ياتينها
فالفلك من اجلك ياتينها

نهى طبيبى عنك فى علته
مالطبيبى عن حياتى نها

وحمص لا تنس لها تينها
واذكر مع التين زياتينها

(مالیگا تیرے انجیروں پر بارش ہو، آسمان تیرے لئے بارش لاتا ہے۔ میرے طبیب نے بیماری میں انجیر کھانے سے منع کیا۔ میرے طبیب کو کیا ہوا مجھے میری زندگی سے روکتا ہے۔ اور حمص اور اس کے انجیر کو نہ بھول اور انجیر کے ساتھ اس کے زیتون کو بھی یاد کر۔)

ابن بطوطہ کے آنے کے 684 سال بعد جب مجھے مالیگاہ جانے کا موقع ملا تو میں نے اس شہر میں مسلمانوں کے محلے اور جامع مسجد کا نام ونشان نہیں دیکھا۔ اگر دیکھا تو مسجد کی

جگہ چرچ اور نمازی پرہیزگار مسلمانوں اور پردہ دار خواتین کی جگہ نیم برہنہ خواتین جو ساحل سمندر کی ریت پر اپنے ساتھیوں کے ساتھ پیٹھ سے پیٹھ لگائے دھوپ تاپ رہی تھیں۔

ساحل سمندر کے تھوڑے فاصلے پر زمانہ قدیم کے محلے اس وقت بھی موجود ہیں جن کی تنگ گلیاں ماضی کی یاد دلاتی ہیں۔ جن گلیوں میں جشن رمضان، جشن میلاد اور عیدین کے اجتماع منعقد ہوتے تھے آج اُن گلیوں میں مالیگا کا میلہ منعقد ہوتا ہے جس میں ڈھول باجے، شہنائیوں کی مدھر آواز پر ناچ گانے کے ساتھ ساتھ شراب اور شباب کے جلوے اور مزے لوٹنے کے لئے ہم جیسے سیاح اس شہر کا رخ کرتے ہیں۔

مالیگاہ اُندلس کا دوسرا بڑا شہر ہے جس کی آبادی 576725 افراد پر مشتمل ہے۔ جہاز سازی، بندرگاہ، زیتون کا تیل کشید کرنے کے کارخانے اور سیاحوں کو اپنی طرف کھینچنے کے لئے خوبصورت سنہری ریت بھرے ساحل موجود ہیں۔

بحیرۂ روم کے کنارے کنارے

مالیگاہ میں مختصر قیام اور ساحل سمندر کے نظاروں کے بعد ہم نے A7 موٹروے پر بحیرۂ روم کے ساتھ ساتھ مشرق کی طرف سفر کا پروگرام بنایا تاکہ ہسپانیہ کی ساحلی زندگی کو دیکھتے ہوئے اپنے پہلے پڑاؤ غرناطہ پہنچیں۔ شہر سے نکل کر جوں ہی مضافات میں پہنچے تو یوں محسوس ہونے لگا جیسے میں اپنے وطن پاکستان اور کشمیر میں گھوم رہا ہوں۔ مکانوں کی طرز تعمیر بالکل وطن عزیز کی طرح کوٹھیاں، بنگلے اور خوبصورت چوبارے دور پہاڑوں کی ڈھلوانوں پر نظر آنے لگے۔ مکانوں کے رنگ سفید، کریم اور نیم پیلے تھے۔ جوں جوں دیہی زندگی کو قریب سے دیکھا توں توں مجھے ہسپانوی لوگوں کے باذوق ہونے کا علم ہوا۔ ویران پہاڑوں پر بھی مکانوں کے اردگرد پھول، بوٹے، باغات اور کھیت بالکل ایسے ہی جس طرح اسلام آباد سے مری جائیں تو پہاڑوں پر دور دور مکانوں کے قریب پہاڑوں کو کھود کر بنائے گئے کھیت نظر آتے ہیں بالکل ایسے ہی کھیت یہاں اُندلس کی پہاڑیوں پر ہر سو بکھرے تھے۔

گاؤں کی آبادی محلوں کی شکل میں نہیں بلکہ الگ الگ دور دور مکان ہیں۔ ایک مکان سے دوسرے مکان کے درمیان دو دو میل یا اس سے بھی زیادہ فاصلہ تھا۔ ویران پہاڑوں پر مکانوں کے علاوہ زیتون، انگور، بادام اور انجیر کے باغات نظر آتے رہے۔

ساحل سمندر اور پہاڑوں کے دامن میں ایک خوبصورت موٹر وے پر ہم سفر کرتے جارہے تھے کہ محمد شبیر مغل نے تجویز دی کہ'' دوپہر کا وقت ہو چکا ہے۔ مناسب ہے کسی خوبصورت جگہ رک کر دوپہر کا کھانا کھایا جائے''۔ یہ سنتے ہی ملک عبدالقیوم نے گاڑی موٹر وے سے اُتار کر ساحل سمندر پر ایک خوبصورت شاپنگ سنٹر کے کار پارک میں کھڑی کردی۔ یہ امریکی طرز کا ایک خوبصورت سنٹر تھا جہاں ایک ہی چھت کے نیچے مارکیٹ، دکانیں اور ریسٹورنٹ تھے۔ ہم ایک ریسٹورنٹ میں گئے جو ''ترکی کباب'' فروخت کررہا تھا۔ ہم نے استفسار کیا یہ حلال ہیں؟ تو جواب کی بجائے اُس ہسپانوی کے چہرے پر ایک معصوم سی مسکراہٹ نظر آئی۔ معلوم ہوا کہ یہ صاحب انگریزی سے اتنے ہی کورے ہیں جتنے ہم ہسپانوی زبان سے۔ ایک نرم دل ویٹرس ٹوٹی پھوٹی انگریزی میں بات کرسکتی تھی۔ ملک عبدالقیوم نے اپنے مخصوص لہجے میں انگریزی بولتے ہوئے اُس ویٹرس کی نرم دلی سے بھرپور فائدہ اٹھاتے ہوئے اُسے سمجھایا کہ ہم مسلمان ہیں اس لئے حلال کھانا کھانا چاہتے ہیں۔ ویٹرس نے بتایا کہ ترکی کباب حلال ہیں۔ چنانچہ ہم نے کھانا اسی ریسٹورنٹ میں کھانے کا پروگرام بنالیا۔

کھانے کی میز پر بیٹھے تو منیر حسین نے سرگوشی کرتے ہوئے ہدایت دی کہ اس ملک میں مسلمان مسلمان کی زیادہ رٹ نہ لگانا۔ یہاں کے باشندے سخت متعصب عیسائی ہیں اور ممکن ہے مسلمانی کی وجہ سے سفر میں ہمیں کوئی نقصان نہ پہنچے۔ لیکن عبدالقیوم آفریدی ایسی ہدایات پر کان دھرنے والے نہیں تھے۔ انھوں نے پٹھانوں کی روایت پر چلتے ہوئے اعلان کردیا کہ: '' اوچے اگر یہ ہمیں مسلمان ہونے کی وجہ سے پسند نہیں کرتے تو ہم بھی ان کافر کے بچوں کو پسند نہیں کرتے۔ دب کر رہنے سے بہتر ہے کہ ہم واپس چلے جائیں۔'' لیکن شبیر مغل جو بڑے دھیمے انداز میں بات کرتے ہیں نے کہا کہ ایسی کوئی بات نہیں اس ملک میں اگر حلال کھانا ملتا ہے تو اس کا مطلب ہے کہ یہاں مسلمان بھی رہتے ہوں گے۔ یہ بھی ممکن ہے کہ ریسٹورنٹ کا مالک خود ہی مسلمان ہو۔'' یہ سن کر ملک عبدالقیوم آفریدی تھوڑے ٹھنڈے ہوئے۔

کھانے کے بعد دوبارہ اُسی موٹر وے پر سفر شروع کیا تو گاڑی محمد شبیر مغل نے چلانی شروع کردی۔ ہم نے دیکھا کہ اس علاقہ میں ساحل سمندر کے کنارے جگہ جگہ سیاحوں کے لئے فلیٹ اور ہوٹل تعمیر کیے جارہے ہیں۔ سیاح جہاں علاقے کی رونق میں اضافہ کرتے ہیں وہاں ملکی دولت میں بھی اضافہ کرتے ہیں۔ اس طرح کی تعمیر و ترقی نرجا Nerja میں بڑے

عروج پر تھی۔ کسی زمانے میں یہ مچھیروں کی ایک معمولی بستی تھی۔ آج بائیس ہزار افراد کا پر رونق قصبہ ہے۔

نرجا کا گاؤں

نرجا مالیگاہ سے پچاس میل کے فاصلہ پر ساحل سمندر کے کنارے آباد ہے۔ جہاں سولہ میل لمبے خوبصورت ریت بھرے ساحل Beaches دھوپ تاپنے والے سیاحوں کو اپنی طرف کھینچتے ہیں۔ سیاح دن بھر ریت پر لیٹ کر وقت گزارتے ہیں جبکہ شام ہوتے ہی ساحل کے قریب شراب خانوں اور جوئے خانوں کی رونق بڑھاتے ہیں۔ شہر کے وسط میں مسلمانوں کے زمانے کا ایک قلعہ ہے اور پہاڑوں کی پشت پر بے شمار غاریں ہیں۔ جو سیاح ساحل سمندر پر ننگے لیٹنے سے شرماتے ہیں وہ پہاڑوں کی کھوہ میں ان غاروں میں وقت گزارتے ہیں۔ نرجا کی پہاڑی غاروں کے بارے میں مقامی لوگوں میں کہاوت مشہور ہے کہ مسلمان بادشاہ جب سپین سے جانے لگے تو وہ اپنا مال و دولت ہیرے جواہرات ان غاروں میں چھپا کر گئے تھے۔ اس طرح کئی سیاح دولت ڈھونڈنے ان غاروں کا رخ کرتے ہیں۔ غاروں کے اندر جائیں تو دولت کی بجائے چھت سے پانی رس رس کر گرتا ہے۔

المنیکر کا ساحل

نرجا سے ہم المنیکر Almunecar پہنچے۔ نرجا صوبہ مالیگاہ میں جبکہ المنیکر صوبہ غرناطہ میں ہے۔ عربی طرز کے نام سے معلوم ہوتا ہے کہ اس قصبہ سے مسلمانوں کی بڑی قربت رہی۔ اسلامی دور میں یہ بہت ہی اہم بندرگاہ تھی۔ عبدالرحمان الداخل جو تاریخ اُندلس میں عبدالرحمان اول کے نام سے مشہور ہوئے 755ء میں ایک خفیہ مشن کے تحت رات کے وقت افریقہ سے ایک جہاز پر بیٹھ کر المنیکر کی اس بندرگاہ پر اُترے تھے۔ ابوعثمان اور ابن خالد نے رات کے اندھیرے میں بندرگاہ پر ان کا استقبال کیا تھا۔ پھر ابن خالد انہیں اپنے گھر لے گئے جہاں سے یہ ابوعثمان کے علاقہ طرش چلے گئے تھے جہاں امیہ سرداروں نے ان کے ہاتھ پر بیعت کچھ اس انداز میں کی کہ انہیں مسند ہسپانیہ پر بٹھا دیا۔

سپین کی وزارت سیاحت نے عبدالرحمان اول کا کانسی کا ایک مجسمہ اُس مقام پر نصب کیا ہے جہاں عبدالرحمان نے اس سرزمین پر پہلا قدم رکھا تھا۔ یہ ایک قدآور مجسمہ ہے جس میں عبدالرحمان کے سر پر پگڑی اور ہاتھ میں تلوار ہے، جس کے سہارے وہ کھڑا ہے۔

مجسمہ کی پشت سپین کی طرف اور رخ سمندر کی طرف ہے۔

المنیکر قدرتی حسن سے مالا مال ایک انتہائی خوبصورت قصبہ ہے۔ جہاں سیارہ المیجارا کے پہاڑ سمندر کو آ چھوتے ہیں۔ پہاڑوں پر ہریالی کی وجہ سے ساحل سمندر درختوں سے گھرا ہوا ہے۔ ایسا قصبہ جو درختوں اور پہاڑوں میں گھرا ہوا ہو اُسے عربی میں المنیکر کہتے ہیں۔ یہ قصبہ مالیگاہ سے 75 کلومیٹر اور غرناطہ سے چالیس کلومیٹر کے فاصلہ پر ہے۔

یہ قصبہ اور ساحل سمندر غرناطہ کے لوگوں کے پسندیدہ مقام ہیں۔ جہاں امرائے غرناطہ تعطیلات گزارنے آتے ہیں۔

قصبہ ایک پہاڑی پر ہے جہاں مسلمانوں کے دور کی یادگاروں میں مساجد، قلعے اور دوسری عمارتوں کے کھنڈرات سیاحوں کو اس طرف کھینچتے ہیں۔ یہ قصبہ 1489ء تک مسلمانوں کے قبضہ میں رہا۔ رات کے وقت ریسٹورنٹ، شراب خانوں اور کلبوں میں بڑا ہلا گلا ہوتا ہے جہاں سیاحوں کی دلی مرادیں پوری ہوتی ہیں۔ شام ڈھلے جب شراب اور شباب کی مستی عروج پر پہنچتی ہے تو پھر وہی ہوتا ہے جو جی میں آئے۔ اور صبح ''رات گئی بات گئی'' والی بات ہوتی ہے۔

المنیکر کے بعد ہم نے تھوڑا ہی سفر کیا تھا کہ ہم سالو برینا Salobrena نامی گاؤں میں پہنچے۔ گاؤں کے سب مکان سفید ہیں۔ بحیرہ رُوم کے کنارے یہ گاؤں چھ ہزار سال سے موجود ہے۔ گاؤں کے اردگرد جو تھوڑے کھیت ہیں وہاں کماد کاشت ہوتا ہے۔ کماد سے چینی تیار کرنے کا ایک چھوٹا سا کارخانہ بھی گاؤں کی نکڑ پر ہے۔ یورپ میں اب کماد کے گنے کے رس سے چینی تیار کرنی تقریباً ختم ہو چکی ہے۔ اس گاؤں کا کارخانہ آخری کارخانہ ہے جس کی زندگی کا انحصار گنے کی فصل پر ہے۔

مسلمانوں کے دور حکومت میں گاؤں کی ساری آبادی مسلمان تھی۔ گاؤں کی واحد مسجد مسمار کر دی گئی ہے بہرحال اُس دور کا ایک چھوٹا سا قلعہ ابھی تک بڑی استقامت سے کھڑا ہے۔ گاؤں کے سامنے چند فرلانگ کے فاصلہ پر موٹرل کا قصبہ ہے۔

موٹرل

موٹرل Motril کا قصبہ سیارہ المجارا کی ایک پہاڑ کی ڈھلوان پر نگہبان کی طرح

بحیرۂ روم پر نظریں جمائے کئی صدیوں سے اپنے قدرتی حسن کے جلوے دکھا رہا ہے۔ قصبہ کے جلوؤں میں ایک جلوہ سمندر کے کنارے پہاڑی پر ایک خوبصورت چرچ کا ہے۔ چھ سو سال پہلے یہ خوبصورت جامع مسجد تھی لیکن نصرانی حکمرانوں نے ملک پر قبضہ کر کے مسجد کو چرچ میں بدل دیا تھا۔ عمارت اس قدر خوبصورت اور پر شکوہ ہے کہ اس وقت بھی سیاح اسے دیکھ کر حیرت میں ڈوب جاتے ہیں۔ مسجد کے صحن میں کھڑے ہوں تو سامنے سمندر دائیں بائیں وادیاں اور پشت پر پہاڑ ہیں۔ اسی مسجد سے تھوڑے فاصلے پر آخری مسلمان حکمران بیدل کی والدہ کا محل تھا جو اب بھی موجود ہے لیکن اس وقت وہاں گاؤں کا پادری رہتا ہے۔ یہ مچھیروں کی بستی تھی اور اب بھی ہے۔ مچھیرے اب بھی سمندر سے مچھلیاں پکڑ کر ملک کے دوسرے علاقوں میں فروخت کرتے ہیں۔

ال بشارات کے پہاڑوں میں

موٹرل پہنچ کر فیصلہ ہوا کہ اب تک ساحلی علاقوں، قصبوں اور شہروں کی سیاحت سے دل اور آنکھیں بھی سیر ہو چکی ہیں۔ مناسب ہے کہ اب سمندری رونق میلہ سے نکل کر پہاڑوں اور جنگلوں کا رخ کریں تا کہ اُن کے بیچوں بیچ سفر کر کے رات غرناطہ پہنچا جائے۔ مغل صاحب نے گاڑی کا رخ المیریا Almeria کی بجائے غرناطہ کی طرف جانے والی سڑک A44 کی طرف موڑ دیا۔

مالیگاہ سے موٹرل تک ہمارا سفر سمندر کے کنارے اور پہاڑوں کے سائے تلے ہوتا رہا۔ اس سفر میں سمندر ہمارے دائیں ہاتھ موجیں مارتا رہا۔ جبکہ بائیں ہاتھ اونچے اونچے ویران پہاڑ ہمارے ساتھی رہے۔ اب ہمیں البشارات کے پہاڑی سلسلہ کے اُس پار جا کر غرناطہ شہر دیکھنا تھا۔ موٹرل سے ہم بائیں مڑے تو گاڑی ایک خوبصورت ڈیول کیرج وے پر جا پہنچی۔ اعلیٰ معیار کی یہ سڑک آہستہ آہستہ پہاڑ کی بلندی کی طرف بڑھتی گئی۔ بلندی سے پیچھے مڑ کر دیکھا تو بحیرۂ روم بہت ہی خوبصورت نظر آ رہا تھا۔

گاڑی موڑ کاٹ کر پہاڑ کی دوسری طرف جا پہنچی۔ اونچے اونچے بلند پہاڑوں کے درمیان دور دور گاؤں اور وادیاں دیکھ کر مجھے یوں محسوس ہوا جیسے میں اسلام آباد دامنِ کوہ سے سفر کرتے ہوئے پیر سوہاوہ سے اسلام آباد کی رونقیں دیکھنے کے بعد دوسری طرف جنگل اونچے پہاڑ اور چیڑ کے درخت، پہاڑی گاؤں، سڑکیں اور پگڈنڈیاں دیکھ رہا ہوں۔

سپین کے جنگلات میں جگہ جگہ بکریاں اور اُن کے ساتھ چرواہے (آ جڑی) بھی ہاتھوں میں کلہاڑے لیے بکریوں کی رکھوالی کرتے نظر آتے رہے۔ ہسپانیہ میں بھیڑوں کی بجائے نیم سرخی مائل اور بڑے قد کی پہاڑی بکریوں کے ریوڑ کثرت سے دیکھے۔ بھینس تو یورپ میں ہوتی ہی نہیں۔ لیکن گائے اور بیلوں کی کثرت ہے۔ ایک چرواہے کو اونچی چٹان پر بیٹھے بانسری بجاتے دیکھا تو مجھے کشمیر میں گزرا بچپن اور اختر شیرانی کی ایک نظم یاد آنے لگی:

شفق کی چھاؤں میں چرواہا جب بنسی بجاتا ہے
تصور میں مرے ، ماضی کے نقشے کھینچ لاتا ہے
نظر میں ایک بھولا بسرا عالم لہلہاتا ہے

مرے افکار طفلی کو ہے نسبت اس کے نغموں سے
میں بچپن میں کیا کرتا تھا اُلفت اس کے نغموں سے
جبھی بنسی کی لے میں عہد طفلی جھلملاتا ہے

گیا بچپن مٹا وہ سن ، جوانی بیتنے آئی
سحر ہونے کو ہے ، رنگیں کہانی بیتنے آئی
یہ چرواہا مجھے کیوں یاد پھر اُن کی دلاتا ہے

ہم پہاڑوں کے بیچوں بیچ قدرتی مناظر دیکھتے گپ شپ لگاتے سفر کرتے جا رہے تھے کہ پہاڑی نالوں پر تعمیر ایک ''بچونگڑے'' ڈیم پر جا پہنچے۔ بچونگڑا اس لئے کہ ہم منگلا ڈیم کے کنارے آباد شہر میر پور کے باسی ہیں۔ منگلا ڈیم دنیا کے بڑے ڈیموں میں سے ایک ہے۔ ایسے میں سپین کے اس چھوٹے سے ڈیم کو ہم بچونگڑا نہ سمجھتے تو اور کیا کہتے۔ ہم نے اس ڈیم کے دائیں کنارے، جس طرف سے پانی کا نالہ بہہ کر ڈیم میں شامل ہو رہا تھا، اُس سڑک پر سفر شروع کیا۔ یہ سڑک دریا کے کنارے کنارے اونچے پہاڑوں کے ساتھ ساتھ چلی جا رہی تھی۔ سڑک پختہ تھی۔

یہ علاقہ مجھے ایسا لگا جیسے دریائے پونچھ کے اردگرد کا علاقہ ہے۔ دریائے پونچھ پیر پنجال سے نکل کر جوں ہی نیچے وادیوں میں سرنکوٹ پہنچتا ہے تو دونوں طرف پہاڑوں کے بیچوں بیچ بہتا اور علاقے کے دوسرے ندی نالوں کو ساتھ ملاتا ہوا مقبوضہ کشمیر میں پونچھ شہر کے قریب سے گزر کر آزاد کشمیر میں داخل ہو جاتا ہے۔ پھر یہ سہڑا، تتہ پانی، کوٹلی، گل پور، ناڑ سے ہوتا ہوا

چومکھ کے مقام پر منگلا ڈیم میں آملتا ہے۔ جو لوگ ان علاقوں میں رہتے ہیں یا جنھوں نے اس دریا کے ساتھ ساتھ سفر کیا ہے وہ اس علاقہ کے قدرتی حسن سے اچھی طرح آگاہ ہیں۔ بالکل وہی مناظر میں نے یہاں اُندلس میں بھی دیکھے۔

دریا کے کنارے اور پہاڑوں کے درمیان سفر کرتے ہوئے ہم ایک موڑ مڑے تو سامنے ایک انتہائی خوبصورت گاؤں دیکھ کر مغل صاحب نے گاڑی کھڑی کردی۔ ہم گاڑی سے نکل کر گاؤں اور اس کے اردگرد جنگلات اور دور دور پہاڑوں پر مکان دیکھنے لگے۔ مکان بالکل اپنے وطن کی طرز کے تھے۔ دور پہاڑوں پر بھیڑ بکریاں چرتی نظر آرہی تھیں۔ گاؤں کے اردگرد پھل دار درختوں کے باغات تھے۔

جہاں ہم نے گاڑی کھڑی کی تھی وہاں شہتوت کے درختوں پر پھل تیار تھا جسے دیکھا تو مجھے اپنا بچپن یاد آیا۔ جب ہم دوپہر کے وقت درختوں پر چڑھ کر تازہ اور میٹھے میٹھے شہتوت کھایا کرتے تھے۔ بچپن کی یادوں کو تازہ کرنے کی خاطر میں شہتوت کھانے لگا تو وہ اس قدر میٹھے اور رس بھرے تھے کہ میں نے اپنے دوستوں کو بھی کھانے پر مائل کیا۔ منیر حسین فطرت کے نظاروں اور ہمارے درختوں سے پھل کھانے کی تصویریں اُتارنے لگے۔ شبیر مغل فلم بندی جبکہ میں اور ملک عبدالقیوم ہر چیز سے بے نیاز پھل کھانے میں مصروف تھے۔

شہتوت کے درختوں کے اردگرد اونچی اونچی گھاس تھی۔ پھل کھانے کی خوشی میں گھاس کا خیال ہی نہیں کیا۔ جب شکم بھر گیا تو دیکھا کہ میری پتلون پر گھاس کے کانٹے ہی کانٹے ہیں۔ جو لوگ پہاڑی علاقوں میں رہتے ہیں وہ جانتے ہیں کہ گھاس کی ایک قسم ایسی بھی ہوتی ہے جس کے ساتھ کانٹے بھی ہوتے ہیں۔ ہمارے گاؤں کے لوگ پہاڑی زبان میں اُس کانٹے کو ''سرالا'' کہتے تھے۔ اب وہ ''سرالے'' میری پتلون پر اُسی طرح چسپاں ہو چکے تھے جس طرح بچپن میں یہ میری شلوار کے ساتھ لگ جاتے تھے۔ جسے ماں جی بڑی شفقت کے ساتھ نکالتی تھیں تاکہ یہ میرے جسم میں پیوست نہ ہو جائیں۔ اب میں اکیلا بیٹھا پتلون سے کانٹے نکالتا اور ماں کو یاد کر رہا تھا۔ (ماں جی 7 دسمبر 1993ء اس جہان سے رخصت ہوگئیں تھیں۔)

اس علاقہ کو عرب البشارات کہتے تھے۔ جس کا مطلب ہے کہ گھاس والے علاقے۔ آج جب گھاس اور اُس کی مختلف قسمیں دیکھیں تو مجھے یقین ہوگیا کہ واقعی ہم

البشارات کے پہاڑوں میں ہیں۔ تاریخ بتاتی ہے کہ البشارات کے پہاڑی سلسلہ میں چھ سو گاؤں تھے جن میں اکثریت مسلمانوں کی تھی۔ یہ گاؤں اب بھی موجود ہیں لیکن مسلمان موجود نہیں۔

گاؤں کا یہ ایک یادگار خوبصورت منظر تھا جس نے ہم سب کی تھکاوٹ دور کردی۔ جب میں پتلون سے کانٹے نکال چکا تو ساتھیوں نے فیصلہ کیا کہ اس گاؤں کے پھل تو مفت میں کھائے ہیں اب مناسب یہی ہے کہ گاؤں میں جا کر چائے پی کر اس گاؤں کے پانی اور دودھ کی تاثیر بھی دیکھیں۔

ایک پہاڑی گاؤں

ٹوروزکون Torvizcon نامی اس پہاڑی گاؤں میں تقریباً تیس مکان اور سڑک کنارے موڑ پر چند دکانیں تھیں۔ دکانوں کے سامنے گاؤں کا باغ تھا جس میں رنگ برنگے پھول اور پھل دار درخت تھے۔ قریب ہی پانی کا چشمہ تھا۔ مجھے چشمے کا میٹھا اور ٹھنڈا پانی پیتے دیکھا تو منیر حسین نے بھی اِن چشموں اور جھرنوں کا پانی جی بھر کر پیا۔ منیر حسین کا کہنا ہے کہ دنیا کے تمام مشروبوں میں سے سب سے بہتر مشروب پانی ہے۔ باغ میں گاؤں کے بوڑھے بیٹھے گپ شپ کے ساتھ ساتھ سیاحوں کو دیکھ کر دل بہلا رہے تھے۔

گاؤں کا چائے خانہ اور شراب خانہ ایک ہی دکان میں تھے۔ ہمارے علاوہ وہاں دنیا کے دیگر ملکوں کے سیاح بھی موجود تھے۔ ملک عبدالقیوم آفریدی کے ساتھ والی میز پر جارج نامی ایک امریکی بیٹھا ہوا تھا جو دل پھینک قسم کا ادھیڑ عمر کا ہنس مکھ اور باتونی آدمی تھا۔ اس نے جلد ہی ملک صاحب کے ساتھ دوستی کرلی۔ ملک صاحب کی یہی بڑی خوبی ہے کہ وہ جلد ہی انجانے لوگوں میں بھی اس طرح گھل مل جاتے ہیں جیسے یہ عرصہ دراز سے اُنہیں جانتے ہیں۔ ہم نے چائے اور جارج نے مقامی انگوروں سے کشید کردہ شراب کا آرڈر دیا تو ہوٹل کی ملازمہ نے جوں ہی چائے اور شراب لاکر میز پر رکھی تو جارج نے جگر پر ہاتھ رکھ لیے اور پھر ملک عبدالقیوم کو آنکھ مارتے ہوئے کہنے لگا یہ لڑکی نہیں جادوگرنی ہے جو میرا دل لے گئی ہے۔ اب میں ایک ہفتہ اسی گاؤں میں گزاروں گا۔

معلوم ہوتا تھا کہ ہمارے ملک صاحب بھی اُس لڑکی کے حسن سے متاثر تھے۔ چنانچہ ملک صاحب نے جارج سے رقابت کا بدلہ لینے کی خاطر کمال چالاکی سے جارج کو تیار کیا کہ وہ

جا کر لڑکی کو پیغام محبت دے۔ جارج، جو پتہ نہیں کتنے عرصہ سے وہاں بیٹھا شراب پی رہا تھا، نشے کی حالت میں لڑکھڑاتے ہوئے اٹھا، سیٹیاں بجاتا کونٹر پر جا کر لڑکی کے ساتھ دیسی انداز میں ''بڑھاپے کا ٹھرک'' جھاڑنے لگا تو معلوم ہوا حسینہ کو انگریزی نہیں آتی اور جارج کو ہسپانوی۔

جب زبان کا مسئلہ پیدا ہو جائے تو پھر غلط فہمیاں بھی پیدا ہونا شروع ہو جاتی ہیں۔ وہ حسینہ سمجھی کہ بابا جی مزید وہسکی پینا چاہتے ہیں۔ گاہک کی ضرورت معلوم کرنے کی خاطر لڑکی نے دوسری منزل پر موجود کسی کو آواز دی ''پیارے ذرا نیچے آنا''۔ آواز سن کر ایک گھبرو جوان، جو غالباً لڑکی کا بوائے فرینڈ تھا، نیچے آیا۔ گھبرو جوان کو دیکھ کر جارج کی گھگی بند اور عشق کا نشہ ہرن ہونے لگا۔ ہسپانوی جوان نے انگریزی میں بابا جی سے پوچھا آپ کس چیز کی تلاش میں ہیں؟

جارج نے بوکھلا کر کہا مجھے ٹوائلٹ جانا ہے۔ اُس نے جارج کو ٹوائلٹ کا راستہ دکھایا۔ یوں ہسپانوی گھبرو جوان کو دیکھ کر بوڑھے امریکی کا پیشاب، جو سرِ عام نکلنے والا تھا، وہ پردہ پوشی میں خارج ہوا۔ ملک عبدالقیوم آفریدی کا کیا حال ہوا، وہ میں بتانے سے قاصر ہوں چونکہ سیانوں کا مشورہ ہے کہ:

خوش تر آں باشد کہ سرِ دلبراں
گفتہ آید در حدیث دیگراں

(جب دوستوں کا کوئی راز کہنا ہو تو اشارے کنائے میں دوسروں کا نام لے کر کہنا چاہیے۔)

چائے پیتے ہوئے منیر حسین نے نقشہ کھول کر دیکھا تو معلوم ہوا کہ ہم راستہ بھول کر غرناطہ کی بجائے کسی اور سمت سفر کر رہے ہیں۔ اب ہمیں واپس جا کر دائیں طرف کے نالے کو عبور کر کے لان جارن Lanjaron سے گزر کر غرناطہ جانا پڑے گا۔

سچ یہ ہے کہ مجھے اس علاقہ کو دیکھنے کا شوق تھا۔ لیکن وقت کی قلت کی بناء پر میں اپنے سفری پروگرام میں اسے شامل نہ کر سکا تھا۔ اب ڈرائیور کی بھول مجھے خود اُس علاقے میں لے آئی جسے مجھے دیکھنا تھا۔

آخری آماجگاہ

شبیر مغل نے گاڑی کا رخ واپسی کی طرف موڑا اور مجھ سے پوچھا ''آپ کو یہ علاقے دیکھنے کا کیوں شوق تھا؟''

اُندلس سے جب مسلمانوں کی حکومت ختم ہوئی تو آخری مسلمان بادشاہ بیدل کو عیسائی حکمرانوں نے ایک معاہدے کے تحت اس علاقہ میں رہنے کی اجازت دی۔ چنانچہ غرناطہ کے محل الحمرا کی چابیاں فاتح حکمرانوں کو 2 جنوری 1492ء کو دے کر بیدل شاہی خاندان اور مسلمانوں کے ساتھ اسی علاقے میں آ کر رہنے لگے تھے۔ایک سال بعد عیسائی بادشاہ نے معاہدہ توڑ کر بیدل کو ملک بدر کر کے تیونس بھیج دیا تھا۔لیکن مسلمان اس علاقہ میں آباد رہے۔ جنہوں نے اپنی شناخت، اپنے دین اور تہذیب وتمدن کو برقرار رکھا۔لیکن مسلمان عیسائیوں کے دل میں کانٹے کی طرح کھٹکتے تھے۔اسلام دشمنی میں عیسائیوں نے مسلمانوں کے لئے دائرہ حیات کر کے انہیں اسلامی فرائض سے روک دیا تھا۔ایسے میں مجاہدین نے دوبارہ اپنی صفوں کو درست کیا اور 1568ء میں فریدن حسن نامی ایک نامور مجاہد نے ابن امیہ کا لقب اختیار کر کے اپنے آپ کو مسلمانوں کا خلیفہ قرار دے کر دوبارہ اسلامی حکومت کا اعلان کر کے لاجارن کو اپنا دارالخلافہ قرار دیا اور نصرانی بادشاہ فلپس دوم کے خلاف جنگ کے لئے مجاہدین کو میدان جنگ میں اُتارا۔

ایک خونریز جنگ میں ابن امیہ گرفتار ہوا۔ جسے پھانسی پر لٹکا دیا گیا۔اب عیسائیوں کے لئے آسان ہو گیا تھا کہ وہ زندہ بچ جانے والے مسلمانوں کو اُندلس سے مکمل بے دخل کریں۔اس طرح 1610ء میں سب مسلمانوں کو اس علاقہ سے نکال کر بحیرۂ روم کے دوسرے کنارے تیونس بھیج دیا گیا۔لیکن گاؤں میں دو دو مسلمان خاندانوں کو رہنے کی اجازت ملی جو مقامی لوگوں کو زراعت، تعمیرات اور دوسرے ہنر سیکھانے پر مامور ہوئے۔نصرانی حکمرانوں نے مسلمانوں کی جگہ آسٹریا سے عیسائیوں کو لاکر اس علاقہ میں آباد کیا جن کی نسلیں آج بھی اس علاقہ میں آباد ہیں۔آسٹریا کے لوگوں کو اس علاقہ میں لا کر آباد کرنے کی ایک وجہ یہ بھی تھی کہ یہ لوگ انتہائی وحشی تھے جنہوں نے بچے کھچے مسلمانوں پر ظلم کے پہاڑ ڈھائے۔

یہ لوگ کتنے ظالم تھے اس کا اندازہ حال ہی میں عالمی شہ سرخیاں بننے والے اُس واقعہ سے لگایا جا سکتا ہے جس میں جوزف نامی ایک آسٹرین نے 1984ء میں اپنی اٹھارہ سالہ بیٹی کو گھر کے تہہ خانے میں قید کر دیا تھا۔الزبتھ نامی یہ لڑکی پچیس سال تک اپنے باپ کے ذاتی قید خانے میں رہی۔اس دوران باپ اپنی بیٹی کو مسلسل جنسی ہوس کا نشانہ بناتا رہا۔جس کے نتیجہ میں یہ اپنے باپ کے آٹھ بچوں کی ماں بنی۔آج کے روشن دور میں یورپ، جو روشن دنیا کا علم

بردار بننے کا اعلان کررہا ہے، اُس میں جوزف جیسے لوگ اگرایسے بدترین فعل کا ارتکاب کرسکتے ہیں تو پانچ سو سال پہلے ان آسٹرین کے آباءواجداد نے پتہ نہیں مسلمان خواتین کے ساتھ کیا کیا ظلم کیے ہوں گے؟

ہم باتیں کرتے ہوئے آرگویا Orgiva کے قصبہ پہنچے۔ اس قصبہ کو علاقہ میں مرکزی حیثیت حاصل ہے جس کے بعد ہم پمپانیرا Pampaneira نامی گاؤں میں پہنچے۔ پہاڑی کی ڈھلوان پر آباد یہ گاؤں قدیم بھی ہے اور خوبصورت بھی۔ دورجدید میں رہتے ہوئے بھی گاؤں کے لوگ ابھی تک زمانہ قدیم کی کھڈیوں پر کپڑا بنتے ہیں۔ سارا گاؤں کپڑا بننے والوں کی بستی ہے۔ دیسی کپڑا مقامی مارکیٹ میں فروخت ہوتا ہے۔

لان جورن کا قصبہ

پمپانیرا کے بعد ہم لان جورن Lanjaron پہنچے۔ یہ انتہائی خوبصورت قدیمی اور تاریخی قصبہ ہے۔ مسلمانوں کے آخری زمانے میں اسے مرکزی حیثیت حاصل تھی۔ گاؤں ایک پہاڑی کے اوپر آباد ہے جبکہ دامن میں آٹھ قدرتی چشمے ہیں۔ ان چشموں سے کس قدر پانی نکلتا ہے اس کا اندازہ اس بات سے لگایا جاسکتا ہے کہ ہرروز چار لاکھ لیٹر پانی بوتلوں میں بھر کر فروخت کیا جاتا ہے۔ یہ چشمے رومن دور سے موجود ہیں۔ رومن ان چشموں پر علاج کی نیت سے آتے تھے۔ علاقے کی آب وہوا اور پانی میں شامل معدنیات کے اثر سے اکثر مریض صحت یاب ہوجاتے تھے۔ مسلمانوں کے دور کا ایک قلعہ بھی پہاڑی پر اُسی آن وشان سے موجود ہے۔ مسجد کو چرچ میں تبدیل کردیا گیا تھا۔ اسی گاؤں میں 1568ء میں مجاہدین اور نصرانی حکمرانوں کی آخری فیصلہ کن جنگ ہوئی تھی۔

لان جورن کے قصبہ میں مسلمانوں کے دور کے قلعہ کے علاوہ پارک اور اُن میں فوارے اب بھی اُسی طرح چالو حالت میں ہیں۔ پانی کی فراوانی کی بدولت پہاڑ کے دامن میں سنگتروں، انگور، سیب، خوبانی، چیری، آلو بخارا، زیتون، انجیر (پھگواڑے) اورلیمن کے باغات ہیں۔ مقامی لوگ گھروں میں سنگتروں اور انگور سے دیسی طریقہ کے مطابق شراب کشید کرکے فروخت کرتے ہیں۔ اس دیسی شراب کو سیاح بڑی دلچسپی سے خریدتے اور پیتے ہیں۔ کچھ لوگ گھروں میں زیتون کا تیل بھی زمانہ قدیم کے طریقے کے مطابق کولہو، جسے بیل کھینچتے ہیں کے ذریعے کشید کرتے ہیں۔ اگر آپ مقامی کولہو کا کشید کردہ تیل خریدنا چاہتے ہیں تو گاؤں

کے کسی بھی گھر پر دستک دیں تو مالک مکان یا خاتون خانہ آپ کو تیل بھی دے گی اور تیل کی صفات سے بھی آگاہ کرے گی۔ جس طرح ''پمپانیرا'' گاؤں کپڑے بننے والوں کا تھا اس طرح یہ قصبہ تیل کشید کرنے والوں کی بستی کے طور پر مشہور ہے۔

ہمیں مقامی تیل میں دلچسپی نہیں تھی کیونکہ گرمی سے ہمارا اپنا تیل نکل رہا تھا۔ اس قصبہ سے ہمارا پیار تو مسلمان حکمرانوں کی نسبت سے تھا۔ علاقہ کا چپہ چپہ مسلمانوں کی داستانوں سے رقم ہے۔ ہم سرسبز اور شاداب وادیوں سے گزرتے ہوئے دوبارہ A44 نامی سڑک پر جا پہنچے۔ اسی سڑک سے بھول کر ہم اِن پہاڑی بستیوں میں جا پہنچے تھے جن کا ذکر آپ نے اوپر پڑھا ہے۔

سڑک A44 پر سفر کرتے ہوئے ہم شام آٹھ بجے غرناطہ پہنچے۔

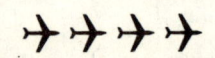

رعى اللـه مـن غرناطته متبوا
يسـر حـزيـنـا او يـجيـر طـريـدا

تبـرم مـنـهـا صـاحبـى عند ماراء
مسـارحـها بالثلـج عدن جليدا

(شيخ محمد بن شيريں سبتى)

غرناطہ

غرناطہ میں ہمارا قیام علی سرا اس نامی ہوٹل میں تھا۔ پانچ ستاروں والا یہ ہوٹل تلاش کرنے میں کوئی دشواری نہیں ہوئی۔ ہم جوں ہی ال بشارات کی طرف سے A44 پر سفر کرتے ہوئے غرناطہ کی حدود میں داخل ہوئے تو ایک پہاڑی پر آ کر رکے۔ ہم نے ایک ہسپانوی سے ہوٹل کا راستہ پوچھا تو اُس نے راستہ بتانے کے ساتھ ساتھ یہ بھی بتا دیا کہ "موروں کی آہ" نامی پہاڑی یہی ہے۔ اِسی مقام پر کھڑے ہو کر آخری مسلمان بادشاہ بیدل نے غرناطہ پر نظر ڈالی تو آہ و پکار کر کے رونا شروع کر دیا تھا۔ بادشاہ کی ماں عائشہ بھی ساتھ تھی جو بیٹے کو آہ وزاری کرتے دیکھ کر بولی:

"جس شہر کو تم مردوں کی طرح لڑ کر نہ بچا سکے اب اُس
کے لئے عورتوں کی طرح روتے ہو؟)

یہ سن کر بادشاہ نے آنسو پونچھے اور ندامت سے سر جھکا کر غرناطہ سے نیچے ال بشارات نامی پہاڑوں کی طرف چلا گیا۔ اِن علاقوں کا ذکر آپ گذشتہ صفحات میں پڑھ چکے ہیں۔

"موروں کی آہ" نامی پہاڑی سے ہم نے شہر کا نظارہ کیا تو شہر کو ایک کھلے میدان میں آباد پایا جس کی پشت پر پہاڑیاں ہیں۔ اِن پہاڑیوں میں سے ایک پر الحمرا کے محلات ہیں۔ ہمارا ہوٹل اُن محلات کے بالکل قریب تھا۔ ہم گاڑی میں بیٹھے اور جلد ہی اپنے ہوٹل جا پہنچے۔

علی سرا س Alixares ہوٹل الحمرا کے داخلی گیٹ اور ٹکٹ آفس کے بالکل سامنے ایک چھوٹی پہاڑی پر تھا۔ ہم نے گاڑی الحمرا کے کار پارک میں کھڑی کی اور ٹھیک آٹھ بجے ہوٹل پہنچے تو سٹاف بڑے تپاک سے ملا۔ کمروں کی چابیاں دیتے ہوئے شہر کا ایک نقشہ بھی دیا اور ہمیں بتا دیا کہ شہر کی کون کون سی جگہ تاریخی اہمیت رکھتی ہے۔ ہمیں کمرہ نمبر 231 ملا۔ ہم کمروں میں گئے تو طبیعت خوش ہوگئی۔ انتہائی نفیس صاف ستھرا کمرہ ساتھ باتھ اور شاور روم۔ صاف ستھرے بستر، تولیے، ٹوتھ برش، ٹوتھ پیسٹ، کنگھے، ہیر ڈرائر، فریج سمیت ہر وہ چیز موجود تھی جس کی ہمیں وقتی طور پر ضرورت پڑ سکتی تھی۔

دن بھر کے سفر سے ہم تھک چکے تھے۔ گرمی بھی کافی تھی۔ سب کا فیصلہ تھا کہ آج کی شام ہوٹل میں گزاریں گے۔ لیکن جب غسل کیا تو دن بھر کی تھکاوٹ جاتی رہی۔ ہم ہشاش بشاش باہر نکلے تو غرناطہ سے سورج غروب ہو رہا تھا۔ غروب آفتاب کا منظر اس قدر دلکش تھا کہ منیر حسین نے اُس کی عکس بندی شروع کر دی۔ ہم نے غرناطہ کی خوشگوار ہواؤں میں سانس لیا تو بالکل تر و تازہ ہو گئے۔ ایسے میں سب نے ہوٹل سے باہر چلنے اور کھلے بازار میں کھانا کھانے کی تجویز دی جسے اکثریت کی بناء پر قبول کر لیا گیا۔ ہوٹل پہاڑی کے اوپر تھا جہاں سے ہمیں ڈھلوان سے اُتر کر نیچے سٹی سنٹر جانا تھا۔

ہم الحمرا قلعہ کی بیرونی دیوار کے ساتھ ساتھ ایک خاموش اور پر سکون سڑک پر شہر کی طرف پیدل چل پڑے۔ سڑک پر زمانہ قدیم کے پتھر اُسی حالت میں ہیں۔ دن کے وقت اس سڑک پر گاڑیاں چلتی ہیں لیکن شام کے وقت مکمل سناٹا چھایا ہوا تھا۔ قلعہ کی دیوار ہوٹل سے شہر تک پھیلی ہوئی ہے۔ قلعہ کے بیرون دونوں طرف اونچے اونچے شاہ بلوط اور چنار کے درختوں کے علاوہ رنگ برنگے پھول ماحول کو معطر کر رہے تھے۔ ساتھ ساتھ نالیوں میں پانی بہہ رہا تھا۔ ہم ان درختوں کے بیچ بہتے پانی کے ساتھ ساتھ پگ ڈنڈی پر چل رہے تھے۔ اکا دکا سیاح بھی پیٹھ پر تھیلے اٹھائے اپنی منزل کی طرف رواں تھے۔ پرندے غول در غول چہچہاتے اپنے گھونسلوں کی طرف جا رہے تھے۔ کچھ پرندے میٹھی میٹھی آوازوں میں بولیاں بول رہے تھے۔ ماحول ایسا پر سکون تھا کہ اس علاقہ پر شہر کی بجائے جنگل کا گمان ہونے لگا بلکہ حقیقت میں یہ الحمرا کا جنگل ہی تھا۔

ہم جنگل سے چلتے چلتے پہاڑی کی نکڑ پر پہنچے تو پاؤں تلے غرناطہ شہر کو جگمگ کرتے

پایا۔ حد نظر تک روشنیاں۔ منیر حسین اور شبیر مغل کیمرے نکال کر اس منظر کو کیمرہ کی آنکھ میں بند کرنے لگے۔ ملک عبدالقیوم آفریدی اس خوشی میں سگریٹ سلگا کر زور زور سے کش لگانے لگے۔ سگریٹ کے دھواں سے فضاء کی پاکیزگی بُری طرح مجروح ہو رہی تھی لیکن آفریدی صاحب اپنی دھن کے آدمی ہیں۔ انہیں فضاء کی خرابی یا بہتری سے کیا سروکار۔ یہ تو دریا کی طغیانیوں کی طرح اپنے کام سے کام رکھنے والے من موجی ہیں:

دریا کو اپنی موج کی طغیانیوں سے کام
کشتی کسی کی پار ہو یا درمیاں رہے

جب ملک صاحب نے سگریٹ کے دھواں سے ماحول کو خراب اور منیر حسین اور شبیر مغل نے ان مناظر کی عکس بندی کر لی تو ہم شہر کی طرف بڑھے۔ پہلی بستی میں پہنچے تو یوں محسوس ہوا جیسے میں زمانہ قدیم کے کسی شہر میں پہنچ گیا ہوں۔ تنگ و تاریک گلیاں، پتھروں کے قدیمی مکان، گلیوں میں سناٹا۔ ریلیجو Realejo نامی یہ یہودیوں کی قدیم بستی تھی۔ جب مسلمان حکمران تھے تب قلعہ کے قریب یہودی آباد تھے۔ اُس زمانے میں مسلمانوں اور یہودیوں کی بڑی دوستی تھی۔ اُس وقت کے عیسائی انتہائی تنگ دل، متعصب اور ظالم تھے۔ وہ عیسائیت کے علاوہ کسی اور مذہب کو اس سرزمین میں دیکھنا نہیں چاہتے تھے۔ یہودی بھی عیسائیوں کے ہاتھوں مجبور تھے۔ غالباً یہی وجہ تھی کہ جب مسلمانوں نے ہسپانیہ فتح کیا تو انہیں یہودیوں کی بھی حمایت حاصل تھی۔

ہم پہاڑی سے اُتر کر نیچے یہودیوں کی بستی میں پہنچے تو اس علاقے کے مرکزی حصہ میں ایک مراکشی ریسٹورنٹ میں کھانا کھایا۔ کھانا کباب اور نان پر مشتمل تھا۔ شہر قدرے خاموش تھا۔ اس میں لندن اور پیرس شہر، جہاں راتیں جاگتی ہیں، جیسا ماحول دیکھنے کو نہ ملا۔ ایسے خشک ماحول میں آفریدی صاحب کی فرمائش پر چائے پی کر دل خوش کیا۔ ملک عبدالقیوم آفریدی کے تین پسندیدہ مشغلے ہیں۔ اول تمباکونوشی، دوسری کڑک چائے اور تیسری چسکے دار باتیں۔ چائے پینے کے بعد یہودیوں کی اس قدیمی بستی میں گھومنے پھرنے کے بعد ایک بس میں بیٹھے تاکہ واپس ہوٹل جا سکیں۔ بس مین ہمارے ساتھ والی سیٹ پر ایک امریکی جوان جوڑا آکر بیٹھا تو لڑکی نے سر درد کی شکایت کی جس پر لڑکے نے اُسے بوسے دیئے تو لڑکی چہکنے لگی۔ یہ دیکھ کر منیر حسین نے یہ لطیفہ سنایا۔

''ایک دفعہ ٹرین میں ایک جوان جوڑا سفر کر رہا تھا کہ لڑکی نے درد سر کی شکایت کی۔لڑکے نے سر پر بوسہ دیا تو درد سر ٹھیک ہوگیا۔ پھر لڑکی نے درد گردن کی شکایت کی تو لڑکے نے وہاں بوسہ دیا تو گردن ٹھیک ہوگئی اسی طرح لڑکی بہانے بناتی رہی اور بوسے لے کر ٹھیک ہوتی رہی۔ یہ منظر ایک دیہاتی بوڑھا دیکھ رہا تھا جس نے بڑی معصومی سے لڑکے سے پوچھا: بیٹے کیا تم بواسیر کا علاج بھی کرتے ہو؟''

ہم امریکی جوڑے کی خرمستیاں دیکھتے رہے لیکن کسی مسافر نے بواسیر کے علاج کا نہ پوچھا۔بس نے ہمیں ہوٹل کے قریب لاکر اُتار دیا۔ہوٹل میں منیر حسین اور ملک عبدالقیوم دن بھر کی نمازوں کی ادائیگی میں مصروف ہوگئے اور میں دن بھر کی ڈائری نویسی کرنے لگا۔ دنیاوی مصروفیات سے فارغ ہوکر ہم اپنے اپنے بستروں پر لیٹے تو جلد ہی سب خواب خرگوش کے مزے لینے لگے۔

ملک عبدالقیوم آفریدی کے کھنگورے سے صبح میں بیدار ہوا۔اٹھ کر دیکھا تو آفریدی صاحب اور منیر حسین فرش پر تولیے بچھائے نماز فجر ادا کررہے تھے۔میں نے پوچھا کیا صبح کی اذان ہوگئی؟۔منیر حسین بولے:''بادشاہو،اس ملک سے اذانوں کی گونج کو خاموش ہوئے چھ سو سال سے زیادہ عرصہ ہوگیا۔ابھی تک آپ اُسی دور میں ہیں۔'' یہ سن کر مجھے جھٹکا سا لگا۔واقعی میں ذہنی طور پر ابھی اُسی دور میں تھا جب اس شہر میں اذانوں کی گونجیں بلند ہوتی تھیں۔شہر میں ہر طرف مساجد تھیں جن میں سفید عمامے باندھے مسلمان جوق در جوق نمازیں ادا کرتے تھے۔شہر کی جامع مسجد تو دن بھر مسلمانوں کی سرگرمیوں کا مرکز تھی۔

میں گرم گرم بستر سے اٹھا شیو اور غسل کے بعد ہوٹل کے اُس ہال میں گیا جہاں مسافر ناشتہ میں مصروف تھے۔دیکھا کہ بڑے بڑے میزوں پر ناشتہ کے لئے انواع واقسام کی چیزیں انتہائی سلیقے سے سجائی ہوئی تھیں۔مختلف قسم کے سریل، بریڈز، انڈے، فروٹ، دہی، مشروبات کی بڑی مقدار موجود تھی۔ناشتے سے پہلے اس سفر میں ہمارے رہبر اور خزانچی منیر حسین نے شاہی فرمان جاری کرتے ہوئے کہا:''بادشاہو، جتنا کھا سکتے ہو کھاؤ پھر نہ کہنا کہ ہمیں کھانے کو کچھ نہ ملا۔''

ہمیں دن بھر سیاحت کرنی تھی اور یوں بھی مسافر کو علم ہی نہیں ہوتا کہ اللہ تعالیٰ نے اُس کے نصیب میں اگلا کھانا کہاں اور کس وقت لکھ رکھا ہے۔ ممکن ہے یہی وجہ تھی کہ بعض گورے اور گوریاں انڈے، بریڈ اور فروٹ چوری چھپے اپنے بیگوں میں ڈال رہے تھے۔ یہ منظر دیکھ کر میں سوچنے لگا کہ اگر ایسا کوئی ایشیائی یا افریقی کرتا تو پھر یہ یورپی لوگ انہیں غیر مہذب کہتے۔ لیکن اپنے عیب تو کسی کو بھی نظر نہیں آتے۔

ناشتہ کے بعد آفریدی صاحب اور منیر حسین کو اٹھنے میں دشواری پیش آ رہی تھی۔ میں نے وجہ پوچھی تو کہنے لگے شاہی حکم کی تعمیل میں اس قدر کھایا کہ اب اٹھنے سے قاصر ہیں۔ میں نے سہارا دے کر انہیں اٹھایا تو میرے یار بولے: ''اب سیر وسفر کی بجائے سونے کی خواہش ہے۔'' عین اُس وقت شبیر مغل بھی ناشتہ کے لئے آ پہنچے۔ میں اُن کا ساتھ دینے کی خاطر دوبارہ ناشتہ کی میز پر بیٹھ گیا۔

ناشتہ کے بعد باہر نکلے تو دیکھا کہ ہوٹل کے سامنے ایک ہسپانوی گورا بغل میں صندوقچی اور برش اٹھائے ''بوٹ پالش بوٹ پالش'' کے نعرے لگا رہا تھا۔ مجھے یہ عجیب لگا کیونکہ یورپی ملکوں میں ایسا نہیں ہوتا۔ میں نے ساتھیوں کی تلاش شروع کی تو دیکھا کہ آفریدی صاحب ایک کونے میں دبکے بیٹھے تھے۔ میں نے اس گوشہ نشینی کی وجہ پوچھی تو بولے: ''یہ ہسپانوی جوتے پالش کرنے والا تنگ کر رہا ہے۔ جو بوٹ پالش کے پانچ یورو یعنی چھ سو روپے مانگ رہا ہے جبکہ میں نے یہ جوتے پاکستان سے پانچ سو روپے میں خریدے تھے۔ اب پانچ سو روپے کے جوتوں کو چھ سو روپے دے کر پالش کرواؤں تو ہوئی ناں احمقوں والی بات!!! ''

البیازین

غرناطہ کی سیاحت کا آغاز ہم نے زمانہ قدیم کی عرب بستی البیازین سے کیا۔ البیازین جانے کے لئے ہم ہوٹل سے نکل کر الحمرا کے بیچ میں سے اُس قدیمی راستے سے نیچے اُترے جس راستے سے کبھی شاہی سواریاں گزرا کرتی تھیں۔ اب یہ ایک ویران راستہ ہے۔ بالکل ایسا جیسے پہاڑی علاقوں میں مال مویشی کے راستے ہوتے ہیں۔ پہاڑی زبان میں ان راستوں کو ''گہل'' کہتے ہیں۔ آج ہم غرناطہ میں بھی ایک ''گہل'' سے اُتر کر حدرہ ندی پر پہنچے۔ عرب اس ندی کو حدرہ اور رومن اسے دارو Darro کہتے تھے جس کا رومن میں مطلب تھا سونا یعنی گولڈ۔ زمانہ قدیم میں اس ندی سے لوگ سونا تلاش کیا کرتے تھے جس کی وجہ سے اس کا

نام دارو پڑا۔ حدرہ البیازین اور قلعہ الحمرا کے پہلو میں بہتی ہے۔ ندی کا پانی شفاف نہیں بلکہ گندلا تھا۔ اسی ندی کا پانی اوپر پہاڑوں میں روک کر ایک ڈیم بنا کر وہاں سے نہر کے ذریعے پانی الحمرا کو فراہم کیا گیا تھا۔ یہ نہر اب بھی موجود ہے۔

حدرہ ندی سے البیازین کی طرف عربوں کے حمام تھے جو اس وقت ال بنیولو El Banuelo کے نام سے جانے جاتے ہیں۔ کسی زمانے میں یہ حمام شہر کی مرکزی حیثیت رکھتے تھے۔ جہاں امرائے عرب غسل کے ساتھ ساتھ سیاست پر بھی بات چیت کرتے تھے۔ اِن حماموں کے ساتھ اب کلب اور شراب خانے ہیں جہاں رات کو رونق میلہ ہوتا ہے۔ سیاح شام ہوتے ہی خرمستیاں کرتے شراب و شباب کے شغل میں لگ جاتے ہیں۔ ہسپانوی دوشیزگان بھی بن سنور کر بڑے شاہانہ انداز میں آ کر اس ماحول کو خوشگوار بناتی ہیں۔ جب سیاح شراب وشباب، ناچ گانے اور ملے گلے سے تھک جاتے ہیں تو پھر وہ ناچنے والی لڑکیاں اپنے آپ کو امیروں کے سپرد کر دیتی ہیں جو انہیں کسی پانچ ستاروں والے ہوٹل میں لے جا کر رات بسر کرتے ہیں۔ صبح جب ہم اُس علاقے میں گئے تو کافی خاموشی تھی۔ یہ حقیقت ہے کہ جہاں راتیں جاگتی ہیں وہاں کی صبح بے رونق ہوتی ہے۔ جس بازار میں رات کے وقت ہزاروں بلکہ لاکھوں خرچ کیے جاتے ہیں اُس جگہ سے دو سو گز دور نیچے ندی کنارے کچھ لوگ زمین پر سوئے ہوئے تھے۔ ممکن ہے یہ ایسے غریب ہوں جن کے پاس سر چھپانے کے لئے جگہ نہ ہو۔ ایک طرف میک اپ میں لپٹیں حسینانِ مغرب کی شوخ اداؤں پر لاکھوں خرچ ہوتے اور دوسری طرف غریب مزدوروں کو ندی کنارے لیٹے دیکھ کر اقبال یاد آنے لگے:

چہروں پہ جو سرخی نظر آتی ہے سرِ شام
یا غازہ ہے یا ساغر و مینا کی کرامات
تو قادر و عادل ہے مگر تیرے جہاں میں
ہیں تلخ بہت بندہ مزدور کے اوقات

غریبوں کو زمین پر سوئے ہوئے دیکھ کر مجھے بھارت کے شہر ممبئ (بمبئ) اور کلکتہ کے وہ غریب یاد آنے لگے جو گندے پانی کی نکاسی کے لئے استعمال ہونے والے بڑے بڑے گٹروں یا فٹ پاتھ پر رات بسر کرتے ہیں۔ بعض تو بیوی بچوں کے ساتھ وہاں رہتے بھی ہیں۔ کچھ عرصہ سے بھارت دنیا کو یہ باور کروانے کی کوشش میں ہے کہ وہ عنقریب دنیا کی

سپر پاور بننے والا ہے۔ اس دعویٰ کے بعد برطانیہ کے ٹیلی ویژن چینل فور نے بھارت کی غربت پر کچھ ڈاکومنٹری تیار کر کے نشر کیں تو دنیا کو معلوم ہوا کہ بھارت میں کم سن بچوں پر سب سے زیادہ ظلم ہوتا ہے۔ جو عالمی حقوق انسانی کے خلاف ہے۔ سب سے زیادہ عصمت فروشی بھارت میں ہوتی ہے۔ بچوں اور عورتوں پر سب سے زیاد ظلم بھارت میں ہوتے ہیں بلکہ عورتوں کو زندہ جلا دیا جاتا ہے۔ بھارت میں کلیسا گھروں اور مساجد مسمار کرنے، مسلمانوں کو زندہ جلانے اور کشمیری عورتوں کی عصمت دری سے جب ٹیلی ویژن نے پردہ اٹھایا تو بھارت کو سپر پاور بننے کی بجائے اپنا ملک بچانے کی فکر ہونے لگی اور یوں مغربی میڈیا نے ان کا بھانڈا سر بازار پھوڑ کر ان کے تکبر کو خاک میں ملا دیا۔

البیازین کی خمدار اور گول گلیاں اور محلے حدرہ ندی سے شروع ہو کر پہاڑی کے اوپر تک جاتے ہیں۔ گلیاں اس قدر تنگ ہیں کہ اُن میں پیدل چلنا ہی ممکن ہے۔ گاڑی نہیں چلائی جا سکتی۔ الحمرا تعمیر کرنے والے کاریگر اسی بستی میں رہتے تھے۔ ہم حدرہ ندی سے بستی میں جانے والی واحد سڑک ڈل چیپل Del Chapiz کے ساتھ ساتھ چلنے لگے۔ ندی کنارے دائیں طرف ایک پرانا محل دیکھا۔ ہم اندر گئے تو صحن میں رنگ برنگے پھول اور درخت تھے۔ انار کے درختوں پر سرخ پھول کھل چکے تھے جو اس ماحول میں بڑی خوبصورتی پیدا کر رہے تھے۔ صحن سے گزر کر ہم اصل عمارت تک پہنچے تو معلوم ہوا اس وقت عمارت کے ایک حصے میں پولیس اور دوسرے حصے میں درس و تدریس کا کام ہوتا ہے۔ زمانہ قدیم میں یہ ایک ایسی درسگاہ تھی جہاں شاہی خاندان اور امرا کے بچے عربی پڑھتے تھے۔

ہم کچھ عرصہ محل میں گھومتے پھرتے فوٹو بناتے رہے۔ پھر باہر نکل کر چلتے ہوئے پہاڑی کے اوپر بستی میں پہنچے جہاں ہمیں ایسی جگہ کی تلاش تھی جو نمایاں بھی ہو اور پُر نظارہ بھی۔ آفریدی صاحب نے گلی میں ایک جپسی نما مقامی باشندے سے البیازین مسجد کا پوچھا تو اُس نے بتایا: ''آپ اس بند گلی سے نکل کر اوپر جائیں تو آپ کو مسجد اور چرچ پہلو بہ پہلو ملیں گے۔ اُسی چرچ اور سابق مسجد کے صحن سے پورا غرناطہ شہر آپ کے قدموں میں اور الحمرا آپ کو آنکھوں میں آنکھیں ڈالے سامنے کھڑا نظر آئے گا''۔ ہم بتائے ہوئے راستے پر چلتے ہوئے اوپر گئے تو سامنے سان نکلس San Nicolas چرچ کا بورڈ دیکھا جس کے صحن میں سیاح گھوم پھر رہے تھے۔ ہم بھی اُن سیاحوں میں جا شامل ہوئے۔

سان نکلس چرچ آج سے چھ سو سال قبل مسجد تھی۔ یہ مسجد آٹھ سو سال تک مسلمانوں کے سجدوں سے آباد رہی لیکن انقلاب زمانہ میں جب مسلمان غرناطہ سے نکل کر چلے گئے تو مسجد کچھ عرصہ مرثیہ خواں رہی۔ پھر اسے عیسائیوں نے عبادت گاہ کے لئے منتخب کرلیا۔ اور پھر مسجد شہید کرکے چرچ تعمیر کرڈالا۔ ہم چرچ کے صحن میں پہنچے تو غرناطہ شہر، الحمرا اور حد نظر تک پہاڑیاں اور باغات دیکھے تو میں مبہوت ہوکر رہ گیا۔ مجھ پر ایک سکتہ سا طاری ہوگیا کیونکہ اس سے قبل ایسا خوبصورت نظارہ کبھی نہیں دیکھا تھا۔

سان نکلس چرچ البیازین کی پہاڑی کے عین اوپر بستی میں تھا۔ اس کے اردگرد ہر طرف قدیمی زمانے کی تنگ گلیاں اور مکان تھے۔ گلیوں میں چھوٹے چھوٹے پتھروں کو سیمنٹ کے ساتھ لگا کر پورے کے پورے علاقہ کو پختہ کیا ہوا تھا۔ جانب جنوب نظریں آگے بڑھائیں تو محلے اور گلیوں سے آگے ڈھلوان سے نیچے میدان میں قدیم و جدید بازار نظر آتا تھا۔ جبکہ سامنے الحمرا پوری آب و تاب سے کھڑا تھا۔ آج موسم انتہائی خوشگوار تھا۔ درجہ حرارت 25 ڈگری کے باوجود الحمرا کی پشت پر دور برف پوش پربت نظر آرہے تھے۔ جس کی سب سے اونچی چوٹی مولائی حسن Mulhacen کہلاتی ہے۔

مولائی حسن برف پوش پہاڑوں کے بارے میں مقامی کہاوت ہے کہ غرناطہ کا مسلمان بادشاہ مولائی حسن اِن پہاڑوں سے بے حد پیار کیا کرتا تھا۔ اس نے اپنی وصیت میں لکھا تھا کہ مجھے ان پہاڑوں میں دفن کرنا۔ روایت ہے کہ وفات کے بعد بادشاہ کے جسم خاکی کو اسی پہاڑ کے کسی خفیہ مقام پر دفن کیا گیا تھا۔ یوں بادشاہ کی محبت کی تقلید میں لوگ آج بھی اس پہاڑ کو مولائی حسن کے نام سے پکارتے ہیں۔ الحمرا کے اردگرد دور پہاڑوں پر سرسبز جنگل اور قدرتی پھول پورے علاقے کی خوبصورتی میں اضافہ کررہے تھے۔ چرچ کے بائیں طرف گلی کے اُس پار ایک انتہائی خوبصورت اور جدید مسجد نظر آئی۔

غرناطہ کی جامع مسجد

ہم مسجد میں جانے کے لئے گلی میں پہنچے تو ایک اٹھارہ بیس سال کا نوجوان ملا۔ سیانے کہتے ہیں کہ دل کو دل سے راہ ہوتی ہے۔ اس کا عملی مظاہرہ یہاں ہوا۔ نوجوان ہمیں دیکھ کر اور ہم نوجوان کو دیکھ کر کھڑے ہوگئے۔ ہمارے پوچھنے سے پہلے ہی لڑکے نے بتایا کہ اُس کا نام محمد ہے اور وہ مراکش کا رہنے والا ہے۔ ہم نے بھی اپنا تعارف کروایا کہ اگرچہ ہم برطانوی شہری ہیں

لیکن ہم اللہ کے فضل وکرم سے مسلمان ہیں اور ہمارا تعلق کشمیر کے اُس حصے سے ہے جو پاکستان کی نگرانی میں ہے۔لڑکے کی آنکھوں میں ایک چمک دیکھی۔اس نے الحمد اللہ کہا اور ہمیں ساتھ لے کر مسجد کے گیٹ پر جا پہنچا۔

صبح کے دس بجے تھے۔مسجد کا مین گیٹ بند تھا۔لیکن مراکشی نوجوان محمد نے فون پر کسی سے بات کی تو ایک دوسرا نوجوان مسجد سے باہر آیا اور مسجد کے گیٹ ہمارے لئے کھول دیئے۔مسجد کے اندر گئے تو ایک عجیب مسرت ہوئی۔بالکل ایسی ہی مسرت جیسے کسی کو اپنی کھوئی ہوئی منزل ملنے پر ملتی ہے۔ہماری ملاقات مسجد انتظامیہ سے بھی ہوئی جنہوں نے مسجد کے تاریخی پس منظر سے آگاہ کرتے ہوئے بتایا کہ غرناطہ میں آباد مسلمانوں کا مطالبہ تھا کہ ہمیں پرانی مسجد والی جگہ دی جائے لیکن چرچ نے وہ دینے سے انکار کردیا۔چنانچہ ہمیں چرچ کے ساتھ یہ جگہ دے دی۔اس پر بھی ہم اللہ تعالیٰ کا شکرادا کرتے ہیں کہ جس شہر اور ملک سے اسلام اور مسلمانوں کو جڑ سے اکھاڑ کر پھینک دیا گیا تھا آج دوبارہ ہم نے اس ملک میں رہنے کا بندوبست کیا اور مسجد کی تعمیر شروع ہوئی۔یہ مسجد مراکش، لیبیا، عرب امارات اور مقامی مخیر حضرات کے مالی تعاون سے جولائی 2003ء میں مکمل ہوئی۔تعمیر مسجد کے لئے غرناطہ کے مسلمانوں کو بائیس سال تک مقامی کونسل سے جھگڑا کرنے کے بعد اجازت ملی۔اس وقت یہ غرناطہ کی جامع مسجد ہے۔نماز جمعہ ادا کرنے غرناطہ کے مسلمان اسی مسجد میں آتے ہیں۔

غرناطہ میں پندرہ ہزار مسلمان آباد ہیں جن کی اکثریت مراکش اور دوسرے ممالک سے تلاش روزگار میں یہاں پہنچی۔ڈیڑھ ہزار کے لگ بھگ مقامی عیسائی مسلمان ہوئے اور کچھ مقامی یونیورسٹی میں بیرون ملک سے آنے والے مسلمان طالب علم ہیں۔اکثریت مسجد کے گردونواح میں رہتی ہے۔بلکہ اب تو مسلمانوں کے ریسٹورنٹ، قہوہ خانے، دکانیں اور مارکیٹس بھی قائم ہوچکی ہیں جہاں خریداروں کا بڑا رش رہتا ہے۔

یہ مسجد باقاعدہ نقشہ کے مطابق تعمیر ہوئی۔نماز کے لئے ایک بہت بڑا ہال ہے جس میں بہت ہی عمدہ قالین ہیں۔ہم نے مسجد میں نماز شکرانہ ادا کی۔میں نے دیکھا کہ شبیر مغل کے آنسو بہہ رہے تھے۔شاید انہیں مسلمانوں کا شاندار ماضی یاد آرہا تھا۔میں نے نفل ادا کرنے کے بعد اللہ تعالیٰ سے دُعا مانگی:

”اے اللہ تعالیٰ تیری مہربانی کی بدولت اس سرزمین پر آٹھ سو سال

تک اسلام کا بول بالا رہا۔ یہاں سینکڑوں مساجد، مدرسے اور درسگاہیں تھیں۔ تیرے نام پر جان قربان کرنے والے جانثار تھے۔ پھر حکمرانوں کی کوتاہیوں سے تو نے سب کچھ واپس لے لیا۔ مسلمان اس خطہ سے بے کسی کے عالم میں نکلے۔ آج میں اس شہر میں اس مسجد کی شکل میں جو کونپل دیکھا رہا ہوں تو جلد ہی اسے شگوفے میں بدل۔ پھر اس شگوفے کو پھل دار بنا کر اُسے اتنا بابرکت کر کہ اس خطہ میں ایک بار پھر اسلام کا بول بالا ہو جائے۔ اللہ تعالیٰ تو غفور و رحیم ہے۔ ہماری خطا معاف فرما اور مسلمانوں کی کھوئی ہوئی عزت اور وقار کو بحال فرما۔''

دُعا کے بعد میں نے مسجد کا جائزہ لیا تو اس کی تزئین اور سجاوٹ انتہائی اعلیٰ معیار کی تھی۔ مسجد کے ساتھ بچوں کو قرآن پاک کی تعلیم دینے کے لئے مدرسہ بھی ہے۔ مسجد کے صحن سے غرناطہ شہر اور الحمرا کا بالکل اُسی طرح نظارہ تھا جیسا پڑوس میں چرچ کے صحن سے ہوا تھا۔ منیر حسین اور شبیر مغل نے یہاں سے پورے علاقے کی عکس بندی کی۔ آفریدی صاحب مسجد سے باہر نکل کر گلی کی ایک دیوار پر بیٹھ کر ''سوٹے'' لگانے لگے اور میں مسجد کے صحن میں بیٹھ کر یاد ماضی میں گم ہو گیا۔ میرے سامنے غرناطہ کی تاریخ گھومنے لگی۔

غرناطہ دنیا کے قدیم ترین شہروں میں سے ایک ہے جو سیرانویدا پہاڑ کے دامن میں صدیوں سے آباد ہے۔ اس پر یونان نے پانچویں صدی قبل مسیح میں قبضہ کیا اور یونان کا صوبہ بنا دیا۔ پھر رومنوں نے پہلی صدی میں اسے یونان سے چھین لیا۔ پھر گوتھ حکمران آئے۔ 711ء میں طارق بن زیاد نے شہر کا محاصرہ کر کے گوتھ حکمرانوں کو شکست دی اور اس خطہ کو اسلامی ریاست میں شامل کر لیا۔ مسلمانوں سے قبل اس شہر کا نام البریہ Ilbira تھا۔ لیکن مسلمانوں نے اسے غرناطہ نام عطا کیا۔

اُندلس میں مسلمانوں کے اختلافات سے یہ ملک کئی ریاستوں میں تقسیم ہوا۔ ایک ریاست غرناطہ بھی وجود میں آئی تھی۔ غرناطہ کا عروج 1236ء میں شروع ہوا جب اس خطہ پر عرب کے بنو نصر قبائل نے قبضہ کیا۔ بنو نصر نے ہسپانیہ کے عیسائی حکمرانوں کے ساتھ تعلقات مضبوط کیے۔ یہ غرناطہ کے مسلمان حکمرانوں اور عیسائیوں کی دوستی کا نتیجہ تھا کہ جب عیسائیوں

نے اشبیلیہ کے مسلمان حکمرانوں کے خلاف جنگ کی تو غرناطہ کے حکمرانوں کی فوج عیسائیوں کے ساتھ تھی جنھوں نے اشبیلیہ سے مسلمانوں کی حکومت ختم کی۔1238ء میں بنونصر نے غرناطہ کوایک خودمختار ریاست قرار دیتے ہوئے اپنا سکہ جاری کر کے خود بادشاہ بنے۔نصر حکمرانوں نے غرناطہ میں الحمرا جیسا ایک ایسا خوبصورت محل تعمیر کروایا جو آٹھ سو سال سے پوری آن وشان سے قائم ہے اور آج بھی دنیا کے عجائبات میں اس کا دسواں نمبر ہے جسے ہر روز آٹھ ہزار سیاح دیکھنے جاتے ہیں۔

بنونصر حکمرانوں نے غرناطہ میں مساجد، مدرسے، درسگاہیں، سڑکیں اور محل تعمیر کرنے کے ساتھ ساتھ زراعت کو ترقی دی۔ اسلامی سکالرز کو غرناطہ آباد کیا۔ ابن خلدون جیسے عظیم فلسفی بھی غرناطہ آئے اور یہاں کی درسگاہوں میں پڑھاتے رہے۔ جب شاہی خاندان میں لڑائی جھگڑوں کا آغاز ہوا تو پھر قانون قدرت کے تحت اس خاندان کا چراغ بھی عیسائیوں کے ہاتھوں ہمیشہ کے لئے گل ہو گیا۔

سقوط غرناطہ کے فاتح فریفرڈینڈ اور اُس کی ملکہ ازبیل نے اسی شہر میں جشن منائے۔ آخری دن کیا ہوا یہ معلوم کرنے کے لئے صوبے لیون کے بشپ کو جو خط لکھا گیا تھا وہ پڑھنے کے قابل ہے۔ خط جس میں غرناطہ سے آخری بادشاہ کی روانگی اور عیسائی بادشاہ کے حکومت سنبھالنے کی روئیداد اس طرح بیان کی گئی تھی:

> ''آخری مسلمان بادشاہ تقریباً ایک سو سواروں کے ہمراہ گھوڑے پر سوار ہو کر آیا۔ گھوڑے سے اُتر کر بادشاہ، فرڈیننڈ اور ملکہ ازبیل کے ہاتھ چومے۔ یہ دونوں بھی اس سے بڑی محبت اور عزت سے پیش آئے اور بادشاہ کا بیٹا، جو بطور یرغمال قید تھا، کو واپس کیا۔ اور پھر چار سو کے لگ بھگ قیدی ہاتھوں میں صلیب لے کر آئے۔ وہ خوشی سے چہک چہک کر گا رہے تھے۔ بادشاہ اور ملکہ نے جھک کر صلیب کو سلام کیا۔ ہجوم کی آنکھوں سے عقیدت اور خوشی کے آنسو نکل آئے۔
>
> موروں کا بادشاہ اور مور رنج والم کو چھپا نہیں سکتے تھے۔ وہ غرناطہ کے عظیم نقصان پر افسردہ تھے کیونکہ غرناطہ دنیا میں سب سے اہم قیمتی

اور عظیم شہر ہے۔ اشبیلیہ قصر الحمرا کے سامنے جھونپڑے کے مانند ہے۔ یہ سپین کی تاریخ کا سب سے مبارک دن تھا۔''

جب میں سقوط غرناطہ کے بارے میں سوچ رہا تھا تب میرے سامنے سقوط ڈھاکہ کے مناظر گھومنے لگے تو مجھے یقین ہو گیا کہ عیسائیوں نے آخری مسلمان بادشاہ کے ساتھ زیادہ ہی توہین آمیز سلوک کیا ہو گا۔ جس طرح ہمارے ''شیر جرنیل'' نیازی کے ساتھ سقوط ڈھاکہ کے موقع پر ہندوستانی فوج نے کیا تھا۔

جوں جوں وقت گزرا، نصرانی حکمرانوں نے وعدہ خلافیاں شروع کر دیں۔ آٹھ سو سال سے آباد مسلمانوں کو اس بناء پر شہر سے نکال دیا گیا کیونکہ وہ مسلمان تھے۔ اس طرح نصرانیوں کے اندر چھپی ہوئی اسلام دشمنی جو طاقت اور دبدبہ میں ڈھکی ہوئی تھی وہ باہر نکل آئی۔ نصرانی حکمرانوں نے چرچ کے پادریوں اور مذہبی جنونیوں کے ساتھ مل کر مسلمانوں کو اس شہر سے نکالا۔ جو نہیں نکلے انہیں عیسائی بن کر زندگی گزارنے پر مجبور کیا۔ مسلمانوں کے ساتھ ساتھ یہودیوں کو بھی شہر سے نکال دیا۔ جب مسلمان اور یہودی نکل گئے تو پھر افرادی قوت، تجارتی ذہن کے لوگوں اور منتظمین کی کمی کی وجہ سے سپین معاشی طور پر کمزور ہونے لگا جسے وقتی طور پر امریکی دولت نے سہارا دیا لیکن اس مصنوعی سہارے سے وہ استحکام نہ مل سکا جو مسلمانوں نے اس ملک کو بخشا تھا۔

طارق بن زیاد نے جواں مردی، اسلامی ولولہ، جوش و جذبہ، اللہ کی خوشنودی اور اللہ کی حاکمیت کے لئے جس علاقہ پر قبضہ کیا تھا آٹھ سو سال بعد مسلمانوں کے ذاتی لالچ، خود غرضیوں اور بزدلی کے ہاتھوں وہ شہر عیسائیوں کے قبضہ میں چلا گیا۔ یوں بقول اقبال:

لے گئے تثلیث کے فرزند میراثِ خلیل
خشتِ بنیادِ کلیسا بن گئی خاکِ حجاز
ہوگئی رسوا زمانے میں کلاہِ لالہ رنگ
جو سراپا ناز تھے، ہیں آج مجبور و نیاز
حکمتِ مغرب سے ملت کی یہ کیفیت ہوئی
ٹکڑے ٹکڑے جس طرح سونے کو کردیتا ہے گاز

منیر حسین اور شبیر مغل فوٹو گرافی سے اور ملک عبدالقیوم آفریدی تمباکو نوشی سے فارغ

ہوئے تو میرے پاس آئے۔ مجھے خیالوں میں گم دیکھ کر آفریدی صاحب بولے: ''نظامی صاحب آپ کیوں پریشان ہیں۔ نالائق مسلمان حکمران اس ملک کا دفاع نہ کر سکے۔ اس لئے نالائقوں کی نالائقی پر پریشان نہ ہوں۔ اٹھیں اور گھوم پھر کر شہر دیکھیں۔''

مجھے آفریدی صاحب کی ''نالائق'' والی اصطلاح پسند آئی۔ میں اٹھا اور دوستوں کے ساتھ البیازین کی گلیاں اور محلے دیکھنے لگا۔ عربوں کی اس قدیم بستی کو 1984ء میں اقوام متحدہ نے عالمی ورثہ قرار دے کر اس کی حفاظت کے لئے اقدام اٹھائے۔ ابھی تک چھ سو سالہ پرانے عربوں کے مکان موجود ہیں۔ ہم عربوں کے مکان، محلے گلیاں دیکھتے ہوئے اس علاقہ کے کمرشل سنٹر میں پہنچے۔ کمرشل سنٹر بھی قدیمی طرز کا تھا جس میں ابھی تک اُسی طرح باہر کھلی جگہ بنچوں پر اور بعض دکانداروں نے فرش پر اپنی اشیاء برائے فروخت سجائی ہوئی تھیں۔ ایک طرف ایک بوڑھا باجا بجاتا اور ساتھ پیار و محبت کے گیت گا کر لوگوں کو خوش کر رہا تھا۔

خواتین بھی خرید و فروخت میں مصروف تھیں۔ خواتین کی جسمانی ساخت سے معلوم ہوتا تھا کہ ان کے جسموں میں عربی خون گردش کر رہا ہے۔ کھلے سٹالوں کے ساتھ دکانیں اور ساتھ ریسٹورنٹ بھی تھے۔ ان ریسٹورنٹوں پر شام کے وقت خوب رونق ہوتی ہے۔ جب ہم وہاں گئے تب صبح کے گیارہ بجے تھے۔ ایسے میں بیش تر ریسٹورنٹ بند تھے۔ یہ علاقہ بالکل ایسا ہی تھا جیسا برصغیر کے قدیمی محلے ہوتے ہیں جن میں انسان صرف پیدل چل پھر سکتا ہے۔ گاڑیاں نہیں چل سکتیں۔ ایشیائی ملکوں میں جس طرح پھیری والے سامان اٹھائے گھوم پھر کر سامان فروخت کرتے ہیں اس علاقہ میں بھی ایسے ہی ہوتا ہے۔ محلے کی ایک دکان سے منیر حسین نے مشروب خرید کر ہمیں دیتے ہوئے کہا:

''بادشاہو، مشروب پیو اور عیاشی کرو ورنہ میں تو سرکاری نل کے پانی پر آپ کو سیر کروانے کا سوچ رہا تھا۔''

ہم نے اس فیاضی پر منیر حسین کا دل کی اتھاہ گہرائیوں سے شکریہ ادا کیا کیونکہ میں ان کے سابق ریکارڈ سے اچھی طرح واقف تھا جب روم کی گلیوں میں انہوں نے ہمیں سرکاری نل کا پانی پلا پلا کر بھوکے پورے شہر کی سیر کروائی تھی۔

البیازین سے ملحق سیکرومینٹو نامی وہ غاریں ہیں جہاں جپسی رہتے ہیں۔ یہ لوگ تقریباً ہزار سال پہلے پنجاب اور ملحقہ علاقوں سے نقل مکانی کر کے افغانستان سے ہوتے ہوئے ترکی

پہنچے تھے۔ جہاں سے یورپ آئے۔مختلف ادوار میں ان پر بڑے ظلم ہوئے۔یورپ میں انہیں غلاموں کی حیثیت سے فروخت کیا جاتا رہا۔ پھر ہٹلر نے انہیں بے دردی سے قتل کیا۔ان کی اکثریت عیسائی ہے۔کچھ مسلمان بھی ہیں۔یہ لوہے اور تانبے کے کام کے بڑے ماہر کاریگر مانے جاتے ہیں۔

مجھے البیازین کے بازار میں ایک جپسی عورت ملی۔جو بڑی باغ و بہار شخصیت کی مالکہ تھی۔اُس نے بتایا کہ وہ ابھی تک گھروں میں زمانہ قدیم کی زبان بولتے ہیں۔دوران گفتگو مجھے معلوم ہوا کہ جپسی اپنی بول چال میں ابھی تک بہت سے اردو، پنجابی اور سنسکرت کے الفاظ استعمال کرتے ہیں۔جیسے کان، ناک، بال، پانی اور گوشت کو ماس کہتے ہیں۔یہ سن کر مجھے تعجب ہوا۔

جب مسلمان غرناطہ سے چلے گئے تو عیسائیوں نے ان جپسیوں کو تنگ کرنا شروع کر دیا جنہوں نے ڈر کے مارے غرناطہ کی پہاڑی غاروں میں پناہ لے لی۔یہ جپسی ابھی تک ان غاروں میں رہتے ہیں۔وہاں شام کے وقت بڑا اہلا گلا ہوتا ہے۔غرناطہ کے مین بازار میں تو رات کے وقت کوئی رونق نہیں ہوتی لیکن ان جپسی محلوں میں بڑی رنگینی ہوتی ہے۔جپسی مرد اور عورتیں اپنے روایتی '' فلیمنکو '' رقص سے سیاحوں کا دل بہلاتے ہیں۔لیکن اس کے عوض کوئی تین ہزار روپے ہر سیاح سے ٹکٹ کی شکل میں وصول کیے جاتے ہیں۔کسی زمانے میں سیاح ڈرتے اِدھر کا رخ نہیں کرتے تھے۔لیکن جب سے ٹورازم کو حکومت ہسپانیہ نے فروغ دینے کا پروگرام بنایا تب سے سیاحوں کی حفاظت کی جاتی ہے۔

البیازین میں گھومتے پھرتے ال سلواڈر El Salvador نامی چرچ دیکھا۔یہ البیازین کی جامع مسجد تھی جسے نصرانی حکمرانوں نے چرچ میں تبدیل کر دیا تھا۔مسجد کے وضو خانے، صحن اور چند دوسری باقیات موجود ہیں۔ہم نے شکستہ دل آہستہ آہستہ آبادی سے نیچے شہر کی طرف اُترنا شروع کیا۔پتھر کی ویران گلیاں دن کے وقت بھی بالکل سنسان تھیں۔بالکل اُسی طرح احساس ہو رہا تھا جیسے آج بھی مسلمان سہمے ہوئے مکانوں کے اندر بیٹھے ہیں۔لیکن زمانہ ہمیشہ اپنا رنگ بدلتا رہتا ہے۔ایک زمانے میں اس شہر کے گلی کوچوں میں اذانوں کی آوازیں بلند ہوتیں تھیں۔مسلمان مردوں، عورتوں اور بچوں سے محلے آباد تھے اور ہر طرف گہما گہمی ہوتی تھی۔لیکن جب مسلمان زوال پزیر ہوئے اور عیسائیوں نے اس علاقہ پر قبضہ کر لیا تو پھر حالات

بدلے۔ مسلمان جو کبھی خوش و خرم مساجد کا رخ کرتے تھے، اب گھروں کے اندر سہم کر بیٹھ گئے۔ کیونکہ حاکم وقت کا حکم تھا کہ اگر اس شہر میں رہنا ہے تو مذہب اسلام ترک کر دو اور عیسائی بن کر سر جھکا کر وقت گزار دو۔ اسی تناظر میں شیخ ابن دقون نے سقوط غرناطہ پر ایک مرثیہ لکھا تھا جس کے چند شعر:

واحتل غرناطة الغراء قد عدمت
حب الحصيد و نصر الله والال

فاصبحوا لاترى الا مساكنهم
كمثل عاد وما عاد باشكال

قد فرقوا كسبا فى كل منزلة
و قد سبا عده من ايد او عال

فلا المساجد بالتوحيد عامرته
اڈ عمروها بنا قوس وتمثال

(ترجمہ: دشمن نے غرناطہ پر قبضہ کر لیا ہے۔ جس سے غلہ اور اللہ و رسول کی نصرت اور برکت بھی غائب ہوگئی ہے۔
اب حالت یہ ہے کہ اہل غرناطہ کے صرف گھر دکھائی دیتے ہیں۔ جس طرح قوم عاد کے صرف گھر باقی رہ گئے تھے اور ان کی شکلیں غائب ہیں۔
غرناطہ والوں کو قوم سبا کی مانندِ ادھر اُدھر بکھیر دیا گیا ہے جبکہ ان کی ایک تعداد کو وحشیوں نے جکڑ لیا ہے۔
اب نہ تو مساجد اعلان توحید سے آباد ہیں کیونکہ عیسائیوں نے اذان کی جگہ ناقوس اور مجسمہ کو دے دی ہے۔)

جب مسلمان غرناطہ کے حکمران تھے تب ان گلیوں میں مسلمان سفید عمامے باندھے

عربی لباس زیب تن کیے ان بازاروں کو اپنا شہر سمجھ کر گھومتے پھرتے تھے۔ اُن کے وہم وگمان میں بھی نہیں تھا کہ بیس پچیس نسلوں کے بعد انہیں ایک دن یہاں سے نکال دیا جائے گا۔ مسلمان خواتین بھی برقعوں میں ضرورت کے وقت گھر سے باہر نکلتی تھیں ورنہ اُن کا زیادہ تر وقت گھر کی چار دیواری میں گزرتا تھا۔

مسلمانوں کے مکان حویلی کی مانند ہوتے تھے۔ چاروں طرف کمرے اور درمیان میں کھلا صحن جس میں پھل دار درخت اور پانی کے حوض ہوتے تھے۔ گھروں میں حمام بھی ہوتے تھے کیونکہ اسلام میں پاکیزگی اور طہارت پر بڑا زور دیا گیا ہے۔ لیکن جب انقلاب آیا تو مسلمان جو نسل در نسل سات سو سال سے آباد چلے آرہے تھے، وہ انقلاب میں کچھ اس طرح بہنے لگے جس طرح سیلاب میں تنکے بہتے ہیں۔ اسی سیلاب میں بہتے ہوئے مسلمان غرناطہ سے شمالی افریقہ جا پہنچے اور جو نہ جا سکے اُنہیں نصرانی حکمرانوں اور رحم دلی کا درس دینے والے پادریوں کے حکم پر قتل کیا گیا یا زندہ جلا دیا گیا تاکہ نہ رہے بانس اور نہ بجے بانسری۔

میں ان ہی سوچوں میں گم البیازین کی سہمی سہمی بستی سے نیچے اُترنے لگا۔ نجانے کیوں مجھے ان گلی محلوں میں آج بھی اسلامی دور کی مہک ہر طرف پھیلی ہوئی محسوس ہوتی رہی۔ اگرچہ اب اس علاقے میں عیسائیوں کی اکثریت ہے لیکن پھر بھی کسی گھر سے کوئی خاتون سر ڈھانپے نکلتی تو میں تذبذب میں پڑ جاتا کہ ہو نہ ہو یہ محترمہ مسلمان ہی ہوں۔

البیازین کی بستی سے نیچے اُتر کر پیچھے مڑ کر دیکھا تو اونچائی پر بستی میں ایک محل نظر آیا۔ یہ محل غرناطہ کے آخری مسلمان تاجدار بیدل کی والدہ عائشہ کا تھا۔ اور دار لحرا کہلاتا تھا۔ اس محل میں شاہی خاندان کے دوسرے افراد بھی رہتے تھے۔ یہ محل اسلامی طرز تعمیر کے مطابق حویلی مانند ہے۔ جس کی دو منزل ہیں۔ درمیان میں کھلی جگہ جہاں فوارے نصب تھے اور باغات بھی۔ چھ سو سال سے قائم یہ محل اس وقت بھی پر وقار نظر آرہا تھا۔ جب مسلمان چلے گئے تو اس محل کے ملحقہ کچھ عمارتوں کو ملکہ ازبیل نے 1507ء میں عیسائی درویش خواتین (Nuns) کی رہائش کے لئے وقف کر دیا تھا۔ یہ عمارت اس وقت Monastery ofsanta Isabel کہلاتا ہے۔ محل کے قریب زمانہ قدیم میں شہر کے اردگرد جو شہر پناہ تھی وہ شکستہ حالت میں موجود ہے۔

اسلامی دور میں غرناطہ کے لوگوں کو پانی فراہم کرنے کیلئے 28 حوض تھے۔ اُن حوضوں میں پانی نہر کے ذریعہ مقامی دریا سے مہیا کیا جاتا تھا۔ البیازین کے علاقہ میں اس وقت

23 حوضوں کی نشاندہی کی گئی ہے۔ لیکن حیرت کی بات ہے کہ اُن میں سے چند اب بھی زیر استعمال ہیں۔ جہاں سے مقامی لوگ پانی حاصل کرتے ہیں۔ پانی حوضوں کے علاوہ اسلامی دور کے بہت سے حماموں کی بھی نشاندہی ہوئی ہے۔ جن میں سے چند اس وقت بھی زیر استعمال ہیں۔

غرناطہ شہر کا دل

ہم غرناطہ کے مین بازار پہنچے Gran via de Colon نامی سٹریٹ کے اردگرد ہے۔ بازار کو کشادہ اور یورپی طرز کا پایا۔ دکانیں سامان سے لبالب بھری ہوئیں سیاحوں کی کشش کا باعث بنی ہوئی تھیں۔ بازار کے آخر پر ہم دائیں مڑ کر اسلامی دور کے قدیمی مرکزی علاقے میں پہنچے جو باب رملہ کہلاتا ہے۔

باب رملہ کے علاقہ میں غرناطہ کی مرکزی جامع مسجد تھی۔ اُسی جگہ اب مرکزی شاہی کیتھڈرل یعنی روئل چیپل ہے۔ ہم چرچ کے اندر گئے تو دیکھا کہ واقعی یہ بہت بڑا چرچ ہے جس کے اندر پانچ چیپل یعنی مختلف مکاتبِ فکر کی عبادت گاہیں تھیں۔ جہاں لوگ مرادیں مانگتے اور بخشش کی خاطر پادری کے سامنے اپنے تمام گناہوں کا اعتراف کرتے ہیں۔ عیسائیت کے مطابق اگر کوئی گناہ گار پادری کے سامنے اعتراف گناہ کرے تو اُس کے گناہ معاف ہو جاتے ہیں۔ میں نے دیکھا خواتین کی ایک بڑی تعداد اپنے گناہوں کے اعتراف کے لئے قطاروں میں کھڑی تھیں۔ یہ علاقہ شہر کا مرکزی حصہ ہے جہاں سیاح اور مقامی باشندے کثیر تعداد میں نظر آئے۔ چرچ کے بڑے ستون، اونچی چھتیں اور دیواروں پر مذہبی کہانیوں کی تصویر کشی عمارت کے وقار میں اضافہ کر رہی تھی۔

میرے غرناطہ جانے سے سات سو سال قبل جب ابن بطوطہ اس شہر میں آئے تھے۔ تو انہوں نے جامع مسجد کے اُس وقت کے قاضی ابوالقاسم محمد بن حسینی سبتی اور خطیب محمد بن ابراہیم بیانی اور خطیب ابوسعید فرج المشہور با بن لمب سے ملاقات کی تھی۔ لیکن آج میں اُس مقام پر پہنچا تو جامع مسجد کی جگہ چرچ کو پایا۔

ریشم مارکیٹ

چرچ کے ساتھ گلی میں اسلامی دور کی ریشم مارکیٹ ''قیصریا'' ہے۔ ہم چرچ سے نکل

کر اس قدیم مارکیٹ میں گئے جو اسلامی دور سے اسی مقام پر موجود ہے۔ عربوں کے زمانے میں یہاں دنیا کے سب سے اعلیٰ معیار کے ریشم کا کاروبار ہوتا تھا۔ آج ریشم کی بجائے سیاحوں کی دلچسپی کے لئے رنگ برنگی چیزیں دکانوں میں سجائی ہوئی ہیں۔

یہ بازار ایشیائی طرز کا ہے جس کی چھوٹی چھوٹی دکانیں اور تنگ گلیاں بالکل ایسی ہیں جیسے گوجرانوالہ میں رینا کی گلی ہے۔ لیکن فرق صرف یہ دیکھا کہ یہ بازار صاف ستھرا ہے اور یہاں ایشیائی بازاروں کی طرح مفت میں دھکے نہیں ملتے۔ زیادہ تر دکاندار خواتین تھیں جو بڑے دھیمے انداز میں صبر وتحمل کے ساتھ گاہکوں کو اشیاء دکھا رہی تھیں۔ لیکن تھیں تو آخر دکاندار جو اپنی چرب زبانی کے ساتھ گاہکوں کو پھنسا لیتی تھیں۔

ریشم مارکیٹ سے میں نے اپنی بیگم شمیم، بیٹیوں نفیسہ، شمائلہ، سعدیہ اور بیٹے خرم کے لئے تحفے خریدے۔ میں ایک دکان کے اندر گیا تو دیکھا کہ دکاندار نوجوان تھا جو خوبصورت انگریزی میں بات چیت کر سکتا تھا۔ میں نے اس کا پس منظر معلوم کرنے کی خاطر اُس سے بات کی تو معلوم ہوا کہ وہ بغداد کا رہنے والا ہے اور حالیہ امریکی حملہ میں جب بغداد تباہ ہوا تو یہ بھاگ کر غرناطہ چلا آیا۔ جب میں نے اُسے بتایا کہ میں بھی بغداد کی سیاحت کر چکا ہوں تو وہ کافی دیر مجھ سے عراق کی سیاحت کے حوالے سے بات چیت کرتا رہا۔ دوران گفتگو اُس نے امریکی سابق صدر جارج ڈبلیو بش کو اس قدر غلیظ گالیاں دیں جن کا ترجمہ صرف پنجابی میں ممکن ہے اُردو میں نہیں۔ اس سے معلوم ہوتا ہے کہ عراقی لوگوں کے اندر امریکہ اور امریکیوں کے خلاف کتنی نفرت اور حقارت پائی جاتی ہے۔ یہ اُسی نفرت کا اظہار تھا جب بغداد میں منتظر الزیدی نامی ایک صحافی نے دسمبر 2008ء میں بش کو جوتے مارے۔ لیکن بش گالیاں کھا کے بھی بے مزہ نہ ہوئے۔ جبکہ منتظر الزیدی عرب دنیا میں ایک ہیرو کے طور پر سامنے آیا۔

ریشم مارکیٹ کے قریب ہی زمانہ قدیم کی سرائے ہے جہاں ریشم کے سوداگر قیام کرتے تھے۔ یہ سرائے آج بھی موجود ہے لیکن ویران ہے۔ سرائے ہمارے ملکوں کی حویلی طرز کی ہے۔ یعنی چاروں طرف کمرے اور درمیان میں صحن خالی۔ اسے دیکھ کر یقین ہو گیا کہ واقعی یہ مسلمانوں کے زمانے کی عمارت ہے کیونکہ الحمرا محل کی طرز تعمیر بھی ایسی ہی ہے۔ اس سرائے کے داخلی گیٹ کے ساتھ دائیں بائیں کچھ کمروں کو دفتر کے طور پر استعمال کیا جاتا ہے۔ سرائے دو منزلہ ہے۔

اسلامی یونیورسٹی اور سکالر

ریشم مارکیٹ سے ملحق اسلامی یونیورسٹی کی عمارت ابھی تک موجود ہے۔ یہ درس گاہ خلیفہ یوسف اول نے 1349ء میں قائم کی تھی۔ یہاں قرآن پاک، تفسیر، حدیث کے علاوہ تاریخ، فلسفہ اور منطق جیسے علوم پڑھائے جاتے تھے۔ اُس زمانے کے نام ور اساتذہ اس درسگاہ میں پڑھاتے تھے۔ ابن خلدون جب غرناطہ آئے تو اپنے قیام کے دوران وہ بھی اس درسگاہ میں پڑھاتے رہے۔ جب مسلمان غرناطہ سے چلے گئے تو نصرانی حکمران اس عمارت کو چیپٹر ہاؤس (چرچ کے ساتھ ایسی عمارت جہاں میٹنگ منعقد ہوتی ہیں) کے طور پر استعمال کرنے لگے۔ آج بھی یہ عمارت مدرسہ Madraza کے نام سے پکاری جاتی ہے۔

جب میں اس عمارت میں گھوم پھر رہا تھا تو مجھے فخر تھا کہ میں اُس جگہ ہوں جہاں عظیم فلاسفر ابن خلدون پڑھاتے رہے۔ میں تصور میں ہی ابن خلدون کو اپنے ہم عصر سکالروں کے ساتھ مکالمہ کرتے دیکھ رہا تھا۔ مجھے یہاں ابن خطیب بھی ابن خلدون سے مکالمہ کرتے نظر آئے۔ ابن خلدون کا خاندان اُندلس میں بڑے اثر رسوخ والا تھا اور اہم عہدوں پر فائز رہا۔ پھر یہ خاندان تیونس چلا گیا جہاں ابن خلدون پیدا ہوئے۔ جب ابن خلدون غرناطہ آئے تو وہ سلطان محمد پنجم کے سفیر کے طور پر خدمات انجام دینے کے علاوہ مقامی یونیورسٹی میں درس و تدریس سے بھی منسلک رہے۔ آخر میں ابن خلدون اپنے دوست ابن الخطیب کی مخالفت کی بناء پر غرناطہ سے تیونس چلے گئے۔

لسان الدین ابن الخطیب بھی غرناطہ کی ایک نواحی بستی لوجو Lojo میں 1313ء میں پیدا ہوئے۔ یہ سلطان محمد پنجم کے وزیر رہے۔ یہ نام ور شاعر، خطاط، ادیب اور تاریخ نویس بھی تھے۔ الحمرا کی بعض دیواروں پر ان کی شاعری لکھی ہوئی ہے۔ غرناطہ کے دریا شنیل کی تعریف میں ان کی ایک مشہور نظم ہے کہ:

مصر اپنے نیل پر فخر کر سکتا ہے
اور غرناطہ اپنے شنیل میں ایک ہزار نیل رکھتا ہے

ابن الخطیب 1371ء میں ذاتی عداوت کی بناء پر قتل ہوئے۔

غرناطہ میں جب ابن بطوطہ آئے تب سلطان الحجاج یوسف بن سلطان کی حکومت تھی۔ ابن بطوطہ نے غرناطہ کی سیاحت کے بعد اپنے تاثرات کا اظہار ان الفاظ میں کیا:

”غرناطہ شہر اُندلس کا دارالخلافہ ہے اور تمام شہروں کی دلہن ہے۔
دریائے شنیل اس کے بیچ میں سے گزرتا ہے۔ دریا کے علاوہ بہت
سی نہریں بھی اس شہر میں ہیں۔ شہر کے چاروں طرف باغ، محل اور
انگور کے کھیت اس کثرت سے ہیں کہ دنیا میں، میں نے کہیں نہیں
دیکھے۔“

غرناطہ میں عجم کے بہت سے فقیر رہتے ہیں چونکہ یہ ملک اُن کے
ملک کے مشابہ ہے اس لیے یہاں ہی وطن اختیار کرلیا ہے۔ ان
میں حاجی ابوعبداللہ سمرقندی، حاجی احمد تبریزی، حاجی ابراہیم
قونوی، حاجی حسین خراسانی، حاجی علی ہندی اور حاجی رشید ہندی
زیادہ مشہور ہیں۔

ابن بطوطہ کے زمانے میں شیخ محمد بن شیریں سبتی نے غرناطہ کے بارے میں کہا تھا:

رعی اللہ من غرناطتہ متبوا
یسر حزینا او یجیر طریدا

تبرم منہا صاحبی عند ماراء
مسارحہا بالثلج عدن جلیدا

(خدا غرناطہ کی حفاظت کرے جس سے غمگین خوش ہو جاتا ہے اور
بھاگے ہوئے کو پناہ دیتا ہے۔ میرا دوست رنجیدہ ہوا جب اس نے
دیکھا کہ اس کی چراگاہوں میں ہمیشہ برف جمی رہتی ہے۔)

جب مسلمان اُندلس پر قابض ہوئے تب اسلامی دارالخلافہ دمشق تھا۔ اُس زمانے میں دمشق خوبصورتی اور علم ادب میں دنیا میں اپنا ثانی نہیں رکھتا تھا۔ مسلمان غرناطہ کو اُندلس کا دمشق کہتے تھے اور اس پر فخر کرتے تھے۔ دمشق کی طرح غرناطہ بھی اپنے اندر بڑی کشش رکھتا تھا اور دور دراز کے لوگ اس شہر میں آکر پناہ لیتے تھے۔ ابن بطوطہ کی سفری یاداشتوں سے معلوم ہوتا ہے کہ اُس زمانے میں ہندوستان کے لوگ بھی غرناطہ میں رہتے تھے۔ حاجی علی ہندی اور حاجی رشید ہندی جیسے نام یقیناً اس کا ثبوت ہیں۔

کولمبس اور ملکہ ازبیل

مدرسہ کی عمارت سے باہر نکل کر ہم قریب ہی مرکزی چوک میں پہنچے تو دیکھا کہ چوک کے درمیان ملکہ ازبیل اور کولمبس کے مجسمے ہیں۔ اِن مجسموں میں ملکہ تخت پر تاج پہن کر بیٹھی کولمبس کو ایک کاغذ پر لکھا اپنا فرمان دے رہی ہے۔ کولمبس فرمان کو شاہی آداب کے مطابق جھک کر وصول کر رہا ہے۔ یہی وہ مقام ہے جہاں سے امریکہ کی دریافت کا آغاز ہوا اور دنیا کی تاریخ بدلی۔

کولمبس اٹلی کے ایک ساحلی شہر جنوا کا رہنے والا تھا۔ اس کا خاندان انتہائی غریب تھا جو نسل در نسل گھریلو کھڈیوں پر کپڑا تیار کر کے روزی کماتا تھا۔ معاشی حالات سے تنگ کولمبس سپین پہنچا۔ یہ وہی زمانہ ہے جب غرناطہ پر عیسائی حکمران ازبیل اور اس کے خاوند فرینڈس نے قبضہ کیا تھا۔ فاتح قوم کی حیثیت سے ان کے جذبے جوان تھے۔ عیسائی دنیا میں ان کی ''بلے بلے'' ہو رہی تھی۔ دونوں اب مزید کچھ کر گزرنے کی سوچ رہے تھے کہ انہیں کولمبس مل گیا۔ کولمبس کی زندگی میں تجسس کا جذبہ جوان تھا۔ اُسے اگر ضرورت تھی تو مال و دولت اور پشت پناہی کی جو ملکہ ازبیل سے مل گئی۔ اس طرح کولمبس ساز و سامان سے لیس ہو کر کسی نئے ملک کی تلاش میں نکلا۔ سنا ہے اُس کی نگاہ انڈیا پر تھی۔ شاہی فرمان ملتے ہی کولمبس ساحل سمندر پر جا کر بحری بیڑہ تیار کرنے میں مصروف ہو گیا۔ آخر کار 3 اگست 1492ء میں وہ ایک ایسے سفر پر روانہ ہوا جس نے دنیا کی تاریخ بدل کر رکھ دی۔

12 اکتوبر 1492ء دن کے دو بجے کرسٹافر کولمبس امریکہ پہنچا۔ امریکہ میں اِس دن عام تعطیل ہوتی ہے اور کولمبس کی امریکہ آمد کے حوالے سے جشن منائے جاتے ہیں۔ امریکہ میں سفید فام قوم نے جاتے ہی امریکہ کے قدیمی کالے باشندوں کو انتہائی سفاکی کے ساتھ قتل کر کے اُن کی نسلیں ختم کر دیں تھیں۔ یہ معلوم نہیں کہ اہل امریکہ کولمبس کی آمد کے جشن کے ساتھ ساتھ اُس قتل عام کا سوگ بھی مناتے ہیں یا نہیں۔ میرے خیال میں ایسا نہیں کرتے ہوں گے کیونکہ امریکی کس کس قتل کا سوگ منائیں۔ اُن کی سفاکی کی تاریخ تو بھری پڑی ہے۔

جب میں کولمبس کا مجسمہ دیکھ رہا تھا تب مجھے یاد آیا کہ ایک جولاہے کے بیٹے نے دنیا میں بہادری اور جرأت کے جھنڈے گاڑ دیئے۔ جبکہ مشرق میں ہمارے ہاں کھڈی پر کپڑے تیار کرنے والوں کے بارے میں یہ تصور ہے کہ اس پیشہ سے منسلک لوگ کمزور دل اور ڈرپوک

ہوتے ہیں۔ میں نے آٹھویں جماعت میں ’’Putho the weaver پھتو جولاہا‘‘ کی کہانی انگریزی میں پڑھی تھی۔ جس میں پھتو کو ایک کمزور اور ڈرپوک انسان کے طور پر پیش کیا گیا تھا۔ لیکن ادھر مغرب میں ایک جولاہے کے بیٹے کولمبس نے بحرِ اوقیانوس جیسے گہرے اور خطرناک سمندر کو آج سے پانچ سو سال پہلے صرف چپو والی کشتی پر عبور کر کے ایک ایسا جرأت مندانہ کام کیا تھا کہ اُس کی مثال نہیں ملتی۔

دن بھر گھومتے پھرتے تھک گئے تو ٹیکسی میں بیٹھ کر ہوٹل جانے لگے۔ ہم ٹیکسی میں سفر کر رہے تھے کہ منیر حسین کے فون کی گھنٹی بجی تو دوسری طرف ان کا تین سالہ لاڈلا پوتا سراج انگلینڈ سے فون پر باتیں کرنے لگا۔ پوتے نے دادا کو بتایا کہ میں آپ کی وجہ سے سخت اداس ہوں، آپ جلدی واپس آئیں۔ اور پھر پوچھا آپ اس وقت کہاں ہیں؟ منیر حسین بولے میں ٹیکسی میں سفر کر رہا ہوں تو پوتے نے مشورہ دیا کہ پھر ٹیکسی والے کو کہیں کہ آپ کو ہوٹل کی بجائے اپنے گھر بریڈفورڈ پہنچائے۔ پوتے کے فون کے بعد منیر حسین تھوڑے اُداس ہو گئے لیکن جلد ہی ملک عبدالقیوم آفریدی کی چٹ پٹی باتوں نے اُن کی اُداسی ختم کر دی۔

غرناطہ کی ایک تاریخی جھلک

غرناطہ شہر بھی ہے اور صوبہ بھی۔ اس کی سرحدیں شمال میں صوبہ جین، قرطبہ، اشبیلیہ، المار یا اور جنوب میں البشارات کے پہاڑوں کے اختتام پر بحیرۂ روم تک پھیلی ہوئی ہیں۔ صوبہ کا دارالحکومت غرناطہ ہے۔ غرناطہ سیرانویدا یا مولائی حسن نامی پہاڑوں کے دامن میں کچھ ہموار اور کچھ چھوٹی چھوٹی پہاڑیوں پر آباد ہے۔ شہر کے درمیان سے دریائے شنیل گزرتا ہے۔ جبکہ حدرہ نامی ندی الحمرا اور البیازین کے درمیان سے گزرتی ہے۔ اسی ندی کا پانی الحمرا کو فراہم ہوتا ہے۔ اس وقت شہر کی آبادی 236,982 ہے جبکہ پورے صوبے کی آبادی 472,638 افراد پر مشتمل ہے۔ 31 فیصد لوگ جنوبی امریکہ سے ہجرت کر کے یہاں آباد ہوئے۔ غرناطہ کا ہوائی اڈا چھوٹا سا ہے۔ پہلے یہ سپین کی مقامی شہروں تک سروس فراہم کرتا تھا۔ اب اس کی خدمات کو یورپ تک پھیلا دیا گیا ہے۔

غرناطہ بہت ہی قدیمی شہر ہے۔ پانچویں صدی قبل مسیح میں جب یونان کو عروج ملا تو انہوں نے اس شہر کو فتح کیا۔ پھر رومن آئے جنھوں نے اس شہر کو بہت ترقی دی۔ اس شہر کا اپنا سکہ جاری کیا۔ اسی مناسبت سے اسے رومن الیبراس Illiberis کہتے تھے یعنی ایسا شہر جس کا اپنا

سکہ ہو۔اس شہر پر ساٹھ سال تک بازنطینی حکمران رہے۔ پھر گوتھ آئے جنہوں نے غرناطہ کو فوجی نقطۂ نظر سے مضبوط کیا۔

جب رومنوں نے بیت المقدس پر قبضہ کر کے ہیکل سلیمانی کی اینٹ سے اینٹ بجائی تو اہل ثروت یہودی وہاں سے نقل مکانی کر کے سپین کے مختلف شہروں میں آ کر آباد ہو گئے تھے۔ یہ لوگ تجارت پیشہ تھے۔ چنانچہ جلد ہی انہوں نے غرناطہ کے قلعہ کے پہلو میں ایک یہودی بستی قائم کر لی تھی جو اب بھی موجود ہے۔ لیکن عیسائی اِن یہودیوں کو نفرت کی نگاہ سے دیکھتے اور انہیں ہر طریقے سے تنگ کرنے کی کوشش کرتے رہتے تھے۔

نصر حکمرانوں کے دور میں غرناطہ میں علمی، ادبی، سماجی اور سیاسی لحاظ سے بہت ترقی ہوئی۔ شہر میں پہلی یونیورسٹی قائم ہوئی جس کی شہرت دور دور تک پھیلی۔ قرطبہ، اشبیلہ اور دوسری اسلامی ریاستوں کے علماء، فضلا، سکالر، مشیر اور دانشور بھی اس شہر میں آ کر رہنے لگے۔ اس طرح یہاں ادب کے دبستان کھلنے لگے۔ فلاسفروں نے وہ کام کیے کہ آج یورپ اُن کاموں پر حیران ہے۔ ابن طفیل، ابن خطیب جیسے لوگ غرناطہ میں پیدا ہوئے۔ ابن خلدون جیسے عظیم فلسفی اور تاریخ دان نے اس شہر کو عزت بخشی اور یہاں کی درسگاہوں میں پڑھاتے رہے۔

ابن نصر بادشاہ اُندلس میں مسلمانوں کے آخری حکمران تھے جنہوں نے ڈھائی سو سال تک غرناطہ پر حکومت کی۔ غرناطہ کے آخری بادشاہ ابوعبداللہ محمد کے باپ سلطان ابوالحسن کی دو بیویاں تھیں۔ پہلی بیوی عائشہ چچا ابوعبداللہ ایسر کی لڑکی تھی۔ دوسری بیوی ملکہ ثریا عیسائی رومن کیتھولک تھی۔ عائشہ کے بدن سے ابوالحسن کے دو لڑکے ابوعبداللہ محمد اور یوسف نامی تھے۔ سلطان اپنی عیسائی بیوی ملکہ ثریا سے زیادہ محبت کرتا تھا۔ ایسے میں محل میں یہ بات گردش کرنے لگی کہ ممکن ہے سلطان اپنا جانشین عیسائی بیوی کے بدن سے پیدا ہونے والے لڑکوں کو بنا دے۔ یہ بات آہستہ آہستہ سلگتی رہی۔ آخر کار شعلہ میں یوں بدلی کہ ابوعبداللہ محمد کی حمایت پر بربری قبیلہ اور عیسائی بیوی ملکہ ثریا کا قرطبہ کا ایک قدیم اور بااثر خاندان بنوسراج میدان میں آ کھڑے ہوئے۔

محل کی اندرونی ریشہ دوانیوں کے زمانے میں سلطان کے بیٹے ابوعبداللہ محمد اور یوسف غرناطہ سے بھاگ کر وادی آش چلے گئے۔ جہاں بربری قبیلہ کی مدد سے اس قدر طاقتور ہوئے کہ 1482ء میں باپ کے خلاف جنگ کا اعلان کر دیا۔ جنگ میں غرناطہ کی سلطنت

دو حصوں میں تقسیم ہو گئی۔ سلطان ابوالحسن غرناطہ سے نکل کر مالیگاہ جا پہنچا اور گرد نواح کے علاقہ پر حکومت کرنے لگا۔ جبکہ ابو عبداللہ محمد غرناطہ اور قرب و جوار کا سلطان قرار پایا۔ نصرانی ایک عرصہ سے ایسے موقع کی تاڑ میں تھے۔ چنانچہ وہ کمال حکمت و تدبیر سے باپ بیٹے کے درمیان صلح کرانے کا بہانہ بنا کر بیچ میں آ ٹپکے۔ زبردست لڑائی کے دوران ابو عبداللہ محمد، جو بیدل کے نام سے مشہور تھا، جنگ میں گرفتار ہو کر عیسائیوں کے قبضہ میں چلا گیا۔ 1485ء کو سلطان ابوالحسن نے غرناطہ پر دوبارہ قبضہ کر لیا لیکن اب کمزور اور ناتواں تھا۔ مرگی کا مریض تھا اور آنکھوں کی بصارت بھی چلی گئی تھی۔ ایسی حالت میں حکومت اپنے بھائی بہ زغل، جو بڑا جابر اور طاقت ور انسان تھا، کے سپرد کر کے خود کنارہ کشی اختیار کر لی۔

ابو عبداللہ محمد بیدل کے نام سے مشہور تھا۔ ہسپانوی زبان میں بیدل کا مطلب ہے چھوٹا بادشاہ۔ دوران قید عیسائیوں کے ساتھ گٹھ جوڑ کر کے آزاد ہوا۔ بیدل ایک کمزور اور کم ہمت انسان تھا۔ عیسائیوں نے جان بوجھ کر اسے لا کر تخت پر بٹھایا تو 2 جنوری 1492ء کو ایک معاہدہ کے تحت شہر کی چابیاں عیسائی بادشاہ فرڈینڈ اور ملکہ ازبیل کے حوالے کیں۔ عیسائی حکمرانوں کو الحمرا جیسے عظیم الشان محل کے علاوہ کثیر مقدار میں سونا، چاندی، ہیرے جواہرات اور دوسری قیمتی چیزوں کے علاوہ ایک ایسا نظام ورثہ میں ملا جس کی مثال نہیں ملتی تھی۔

مسلمانوں نے غرناطہ عیسائی حکمرانوں کے حوالے کرتے وقت جو معاہدہ کیا تھا اُس کی رُو سے اُندلس میں مسلمان پُر امن رہیں گے۔ مذہبی فرائض کی ادائیگی میں کوئی رکاوٹ پیدا نہیں کی جائے گی۔ لیکن جلد ہی معاہدہ کے برعکس مساجد کو کلیسا اور مسلمانوں کو عیسائی بنانے کی مہم شروع کر دی۔ کارڈنل زمی کی مذہبی عدالت کے حکم پر جہاں مسلمانوں کو پھانسی پر لٹکایا گیا وہاں مسلمانوں کے کتب خانے بھی خاکستر کر دیئے گئے۔ البیازین کے علاقہ سے اسی ہزار کتب کو غرناطہ کی گلیوں میں لا کر جلا دیا گیا۔

اہل ثروت مسلمان تو ہجرت کر کے مراکش چلے گئے جہاں حکومت نے ان کے لئے دارالخلافہ فیض سے پچیس میل دور سلمان نام سے ایک الگ اور جدید شہر تعمیر کیا۔ یہ شہر اب بھی موجود ہے۔ لیکن غریب مسلمان اور یہودی جو اُندلس سے ہجرت نہ کر سکے انہیں تنگ نظر عیسائی حکمرانوں نے ہر طرح سے ستانا شروع کر دیا تھا۔

سقوط غرناطہ پر مسلمانوں کا کیا حال ہوا۔ اس کی منظر کشی ایک عرب شاعر نے ایک

مرثیہ میں یوں کی ہے:

واحرق ماکانت لنا من مصاحف
وخلطها بالزبل او بالنجاسة

وکل کتاب کان فی امر دیننا
ففی النور القوه بهزء وحقرته

ومن صام اؤ صلی ویعلم حاله
ففی النار یلقوه علی کل حالته

وقد امرونا ان نسب نبینا
ولا نذکرنه فی رخاء وشدته

(ترجمہ: ہمارے قرآن پاک جلا دیئے اور انہیں گوبر اور نجاست سے آلودہ کیا۔
ہماری ہر کتاب کو تمسخر اور حقارت کے ساتھ نذر آتش کر دیا۔
اگر پتہ چل جاتا کہ کسی نے روزہ رکھا ہوا ہے یا نماز پڑھی ہے تو اسے ہر حال میں آگ میں ڈال دیتے۔
انہوں نے ہمیں حکم دیا کہ ہم اپنے پیغمبر کو (معاذ اللہ) برا بھلا کہیں اور کسی غمی خوشی کی حالت میں ان کو یاد نہ کریں۔)

غرناطہ کے بازار، قدیمی بستیاں، کالج یونیورسٹی، ہسپتال، دریا اور زرخیز زمینوں کی اپنی اہمیت ہے لیکن اس میں مسلمانوں کے زمانے کی یادگاروں پر اب اہل غرناطہ فخر کرتے ہیں۔ غرناطہ کو انگریزی میں گرناڈا Granada کہتے ہیں۔ یہ نام بھی اہل ہسپانیہ نے عربوں کے دیئے گئے نام غرناطہ سے مستعار لیا ہے۔ کچھ لوگوں کا خیال ہے کہ گرناڈا کا لفظ انگریزی لفظ Pome-granate سے نکلا ہے۔ جس کا مطلب ہے ایسا شہر جہاں اناروں کی بہتات ہو۔

اسی وجہ سے غرناطہ کا جو قومی نشان ہے اس میں انار کی تصویر ہے۔

اہل غرناطہ اس بات سے انکاری نہیں کہ انار، انگور، زیتون، بادام، خوبانی اور اس طرح کے انواع واقسام کے میوہ جات سے اس شہر کو متعارف کروانے والے مسلمان تھے۔ انھوں نے غرناطہ پر اس طرح حکوت کی کہ آج چھ سو سال گزرنے کے باوجود بھی دنیا بھر کے لوگ انہیں نہیں بھولے۔ صرف الحمرا کو دیکھنے آٹھ ہزار سیاح ہر روز غرناطہ جاتے ہیں۔ اگر الحمرا کو غرناطہ سے نکال دیا جائے تو سیاحوں کے لئے باقی کچھ نہیں بچتا۔

اب آیئے اور میرے ساتھ آپ بھی الحمرا کی سیر کریں۔

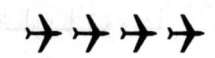

غرناطہ بھی دیکھا مری آنکھوں نے ولیکن
تسکینِ مسافر نہ سفر میں نہ حضر میں!
دیکھا بھی دکھایا بھی، سنایا بھی سنا بھی
ہے دل کی تسلی نہ نظر میں نہ خبر میں!

الحمرا کا محل

الحمرا جس پہاڑی پر ہے وہ شہر کی پشت پر ایک ٹیڑھی کشتی نما جگہ ہے۔اس کے دونوں طرف ڈھلوان ہیں۔جبکہ اوپر دائیں طرف الحمرا کا داخلی دروازہ ہے۔ پہاڑی اوپر سے ہموار ہے۔اُسی ہموار جگہ پر الحمرا کے محلات ہیں۔ان محلات کی پشت پر ایک دوسری پہاڑی ہے۔جس کی گود میں "باغ بہشت" ہے۔الحمرا کی پشت پر یہ پہاڑی بالکل اُسی طرح کھڑی ہے جس طرح نگہبان کھڑے ہوتے ہیں۔یہ حقیقت بھی ہے کہ بادشاہوں کو نگہبانوں کی ضرورت ہوتی ہے اور عوام کو حکمرانوں کی پشت پناہی چاہیے۔

الحمرا کی ڈھلوان اُتر کر شہر کی طرف آئیں تو پہلی بستی، جو زمانہ قدیم میں یہودی بستی کہلواتی تھی، اب بھی اسی نام سے مشہور ہے۔یہ معلوم نہیں کہ اب بھی اس بستی میں یہودی رہتے ہیں یا نہیں لیکن جب مسلمان ہسپانیہ کے حکمران تھے تب یہودی مسلمانوں کے بہت ہی قریب تھے۔اسی قربت کی وجہ سے اُن کی بستی قلعہ کے پہلو میں ہے۔الحمرا کے دائیں نیچے گہرائی میں حدرہ نامی ندی بہتی ہے۔ندی کے ساتھ پہاڑی پر البیازین نامی عرب بستی ہے۔ جبکہ الحمرا کے بائیں جانب قلعے کی دیوار کے ساتھ ڈھلوان اور سڑک کے کنارے شاہ بلوط اور چنار کے درخت ہیں۔جس میں چند بڑے بڑے ہوٹل ہیں۔ان ہوٹلوں میں سے ایک میں ہمارا قیام تھا۔

الحمرا کے محلات جنھیں شاہی خاندان کا شہر کہنا زیادہ بہتر ہے، مختلف مراحل میں مکمل ہوئے۔آغاز میں پہاڑی پر ایک چھوٹا سا قلعہ تھا، جو اب بھی موجود ہے۔اس کی ابتدائی

حیثیت حفاظتی چوکی کی تھی۔ پھر اُس میں اضافہ ہوا تو امیر شہر کی رہائش اور فوجی چھاؤنی بنی۔ جب بنو نصر خاندان غرناطہ کے حکمران ہوئے تو انہوں نے الحمرا کی باقاعدہ تعمیر کا آغاز کیا جو اُن کے ڈھائی سو سالہ دور حکمرانی میں مکمل ہوا۔ الحمرا مختلف حصوں میں تقسیم تھا۔ ایک حصے میں محلات ہیں جن کے باہر دور دور تک خوبصورت باغات، سیر گاہیں اور شاہی خاندان کے رشتہ داروں اور فوجی جرنیلوں کی رہائش گاہیں اور بازار تھے۔ ایک حصے میں مدینہ نامی بستی بھی تھی جس کے اب کھنڈرات ہی نظر آتے ہیں۔

الحمرا کی سیاحت کے لئے کم سے کم چار گھنٹے چاہئیں اور اگر پورا دن وقف ہو جائے تو پھر سونے پر سہاگہ۔ باغات، پرانی بستی، پرانا قلعہ اور شاہی رہائش گاہ ''باغ بہشت'' میں سیاحوں کے داخل ہونے کا وقت مقرر نہیں۔ الحمرا میں داخل ہونے کے بعد آپ کسی بھی جگہ گھوم پھر سکتے ہیں۔ اگر نہیں جا سکتے تو بنو نصر کے محلات میں۔ جہاں داخلہ کا وقت مقرر ہے۔ سیاح اِدھر اُدھر گھومتے پھرتے دوسری جگہوں کی سیر کرتے رہتے ہیں اور پھر ٹکٹ پر درج وقت کے مطابق آدھا گھنٹہ پہلے قطار میں کھڑے ہو کر داخلہ کا انتظار کرتے ہیں۔ الحمرا کی سیاحت کے لئے ہر روز آٹھ ہزار سیاحوں کو اجازت ملتی ہے۔ زیادہ کی اندر گنجائش نہیں۔ محلات کی سیاحت کے لئے انتظامیہ نے وقت مقرر کر دیئے ہیں جو ہر گھنٹے بعد داخلے کی اجازت دیتے ہیں تاکہ سیاح آرام اور سکون سے الحمرا دیکھ سکیں۔

الحمرا کی سیاحت کا ٹکٹ بارہ پونڈ یعنی کوئی سولہ سو روپے ہے۔ ہر روز آٹھ ہزار سیاح دنیا کے اِن عجائبات کو دیکھنے آتے ہیں۔ اس طرح سیاحوں کے داخلہ ٹکٹ کی روزانہ آمدن ایک لاکھ پونڈ یعنی ڈیڑھ کروڑ روپے کے لگ بھگ ہوتی ہے۔ سال میں یہ آمدن کھربوں روپے بنتی ہے۔ ایسے میں الحمرا کے حوالے سے وہ محاورہ سچ ثابت ہوتا ہے کہ ''ہاتھی ہزار لٹے پھر بھی سوا لاکھ ٹکے کا''۔ اُندلس اور غرناطہ میں مسلمانوں کی حکمرانی ختم ہوئے چھ سو سال ہوئے ہیں لیکن اُن کے نام سے اب بھی اہل ہسپانیہ کروڑوں کماتے ہیں۔

الحمرا نے اُندلس کی منظر بہ منظر تاریخ بنتی اور بدلتی دیکھی۔ یہ قلعہ مسلمانوں کے عروج و زوال کی داستان کا راز دان ہے۔ محلات میں ہونے والی اپنوں اور غیروں کی سازشوں کا یہ امین ہے۔ محلات کے تہہ خانوں میں قیدیوں پر ہونے والے ظلم و ستم سے بھی یہ واقف ہے۔ اسی محل میں جہاں بدمعاشوں کو سولی پر چڑھایا گیا وہاں بعض سازشی شاہی خاندان کے

سربراہان کو قتل بھی کیا گیا۔ حریم کی رنگینیاں بھی اس سے مخفی نہیں۔ اس نے خوشی و غمی کے کئی منظر دیکھے۔ کئی بادشاہوں اور شاہی خاندان کے جنازے یہاں سے اٹھے۔

کئی شہزادوں اور شہزادیوں کی شادیوں کی شہنائیاں اس محل میں بجیں۔ کئی شہزادوں اور شہزادیوں نے اس محل میں جنم لیا۔ کئی محبتوں نے جنم لیا اور کتنی ہی محبتوں کا قتل ہوا۔

الحمرا میں فوجی پریڈ اور عسکری طاقت کے کئی مظاہرے ہوئے۔ اسی محل کے قدیمی حصے میں چالیس ہزار فوج ہر وقت کسی بھی خطرے سے نبٹنے کے لئے تیار رہتی تھی۔ آخری مسلمان بادشاہ بیدل آہ وفغاں کرتا دونوں ہاتھ خالی اسی محل سے نکلا۔ پھر اسی محل میں ملکہ ازبیل نے کولمبس کو نئی دنیا دریافت کرنے کی اجازت دی جس کے نتیجہ میں امریکہ دریافت ہوا۔ اور آج وہی امریکہ عملی لحاظ سے پوری دنیا کا حکمران ہے۔

متعصب نصرانی بادشاہوں نے مسلمانوں کی یادگاروں کو مٹایا۔ لیکن جو بچ گئیں آج وہی اُن کی آمدن کا ذریعہ ہیں۔ ایک بار الحمرا کو فرانسیسی فوجیوں نے بم سے اڑانے کی کوشش کی لیکن ایک سابق ہسپانوی فوجی نے بروقت کارروائی کرتے ہوئے بم کا فیوز اڑا کر بم کو ناکارہ بنا دیا تھا۔ اگر ایسا نہ ہوتا تو آج ہسپانیہ اربوں کی آمدن سے محروم اور ہم جیسے سیاح دنیا کے ایک انتہائی حسین محل کی سیاحت سے محروم ہوتے۔

عربی زبان میں الحمرا کا مطلب ہے سرخ۔ ممکن ہے آغاز میں اس کا رنگ سرخ ہوا ہو جس کی مناسبت سے یہ دنیا میں الحمرا کے نام سے مشہور ہوا۔ بہت سے سیاح جو گھروں میں بیٹھ کر سفرنامے لکھتے ہیں، اُن سفرناموں میں لکھا ہے کہ ہم سرخ رنگ کے محلات میں گئے۔ لیکن حقیقت یہ ہے کہ آج کا الحمرا تو مجھے بھورا بھورا نظر آیا۔ میرے خیال میں الحمرا کا لفظ سرخ کی بجائے بنو نصر خاندان کے جدامجد محمد ابن الحمرا ابن نصر سے لیا گیا ہے۔

آیئے آپ بھی میرے ساتھ الحمرا کی سیر کریں تاکہ پڑھی یا سنی ہوئی کہانیوں کی حقیقت معلوم ہو سکے۔

آج بدھ کا دن ہے۔ موسم انتہائی خوشگوار، درجہ حرارت 25 ڈگری ہے۔ ہم اپنے ہوٹل سے نکل کر قریب ہی الحمرا کے ٹکٹ آفس میں آئے جہاں سیاحوں کی ایک لمبی قطار ٹکٹ خریدنے میں مصروف تھی۔ ٹکٹ گھر کے ساتھ والے کمرے میں پیلے رنگ کی ایسی مشینیں ہیں جہاں سے وہ سیاح اپنا ٹکٹ وصول کر سکتے ہیں جنہوں نے انٹرنیٹ پر پیشگی ٹکٹ بک کروائے

تھے۔ ہم بھی پیشگی ٹکٹ بک کروانے والوں میں سے تھے۔ اس لئے لمبی قطار میں کھڑا ہونے سے بچ گئے۔

مشین سے ٹکٹ نکال کر ہم الحمرا میں داخل ہونے کے لئے ایک لمبی قطار میں کھڑے ہوگئے۔ گیٹ پر سکینر مشین کے ذریعے ٹکٹوں کی پڑتال ہوئی اور ہمیں دنیا کے اس خطہ میں داخلہ کی اجازت ملی جسے دیکھنے کے لئے کروڑوں لوگ تڑپتے ہیں۔ گیٹ سے داخل ہوئے تو سامنے ایک کشادہ سڑک تھی جس کے دونوں کناروں پر خوبصورت اونچے اونچے شاہ بلوط اور چنار کے درخت تھے۔ جگہ جگہ بیٹھنے کے لئے بینچ اور پھولوں کی کیاریاں۔ الحمرا میں داخل ہونے سے قبل باہر جو گرمی کی حدت تھی اُس میں اب کمی آنا شروع ہوچکی تھی۔ بالکل ایسے ہی جیسے آپ کسی وادی میں سخت گرمی میں چلتے ہوئے گھنے سایہ دار جنگل میں پہنچ جائیں تو جو راحت ملتی ہے ویسا ہی سکون ملا۔ ہم اسی سڑک پر چلتے گئے۔ اگر سیدھے چلے جاتے تو الحمرا کے ''باغ بہشت'' والے حصے میں پہنچ جاتے لیکن پروگرام کے مطابق پہلے ہمیں محل دیکھنے تھے پھر باغات۔ محل دیکھنے کے لئے ہم سڑک سے بائیں مڑے۔

یہ راستہ بھی سرسبز تھا جس کے دونوں کناروں پر قلعے کی حفاظتی دیوار اور تھوڑے تھوڑے وقفے پر برج تھے جن پر اسلامی دور حکومت میں فوجی ہر وقت چوکس رہتے تھے۔ قلعہ کی تقریباً دو میل لمبی دیوار پر تیس برج ہوا کرتے تھے۔ جن میں سے اکثر زمین بوس ہوچکے ہیں۔ تھوڑا آگے سڑک کے دونوں طرف سرو کے اونچے اونچے درخت صف باندھے مؤدب طریقے سے سیاحوں کو خوش آمد کہتے نظر آتے ہیں۔ سرو کے درختوں کی ایک دیوار سی بنی ہوئی ہے جنہیں انتہائی نفاست کے ساتھ تراش خراش کرکے اوپر سے ہموار کیا گیا ہے۔ فضاء سے یوں نظر آتا ہے جیسے درختوں کے اوپر بھی ایک سرسبز سڑک ہے۔

زمانہ قدیم میں باغات کو پانی فراہم کرنے والی نہر اب بھی موجود ہے۔ قلعہ کے اندر باغات اور ایک بستی بھی تھی۔ جس میں شاہی خاندان کے رشتہ دار، فوجی افسر اور خدمت گار رہتے تھے۔ محل کے ایک حصے میں ہسپتال، اصطبل، قید خانہ، قبرستان اور حمام تھے۔

شاہی بازار

الحمرا کے احاطہ میں دو پانچ ستاروں والے ہوٹل ہیں جن کے سامنے بازار ہے۔ یہ بازار زمانہ قدیم سے اسی طرح اور اسی جگہ موجود ہیں۔ اس مختصر سے بازار میں زیادہ تر تحفے

تحائف خریدنے کے لئے سیاح جاتے ہیں۔ ایک دو کھانے پینے کی دکانیں بھی تھیں۔ ایک دکان فوٹو گرافر کی تھی جو سیاحوں کے فوٹو زمانہ قدیم کے لباس پہنا کر تیار کرتے تھے۔ خواتین آج سے چھ سو سالہ پرانے اسلامی لباس، جو فوٹو گرافرز نے خصوصی طور پر رکھے ہوئے تھے، پہنا کر فوٹو تیار کرتے اور مرد بھی عربی لباس اور ساتھ حقے کے سوٹے لگواتے فوٹو بنوانے میں مصروف تھے۔ بچے اور بچیاں پریوں اور جنات کے وہ لباس جن کا ذکر افسانوی کتابوں میں ہے پہن کر فوٹو بنوا رہے تھے۔ دکان پر کافی رش تھا۔

بازار کے قریب سڑک کے دائیں طرف ایک چکور عمارت تھی۔ جو غالباً سیمنٹ کے بڑے بڑے بلاک سے تیار کی گئی تھی۔ دیوار کے ساتھ لوہے کے بڑے بڑے کڑے لٹک رہے تھے۔ یہ عمارت مسلمانوں کے الحمرا سے چلے جانے کے بعد عیسائی حکمرانوں کی اختراع تھی۔ اس کو شارلیکان نامی عیسائی بادشاہ المعروف چارلس پنجم نے 1527ء میں مسلمانوں کے شاہی محل کے کچھ حصے مسمار کر کے تعمیر کروایا تھا۔ میں اندر گیا تو دیکھا کہ باہر سے مربع شکل کی نظر آنے والی یہ عمارت اندر سے گول تھی جس کی دو منزلیں تھیں۔ اندر بے رونقی تھی۔ یہ عمارت شاہی رہائش گاہ سے زیادہ مجھے کھیل تماشا دکھانے والے بل فائٹنگ رنگ جیسی نظر آئی اور بے رونقی بھی بالکل ایسی جیسی قتل گاہوں میں ہوتی ہے۔ ممکن ہے اس عمارت میں عیسائی بادشاہ غرناطہ میں رہ جانے والے مسلمانوں کے ساتھ ظلم و ستم کرتے رہے ہوں۔ یہ سوچتے ہوئے میں ایک بنچ پر بیٹھ گیا۔ میرے قریب ایک بوڑھی ہسپانوی عورت بھی آ کر بیٹھ گئی جس نے بتایا کہ:

''اس عمارت کی تعمیر پر اٹھنے والے تمام اخراجات اُن مسلمانوں کی خون پسینے کی کمائی سے ہوئی تھی جو مسلمانوں کی حکومت کو زوال آنے کے بعد ابھی تک اس شہر میں مقیم تھے۔ عیسائی حکمرانوں نے اُن مسلمانوں پر بھاری ٹیکس لگا دیئے تھے۔''

قلعہ قدیم

عیسائی حکمرانوں کے محل سے نکل کر میں الحمرا کے آخری نکر پر صدیوں پرانے قلعے کی طرف گیا تو دیکھا نئے اور قدیمی قلعے کے درمیان ایک گیٹ اور ساتھ ایک پروقار عمارت تھی۔ عمارت کے پہلو میں ایک تھڑا نما چبوترا تھا جہاں کچھ سیاح بیٹھے سوٹے لگا رہے تھے اور کچھ اپنی گرل فرینڈ یا بوائے فرینڈ کے ساتھ اس طرح مصروف تھے جیسے بھونرا پھول کا رس چوسنے میں مصروف ہوتا ہے۔ ممکن ہے یہ وائین (شراب) گیٹ کا کمال ہوا ہو۔ عیسائی دور حکومت میں

عام شہری اس گیٹ سے قلعہ میں داخل ہو کر شاہی بازار سے بغیر ٹیکس ادا کیے شراب خریدتے اور چبوترے پر بیٹھ کر پیتے تھے۔ آج میں نے بہت سے سیاحوں کو چبوترے پر بیٹھے زمانہ قدیم کی یاد میں شراب پیتے دیکھا۔ زمانہ قدیم میں مردانہ معاشرہ تھا اس لئے آج کل والی رونقیں اُس وقت نہیں تھیں۔ اُس زمانے میں عیسائی عورتیں بھی مسلمان خواتین کی طرح پردہ کرتی تھیں۔ ج بھی چرچوں سے منسلک عیسائی خواتین سر ڈھانپ کر رکھتی ہیں۔

وائین گیٹ کے سامنے تھوڑی اونچائی پر پرانا قلعہ ہے۔ کسی زمانے میں قلعہ قدیم ور جدید کے درمیان گہری کھائی تھی جسے بعد میں بھر کر ایک ساتھ ملا دیا گیا تھا۔ مسلمانوں سے پہلے قلعہ کی حیثیت فوجی چوکی جیسی تھی۔ مسلمانوں نے اس کی جگہ باقاعدہ قلعہ تعمیر کیا جس میں بادشاہ کی رہائش کے ساتھ ساتھ فوجی چھاؤنی بھی تھی۔ تہہ خانے میں فوجی بارکیں، حمام، اسلحہ خانہ، آٹے کی مل اور صحن میں باغات تھے۔

قلعہ قدیم دیکھنے کے بعد میں دوبارہ وائین گیٹ کی طرف آیا تو دیکھا کہ ہمارے ساتھی ملک عبدالقیوم آفریدی پولینڈ کی ایک حسینہ سے ''طو...... طو'' کرتے باتوں میں مصروف تھے۔ میں سمجھ گیا کہ صاحب بہادر پولش حسینہ کو رام کرنے میں مصروف ہیں۔ ملک صاحب مجھے دیکھ کر انجان بن گئے۔ میں سمجھ گیا کہ یہ صاحب یورپی لوگوں کی طرح طوطا چشمی کر رہے تھے۔ یورپی عورتیں اور مرد جب اپنے محبوب کو رام کرنے میں مصروف ہوتے ہیں تب وہ اپنے جان پہچان والوں سے کبھی بھی آنکھیں نہیں ملاتے۔ اس طرح اہل مغرب طوطا چشمی میں بڑے ماہر ہیں۔ یہ طوطا چشمی ذاتی حیثیت سے لے کر ملکی بلکہ بین الاقوامی سطح تک دیکھنے میں آتی رہتی ہے۔ ملک صاحب تو یورپی عادت اپنائے ہوئے تھے لیکن مجھے یورپ سے کیا سروکار، میں تو پکا پاکستانی ہوں۔ اس لئے ملک صاحب کے رنگ میں بھنگ ڈالی۔

میں نے ملک صاحب سے پوچھا کیا آپ پولش زبان میں بات چیت کر سکتے ہیں؟ اس پر ملک صاحب نے زور کا قہقہہ لگایا اور پھر اپنا مخصوص ''کھنگورا'' مار کر سگریٹ کا سوٹا لگاتے ہوئے بولے ''مجھے پولش بولنے میں کوئی دقت نہیں لیکن مشکل یہ ہے کہ پولش بولنے والوں کو میری زبان سمجھ میں نہیں آتی۔ ایسے میں، میں طو...... طو کرتا کچھ پنجابی کچھ انگریزی اور چند الفاظ پولش کے ملا کر گزارہ کر لیتا ہوں اور اگر کوئی نادان پھر بھی نہ سمجھ پائے تو میں بین الاقوامی زبان یعنی اشاروں کی زبان کا سہارا لے کر اپنا مطلب نکال لیتا ہوں۔'' ملک صاحب

کی باتیں سنتے سنتے میں نے گھڑی پر نظر ڈالی تو معلوم ہوا اب ہمارا نصر پیلس میں داخلے کا وقت ہو چکا تھا۔

ہم اٹھے اور محل میں داخل ہونے والی قطار میں کھڑے ہو گئے۔ گرمی کی وجہ سے گوریوں نے، جو پہلے ہی مختصر نیکر اور لباس میں تھیں، اب ''ٹاپ'' بھی اُتارنے شروع کر دیئے تو یہ منظر دیکھ کر ملک صاحب، جن کے رنگ میں ابھی تازہ تازہ بھنگ پڑی تھی، خوش ہو گئے اور خوب چہکنے لگے لیکن اُن کی یہ خوشی بھی زیادہ دیرپا ثابت نہ ہو سکی کیونکہ شاہی محل کے دروازے کھل چکے تھے اور سیاح جوق در جوق اندر داخل ہونے لگے۔

بنو نصر کے محلات تین حصوں میں تقسیم ہیں۔ پہلا حصہ دربار عدل تھا جو اب Mexuar کہلاتا ہے۔ دوسرا حصہ تاج وتخت کے لئے مخصوص تھا جو اِن دنوں Comares کے نام سے پکارا جاتا ہے۔ جبکہ تیسرا حصہ شاہی رہائش گاہ حریم تھی جس کے صحن میں شیر ہیں جس کی مناسبت سے وہ شیروں Lions کا محل کہلاتا ہے۔

سیاح ''شریعت گیٹ''، جو Mexuar کی طرف ہے، کے راستے محل میں داخل ہوتے ہیں۔ میں اپنے ساتھیوں منیر حسین اور ملک عبدالقیوم آفریدی کے ہمراہ محل کے اس حصے میں داخل ہوا۔ ہمارے ساتھی شبیر مغل کو جو ٹکٹ ملا اُس کے مطابق انہیں ایک گھنٹہ بعد محل کے اس حصے میں آنے کی اجازت تھی۔ اس طرح مغل صاحب نے الحمرا کی سیر اکیلے کی۔ بعض اوقات انسان تنہائی میں بہتر کام کرتا ہے۔ یہی کچھ مغل صاحب کے ساتھ ہوا۔ انہوں نے اکیلے پن کا بھرپور فائدہ اٹھایا اور محل کے اس حصے کی فلم بندی بڑے سکون اور تحمل سے مکمل کی تھی۔

دربار عدل

ہم جس گیٹ سے دربار میں داخل ہوئے مسلمان حکمرانوں کے زمانے میں گیٹ پر ایک بورڈ آویزاں ہوتا تھا کہ ''اندر تشریف لائیے اور بغیر کسی خوف کے انصاف طلب کیجئے آپ کو یہاں سے انصاف ملے گا۔'' جب عیسائی بادشاہ آئے تو انصاف ملنے والا بورڈ اُتار دیا گیا جس کا واضح مطلب تھا اب ہمارے ہاں سے انصاف نہیں ملے گا۔ یہ بات سچ بھی ثابت ہوئی جب آٹھ سو سال سے مقیم مسلمانوں کو ملک بدر کر دیا گیا جو پچیس تیس نسلوں سے یہاں آباد تھے۔ جو نہ جا سکے اُنہیں چرچ کے حوالے کیا گیا جنہوں نے انہیں عیسائی بن جانے کی ترغیب

دی۔ جو نہ مانے انہیں زندہ جلا دیا گیا۔

دربار عدل میں داخل ہوا تو میں اپنے آپ کو آٹھ سو سال پہلے کے دور میں محسوس کرنے لگا۔ محل کی دیواروں کے کچھ حصوں پر قرآنی آیات سنہری حروف میں لکھی ہوئی تھیں۔ ''ولاَ غالِبُ اِلا اللہ'' جو نصر بادشاہوں کا نعرہ تھا۔ کثرت سے لکھا ہوا نظر آیا۔ اُندلس کے عرب شعرا کا کلام بھی کچھ جگہوں پر لکھا ہوا تھا۔ جہاں تک ہاتھ پہنچ سکتے ہیں وہاں تک لکھی ہوئی قرآنی آیات اور نعروں کو عیسائی حکمرانوں نے اکھاڑ دیا تھا۔ لیکن دیوار کے اوپر والے حصے اور چھت پر ابھی تک قرآنی آیات موجود ہیں۔ محل کے اس حصے میں ایک مسجد تھی جہاں بادشاہ، وزراء اور سفیر نماز ادا کیا کرتے تھے۔ محراب کے اندر اور باہر قرآنی آیات تھیں۔

مسلمانوں کے زمانے میں جب قاضی عدالت میں بیٹھتا تو تلاوت قرآن پاک ہوتی۔ پھر روزمرہ کے مقدمات کی شنوائی شروع ہوتی۔ عوام کو اپنے مقدمات خود پیش کرنے کی اجازت تھی۔ خواتین کے لئے پردہ کا انتظام تھا۔

دربار عدل میں اس قدر تبدیلیاں کی گئی ہیں کہ یہ معلوم کرنا مشکل ہے کہ بادشاہ یا قاضی کہاں بیٹھتے تھے اور ملزم کہاں کھڑا ہوتا تھا۔ ساتھ والے ایک کمرے سے نیچے راستہ جاتا ہے جو غالباً جیل تھی۔ وہاں سے قیدی باہر لائے جاتے اور پھر وہیں سے واپس جیل کے اندر چلے جاتے تھے۔ محل حویلی کی مانند ہے۔ چاروں طرف ہال اور کمرے ہیں۔ درمیان میں صحن مکمل سنگ مرمر کا ہے۔ صحن کے درمیان فوارے اور سنگ مرمر کی بنی پانی کی نالیاں ہیں۔ جب عیسائی حکمرانوں نے غرناطہ پر قبضہ کیا تو سب سے زیادہ اسی حصے میں ردوبدل کیا۔ نظام عدل والے ہال میں چرچ بنا دیا گیا تو صحن میں فوارے کا پانی سنگ مرمر کے جس گول پیالہ نما ٹب میں گرتا تھا پادری اسے بپتسما Baptism کے لئے استعمال کرنے لگے تھے۔ (بپتسما عیسائی مذہب میں ایک رسم ہے جس میں بچے پر مقدس پانی کے چھینٹے مارے جاتے ہیں۔)

محل کے اس حصے کے تہہ خانے میں اسلحہ فیکٹری تھی جہاں 1590ء میں دھماکہ ہوا اور محل کے کافی حصے کو نقصان پہنچا تھا۔

دربار شاہی

محل کا یہ حصہ مسلمان بادشاہوں کی طاقت کا سرچشمہ تھا۔ بادشاہ سلامت اپنا دربار اسی محل میں لگاتے تھے۔ دربار کے ساتھ بڑے ہال میں سفیروں کا استقبال کیا جاتا تھا۔ یہ ہال

18 میٹر لمبا اور 11 میٹر چوڑا ہے۔ دیواروں، چھتوں پر سنہری حروف میں سلطنت کا سرکاری نعرہ اور قرآنی آیات کندہ ہیں۔ چھت پر سورہ تبارک سنہرے حروف میں ابھی تک لکھی ہوئی ہے۔ چاروں طرف ہال اور کمرے ہیں۔ درمیان میں وسیع کھلا صحن ہے جس کے عین درمیان پانی کا بہت بڑا تالاب ہے۔ تالاب کے بیچ میں فوارہ ہے۔ تالاب کی تہہ بھی سفید سنگ مرمر کی ہے۔ اس کی تعمیر کچھ اس طرح ہے کہ انسان جس کمرے سے بھی باہر صحن میں آئے سامنے تالاب، فوارے اور بہتا پانی نظر آتا ہے۔ تالاب کے چاروں طرف چلنے پھرنے کے راستے ہیں۔ اسی محل کو دیکھ کر ایک عیسائی سیاح نے کہا تھا: ''جب دنیا کے بادشاہ کھلے میدانوں میں رہتے تھے تب غرناطہ میں مسلمانوں کے محل پانی کے اوپر تعمیر تھے۔''

محل کے اس حصے میں مجھے یوں محسوس ہوا جیسے بادشاہ سلامت ابھی دربار برخاست کر کے ساتھ والے کمرے میں آرام کرنے گئے ہیں۔ یورپی سیاح مٹیاریں محل میں دوڑتی پھرتیں چوکڑیاں بھر رہی تھیں جس طرح کنیزیں گردش میں رہتیں تھیں۔ دربار کے اسی مقام پر بادشاہ سلامت بڑے بڑے فیصلے کرتے رہے۔ اُن فیصلوں سے کئی لوگ قتل ہوئے اور کئی کی جانیں بچیں۔ کئی علاقے فتح ہوئے اور کئی علاقوں کی ہاتھ سے نکل جانے کی خبریں سنیں۔ محل کے اسی حصے میں راجے مہاراجے بادشاہ سلامت کی جی حضوریوں کیا کرتے تھے۔ اعلیٰ فوجی قیادت کے ساتھ دفاع یا کسی علاقے کو تسخیر کرنے کے بارے میں صلاح مشورے بھی یہاں ہی ہوتے تھے۔

حریم یا شیراں والا محل

تاج وتخت کے ساتھ جو محل کا حصہ ہے وہ حریم کہلاتا ہے۔ حریم دیکھا تو میری آنکھیں کھلی کی کھلی رہ گئیں۔ میں نے اس سے زیادہ خوبصورت محل پہلے کہیں نہیں دیکھا تھا۔ حریم کی طرز تعمیر محل کے دوسرے حصوں کی طرح ہے۔ لیکن اس کی سجاوٹ کچھ اس طرح ہوئی کہ میں نے تمام سیاحوں کو فرط حیرت میں ڈوبا ہوا دیکھا۔ حریم کے تمام کمروں اور برآمدوں کی سجاوٹ قرآن پاک کی آیات سے کی گئی ہے۔ یہ سجاوٹ سنہری تھی۔ صحن 35 میٹر لمبا اور 20 میٹر چوڑا ہے۔

صحن کے عین درمیان میں فوارے کچھ اس طرح سے بنے ہوئے ہیں کہ بارہ شیروں کو بیٹھے ہوئے دکھایا گیا ہے جن کے سروں پر بہت بڑا تھال نما ایک حوض ہے۔ حوض میں

پانی ہے اور شیروں کے منہ کے فواروں سے پانی باہر نکلتا رہتا تھا۔ ممکن ہے اس پانی سے اوقات کا تعین کیا جاتا ہو گا۔ جب ایک شیر کے منہ سے پانی بہتا تو اُس وقت ایک بجتا تھا۔ جب دوسرے شیر کے منہ سے پانی بہنے لگتا تو سمجھا جاتا تھا کہ اب دو بج چکے ہیں اسی طرح تیسرے اور جب بارہ کے بارہ شیروں کے منہ سے ایک وقت میں پانی بہنے لگتا تو اُس کا مطلب تھا اب بارہ بج چکے ہیں۔ یہ شیر ایک طرح سے دور جدید کے گھڑیال کا کام دیتے تھے۔ ان شیروں کی وجہ سے محل کا یہ حصہ ''شیروں والا محل'' کہلاتا ہے۔

محل کے جھروکوں سے البیازین کی بستی بہت ہی دلفریب نظر آ رہی تھی۔ البیازین کے باشندے حریم کے اس حصے کو'' سلطانہ کی آنکھیں'' کہتے تھے۔ جبکہ ایک عرب شاعر ابن زیمارک Zamark نے اپنی ایک نظم میں اس شہر کے بارے میں کہا تھا:

آیئے اور دیکھئے
یہ شہر دوشیزہ کی مانند خوبصورت ہے
شہر کی خواتین پہاڑ کی طرح عظیم اور حسین ہیں
دریا اس کے جسم پر سے بل کھاتا چمکتا ہوا بہتا ہے
جس طرح کسی حسینہ کی کمر کے گرد کمر کس لہراتا بل کھاتا ہے
شہر میں پھول اس طرح خوبصورت ہیں
جیسے کسی حسینہ کے گلے میں زیور

جس طرح اہل لاہور کہتے ہیں کہ ''جس نے لاہور نہیں دیکھا اُس نے کچھ بھی نہیں دیکھا'' بالکل اُسی طرح اہل غرناطہ بھی بڑے فخر سے کہتے ہیں کہ: جس نے غرناطہ نہیں دیکھا اُس نے کچھ بھی نہیں دیکھا(Quien no ha vista Granada, no ha vista nada)۔

حریم کے دائیں طرف کا ایک کمرہ ابن سراج ابوالحسن کے نام سے مشہور ہے۔ جس کے پس منظر میں عیسائی بادشاہ ایک من گھڑت کہانی پیش کرتے ہیں کہ:

''مولائی حسن کی ایک چہیتی بیگم ثریا سے ابن سراج قبیلہ کا سردار معاشقہ کرتا تھا۔ ایک دن بادشاہ حریم کے باہر باغ میں دونوں کو پیار و محبت میں مشغول پا کر سیخ پا ہو گیا۔ اب اگر یہ بات افشاں کرتا تو بادشاہ کی بے عزتی ہوتی۔

چنانچہ بادشاہ نے ابوسراج کو سبق سکھانے کی خاطر ان کے
قبیلے کے چھتیس سرداروں کو محل میں کھانے کی دعوت دی۔
کھانے کے بعد ان سب کو اس کمرے میں قتل کر دیا گیا۔
جس کے بعد وہ کمرہ ابن سراج کے نام سے مشہور ہوا۔''

لیکن داستان گو ملکہ ثریا کے انجام سے بے خبر ہیں۔ اس کمرہ کے عین درمیان میں ایک حوض ہے جس کی تہہ میں لگے پتھروں کا رنگ خون کی مانند ہے۔ چنانچہ کہانی گھڑنے والوں کا کہنا ہے کہ یہ خون ابن سراج کے سرداروں کا ہے۔

اگر آپ عیسائیوں کے اس من گھڑت قصے پر غور کریں تو یہ سراسر جھوٹا نظر آئے گا۔ اگر واقعی عشق بازی ہوئی تو پھر صرف ایک آدمی کو قتل کیا جاتا۔ اُس میں چھتیس سرداروں کو قتل کرنے کی کیا ضرورت تھی۔ اور پھر کیا خون چھ سو سال سے پانی کے حوض میں جوں کا توں رہ سکتا ہے۔

یہ حقیقت ہے کہ ابن سراج قبیلے کے سردار سازش اور بغاوت کے نتیجہ میں قتل ہوئے۔ مولائی حسن ایک طاقتور اور باجرأت بادشاہ تھا جس کی موجودگی میں عیسائیوں کے لئے ناممکن تھا کہ وہ غرناطہ پر قبضہ کریں۔ چنانچہ عیسائیوں نے ایک سازش تیار کی اور باپ بیٹے کو لڑا دیا۔ اس طرح غرناطہ میں خانہ جنگی شروع ہوئی۔ ملکہ عائشہ ایک طرف بیٹے ابوعبداللہ محمد المعروف بیدل کی حمایت کر رہی تھی اور دوسری طرف خاوند کے لئے بھی دل میں نرم گوشہ رکھتی تھی۔ ابوسراج قبیلہ ابوعبداللہ محمد کا حمایتی تھا جس کی بناء پر مولائی حسن نے اس قبیلے کے چیدہ چیدہ لوگوں کو قتل کروایا تھا۔ اسی خانہ جنگی میں عیسائیوں نے بھرپور فائدہ اٹھایا اور آخر کار سپین پر مسلمانوں کی آٹھ سو سالہ حکومت ختم ہوئی۔

حریم میں مغربی حسینائیں اس طرح چہل رہی تھیں جیسے یہ بھی حریم کی بیگمات ہوں۔ حسیناؤں کے ساتھ ساتھ ''درمیانی نسل'' کے مرد بھی تھے۔ سنا ہے بادشاہ اپنے حریم میں ''درمیانی نسل'' کے لوگ رکھتے تھے۔ جنہیں دیکھ کر مجھے یہی محسوس ہوتا رہا کہ محل کے اصل باشندے ابھی تک یہاں ہی کسی حصے میں موجود ہیں۔ اسی لئے تو باہر خدمتگاروں کی چہل پہل ہے۔ میں کافی عرصہ حریم میں گھومتا پھرتا اور سوچتا رہا کہ ان محلات میں پیدا ہونے والے شاہی خاندان کے بچوں کو اُن کی مائیں (ملکائیں) رات کو ضرور کہانیاں سناتی رہی ہوں گی۔

وہ کہانیاں یقیناً اُن کے آباء واجداد کے کارناموں کے متعلقہ ہوئی ہوں گی تاکہ اِن بچوں میں بھی بہادری، ہمت، جرأت اور جوانمردی جنم لے اور جوان ہوکر وہ اپنے آباء واجداد جیسے کارنامے سرانجام دیں لیکن افسوس ایسا نہ ہوسکا۔

دربارِ عدل، تاج وتخت اور حریم کے محلات میں خوبصورت تزئین، خطاطی اور قرآنی آیات کے علاوہ جس چیز نے مجھے متاثر کیا وہ پانی کا نظام ہے۔ ان محلات میں پانی نالیوں، تالابوں اور فواروں کی شکل میں دیکھ کر حیرت ہوئی۔ سنا ہے مسلمان بادشاہ پانی سے محبت کرتے تھے اور بہتے پانی کی چھنکار اور سرسراہٹ سے لطف اندوز ہوتے تھے۔ پانی کے کنارے چاندنی راتوں میں یہاں محفلیں سجائی جاتی تھیں۔ یہ محفلیں، علمی، ادبی، سماجی اور مذہبی نوعیت کی ہوتی تھیں۔ مدھم ساز پر ہلکی ہلکی موسیقی کے ساتھ ساتھ پانی کی آوازیں اہلِ محل کے دلوں کو چھوتی تھیں۔

یوسف سوئم جب 1408ء میں برسرِ اقتدار آئے تو وہ موسیقی کی محفلوں کے ساتھ ساتھ یہاں شعروشاعری کی محفلیں بھی برپا کیا کرتے تھے۔ یوسف خود بھی خوبصورت رومانی شاعر تھے اور اُس زمانے کے شعراء اور اہلِ علم ان کی محفلوں میں شرکت کیا کرتے تھے۔ ممکن ہے کہ یوسف ثانی کو رومانی جذبے الحمرا کے ماحول نے عطا کیے ہوں جہاں وہ پیدا اور جوان ہوا۔ یوسف کی ایک عربی غزل ہے۔ جس کا اردو میں مطلب کچھ یوں ہے:

میرے دل کو زخمی زخمی کرنے والے
تیرے غم میں
اس جہاں سے جانے والے سے مل
جس کی آنکھوں سے آنسو رواں ہیں
جو غزالی آنکھوں والی حسینہ سے
انصاف مانگ رہا ہے
ہری شاخ کی مانند اُس کا بدن لچکدار ہے
جو مجھ سے دور دور رہتی ہے
اُس نے مجھے آنکھوں کے اشارے سے گھائل کیا
کیا اُس نے مجھے اجازت دی

یا مجھ سے ہمیشہ کے لئے کنارہ کشی اختیار کر لی
اُس کے دل کی کھڑکی کھول کر
میں نے محبت پالی ہے

حمام

الحمرا میں آٹھ حمام تھے۔ ایک پرانے قلعہ میں، تین محل کے اندر، ایک جامع مسجد میں اور تین آبادی میں تھے۔ مسلمانوں نے حمام کو بڑی اہمیت دی کیونکہ صفائی اور جسمانی پاکیزگی دین اسلام میں بڑی اہمیت رکھتی ہے۔ جبکہ عیسائیت میں اس قسم کی کوئی پابندی نہیں بلکہ اُن کے ہاں جو سب سے زیادہ غلیظ زندگی گزارے گا وہی بڑا پہنچا ہوا بزرگ قرار پائے گا۔ عیسائیوں کے ہاں ایسے ایسے سینٹ گزرے ہیں جنہوں نے زندگی بھر پانی کو چھوا تک نہیں۔ اور اسی وجہ سے انہیں بزرگی کے اعلیٰ منصب پر فائز کیا گیا۔ جبکہ اسلام میں پانچ وقت کی نماز سے پہلے وضو اور پھر جسمانی پاکیزگی اور طہارت کا حکم ہے۔ اسی وجہ سے مسلمانوں نے حمام کا کلچر متعارف کروایا۔

حمام آہستہ آہستہ سیاسی، سماجی اور ادبی مرکز بن گئے جہاں بادشاہ، وزرا اور دوسرے صاحب رائے لوگ بحث و مباحثہ کرتے تھے۔ خواتین کے لئے الگ حمام تھے۔ ہر حمام میں ٹھنڈے اور گرم پانی کا انتظام ہوتا تھا۔ الحمرا کے ان گمشدہ حمام کے مقامات کو تلاش کر کے اُن کی نشاندہی کی گئی ہے۔ جب عیسائی غرناطہ پر قابض ہوئے تو انہوں نے حمام کو بدعت دین سمجھتے ہوئے بند کر دیا تھا۔

شاہی باغات

حریم کے ساتھ شاہی باغات ہیں۔ البیازین کی طرف باغات میں ایک خوبصورت ٹیرس نما کھلی عمارت ہے جس کے جھروکوں سے البیازین کی بستی بہت ہی خوبصورت نظر آتی ہے۔ ٹیرس کے سامنے تالاب، پانی کے حوض، رنگا رنگ پھول اور اُن پھولوں میں جواں سال سیاح گھومتے پھرتے ایک ایک پھول اور ڈالی کا جائزہ لے رہے تھے۔ غرناطہ میں سیاحوں کی سہولت کے لئے پانی کے نل جگہ جگہ نصب ہیں جہاں سے سیاح ٹھنڈا پانی پیتے اور اللہ کا شکر ادا کرتے ہیں۔ اس طرح کا نظام میں نے اپنے سفر اٹلی کے دوران بھی دیکھا تھا۔

عبدالقیوم آفریدی، جنہیں محل کے اندر سگریٹ پینے کی اجازت نہیں تھی، اب شاہی باغات کے ایک چبوترے پر بیٹھ کر کش لگانے لگے۔ منیر حسین فوٹوگرافی میں مصروف ہو گئے اور میں ایک دیوار کے سائے میں بیٹھ کر الحمرا کے نظارے کرنے لگا۔ مجھے یاد آیا کہ الحمرا کے یہ محلات خاندان بنونصر بادشاہوں نے تعمیر کروائے تھے۔ بنونصر خاندان سپین کے علاقہ جین Jaen میں رہتا تھا۔ جن کا بنوالاحمر لقب تھا۔ اس خاندان نے مقامی عیسائیوں کے ساتھ متعدد جنگیں لڑیں۔ 1235ء میں بنونصر نے غرناطہ پر قبضہ کر لیا تھا۔ غرناطہ کی سرحدیں شمال کی طرف جین اور جنوب میں بحیرۂ روم، ایک طرف جبرالٹر اور دوسری طرف المیریا تک پھیلی ہوئی تھیں۔

یہ وہ زمانہ تھا جب سپین کے مسلمان زوال پذیر ہو رہے تھے۔ سپین کے شمال کا علاقہ عیسائی بادشاہوں نے چھین لیا تھا۔ قرطبہ بھی چھن چکا تھا۔ ایسے میں ایک مستحکم اسلامی ریاست کی ضرورت تھی۔ چنانچہ بنونصر نے عیسائی بادشاہ فرڈینینڈ کے ساتھ امن کا معاہدہ کر لیا جس سے عیسائیوں کو بھی فائدہ تھا کہ بحیرۂ روم کی طرف سے مسلمانوں کا خطرہ ٹل گیا۔ اور پھر عیسائی مسلمانوں سے جو علاقہ چھین لیتے وہاں سے مسلمان ہجرت کر کے غرناطہ میں آ کر آباد ہوتے تھے۔ عیسائی بادشاہ فرڈینینڈ کے ساتھ معاہدے کے نتیجہ میں بنونصر کی فوجوں نے 1248ء میں نصرانیوں کی مدد کی تھی۔ جس کے نتیجہ میں اشبیلیہ مسلمانوں سے چھین لیا گیا تھا۔

بنونصر خاندان کے بادشاہ یوسف اول (54-1333) اور اس کے بیٹے محمد پنجم (91-1354) کے زمانے میں غرناطہ کو عروج ملا۔ بادشاہ اپنے آپ کو سلطان کہلواتے تھے۔ حکومت چلانے کے لئے وزیر اور مجلس شوریٰ بھی تھی۔ مجلس شوریٰ میں ملک کے قابل لوگ، مذہبی دانشور، علماء اور مختلف قبائل کے نمائندے شامل ہوتے تھے۔ درسگاہیں، مدرسے، مساجد، القیصر یہ بازار، سرائیں، حمام، ہسپتال اور اس طرح کے بہت سے فلاحی ادارے غرناطہ شہر میں قائم ہوئے۔ اِن حکمرانوں نے الحمرا کو چار چاند لگائے۔ پرانے قلعہ کو فوج کے حوالے کیا گیا۔ محل کا ایک حصہ انتظامیہ کے لئے، ایک دربار کے لئے اور پھر تاج وتخت کے ساتھ حریم کی شاہی رہائش گاہیں بھی انہوں نے تعمیر کیں تھیں۔

باغات دیکھنے کے بعد ہم قلعہ کے اندر جامع مسجد دیکھنے گئے تو یہ دیکھ کر دکھ ہوا کہ عیسائی حکمرانوں نے مسجد کو بدل کر ''سینٹ میری'' نامی چرچ بنا لیا تھا۔ جس مینار پر مؤذن کھڑا ہو کر اذان دیا کرتا تھا وہاں ایک بھاری گھنٹی باندھ دی گئی تھی۔ جب مسلمان الحمرا میں رہتے تھے

تب قلعہ کی دیوار کے اندر جو بستی تھی وہاں کے رہائشی بھی اسی بادشاہی مسجد میں نمازیں ادا کیا کرتے تھے۔ رمضان میں ایک رونق میلہ ہوتا تھا۔ افطار کا کھانا بادشاہ کی طرف سے ملتا تھا اور روزہ دار اسی مسجد کے صحن میں جمع ہو کر اجتماعی افطاری کیا کرتے تھے۔ پھر نماز تراویح میں مکمل قرآن پاک سنایا جاتا تھا۔ عیدین کے موقع پر سلطان مسلمانوں کے ساتھ گھل مل جاتا اور شاہی خاندان کی بیگمات اور شہزادے اور شہزادیاں بھی شہریوں کے ساتھ عید کی خوشیوں میں شامل ہوتے تھے۔ عیدین پر ان باغات میں میلہ کا سماں ہوتا تھا۔ عیدالاضحیٰ پر قربانی کا گوشت البیازین کی بستی کے علاوہ شہر بھر کے غربا میں تقسیم کیا جاتا تھا۔ جب میں الحمرا کی سیر کر رہا تھا تب مسلمانوں کا دور میرے ذہن میں ایک فلم کی طرح چل رہا تھا۔

آج میری نظروں کے سامنے ہر رنگ اور نسل کا سیاح گھومتا پھرتا ان تاریخی یادگاروں کو غور سے دیکھتا، کچھ مسلمانوں کے کمالات کی تعریفیں اور کچھ زیر لب اپنے بغض کا اظہار کر رہے تھے۔ کھل کر اظہار کرنے سے اُن کا اپنا پردہ چاک ہوتا تھا۔ غیر مسلم تو روز اول سے آج تک کسی نہ کسی محاذ پر مسلمانوں کے خلاف لڑتے نظر آتے ہیں۔ یہ محاذ چاہے اُندلس کے مسلمان حکمرانوں کے خلاف ہو یا صلیبی جنگوں کی شکل میں ہو۔ فلسطین اور کشمیر کے مسلمانوں کے خلاف ہو یا پھر عراق اور افغانستان میں دشمن دین ہر جگہ اپنے مکروہ کاموں میں مصروف نظر آئیں گے۔ بلکہ اکثر جگہوں پر مسلمانوں کو مسلمانوں کے خلاف استعمال کر رہے ہیں۔ اور پھر مسلمان ضمیر فروش حکمران دنیاوی لالچ کے عوض اپنے مسلمانوں کا خون بہانے کے ساتھ ساتھ اپنے مسلمان بہن بھائیوں کو پاکستان، افغانستان، عراق، فلسطین اور دوسرے اسلامی ممالک سے پکڑ پکڑ کر دشمن کے ہاتھ تھوک کے بھاؤ اس طرح فروخت کرتے رہے جس طرح بکرے عید البقر پر فروخت ہوتے ہیں۔ معلوم نہیں یہ ظلم اور کتنا عرصہ جاری رہے گا۔

باغِ بہشت

الحمرا کی جامع مسجد اور باغات کے بعد اب ہمیں ”باغ بہشت“ میں جانا تھا۔ باغ بہشت ہے تو الحمرا کا حصہ لیکن یہ کچھ فاصلہ پر ایک دوسری پہاڑی کے دامن میں ہے۔ وہاں جانے کے لئے ہمیں گھنے درختوں، باغات اور بہتے پانی کے ساتھ ساتھ چلنا پڑا۔ گرمی میں ایسی جگہوں پر چلنا راحت بخش ہوتا ہے۔ مجھے یہ جگہیں بہت بھائیں کیونکہ میرا بچپن ایسی ہی سرسبز وادیوں میں گزرا ہے۔ ہم چلتے چلتے باغ بہشت کے پہلو میں پہنچے تو دیکھا کہ سیاح تھک کر

راستے کے کنارے بنچوں پر بیٹھے آرام کررہے تھے۔ہم قدرتی مناظر میں گھرے راستے پر چلتے ہوئے باغ بہشت میں پہنچے۔

باغ بہشت میں داخل ہوتے ہی یوں محسوس ہوا جیسے میں ایک نئی دنیا میں پہنچ چکا ہوں۔خوبصورت باغات، انتہائی نفاست اور ترتیب کے ساتھ سرسبز بوٹے ایک قطار میں یوں نظر آرہے تھے جس طرح فوج کے چاق چوبند جوان میدان میں کھڑے ہوتے ہیں۔باغ میں ہر رنگ کا پھول اور ہر ملک کا پودا دیکھا۔داخلی دروازہ سے بیلیں سیاحوں کو اپنی آغوش میں اس طرح لے لیتی ہیں جس طرح مائیں بچوں کو باہوں میں لیتی ہیں۔راستے کے دونوں طرف لگائی گئی بیلیں اوپر جا کر ایک گول دائرہ بناتی ہوئی آپس میں مل جاتی ہیں۔بیلوں کے اس ملاپ سے ایک ایسا حسن پیدا ہوتا ہے کہ بیان کرنا مشکل ہے۔ساتھ شفاف پانی کی نہریں اور فواروں سے نکلنے والے پانی کو دیکھ کر یوں لگتا ہے جیسے پانی اُٹھ اُٹھ کر سیاحوں کو خوش آمدکہہ رہا ہے۔ دوشیزگان مغرب نہر کے کنارے پھولوں کے پاس بیٹھیں پانی سے چھیڑ چھاڑ میں مصروف تھیں۔یہ مناظر دیکھے تو یوں محسوس ہوا جیسے کسی نے علامہ اقبال کی نظم ''ایک آرزو'' کو عملی شکل دے دی ہو۔

صف باندھے دونوں جانب بوٹے ہرے ہرے ہوں
ندی کا صاف پانی تصویر لے رہا ہو

ہو دلفریب ایسا کہسار کا نظارہ
پانی بھی موج بن کر اُٹھ اُٹھ کے دیکھتا ہو

آغوش میں زمیں کی سویا ہوا ہو سبزہ
پھر پھر کے جھاڑیوں میں پانی چمک رہا ہو

پانی کو چھو رہی ہو جھک جھک کے گل کی ٹہنی
جیسے حسین کوئی آئینہ دیکھتا ہو

باغات، پھولوں اور پانی کے تالابوں سے گزرتے ہوئے ہم دوسرے کنارے پہنچے

تو وہاں ایک اور محل دیکھا۔ اس کی طرز تعمیر بھی الحمرا جیسی تھی۔ اُسی طرح دیواروں پر قرآنی آیات نقش تھیں۔ لیکن یہ محل کھلا کھلا سا ایک ٹیرس نما تھا جہاں بیٹھ کر سیاح قدرتی مناظر سے لطف اندوز ہو سکتے ہیں۔ یہ مسلمان بادشاہوں کے گرمائی محلات تھے۔ آج سخت گرمی تھی لیکن اُس کے باوجود الحمرا کا موسم انتہائی معتدل تھا۔

باغ بہشت کے ٹیرس کے جھرکوں میں بیٹھیں تو غرناطہ کا پورا شہر آپ کے پاؤں میں نظر آتا ہے۔ یہاں سے شہر جدید اور قدیم کا فرق آپ بہت آسانی سے پہچان سکتے ہیں اور یہ بھی معلوم کر لیتے ہیں کہ مسلمانوں کے دور میں شہر کی وسعت کتنی تھی۔ اور اب شہر کا رخ کس طرف ہے۔ یہاں سے الحمرا کا علاقہ ایک کشتی نما نظر آتا ہے جس کے دونوں کنارے تنگ اور درمیان سے جگہ چوڑی ہے۔

باغ بہشت کے ٹیرس سے نیچے بائیں طرف الحمرا کے محلات اور باغات جبکہ دائیں طرف دوسری پہاڑی پر البیازین کی بستی اور اُس کی پشت پر جپسیوں کی غاریں ہیں جہاں رات کو ناچ گانے کی محفلیں برپا ہوتی ہیں۔ غاروں کے قریب زمانہ قدیم کے شہر پناہ کی دیوار ابھی تک موجود ہے جس سے معلوم ہوتا ہے کہ اسلامی دور میں شہر الحمرا کے سامنے البیازین اور دوسری قریبی پہاڑیوں پر تھا۔ جبکہ شہر کے اردگرد کی دیواریں دریائے شنیل کے کنارے تک تھیں۔ اُسی طرف شہر کو ملانے والی بڑی شاہراہیں اور شہر میں داخل ہونے کا ایک بڑا دروازہ تھا۔ ایک دروازہ البیازین کی پشت پر موجودہ جپسی محلے کے قریب تھا۔ جب عیسائی بادشاہ فرڈیننڈ اور ملکہ ازبیل نے آخری بادشاہ بیدل کا محاصرہ کیا تھا تو اُنہوں نے دریائے شنیل کے اُس پار اپنی فوجیں اُتاری تھیں۔ محاصرہ سے شہر میں قحط پڑ گیا تھا۔

باغ بہشت پہاڑی کے دامن میں اوپر تک پھیلا ہوا ہے۔ اوپر جانے کے لئے سیاح منزل بہ منزل جاتے ہیں اور ہر منزل پر باغات کے وہی مناظر ہیں جو پہلی منزل پر ہیں۔ سب سے اوپر ایک اور ٹیرس نما محل ہے۔ حدرہ ندی سے نکالی ہوئی نہر کا پانی وہاں ایک بڑے تالاب میں جمع ہو کر الحمرا کے باغات اور محلات کو فراہم ہوتا ہے۔

مسلمان کاریگر پانی کے راستے بناتے وقت بھی جدت سے کام لیتے رہے۔ پہاڑی کے اوپر چڑھنے یا اُترنے کے لئے جو زینے ہیں اُن کے ساتھ دونوں طرف تقریباً چار فٹ اونچی دیوار ہے۔ کاریگروں نے اُن دیواروں کے اوپر چھوٹی نالیاں بنا کر اُن میں حدرہ

ندی کا پانی چلا دیا ہے۔ اس طرح سیاح اوپر جاتے اور اُترتے وقت ساتھ بہتے پانی کو دیکھتے اور پانی کی آوازیں سنتے اور اپنا دل بہلاتے رہتے ہیں۔ پانی کے ساتھ ساتھ رنگ برنگے پھولوں سے لدی بل کھاتی بیلیں خوش نما منظر پیش کرتی ہیں۔

ممکن ہے اسی منظر کو دیکھ کر ابن خفاجہ ابراہیم بن ابی الفتح نامی اندلسی نے کہا ہو:

للـــه نهـر سـال فـى بطـاء
اشهــــــــى ورو دامــــــــن

متـعـطف مثـل السوار كـانــه
اولــزهــرُ يـكـنـفـه ، مـجـرسـماء

قـدرق حتـى ظُـن قـرصـا مضرغـاً
مـن فِـضة فـى بُـردة خـضـراء

وغـدت تـحفُ بـه الـغصونُ كـانهـا
هُـدب يـحفُ بِـمـقـلـة زرقـاء

والـمـاء اسرع جَـريـه متـحـدرا
متـلـويـا كـالـحية الـرقـطـاء

الـريحُ تعبـثُ بـالغصُونِ وقد جِـرى
ذهـبُ الا صِـيـلِ عِـلـى لُـجيـنِ الـماء

ترجمہ: ''کیا کہنے اس نہر کے جو کشادہ وادی میں بہتی ہے۔ اس کے پھولوں کا رنگ ایک حسینہ کے ہونٹوں کی رنگت سے زیادہ من پسند ہے۔

کنگن کی طرح بل کھاتی ہوئی۔ گویا کہ وہ اپنے اردگرد پھولوں کے درمیان آسمان کی کہکشاں ہے۔

کبھی کبھی وہ تنگ ہو جاتی ہے تو یوں لگتا ہے جیسے وہ سبز چادر میں لپٹی چاندی سے ڈھلی ہوئی ایک گول ٹکیہ ہے۔

شاخیں اس پر ایسے جھک کے آتی ہیں جیسے وہ نیلی آنکھوں کے اوپر جھکی ہوئی پلکیں ہوں۔

پانی کی سب سے تیز رفتار وہ ہوتی ہے جب وہ نشیب میں اُترتا ہے اور ایک سانپ کی طرح بل کھاتا ہوا جاتا ہے۔

ہوا شاخوں کے ساتھ کھیلتی ہے اور ڈھلتے سورج کا سونا چاندی پر بہتا ہے۔''

میرے خیال میں قرآن پاک میں جنت کی جو منظر کشی ہے۔ مسلمان حکمران اسماعیل اول نے 1319ء میں اُن مناظر کو الحمرا کے اس باغ میں عملی شکل دینے کی کوشش کی تھی۔ ممکن ہے اسی تناظر میں اس خطہ کو باغ بہشت کا نام دیا ہو۔ جنت بنانے والے اس جہاں سے رخصت ہو گئے کیونکہ بقا تو اُسی ذات کو ہے جسے ہم رب العالمین کہتے ہیں۔

الحمرا اور اس کے باغات کی سیر کے دوران بار بار مجھے قرآن پاک سورہ الدخان کی آیات 28-25 یاد آتی رہی:

کَم تَرَکُوامِن جَنت وَعُیون ○ وَزُرُوع وَ
مَقَام کَرِیم ○ وَ نَعمَة کَانُوافِیهَا فکِهِینَ
○ کَذٰلِکَ وَاَورَثنهَا قَوماً اٰخَرِینَ ○

کتنے ہی باغ اور چشمے اور کھیت اور شاندار محل تھے جو وہ چھوڑ گئے۔ کتنے ہی عیش کے سرو سامان، جن میں وہ مزے کر رہے تھے اُن کے پیچھے دھرے رہ گئے۔ یہ ہوا اُن کا انجام اور ہم نے دوسروں کو ان چیزوں کا وارث بنا دیا۔

باغ بہشت میں گھومتے پھرتے غروب آفتاب کا وقت آن پہنچا۔ یہ منظر بھی انتہائی خوبصورت اور دل کش تھا۔ نیلگوں آسمان سے جب سورج اوجھل ہونے لگا تو اپنی روشنی سے افق پر لالی پھیلا دی۔ یوں آسمان ایک سنہری طشت میں بدلنے لگا۔ سورج کی کرنیں میدانوں سے ہٹتے ہٹتے دور اونچے اونچے پہاڑوں پر پڑنے لگیں اس طرح غرناطہ شہر کو ایک سیاہ چادر نے ڈھانپنا شروع کر دیا۔ یہ منظر دیکھا تو کلام اقبال یاد آنے لگا۔

سورج نے جاتے جاتے شام سیہ قبا کو
طشتِ افق سے لے کر لالے کے پھول مارے
پہنا دیا شفق نے سونے کا سارا زیور
قدرت نے اپنے گہنے چاندی کے سب اُتارے

الوداع غرناطہ

جمعرات 21 مئی 2009ء صبح کے وقت ہم غرناطہ سے قرطبہ کے لئے روانہ ہوئے۔ ہوٹل سے نکل کر شہر کی بڑی شاہراہ پر دریائے شنیل کے کنارے کنارے سفر کرنے لگے۔ یہ دریا مولائی حسن نامی برف پوش پہاڑوں سے نکل کر غرناطہ سے ہوتا ہوا دریائے الکبیر میں جاملتا ہے۔ اسی دریا کے کنارے ہم نے شنیل محل دیکھا جو آخری مسلمان بادشاہ بیدل کی والدہ عائشہ کا پسندیدہ محل تھا۔ یہ واحد محل ہے جو میدانی جگہ پر ہے ورنہ زیادہ تر عربوں کے محلات پہاڑوں پر ہی دیکھے۔

شنیل محل کو دیکھنے کے بعد ہم غرناطہ کی یادوں کو دل میں بسائے سوئے قرطبہ روانہ ہوئے۔ ہم نے غرناطہ کی تفصیلی سیر کی۔ ہر مقام پر گئے اور اُسے غور سے دیکھا لیکن سب کچھ دیکھنے کے باوجود تجسس اور جستجو کی پیاس میں اضافہ ہوا، کمی نہیں۔ ایسے میں غرناطہ کو الوداع کرتے وقت میری حالت اقبال کے اس شعر کی عکاسی کر رہی تھی۔

غرناطہ بھی دیکھا مری آنکھوں نے و لیکن
تسکین مسافر نہ سفر میں نہ حضر میں!
دیکھا بھی دکھایا بھی ، سنایا بھی سنا بھی
ہے دل کی تسلی نہ نظر میں نہ خبر میں!

✈✈✈✈

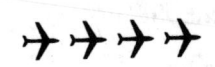

یـــا اهــلَ انــدلُـــس لـــلــــه درکُــم
مَـــــاء وظِــــل انهَـــــار و اشــجـــارُ

مَـــاجـنـة الـخُـلـدِ الا فـی دیـارِ کُم
وَلــو تُـتـخیـرتُ هـدا کـنـتُ اختَـــارُ

(ابن خفاجہ اُندلسی)

غرناطہ سے قرطبہ

آج 21 مئی 2009ء بروز جمعرات ہم نے غرناطہ سے قرطبہ کی طرف رخت سفر باندھا۔ جوں ہی غرناطہ شہر سے نکلے تو بیٹی شمائلہ کا برطانیہ سے فون آیا:

''ابو جان آپ بھول گئے کہ آج میری سالگرہ ہے۔''

میں نے ایک خوبصورت بہانہ بنا کر بیٹی کو مبارک باد دی۔ اور ساتھ سالگرہ کا تحفہ لانے کا وعدہ کیا تو بیٹی خوش ہوگئی۔ بیٹی شمائلہ کے بعد بیگم نے خیریت پوچھی اور اِدھر اُدھر کی باتوں کے بعد پوچھا: ''کیا آپ کو معلوم ہے آج ہماری زندگی کا بہت ہی اہم دن ہے۔'' میں نے کہا ہاں مجھے یاد ہے آج کے دن ہماری بیٹی شمائلہ پیدا ہوئی تھی۔ میں نے ابھی شمائلہ کو سالگرہ مبارک دی۔ اب تحفے دینے کا لالچ دے کر اُسے خوش کر دیا ہے۔ اس پر بیگم بولی:

''نہیں جناب آج ہماری بھی شادی کی سالگرہ ہے۔''

یہ سن کر میں آئیں بائیں شائیں کرنے لگا۔

اور پھر شمیم کو یہ سچ بتانا پڑا کہ: ''الحمرا اور غرناطہ نے مجھے اس قدر اپنی سحر میں گرفتار کیا کہ میں یہ سب کچھ بھول گیا''۔

فون بند کیا تو میں کچھ دیر سوچوں میں گم شمیم کے ساتھ گزرے لمحات کو یاد کرنے لگا تو یوں محسوس ہوا جیسے ہماری شادی کے چھبیس سال پلک جھپکتے ہی گزر گئے۔ اور پھر شادی سے پہلے کا کچھ وقت، جسے ہم رومانی دور کہتے ہیں، کی یادوں میں کھو کر اُندلس سے میں کسی اور خیالی دنیا

میں جا پہنچا۔ مجھے سوچوں میں کھوئے دیکھ کر میرے یار عبدالقیوم آفریدی نے اپنی سریلی آواز میں یہ غزل چھیڑی:

چپکے چپکے رات دن آنسو بہانا یاد ہے
ہم کو اب تک عاشقی کا وہ زمانہ یاد ہے

باہزاراں اضطراب و صد ہزاراں اشتیاق
تجھ سے وہ پہلے پہل دل کا لگانا یاد ہے

بار بار اٹھنا اسی جانب نگاہ شوق کا
اور ترا غرفے سے وہ آنکھیں لڑانا یاد ہے

تجھ سے کچھ ملتے ہی وہ بیباک ہو جانا مرا
اور ترا دانتوں میں وہ انگلی دبانا یاد ہے

کھینچ لینا وہ مرا پردے کا کونا دفعتاً
اور دوپٹے سے ترا وہ منہ چھپانا یاد ہے

تجھ کو جب تنہا کبھی پانا تو از راہِ لحاظ
حال دل باتوں ہی باتوں میں جتانا یاد ہے

دوپہر کی دُھوپ میں مجھ کو بلانے کے لئے
وہ ترا کوٹھے پہ ننگے پاؤں آنا یاد ہے

غیر کی نظروں سے چھپ کر سب کی مرضی کے خلاف
وہ ترا چوری چھپے راتوں کو آنا یاد ہے

مولانا حسرت موہانی کی غزل سن کر میں سوچنے لگا کہ عشق و محبت کے لئے ضروری نہیں کہ کلین شیو لوگوں کے دل ہی دھڑکیں۔ اس مسئلہ پر مولانا حضرات کے دل بھی بڑی شدت سے دھڑکتے بلکہ پھڑکتے ہیں۔ ممکن ہے اسی تناظر میں مولانا سلمان ندوی کو اُن کی دوسری شادی کے موقع پر اُن کے لنگوٹیے یار مہدی نے خط میں لکھا تھا کہ:

''آپ کے ڈیڑھ خط زیر جواب ہیں۔ اِدھر لکھنے کا اتفاق نہیں ہوا۔ میں سنتا تھا ''مولوی'' خلوت کے رنگیلے ہوتے ہیں۔ لیکن آپ کی روداد ''عروسی'' جہاں تک معلوم ہوئی غیر حوصلہ افزا ہے۔ لیکن دوستوں کو قلق رہے گا کہ جسے ''بستر شکن'' ہونا تھا وہ شاعری کی اصلاح میں ''شکنِ بستر'' نکلا۔''

مولانا حسرت موہانی کی غزل سننے کے بعد شبیر مغل نے اپنی سریلی آواز میں میاں محمد بخش کے روحانی کلام سنا کر ہمیں ایک دوسری سوچ میں ڈال دیا:

جس دل اندر عشق نہ رچیا کتے اُس توں چنگے
مالک دے در راکھی کردے صابر بھکے ننگے

سورج دی اشنائیوں کی کجھ لدھا نیلوفر نوں
اُڈ اُڈ موے چکور محمد سار نہ یار قمر نوں

مردا ہمت ہار نہ مولے مت کوئی کہے نمردا
ہمت نال لگے جس لوڑے پائے باجھہ نہ مردا

مردِ ملے تاں درد نہ چھوڑے روگن دے گن کردا
کامل لوک محمد بخشا لعل بنان پتھر دا

اب کیا تھا محفل گرم ہو چکی تھی۔ وہ جو کہتے ہیں کہ ڈھول بجے اور ناچنے والوں کے پیر نہ ہلیں یہ ممکن ہی نہیں۔ ایسے میں ہمارے گلوکار ساتھی منیر حسین جو برطانوی حکومت کے آفیسر تو ہیں ہی! لیکن فوٹوگرافی کے ساتھ ساتھ محفل یاراں میں گلوکاری کے جوہر بھی دکھاتے رہتے ہیں۔ چنانچہ وہ اپنی سریلی آواز کے جادو جگاتے ہوئے نغمہ سرا ہوئے۔

چل اُڑ جا رے پنچھی ، کہ اب یہ دیس ہوا بیگانہ
بُھول جا اب وہ مست ہوا ، وہ اُڑنا ڈالی ڈالی
جگ کی آنکھ کا کانٹا بن گئی ، چال تیری متوالی
کون بھلا اُس باغ کو پوچھے ، ہو نہ جس کا مالی
تیری قسمت میں لکھا ہے ، جیتے جی مرجانا
چل اُڑ جا رے پنچھی ، کہ اب یہ دیس ہوا بیگانہ
چل اُڑ جا رے پنچھی

روتے ہیں وہ پنکھ پکھیرو ، ساتھ تیرے جو کھیلے
جن کے ساتھ لگائے تو نے ، ارمانوں کے میلے
بھیگی اکھیوں سے ہی اُن کی ، آج دُعائیں لے لے
کس کو پتہ اب اس نگری میں ، کب ہو تیرا آنا
چل اڑ جا رے پنچھی ، کہ اب یہ دیس ہوا بیگانہ
چل اڑ جا رے پنچھی

ختم ہوئے دن اُس ڈالی کے ، جس پہ تیرا بسیرا تھا
آج یہاں اور کل وہاں ، جوگی والا پھیرا تھا
یہ تیری جاگیر نہیں تھی ، چار دنوں کا ڈیرا تھا
سدا رہا ہے اس دنیا میں ، کس کا آب و دانہ
چل اڑ جا رے پنچھی ، کہ اب یہ دیس ہوا بیگانہ
چل اڑ جا رے پنچھی

جب منیر حسین یہ گیت گا رہے تھے تب مجھے یوں محسوس ہو رہا تھا جیسے یہ غمگین گیت منیر حسین نہیں بلکہ غرناطہ کے آخری مسلمان بادشاہ بیدل گاتے ہوئے غرناطہ سے کوچ کر رہے ہیں اور ہم سب کو اپنی عبرت ناک شکست کے پس منظر میں بتانے کی کوشش کر رہے ہیں کہ یہ دنیا کسی کی جاگیر نہیں۔

الورہ کا گاؤں

ہم نے غرناطہ سے قرطبہ جانے کے لئے وہی راستہ اختیار کیا جو زمانہ قدیم میں مسلمان استعمال کرتے تھے۔ غرناطہ کی حدود سے نکلے تو علاقہ ایک وادی کی طرح نظر آیا۔ دور دور اونچے اونچے پہاڑ اور بیچ میں کھلے ہرے بھرے میدان، کھیت کھلیان۔ ان کھیتوں کو نہر کے پانی سے سیراب کیا جاتا ہے۔ سرسبز فصلیں لہلہا رہی تھیں۔ غرناطہ کے بعد ہم الورہ Illora نامی قصبہ میں پہنچے۔

یہ قصبہ غرناطہ شہر سے شمال مغرب میں بیس میل کے فاصلہ پر سرسبز درختوں میں گھرا ہوا پہاڑی کے دامن میں تھا۔ اردگرد کھیت کھلیان دیکھنے سے یہی اندازہ ہوا کہ اس قصبے کے لوگوں کی اکثریت کھیتی باڑی سے منسلک ہے۔ یہ قصبہ بہت عرصہ مسلمانوں کے قبضہ میں رہا جس میں مسلمانوں کا قلعہ اور مسجد ابھی تک ماضی کی یاد دلواتے ہیں۔ جہاں کسی زمانے میں لوگوں کے کانوں میں پانچ وقت اذان کی آواز سنائی دیتی تھی اب اُسی قصبے میں لوگ چرچ کی گھنٹیوں کی آوازیں سنتے ہیں۔ جب 1483ء میں عیسائی حکمرانوں نے اس قصبہ پر قبضہ کیا تو مسلمان وہاں سے غرناطہ چلے گئے تھے۔

غرناطہ سے قرطبہ کے سفر کے دوران حد نظر تک زیتون کے باغات دیکھے۔ ایسے محسوس ہوتا تھا کہ یہ باغات اُندلس کی غیر آباد اور بنجر زمین پر لگائے گئے ہیں۔ باغات میدانی علاقے سے شروع ہو کر ناہموار زمینوں سے ہوتے ہوئے اونچے پہاڑوں کی چوٹیوں تک پھیلے ہوئے تھے۔ یہ علاقہ مجھے ایسا ہی نظر آیا جیسا جہلم سے راولپنڈی اور پھر دوسری طرف چکوال کا علاقہ ہے۔ یہ دیکھ کر میں سوچنے لگا کہ اگر ہماری حکومت تھوڑی توجہ دے تو بارانی علاقے جہاں فصل کم پیدا ہوتی ہے۔ وہاں زیتون کے باغات لگا کر قومی آمدن میں اضافہ کرنے کے ساتھ ساتھ مقامی لوگوں کو روزگار بھی مل سکتا ہے۔ یہ کام مقامی لوگ اپنی مدد آپ کے تحت بھی کر سکتے ہیں۔ ایک بار زیتون کا درخت لگا دیا جائے تو وہ ہزاروں سال تک پھل دیتا

رہتا ہے۔

اُندلس میں میلوں پھیلے زیتون کے باغات سے لطف اٹھاتے سفر کرتے سڑک کے کنارے ایک سروس سٹیشن پر رکے۔ جہاں پیٹرول سٹیشن کے ساتھ ایک دکان اور قہوہ خانہ تھا۔ میں اور شبیر مغل آئس کریم کھانے لگے جبکہ منیر حسین اور ملک عبدالقیوم آفریدی قہوہ خانہ میں جا گھسے۔ یہ دونوں صاحب چائے پینے کے عادی ہیں۔ موسم انتہائی گرم تھا اس لئے میں باہر کھڑا قدرت کے مناظر دیکھنے کے ساتھ ساتھ قہوہ خانہ کے اردگرد زیتون کے درختوں کو اس نیت سے دیکھنے لگا کہ اس درخت کا ذکر قرآن پاک میں ہے اور جس درخت کا ذکر قرآن پاک میں ہو یقیناً اُن کے فوائد اور فضیلت بھی دوسرے درختوں سے زیادہ ہوگی۔ غالباً یہی بات تھی کہ جب میں 1999ء میں سیاحت کی غرض سے فلسطین گیا تو وہاں الخلیل یعنی حبرون کے ایک باغ سے تبرک کے طور پر زیتون کی ایک ٹہنی کاٹ کر لایا تھا جو اب بھی میرے پاس موجود ہے۔

سروس سٹیشن پر میری ملاقات ایک ہسپانوی جوڑے سے ہوئی جو وہاں قریب کے ایک گاؤں کے رہنے والے تھے۔

جوڈی یا چودھری افسر

تعارف پر معلوم ہوا کہ ہسپانوی میاں کا نام جوڈی Jordy اور بیوی کا نام فلورنس ہے۔ دونوں وہاں قریب کے ایک گاؤں میں رہتے تھے اور زیتون کے باغات اور ایک فارم ہاؤس (جاگیردار کا ڈیرہ) کے مالک تھے۔ اس ہسپانوی جاگیردار سے میں نے پوچھا کہ اہل ہسپانیہ کو زیتون کے درخت لگانے کا خیال کیسے پیدا ہوا؟

میرے سوال پر جوڈی مسکرایا اور کہا حقیقت یہ ہے کہ اس ملک میں زیتون متعارف کروانے والے مسلمان تھے۔ یہ الگ بات ہے کہ ہم نصرانی عرصہ دراز تک تعصب کی وجہ سے مسلمانوں کے کارناموں کو نظر انداز کرتے رہے۔ لیکن جب سے ہم نے حقیقت کو تسلیم کیا تب سے ہم پر دولت کی بارش ہونے لگی۔ آپ سیاح اپنے ساتھ اس ملک میں دولت لاتے ہیں۔ ہر سال لاکھوں سیاح مسلمانوں کی یادگاروں کو دیکھنے آتے ہیں۔ اس طرح ہمارے ملک کی سیاحت کو فروغ ملا اور پھر جو سیاح اس ملک میں آیا اُس نے ہمیں کچھ نہ کچھ دیا ہی ہم سے لیا کچھ نہیں۔

جب مسلمانوں نے اُندلس فتح کیا اور یہاں حکومت سنبھالی تو اپنے ساتھ بہت سی چیزیں عرب سے لائے۔ اُن میں زیتون بھی شامل تھا۔ اگرچہ زیتون کا آبائی وطن ملک شام

ہے لیکن ایک زمانے میں اُندلس شام کا ایک صوبہ تھا۔ شام سے یہ مصر، لیبیا، تیونس، الجزائر اور مراکش پہنچا اور مراکش سے سپین اور پرتگال آیا۔ دوسری طرف یہ درخت بحیرۂ روم کے اُس پار یونان اور اٹلی تک پہنچا۔ اب حال ہی میں یہ درخت جنوبی افریقہ، آسٹریلیا، چین اور جاپان میں بھی اُگایا جانے لگا ہے۔ زیتون کو ہسپانوی زبان میں استیوناں Aceituna اور پرتگالی میں ازتونAzeitona کہتے ہیں۔ ان ناموں پر غور کریں تو صاف واضح ہوتا ہے کہ یہ عربی لفظ ''زیتون'' سے مستعار لیے گئے ہیں۔

زیتون کے پانچ کلو پھل سے ایک لیٹر تیل جبکہ زیتون کے ایک درخت سے سال میں اوسطاً تین لیٹر تیل حاصل ہوتا ہے جو مارکیٹ میں پندرہ پونڈ یعنی دو ہزار روپے میں فروخت ہوتا ہے۔ اُندلس میں تین سوملین زیتون کے درخت ہیں۔ جبکہ پوری دنیا میں اس وقت ساڑھے سات سوملین درخت ہیں۔ سپین میں زیتون کے کل درختوں کا اسی فیصد جین اور قرطبہ کے علاقے میں ہیں۔

زیتون کا پھل تیار ہونے پر درختوں سے اُتار کر فیکٹری میں تیل کشید کرنے بھیجا جاتا ہے۔ یہ کام انسانوں کی بجائے مشینیں کرتی ہیں۔ مشین ایک ٹرالی میں نصب ہوتی ہے جسے ٹریکٹر کھینچتا ہے۔ ٹریکٹر درختوں کے درمیان بنائے گئے راستوں پر چلتا رہتا ہے۔ اور مشین درختوں سے پھل اُتار اُتار کر ٹرالی میں ڈالتی رہتی ہے۔ تیل کشید کرنے کے دوران پہلے مرحلے میں ''ایکسٹرا ورجن اولیو آئیل''(EXTRA VIRGIN OLIVE OIL) حاصل ہوتا ہے۔ یہ سب سے بہتر اور مہنگا ہے۔ اگر پھل کا معیار زیادہ بہتر نہ ہو تو پھر پہلے مرحلے میں ''ورجن اولیو آئیل''(VIRGIN OLIVE OIL) حاصل ہوتا ہے۔ دوسرے مرحلے میں ''پیور ورجن اولیو آئیل''(PURE VIRGIN OLIVE OIL) نکلتا ہے۔ اس میں کچھ کیمیکل اور باقی ''ورجن اولیوز آئیل'' شامل ہوتا ہے۔

جوڈی کی بیوی فلورنس ایک خوبصورت مست حسینہ تھی۔ فلورنس جب جوڈی کی باتیں سن سن کر تنگ آ گئی تو ایک خاص ادا سے مسکراتے ہوئے زور سے تین چار تھپڑ جوڈی کی پیٹھ پر مار کر اُس کا منہ بند کر دیا۔

پھر خاموشی توڑتے ہوئی مجھ سے مخاطب ہوئی: ''معاف کیجئے گا! میرا خاوند ایک باتونی آدمی ہے۔ اگر میں اس کا منہ بند نہ کرتی تو شام تک یہ آپ کا دماغ چاٹ جاتا۔ ویسے

آدمی بُرا نہیں''۔ تازہ تازہ مار اور بیگم کا تبصرہ سن کر جوڈی کھسیانی بلی کی طرح دبک گیا۔ جوڈی کو مسکینی حالت میں دیکھ کر میں سوچنے لگا کہ اگر میرے اختیار میں ہوتا تو میں اسے ''دبو'' قسم کے خاوندوں کا عالمی صدر قرار دیتا۔

جوڈی کی مسکین شکل دیکھ کر ملک عبدالقیوم آفریدی نے کھنگورا مارا اور کہنے لگا یہ ہسپانوی تو مجھے اپنے گاؤں کا چودھری افسر معلوم ہوتا ہے۔ ہم نے چودھری افسر کے بارے میں مزید تفصیل پوچھی تو آفریدی صاحب کہنے لگے:

> ''ہمارے گاؤں کے چودھری افسر کی بیوی بڑی لڑاکا اور غصیلی عورت تھی۔ اکثر شام کو اس ہسپانوی عورت کی طرح ذرا سی بات پر بگڑ کر خاوند کے سر میں پانچ چھ جوتے مار دیتی تھی۔ صبح ہم پوچھتے چودھری صاحب رات کو آپ کے گھر سے بڑا شور شرابا سنائی دے رہا تھا۔ کیا بات تھی؟
>
> چودھری صاحب کہتے کوئی خاص بات نہیں تھی۔ صرف اللہ بخشے بیوی نے غصے میں پانچ چھ جوتے مار دیئے تھے۔ لیکن آفریدی صاحب آپ یقین کریں کہ بیگم نے جوتے سر میں مارے ضرور لیکن جھڑک اور گالی ایک بھی نہیں دی۔''

چودھری افسر کی بیوی کی طرح اس ہسپانوی مٹیار نے خاوند کو مارا ضرور لیکن ساتھ دلکش ادا سے مسکراتی رہی۔ فلورنس بلا کی خوبصورت عورت تھی۔ اس کی غزال آنکھیں اور کاکل زلفیں اُس کے سفید چہرے اور حسن کو اور نمایاں کر رہیں تھیں۔ یہ حسینہ ہر اُس مرد کو مسخر کر دینے کی صلاحیت رکھتی تھی جس کے سینہ میں دل دھڑکتا ہو۔

فلورنس جتنی حسین تھی اُس کا دل اُس سے بھی زیادہ نرم اور گرم تھا۔ اسی نرم دلی سے مجبور فلورنس نے آخر سر بازار جوڈی کا بوسہ لے کر خوبصورت قہقہے لگاتے ہوئے خاوند کے ساتھ صلح کر لی۔

فلورنس اور جوڈی کی صلح نے ہماری خفیہ امیدوں پر پانی پھیر دیا۔

بینا نامی گاؤں

اب ہم نے قرطبہ کی طرف دوبارہ سفر شروع کیا۔ راستہ میں دائیں طرف بینا Baena نامی ایک خوبصورت قصبہ دیکھا۔ یہ قصبہ ایک اونچی پہاڑی پر آباد ہے جس کے ساتھ قلعہ بھی موجود ہے۔ یہ قلعہ نویں صدی میں مسلمانوں نے تعمیر کیا تھا۔ اس کے ساتھ مسجد تھی۔ مسجد اب چرچ میں بدل دی گئی ہے۔ جبکہ قلعہ اُسی طرح اپنی اصل حالت میں ہے۔ قصبہ کے چاروں طرف زیتون کے باغات ہیں اور اولیو آئیل کی یہاں کئی ملیں بھی سڑک کے کنارے دیکھیں جو زیتون کا تیل کشید کر کے مارکیٹ میں فروخت کرتے ہیں۔

نومبر میں تیل کشید کرنے کا کام عروج پر ہوتا ہے۔ یہ ملیں بالکل اُسی طرح تیل کشید کرتی ہیں جس طرح زمانہ قدیم میں کولھو کے ذریعہ تیل کشید کیا جاتا تھا۔ لیکن فرق یہ ہے کہ کولھو کھینچنے کے لئے بیل استعمال ہوتا تھا جبکہ جدید دور میں بیل کا کام برقی قوت سے چلنے والی موٹرز اور مشینیں کرتی ہیں۔ اس طرح اہل سپین بیل کی آنکھوں پر پٹی باندھ کر حیوانوں پر ظلم بھی نہیں کرتے اور تیل کی پیداوار بھی کئی گنا زیادہ حاصل کرتے ہیں۔

البدین

سرسبز شاداب وادیوں، دریاؤں، جھیلوں کے پاس سے گزرتی ایک خوبصورت پختہ سڑک پر سفر کرتے ہوئے ہم البدین Albeden گاؤں پہنچے۔ گاؤں کا نام ابھی تک عرب دور کی یادوں کو تازہ کرتا ہے۔ گاؤں میں عربوں کا قلعہ، مسجد اور اردگرد زیتون کے باغات اور ہرے بھرے کھیت کھلیان تھے۔ زیتون کے باغات گاؤں سے اوپر پہاڑوں تک پھیلے ہوئے نظر آرہے تھے۔ اس وقت گاؤں کی آبادی سینکڑوں میں ہوگی۔ مجھے وہاں کوئی تیس چالیس گھر نظر آئے لیکن آثار بتارہے تھے کہ کسی زمانے میں یہ بڑی اہم بستی تھی۔

البدین کی حدود سے نکلے تو آہستہ آہستہ زیتون کے درختوں کی بجائے انگور کی بیلیں ہر طرف لہراتی بل کھاتی الھڑ مٹیاروں کی طرح جھومتی نظر آنے لگیں۔ انگور کی بیلوں کے ساتھ ساتھ کھیتوں میں گندم اور سورج مکھی کے پھول میلوں پھیلے نظر آئے۔ انگور کی بیلیں، سورج مکھی کے پھول اور خوشگوار موسم بڑا رومانی منظر پیش کر رہا تھا۔ جی چاہتا تھا کہ رات اسی وادی میں بسر کی جائے لیکن ہمارا ہوٹل قرطبہ میں بک تھا اور یوں بھی قرطبہ کی کشش اس قدر شدید تھی کہ

فطرت کے یہ نظارے ہمارے ارادے نہ بدل سکے۔

غرناطہ سے قرطبہ کا سفر 166 کلومیٹر ہے۔ اس سفر کے دوران ہم گاؤں گاؤں قریہ قریہ سیر کرتے، فطرت کے حسین نظاروں سے لطف اٹھاتے، نغمے گاتے، شعروشاعری اور لطیفے سناتے چار بجے قرطبہ پہنچے۔ پورا سفر انتہائی خوبصورت سرسبز علاقے، باغات، کھیت کھلیان، قلعے، ندی نالے اور مسلمانوں کی یادگاریں دیکھتے طے ہوا۔ سفر کے دوران خوش باش ہنستے کھیلتے اُندلسی لوگوں اور علاقے کے حسن کو دیکھتے ہوئے میں سوچنے لگا ممکن ہے ان چیزوں سے متاثر ہو کر اُندلس کے ایک عرب شاعر ابن خفاجہ نے اُندلس کو جنت قرار دیتے ہوئے کہا تھا:

یا اھلَ اندلُس للہ درکُم
مَاء وظِل انھَار واشجارُ

مَاجنة الخُلدِ الا فی دیارِکُم
وَلو تُتحیرتُ ھدا کنتُ اختَارُ

ترجمہ:: ترجمہ: اے اہل اُندلس تم کتنے خوش نصیب ہو کہ تمہارے ہاں پانی، دریا اور سایہ دار درخت ہیں۔ باغ جنت اگر کہیں ہے تو وہ تمہارا ملک ہے۔ مجھے اگر اختیار دیا جاتا تو میں اسی ملک کو اپنے لئے منتخب کرتا۔“

ابن خفاجہ کا شعر پڑھنے کے بعد خیال پیدا ہوا کہ کیا ممکن ہے کہ ہمارے ہاں فارسی کا مشہور شعر بھی ابن خفاجہ کے اس شعر سے متاثر ہو کر لکھا گیا ہو:

اگر فردوسِ بر روئے زمین است
ہمیں است و ہمیں است و ہمیں است

کوئی قرطبہ کے کھنڈر جا کے دیکھے
مساجد کے محراب و در جا کے دیکھے
حجازی امیروں کے گھر جا کے دیکھے
جلال ان کا کھنڈروں میں ہے یوں چمکتا
کہ ہو خاک میں جیسے کندن دمکتا

(الطاف حسین حالی)

قرطبہ اور مدینۃ الزہرا

میں اپنے ساتھیوں کے ہمراہ بعد دوپہر چار بجے قرطبہ پہنچا۔ جب سے شعور نے آنکھ کھولی اور قرطبہ کے بارے میں پڑھا تب سے اس شہر کو دیکھنے کی آرزو تھی۔ مختلف سفرنامے پڑھ کر قرطبہ کا جو نقشہ ذہن میں ایک عرصہ سے موجود تھا وہ حقیقت دیکھ کر ٹوٹنے لگا۔ حدود قرطبہ میں داخل ہوئے تو ایک ڈھلان اُترتے ہوئے دیکھا کہ سڑک ایک میدان میں سے گزر کر شہر میں داخل ہو رہی ہے۔ میں نے سڑک اور میدان سے نظریں آگے بڑھائیں تو دور جبل عروس نظر آیا۔ اسی پہاڑی کے دامن میں قرطبہ شہر آباد ہے۔

قرطبہ شہر ہموار میدانی علاقہ میں دریائے الکبیر کے دونوں کناروں پر آباد ہے۔ شہر کی پشت پر جبل عروس بالکل اُسی طرح ہے جس طرح پاکستان کے دارالخلافہ اسلام آباد کی پشت پر دامنِ کوہ ہے۔ لیکن قرطبہ اسلام آباد کی بجائے راولپنڈی کے قدیم شہر کی طرز کا ہے۔ ہماری گاڑی ایک بڑی شاہراہ سے گزرتی ہوئی دریائے الکبیر کے ایک پل سے گزری تو دائیں طرف قرطبہ کا قدیمی شہر نظر آیا۔ منیر حسین نے نقشہ دیکھ کر بتایا کہ ہمارا ہوٹل دریا کنارے شہر کے اسی قدیمی علاقہ میں ہے۔ لیکن ہوٹل جانے والی سڑک مرمت کے لئے بند تھی۔ چنانچہ ہمیں متبادل راستہ تلاش کرنے کی خاطر آگے جانا پڑا۔ شہر کا ایک چکر لگانے کے بعد ہم واپس دریا کنارے رومن پل کے پاس آ کھڑے ہوئے۔ گاڑی سے نکل کر دریائے الکبیر کے اُس پار مسجد قرطبہ پر نظریں جا رکیں۔ پہلی نظر میں مسجد کو دیکھا تو یوں محسوس ہوا جیسے کوئی عمر رسیدہ معزز

بزرگ سر پر گول سبز عمامہ باندھے اپنوں کی بے اعتنائی سے تنہا کسی گہری سوچ میں گُم سُم کھڑا ہو، جس کے اردگرد غیر گھومتے پھرتے اُس کی تسلی کرتے ہوں، لیکن ان تسلیوں سے اُسے سکون کی بجائے ایک عجیب قسم کی کشمکش اور الجھن سی محسوس ہوتی ہو۔ مسجد قرطبہ کے ساتھ بھی یہی ہوا۔

ہمارا ہوٹل مسجد قرطبہ کے پہلو میں سے گزرتی ہوئی سڑک پر عین محراب کے سامنے تھا۔ میں اور منیر حسین ہوٹل تک پیدل گئے تو انتظامیہ نے ہمیں ایک نقشہ دیا کہ ان سڑکوں سے گزرتے ہوئے ہم گاڑی ہوٹل تک لا سکتے ہیں۔ ہم نے نقشہ لیا اور گاڑی میں جا کر شبیر مغل اور ملک عبدالقیوم آفریدی کو دکھایا جنہوں نے گاڑی چلاتے ہوئے پہلے بڑے پل کو عبور کیا، پھر کوئی دو فرلانگ کے بعد گاڑی دائیں موڑ دی تو سامنے صدیوں قدیم گلیوں نے ہمارا استقبال کیا۔ پہلا محلّہ یہودی محلّہ تھا جہاں مسلمانوں کے زمانے میں یہودی رہتے تھے۔ اُس محلے سے گزرے تو سامنے دائیں ہاتھ بُل فائٹنگ میوزیم کی عمارت تھی۔ ساتھ ہی کلچرل میوزیم تھا۔ اُن کے پاس سے گزرتے ہوئے شاہی محل کی دیوار کے پاس سے گاڑی بائیں موڑی تو ہم اُس گلی میں پہنچ گئے جس میں جامع مسجد قرطبہ کا محراب ہے۔

ہمارا ہوٹل اسی گلی میں تھا۔

ہوٹل دو منزلہ قدیمی عمارت میں تھا۔ یہ بڑا وسیع چار ستاروں والا ہوٹل تو نہیں تھا لیکن قرطبہ کی جامع مسجد کی ہمسائیگی نے اسے چار ستاروں کی بجائے چار چاند لگائے ہوئے تھے۔ فیصلہ ہوا کہ غسل کے بعد تروتازہ ہو کر مسجد قرطبہ میں حاضری دی جائے۔ مسجد کی خوشی میں سب نے جلدی جلدی شاور لیا۔ عمدہ اور اُجلے کپڑے پہن کر مسجد کی زیارت کے لئے ہوٹل سے نکلے تو گلی کی نکڑ پر ایک قدیم اور وسیع عمارت میں قائم انفارمیشن سنٹر گئے تاکہ مسجد کے بارے میں معلومات اور ٹکٹ حاصل کیے جا سکیں۔

انفارمیشن سنٹر میں موجود ایک حسینہ فرنگ نے مصنوعی اور خالصتاً تجارتی قسم کی مسکراہٹ ہونٹوں پر بکھیر کر ہمیں خوش آمدید کہا۔ ہم نے مسجد کی زیارت کے بارے میں پوچھا تو وہ حسینہ فرنگ بولی: ''آج مسجد سیاحوں کے لئے بند ہے۔ کیونکہ آج قرطبہ کے میلے کا آغاز ہو رہا ہے۔ جس کے لئے عیسائیوں کا جلوس ابھی مسجد میں پہنچنے والا ہے۔ جہاں پر عبادت اور دوسری رسوم کے بعد وہ شہر کی شاہراہوں پر چلا جائے گا۔ سیاحوں کے لئے مسجد صبح کھولی جائے گی۔'' یہ سن کر میں نے لڑکی سے پوچھا کہ مسجد میں عیسائیوں کا کیا کام لیکن اس سے پہلے کہ وہ

لڑکی مجھے کوئی جواب دیتی منیر حسین نے مجھے کھینچ لیا کہ ایسے موقعوں پر مذہبی بحث و مباحثہ میں پڑنا دانائی کی بات نہیں اور پھر ہم تو ہیں بھی سیاح اور وہ بھی مسلمان!!!

قرطبہ کا میلہ

مسجد کی زیارت سے محروم ہم سر لٹکائے کچھ اُداس اُداس سے واپس ہوٹل آئے۔ ابھی ہوٹل کے صحن میں پہنچے تھے کہ میلے کا جلوس آتا دکھائی دیا تو ہوٹل میں مقیم سیاح باہر نکل آئے۔ ہم نے دیکھا۔ آگے آگے عرب نسل کے چاق چوبند گھوڑے تھے۔ جن پر کلین شیو جوان اور اُن کے ساتھ اُن کی محبوبائیں زرق برق لباس میں بڑی آن وشان سے بیٹھیں تھیں۔ مردوں نے کاؤبوائے اور عورتوں نے سفید رنگ کے ہیٹ پہن رکھے تھے۔ عورتوں کے رنگ سفید لیکن بال کالے، بالکل عرب نسل کے لگتے تھے۔ گھوڑوں کے جلوس کے بعد بگھیاں تھیں جنہیں طاقت ور گھوڑے کھینچ رہے تھے۔

بگھیوں میں بیٹھے مردوں کے پہلو میں خوبصورت عورتیں تھیں جنہوں نے بگھیوں میں اپنے ساتھ ڈالیاں بھی رکھی ہوئی تھیں۔ کچھ عقیدت مندوں پیدل چل رہے تھے۔ جنہوں نے بڑی بڑی ''ڈالیاں'' کاندھوں پر اُسی طرح اٹھائی ہوئی تھیں، جس طرح زمانہ قدیم میں ڈولی اٹھائی جاتی تھی۔ جلوس کے پیچھے پیچھے جوان لڑکے اور لڑکیاں رنگ برنگے خوبصورت لباس میں ملبوس بھنگڑے ڈالتے، ناچتے گاتے جا رہے تھے۔ کچھ لڑکوں نے ہاتھوں میں شراب کی بوتلیں اور باہوں میں لڑکیاں دبوچی ہوئی تھیں۔ سجی دھجی ہسپانوی لڑکیوں کو دیکھ کر لاہور کی مٹیاریں یاد آنے لگیں۔ جو اسی طرح سج دھج کر میلے میں جاتی ہیں۔ اگر مجھے گانے کا فن آتا تو ممکن تھا کہ سپین کی لڑکیوں کو میلے میں دیکھ کر میں بھی ابرار الحق کی طرح گانے لگتا:

اج میلہ ویکھن آئیاں کڑیاں سپین دیاں۔

قرطبہ میلہ کا یہ جلوس دیکھا تو مجھے وطن عزیز کے مزاروں پر منعقد ہونے والے عرس اور میلے یاد آنے لگے۔ جہاں عقیدت مند جلوس کی شکل میں ''ڈالیاں'' لے جاتے ہیں۔ جنہیں لوگ بڑی عقیدت کے ساتھ اپنے گاؤں یا علاقہ سے جلوس کی شکل میں مزار تک لے جاتے ہیں۔ میرا تعلق میرپور آزاد کشمیر سے ہے۔ جہاں پنجابی کے عظیم صوفی شاعر میاں محمد بخش کے روحانی مرشد پیرا شاہ غازی کے مزار پر شب برات کے دن عرس شریف اور میلہ منعقد کیا جاتا ہے جس میں پاکستان اور کشمیر سے ہزاروں کی تعداد میں عقیدت مند ڈالیاں لے کر مزار پر

حاضری دیتے ہیں۔ بالکل وہی منظر تھا آج یہاں قرطبہ میں بھی۔

قرطبہ میں بگھیوں، گھوڑوں اور پیدل چلتے ہوئے ہسپانوی عوام الناس کا دیسی طرز کا جلوس ڈالیاں لے کر مسجد قرطبہ میں داخل ہوا تو عوام کے ساتھ جب گھوڑے مسجد میں داخل ہو کر ہنہناتے ہوئے دوڑنے لگے تو میلے میں حسین چہرے دیکھ کر وقتی طور پر جو مسرت ہوئی تھی اُس کی جگہ جگر پر تیر چلنے لگے۔ میں سوچنے لگا کہ مسجد اور دوسری تمام عبادت گاہوں کی حرمت اور احترام ہم سب پر لازم ہے۔ اور پھر یورپی جو اپنے آپ کو دنیا کے معززین میں سرفہرست رکھتے ہیں وہ خود اخلاقی حدود مسمار کرتے ہوئے مسلمانوں کی عبادت گاہوں کی بے حرمتی کر رہے ہیں۔

سچ یہ ہے کہ مسجد قرطبہ سے تو ہم مسلمان ہزار سال پہلے ہی دست بردار ہو گئے تھے۔ اب تو مسجد صرف نام کی ہے جسے عملی لحاظ سے عیسائیوں نے چرچ بنایا ہوا ہے۔ لیکن ہسپانوی وزارت سیاحت نے دولت کمانے کے لئے مسجد کا نام استعمال کر کے اسے ایک شوکیس بنایا ہوا ہے۔ مسجد کی بے حرمتی اپنی آنکھوں سے دیکھ کر دل میں دکھ اور چبھن پیدا ہوئی۔ ایسے میں فیصلہ ہوا کہ آج کی شام قرطبہ سے باہر مدینہ الزہرا نامی مسلمانوں کے قدیمی شہر کی سیاحت کر کے گزاری جائے۔

مدینہ الزہرا

مدینہ الزہرا ایک ایسے شہر کے کھنڈرات ہیں جسے مغرب میں پہلی اسلامی ریاست کا دارالخلافہ ہونے کا شرف حاصل ہوا تھا۔ عبدالرحمان سوئم نے 929ء میں جب سلطنت ہسپانیہ کو الگ ریاست کی حیثیت دے کر خلافت کا اعلان کیا تو مغرب میں پہلی اسلامی ریاست کے دارالخلافہ کی تعمیر کا منصوبہ بنا کر 936ء میں اس کی بنیادیں رکھیں اور اپنی زندگی میں یہاں اسلامی دارالخلافہ منتقل کیا۔ زمانے کا ستم کہ جو شہر چالیس سال میں کروڑوں کی لاگت سے مکمل ہوا وہ اپنی تعمیر کے بعد صرف چونتیس سال تک آباد رہا۔ پھر کیا ہوا؟ اُس کی تفصیل آگے چل کر۔

آیئے پہلے مدینہ الزہرا چلیں۔

مدینہ الزہرا کے کھنڈرات دیکھنے کے لئے ہم اپنے ہوٹل سے نکل کر جب بڑی شاہراہ پر آئے اور گاڑی کا رخ مدینہ الزہرا کی طرف کیا تب جبل عروس ہمارے دائیں ہاتھ

مصنف کا اُندلس پر پہلا قدم مالیگاہ کا ہوائی اڈہ.......پس منظر میں جہاز، فضائی میزبان لڑکیاں اور مسافر۔

شبیر مغل، ملک عبدالقیوم آفریدی اور منیر حسین اُندلس کے ایک پہاڑی گاؤں میں ماحول پاکستان کے پہاڑوں جیسا۔

منیر حسین......البشارات کے پہاڑی قصبے لان جارن میں......جو اُندلس کے مسلمانوں کی آخری پناہ گاہ رہا

زیتون کے باغات کا ایک منظر

الحمرا کی ایک جھلک۔۔۔۔۔دور پس منظر میں۔۔۔۔۔مولائی حسن کے برف پوش پربت

ملک عبدالقیوم آفریدی اور شبیر مغل۔۔۔۔۔پس منظر میں الحمرا۔۔۔۔۔اور ہرے بھرے درختوں میں سفید رنگ کا باغ بہشت

مصنف......البیازین کی پہاڑی پر بیٹھا ہے......پس منظر میں الحمرا

مصنف..........الحمرا کے حریم میں

الحمرا کے جھروکے

الحمرا صحن میں پانی.....اس وقت فوارے بند تھے۔

الحمرا...... مسلمانوں کے گرمائی محل...... باغ بہشت

مصنف............ باغ بہشت میں

الحمرا.......حریم کا ایک خوبصورت منظر

الحمرا کی کھڑکیاں اور جھروکے

البیازین...... مسجد کے صحن میں ملک عبدالقیوم آفریدی، عرب نوجوان۔اور مصنف امام مسجد سے بات چیت کرتے ہوئے۔

الحمرا سے.......... قدیم عرب بستی البیازین کا ایک منظر

الحمرا کے پہلو میں آباد.....غرناطہ شہر

غرناطہ شہر سورج نے جاتے جاتے شام سیہ قبا کو.....طشتِ افق سے لے کر لالے کے پھول مارے

قدیم عرب بستی......البیازین کی گلیاں

غرناطہ......شہر جدید کی ایک جھلک

غرناطہ میں قدیم عرب ریشم مارکیٹ.......القیصریہ میں منیر حسین اور شبیر مغل

مصنف اور شبیر مغل........القیصریہ مارکیٹ کے داخلی دروازے پر

مصنف اور شبیر مغل غرناطہ میں پہلی اسلامی یونیورسٹی کی قدیم عمارت کا جائزہ لے رہے ہیں......جواب ویران ہے۔

غرناطہ کی سابق جامع مسجد......اور موجودہ چرچ کا ایک اندرونی منظر

مسجد قرطبہ .... پس منظر میں دور جبل عروس

ملک عبدالقیوم آفریدی، شبیر مغل اور مصنف .... مسجد قرطبہ میں

مصنف........... مسجد قرطبہ کے صحن میں

مسجد قرطبہ کی ایک جھلک

مسجد قرطبہ ...... اردگرد محلے اور ساتھ دریا الکبیر بہہ رہا ہے۔

مسجد قرطبہ ...... اور ...... چاروں طرف محلے

دریاالکبیر، رومن پل کے اُس پار مسجد قرطبہ

مسجد قرطبہ کا اندرونی منظر

مصنف........... مسجد قرطبہ کے اندر

مسجد قرطبہ کا محراب.........سنہری حروف میں لکھی ہوئی قرآنی آیات آج بھی موجود ہیں۔

مسجد قرطبہ.....صحن میں پانی کا تالاب اور ساتھ زیتون کا وہ پودہ جو عبدالرحمان اول نے لگایا تھا۔

مسجد قرطبہ.............میں داخلی دروازے والی گلی اور موذن مینار

مسجد قرطبہ ۔۔۔۔۔ محراب کی طرف بیرونی گلی کا ایک منظر

مسجد قرطبہ کے صحن میں پھل دار درخت اور سیاحوں کا ہجوم

قرطبہ کی ایک پارک میں......سقوط غرناطہ کے آٹھ سو سال بعد تعمیر ہونے والی چھوٹی سی واحد مسجد

دریاالکبیر کے کنارے.......... مسلمانوں کا آب رسانی کا نظام...... آج بھی موجود ہے۔

قرطبہ...... مسلمان امراء کے قدیم گھروں کا ایک منظر

قرطبہ.......میوزیم کے باہر.......ابن رشد کا مجسمہ

قرطبہ میلے کی ایک جھلک.......شرکاء گھوڑوں پر سوار ہیں

قرطبہ میلہ.........شرکاءڈالیاں بگھیوں پر سجا کر لے جا رہے ہیں

مدینۃ الزہرا..........کھنڈرات ہی کھنڈرات......دور قرطبہ شہر

مدینۃ الزہرا........... بیرونی دیوار......اور پشت پر جبل عروس

علامہ اقبال کا قرطبہ سے عشق......اہل قرطبہ کا جواب عشق............نتیجہ............شاعر محمد اقبال سٹریٹ

اشبیلیہ شبیر مغل، مصنف اور ملک عبدالقیوم آفریدی دریا الکبیر کی سیر کے دوران...... پس منظر میں گولڈن مینار

اشبیلیہ سابق جامع مسجد کا مؤذن مینار جیرالڈ

مصنف........پس منظر میں اشبیلیہ کی سابق جامع مسجد اور جیرالڈ موذن مینار

اشبیلیہ..........دریا الکبیر، گولڈن مینار اور پس منظر میں جامع مسجد

اشبیلیہ............اسلامی دور کی ایک یادگار......شاہی محل

اشبیلیہ............شاہی محل میں ایک گھڑا جس پر قرآنی آیات لکھی ہوئی ہیں۔

قادس میں بحیرہ اوقیانوس کے ساحل پر......شبیر مغل اور مصنف

بحیرہ اوقیانوس میں اُٹھتے طوفانوں کا ایک منظر

طریف ......سمندر میں کشتی......اور سمندر کے اُس پار افریقہ......کتنا قریب......کتنا دور

مصنف............طریف کے ساحل سمندر پر............پس منظر میں افریقہ

شبیر مغل، ملک عبدالقیوم آفریدی اور مصنف سپین کی سرحد پر.....پس منظر کے کالے بادلوں میں.....جبل طارق

جبل طارق کے پہلو میں.....بحیرہ روم اور سپین کا سرحدی علاقہ

مصنف جبل طارق پر......پس منظر میں آبادی اور سمندر کے اُس پار افریقہ

جبل طارق..........ٹاور فلیٹ اور سمندر کے اُس پار......سپین کی الجزیرہ بندرگاہ

جبل طارق کا ایک اور منظر

جبل طارق...... جہاں طارق بن زیاد اُترے وہاں اب ایک جدید ترین مسجد کا روح پرور منظر

جبل طارق پر۔۔۔۔۔شبیر مغل کے ساتھ ایک بندر بھی فوٹو بنوانے کے لئے پوز دے رہا ہے۔

جبل طارق۔۔۔۔منیر حسین، مصنف اور ملک عبدالقیوم آفریدی۔۔۔۔پس منظر میں مسجد

جبل طارق مسجد کے صحن میں مصنف اور مسجد انتظامیہ کا صدر پس منظر میں وہ میدان اور ساحل جہاں طارق اُترا اور پھر کشتیاں جلائی تھیں۔

جبل طارق.......... مصنف اُس مقام پر جہاں طارق بن زیاد کشتی سے اُترا اور اُندلس کی سرزمین پر پہلا قدم رکھا۔

تھا۔ جبل عروس ایک سرسبز پہاڑی ہے جس پر گھنے سرسبز درختوں کی بہتات ہے۔ شہر سے باہر نکلتے ہی سرسبز کھیتوں نے ہمارا استقبال کیا۔ یوں محسوس ہو رہا تھا جیسے میں پاکستان میں ہوں۔ موسم انتہائی خوشگوار تھا۔

سفر کے دوران کھیت میں ایک کسان گدھے پر ہریالی لادے جا رہا تھا۔ تھوڑا آگے کھیتوں میں عورتیں ہریالی کاٹ رہین تھیں جبکہ مرد اُسے ایک گدھا گاڑی پر لاد رہا تھا۔ دور گائے، بھیڑ بکریوں کے ریوڑ دیکھے تو اس علاقہ پر پاکستانی ہونے کا تصور اور پختہ ہوگیا۔ سرسبز کھیتوں کے بیچوں بیچ ایک پختہ سڑک پر سفر کرتے ہوئے ابھی کوئی آٹھ کلومیٹر سفر طے کیا تھا کہ ایک بڑے گیٹ پر پہنچے جس پر لکھا ہوا تھا "مدینۃ الزہرا میں خوش آمدید"۔

ہم گیٹ سے مدینۃ الزہرا کی حدود میں داخل ہوئے تو دیکھا کہ کھنڈرات میں بدلے اس شہر کے اردگرد چار دیواری ہے۔ ہم چار دیواری کے ساتھ ساتھ سڑک پر سفر کرتے ہوئے پہاڑی کی پشت پر کار پارک میں جا پہنچے۔ یہ مدینۃ الزہرا تھا۔ یہ جگہ مجھے یوں نظر آئی جس طرح راولپنڈی اور اسلام آباد سے نکلیں تو آگے پشاور موڑ آتا ہے۔ جیسے پشاور موڑ پر دامن کوہ کا سلسلہ ختم ہو جاتا ہے اسی طرح مدینۃ الزہرا کے مقام پر جبل عروس کا سلسلہ ختم ہو جاتا ہے۔

مدینۃ الزہرا کی کار پارک اونچائی پر ہے۔ جہاں کھڑے ہو کر نیچے دیکھا تو دور دور تک مغرب میں پہلے اسلامی دارالخلافہ کے کھنڈرات نظر آئے۔ منیر حسین فوٹو گرافی کے شیدائی ہیں اس لئے وہ غروب آفتاب سے قبل فوٹو اُتارنا چاہتے تھے۔ وہ جلدی جلدی نیچے کھنڈرات میں اُتر گئے۔ ملک عبدالقیوم آفریدی بھی ایک محفوظ ٹھکانا سنبھال کر سوٹے لگانے میں مصروف ہو گئے۔ میں اور محمد شبیر مغل آہستہ آہستہ تفصیلی کھنڈرات کو دیکھنے لگے۔ محکمہ آثار قدیمہ نے ہر عمارت، سڑک، راستہ اور گلی پر بورڈ لگا کر اُس پر عمارت یا جگہ کی تفصیل لکھی ہوئی تھی تا کہ سیاح یہ جان سکیں کہ وہ کس جگہ کو دیکھ رہے ہیں۔

مدینۃ الزہرا کا یہ جدید شہر بنیادی طور پر شاہی رہائش گاہیں، دفاتر اور فوجی چھاؤنی پر مشتمل تھا۔ مدینۃ الزہرا کو اگر "رؤیل سٹی" کہا جائے تو زیادہ بہتر ہوگا۔ کیونکہ یہ عوامی شہر کی بجائے شاہی خاندان کے لئے مخصوص تھا۔ عبدالرحمان سوئم نے تعمیر کا آغاز کیا اور شہر کو جلد از جلد مکمل کرنے کی خاطر ملکی آمدن کا ایک تہائی بجٹ اس پر خرچ کرنے لگا۔ جہاں ہر روز دس ہزار مزدور اور کاریگر کام کرتے تھے۔ مال برداری کے لئے پندرہ سو خچر اور اونٹ تھے۔ چالیس سال

مسلسل کام کے بعد ایک ایسا شہر تعمیر ہوا جس میں شاہی رہائش گاہیں، حریم، محلات، وزرا، سفراء اور جنرل ایڈمنسٹریشن کے دفاتر کے علاوہ چار سو رہائشی مکان، کئی حمام، چار مچھلیوں کے تالاب، اسلحہ فیکٹری، شاہی گارڈ کے لئے دو بارکیں، کانفرنس روم کے اوپر بلّور (کرسٹل) لگایا جس پر طلوع آفتاب کی کرنیں پڑتیں تو ردعمل میں قوسِ قزح بنتی تھی۔

اس شہر کا سب سے منفرد مقام کانفرنس یا سفراء کا ہال تھا۔ اس ہال کے درمیان میں پارہ سے بھرا ہوا ایک حوض تھا جس میں قیمتی ہیرے، جواہرات اور دوسرے قیمتی پتھروں کو تراش کر اس طرح رکھا گیا تھا کہ اُن پر جب روشنی کی شعاعیں پڑتیں تو وہ منعکس ہو کر مختلف رنگوں میں پورے ہال میں پھیل جاتی تھیں۔ اس طرح ہال میں موجود لوگ روشنی میں ڈوب جاتے تھے۔ عام طور پر اس حوض پر پردہ رہتا تھا لیکن جب کوئی خاص نوعیت کا مہمان مدینۃ الزہرا آتا تو اُس وقت اچانک پردے ہٹا دیئے جاتے تو ہال روشن ہو جاتا تھا۔ بعض سفراء یا مہمان یہ منظر دیکھ کر سکتہ میں آ جاتے تھے۔

اس شہر میں خلیفہ حکیم کی وہ شہرت یافتہ لائبریری بھی تھی جس میں چار لاکھ کتابیں تھیں۔ حکیم کو صرف کتابیں جمع کرنے کا شوق ہی نہیں تھا بلکہ وہ انہیں غور سے پڑھتا بھی تھا۔ کتاب پڑھنے کے بعد اُس پر اپنا تبصرہ یا نوٹ لکھ دیتا تھا۔ اور پھر علمی و ادبی لوگوں کو اپنے دربار میں بلا کر اُن سے مختلف موضوعات پر بات چیت بھی کرتا تھا۔

چونتیس سال تک یہ شہر بڑے کروفر کے ساتھ دنیا میں اپنی عظمت اور علم و ادب کی بدولت مشہور رہا۔ جب قرطبہ کی خلافت کمزور ہوئی تو بنوامیہ کی حکومت کے ختم ہوتے ہی ملک میں خانہ جنگی شروع ہوگئی۔ جس کے نتیجہ میں 1010ء میں شمالی افریقہ کے بربر باغیوں نے، جنہیں محلات کی آرام دہ زندگی سے نفرت تھی، آگ لگا کر شہر کو خاکستر کر دیا تھا۔ پھر یہ شہر دنیا کی نظروں سے اس طرح اوجھل ہوا کہ دنیا یہ بھول ہی گئی کہ یہ شہر کس مقام پر تھا۔ دنیا کی نظروں سے نو سو سال غائب رہنے کے بعد بیسویں صدی کے آغاز 1910ء میں ماہرین آثار قدیمہ نے کھدائی کر کے اس شہر کے کچھ حصے دریافت کیے۔ آج میں اسی خاکستر شہر کے کھنڈرات دیکھنے آیا تھا۔

میں نے کھنڈرات کو پہاڑی کے دامن سے دیکھنا شروع کیا۔ اُس کی وجہ یہ ہوئی کہ یہ شہر پہاڑی کے دامن سے شروع ہو کر میدان تک پھیلا ہوا تھا۔ میں اوپر سے آہستہ آہستہ نیچے

کی طرف چلتا رہا جہاں کسی زمانے میں عالی شان محلات، جھلیں، باغات اور بازار تھے۔ اب اس سنسان وادی میں ہر طرف بکھرے ہوئے پتھر اور کھنڈرات نظر آ رہے تھے۔ ان کو دیکھتے ہوئے میں سوچنے لگا ممکن ہے ناصر کاظمی مرحوم نے یہ غزل اسی مقام سے متاثر ہو کر لکھی ہو:

پتھر کا وہ شہر بھی کیا تھا
شہر کے نیچے شہر بسا تھا
پیڑ بھی پتھر پھول بھی پتھر
پتا پتا پتھر کا تھا
چاند بھی پتھر جھیل بھی پتھر
پانی بھی پتھر لگتا تھا
گونگی وادی گونج اٹھتی تھی
جب کوئی پتھر گرتا تھا

الزاہرا کی سیاحت کے دوران میں سوچتا رہا کہ مسلمان بادشاہوں نے کتنے ارمانوں اور منصوبوں کے ساتھ یہ شہر تعمیر کروایا تھا۔ لیکن اُن بادشاہوں کے خواب وخیال میں بھی نہیں تھا کہ ایک دن یہ سب کچھ مٹ جائے گا اور مسلمانوں کو اس خطہ سے بے کسی کے عالم میں نکال دیا جائے گا اور کچھ کو قتل اور باقی رہ جانے والوں کو زبردستی عیسائی بنا دیا جائے گا۔ میرے ساتھ ساتھ شبیر مغل بھی یہ سب کچھ دیکھتے اور عکس بندی میں مصروف تھے۔ یہ دیکھ کر کہنے لگے: ''نظامی صاحب ہر انسان اپنی توفیق کے مطابق اپنی اپنی رہائش گاہیں تعمیر کرتا ہے۔ یہ بادشاہ تھے انہوں نے اپنی توفیق کے مطابق اُس زمانے میں دنیا کا جدید ترین شہر تعمیر کیا تھا لیکن بقا تو اُسی ذات کو ہے جسے ہم رب العالمین کہتے ہیں''۔

پہاڑی کے دامن میں، جہاں سے یہ شہر شروع ہوتا تھا، کھڑے ہوں تو درجہ بدرجہ نیچے تک مختلف عمارتوں کے کھنڈرات، ایک کھلی جگہ جامع مسجد اور ساتھ تالاب کے نشانات نظر آتے ہیں۔ نظریں آگے بڑھائیں تو دور دور ہرے بھرے لہلہاتے کھیت جن کے بعد قرطبہ کا شہر شروع ہو جاتا ہے۔ ممکن ہے جب یہ شہر تعمیر ہوا اُس وقت قرطبہ شہر مدینہ الزہرا تک پھیلا ہوا تھا۔

مدینہ الزہرا کی پشت پر جبل عروس کی پہاڑی ہری بھری تھی۔ جس میں قدرے

چھوٹے اور سدا بہار قسم کے درخت تھے۔ سامنے میدانی علاقے میں کچھ باغات بھی نظر آ رہے تھے۔ ان باغات کو ممکن ہے دریائے الکبیر سے پانی فراہم کیا جاتا ہو۔ اگر آج ایسا نہیں ہوتا تو مسلمانوں کے زمانے میں ایسا ضرور ہوتا تھا۔ مسلمانوں نے اپنے دور حکومت میں دریاوں پر رہٹ لگائے ہوئے تھے۔ جو دریا کا پانی کھیتی باڑی کے لئے فراہم کرتے تھے۔ مسلمانوں کے لگائے ہوئے رہٹوں میں سے ایک آج بھی مسجد قرطبہ کے قریب موجود ہے۔ جو دنیا بھر کے سیاحوں کی توجہ کا خاص مرکز رہتا ہے۔

مدینہ الزہرا مشرق سے مغرب تک 1518 میٹر اور شمال سے جنوب 745 میٹر تک پھیلا ہوا تھا۔ شہر کی تین سطح تھیں۔ پہاڑ کی دامن میں ستر میٹر کی بلندی پر سب سے اوپر خلافت ہاؤس تھا۔ اس محل میں خلیفہ اپنی بیگمات کے ساتھ رہتے تھے۔ محل میں کھڑا ہو کر خلیفہ پورے شہر بلکہ دور قرطبہ پر نظر رکھ سکتا تھا۔ خلافت ہاؤس کے نیچے دوسری سطح پر سرکاری دفاتر، عدالتیں اور باغات کے ساتھ ساتھ وزیروں کی رہائش گاہیں تھیں۔ سب سے نیچے میدانی حصے میں فوجی بارکیں، مساجد، بازار اور عوامی حمام تھے۔ شہر کے وسط میں بہت بڑا ہال تھا جس کا ایک دروازہ انتظامی امور کی طرف، دوسرا قاضی کی عدالت اور تیسرا خلیفہ کے شاہی دربار کی طرف جاتا تھا۔ مدینہ الزہرا کی سب سے نمایاں جگہ دارالملک کہلاتی تھی۔ یہ شاہی ضیافتوں اور استقبالیہ کا ہال تھا۔ اس ہال کی سونے چاندی اور ہیرے جواہرات جیسی قیمتی اشیاء سے آرائش کی گئی تھی جہاں شام ڈھلے شاہی خاندان کے افراد، حکومتی اعلیٰ عہدہ داران، شعرا، سکالرز، موسیقار اور گلوکار جمع ہوتے اور محفلیں برپا کرتے تھے۔

شاہی رہائش گاہوں اور دفاتر سے تھوڑے فاصلہ پر کھلے میدان میں بائیں طرف جامع مسجد تھی۔ اس کے کھنڈرات اب بھی موجود ہیں۔ مسجد کے داخلی دروازے کے بعد احاطہ میں کھجور، مالٹے، انار اور زیتون کے درخت کافی تعداد میں اس طرح لگائے ہوئے تھے جیسے یہ مسجد کا صحن نہیں بلکہ کوئی باغ ہو۔ اس باغ سے گزرنے کے بعد مسجد کی اصل عمارت تھی جس میں ہزاروں لوگ نماز ادا کر سکتے تھے۔ مسجد کی تزئین اس قدر کی گئی تھی کہ اس کا دنیا میں بدل نہیں تھا۔ میں مسجد کے کھنڈرات میں گھومتا پھرتا اُس زمانے کی ہر چیز کو غور سے دیکھتا ہوا مسجد کی محراب تک گیا۔ لیکن اب نہ وہاں محراب ہے اور نہ منبر۔ ہر طرف کھنڈرات ہی کھنڈرات نظر آ رہے تھے۔ محکمہ آثار قدیمہ نے مسجد کے احاطہ کو صاف کر کے بعض مقامات کی نشاندہی کی ہے۔

یہاں سنگ مرمر کا ایک ٹب دیکھا جو غالباً غسل کے لئے استعمال ہوتا تھا۔

مدینہ الزہرا کی تعمیر عبدالرحمان سوئم کی خواہش پر اپنی چہیتی بیگم الزاہرا کو خوش رکھنے کی خاطر ہوئی تھی۔ یہ کہاوت آج بھی لوگوں میں مشہور ہے کہ خلیفہ بیگم کو دل و جان سے چاہتا تھا جسے وہ ملک شام کے ایک پہاڑی اور قدرے ٹھنڈے علاقہ سے بیاہ کر قرطبہ لایا تھا۔ ملکہ کی خوشنودی کے لئے عبدالرحمان سوئم نے دامن کوہ کو نئے شہر کے لئے منتخب کیا تھا۔

پہاڑی پر بادام اور چری بلاسم کے سفید پھولوں والے درخت تھے۔ جب ان درختوں کے پھول کھلتے تو یوں محسوس ہوتا تھا جیسے شہر کی پشت پر پہاڑ کو سفید برف نے ڈھانپ رکھا ہے۔ خلیفہ عبدالرحمان کا اپنی ملکہ کے ساتھ پیار محبت کے نتیجہ میں تعمیر ہونے والے شہر مدینہ الزہرا کو دیکھ کر میں سوچنے لگا کہ دنیا کی خوبصورت ترین عمارتیں پیار اور محبت کے نتیجہ میں تعمیر ہوئیں۔ اگر ایسا نہ ہوتا تو آج دنیا میں نہ تاج محل ہوتا اور نہ مدینہ الزہرا۔

مدینہ الزہرا کے کھنڈرات دیکھتے وقت مجھے بچپن میں پڑھی ہوئی الطاف حسین حالی کی نظم بڑی شدت سے یاد آتی رہی۔ میں کھنڈرات دیکھتا اور ساتھ ساتھ مولانا حالی کی نظم کے شعر بھی گنگناتا رہا۔

کوئی قرطبہ کے کھنڈر جا کے دیکھے
مساجد کے محراب و در جا کے دیکھے
حجازی امیروں کے گھر جا کے دیکھے
جلال اُن کا کھنڈروں میں ہے یوں چمکتا
کہ ہو خاک میں جیسے کندن دمکتا

✈✈✈✈

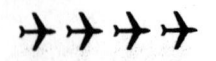

وہ سجدہ روحِ زمیں جس سے کانپ جاتی تھی
اُسی کو آج ترستے ہیں منبر و محراب!
ہوائے قرطبہ شاید یہ ہے اثر تیرا
مری نوا میں ہے سوز و سرُور عہدِ شباب!

(علامہ اقبال)

مسجد قرطبہ

جمعہ 22 مئی 2009ء صبح نو بجے ہم نے مسجد قرطبہ میں حاضری دی۔ قرطبہ کے میلہ میں شرکت کرنے والے عیسائیوں کی کثیر تعداد خصوصی عبادت کے لئے مسجد میں جمع تھی۔ غالباً یہی سبب تھا کہ مسجد میں داخل ہونے کے لئے ٹکٹ نہیں خریدنے پڑے۔ عام حالات میں مسجد کا داخلہ ٹکٹ آٹھ یورو یعنی تقریباً نو سو روپے مقرر ہے۔

ہم مسجد میں بڑے دروازے سے داخل ہوئے تو کھلے صحن میں جا پہنچے۔ داخلی دروازے کے اوپر 951ء میں عبدالرحمان سوئم نے دو سو فٹ بلند ایک مینار تعمیر کروایا تھا جس پر کھڑے ہوکر موذن اذان دیتے تھے۔ یہ مینار آج بھی موذن مینار کے نام سے مشہور ہے۔ اُس زمانے میں لوڈ سپیکر تو تھے نہیں۔ مؤذن اونچی جگہ کھڑے ہوکر اذان دیتے جو پورے علاقے میں سنائی دیتی تھی۔ مسلمانوں کے بعد عیسائیوں نے مینار کے اوپر گھنٹیاں باندھنے کا سوچا لیکن مینار کی بلندی زیادہ تھی جہاں بھاری پیتل کی گھنٹیاں پہنچانا مشکل تھا۔ چنانچہ مینار کے اوپر والے حصے کو گرا کر اُسے صرف 22 میٹر رہنے دیا جس پر اب گھنٹیاں نصب ہیں۔

صحن کے سامنے مسجد کا مین ہال جبکہ تینوں طرف کمرے اور ساتھ برآمدے تھے۔ مسلمانوں کے زمانے میں یہ کمرے طلباء، اساتذہ، مسافروں اور سکالروں کے زیر استعمال رہتے تھے۔ ہم پہلے ان کمروں اور ساتھ ملحقہ برآمدوں کو بڑی باریک بینی سے دیکھتے رہے۔

ایک جگہ پرانے چھت سے اُتارے گئے لکڑی کے تختے ترتیب سے رکھے ہوئے تھے تا کہ جو لوگ زمانہ قدیم پر مزید تحقیق کرنا چاہیں وہ ان سے استفادہ کریں۔ مین گیٹ کی طرف کمروں میں درس و تدریس جبکہ مغرب کی طرف مینار کے قریب والے کمروں میں ڈاکٹر سرجری اور شمال کی طرف کمرے عدالت کے لئے مخصوص تھے۔ قرطبہ کا قاضی ان کمروں میں عدالت لگاتا اور اسلامی قانون کے مطابق فیصلہ صادر کرتا تھا۔

میں مسجد کے درس و تدریس والے کمروں کو بڑی عقیدت سے دیکھتا رہا۔ ان کمروں میں الزہراوی، امام قرطبی، ابن حزم، ابن رشد، حافظ ابن عبدالبر، قرطبہ کے مفتی اعظم ابو عمر احمد بن عبدالملک، نامور محدث علامہ باجی تجیبی قرطبی، محدث اندلس بقی بن مخلد جیسے بزرگ تعلیم حاصل کرتے رہے۔ اور پھر خود بھی یہاں درس و تدریس کا سلسلہ جاری رکھا۔ حافظ ابن عبدالبر نے اپنی زندگی کا بیشتر حصہ یہاں بیٹھ کر احادیث جمع کرنے اور پھر انہیں کتابی شکل میں مرتب کرنے میں صرف کیا۔ انہوں نے تیس سال کے بعد جب اپنی کتاب مکمل کی تو اُس کی تقریب اجراء اسی مسجد کے اسی مقام پر ہوئی تھی جہاں میں کھڑا تھا۔ تقریب اجراء کے موقع پر حافظ عبدالبر نے اپنی کتاب کے بارے میں کہا تھا:

سمیر فوادی من ثلاثین حجتہ
وصاقل ذھنی والمفرج عن ھم

بسطت لھم فیہ کلام نبیھم
لما فی معانیہ من الفقہ والعلم

ترجمہ: (یہ کتاب تیس سال سے میرے دل کا مونس اور ساتھی ہے۔ میرے ذہن کی صفائی کا ذریعہ اور میرے غموں کو دور کرنے کا وسیلہ۔ میں نے اس میں لوگوں کے لئے نبی اکرم صلی اللہ علیہ وسلم کے کلام کو تفصیل کے ساتھ بیان کیا ہے۔)

جامع مسجد درس و تدریس، قاضی کی عدالت، ڈاکٹر کی سرجری اور نمازوں کے اجتماعات کا ایک ایسا مرکز تھا جس سے اسلام کی حقیقی روح کے عین مطابق کام لیا جاتا

تھا۔قرطبہ کی جامع مسجد کو دیکھ کر میں سوچنے لگا کہ برصغیر کی مساجد پر مردوں کی اجارہ داری ہے۔ جہاں صرف مرد حضرات ہی پانچ وقت کی نمازیں ادا کرتے ہیں۔خواتین کے لئے ہم نے مساجد کے دروازے بند رکھے ہوئے ہیں۔ جبکہ مشرق وسطیٰ کی مساجد مردوں کے ساتھ ساتھ خواتین اور بچوں کے لئے بھی کھلی رہتی ہیں۔اور پھر مساجد نماز اور عبادت کے علاوہ ایک کمیونٹی سنٹر کے طور پر بھی استعمال میں لائی جاتی ہیں۔ کیا کسی زمانے میں یہ ممکن ہوگا کہ ہم برصغیر کے مسلمان اس بات کو تسلیم کرلیں کہ مساجد خواتین کے لئے بھی ہیں اور وہ بھی نمازیں اور عیدین کے اجتماعات میں مساجد جا کر اللہ تعالیٰ کی بارگاہ میں سجدہ ریز ہوں جس طرح خانہ کعبہ اور مسجد نبوی میں خواتین عبادت کرتی ہیں۔

مسجد قرطبہ میں درس و تدریس کے کمرے، قاضی کی عدالت اور ڈاکٹر سرجری دیکھنے کے بعد ہم کھلے صحن میں گئے جہاں سنگتروں، زیتون اور کھجور کے درخت اور رنگا رنگ خوبصورت پھول ہیں۔

مسجد کا صحن

مسجد کے صحن میں عبدالرحمان اول کا لگایا ہوا زیتون کا ایک درخت دیکھنے کا مجھے شرف حاصل ہوا جس کا تنا اب کھوکھلا ہو چکا ہے۔لیکن درخت اوپر سے ہرا بھرا ہے۔اللہ تعالیٰ نے قرآن پاک میں زیتون کا سات مرتبہ ذکر کیا اور زیتون کے درخت کو طویل عمر سے نوازا ہے۔میں نے عقیدت کے طور پر عبدالرحمان کے ہاتھ سے لگائے ہوئے زیتون کے درخت کا ایک پتا توڑ کر تبرک کے طور پر اپنے پاس رکھ لیا اور پھر اس درخت کی تصویریں اُتاریں۔ محکمہ سیاحت قرطبہ نے اس درخت کے اردگرد لوہے کا جنگلا لگایا ہوا ہے۔اس وقت دنیا میں زیتون کے کئی درخت موجود ہیں جن کی عمریں دو سے تین ہزار سال ہیں۔ ماہرین کہتے ہیں کہ اس درخت کی جڑیں زمین میں زندہ رہتی ہیں۔ اگر تنا ختم ہو جائے تو جڑوں سے دوبارہ نیا پودا جنم لے لیتا ہے۔

مسجد قرطبہ کے صحن میں زیتون کے اس درخت کے ساتھ پانی کا بہت بڑا تالاب ہے۔تالاب سے پانی لینے کے لئے نل لگے ہوئے ہیں۔ مسلمانوں کے زمانے میں یہ پانی وضو اور پینے کے لئے استعمال ہوتا تھا۔وضو کا پانی پختہ نالیوں میں سے بہہ کر صحن میں لگے درختوں کو سیراب کرتا تھا۔

صبح کا وقت تھا۔ سورج بڑی آب و تاب سے چمک رہا تھا۔ دنیا بھر کے سیاح مسجد کے صحن میں گھوم پھر کر ایک ایک چیز کو غور سے دیکھ رہے تھے۔ کچھ فلم بندی میں مصروف تھے۔ ہمارے ساتھی منیر حسین مختلف زاویوں سے ان مناظر کو کیمرہ کی آنکھ میں بند کر رہے تھے۔ جبکہ محمد شبیر مغل مووی کیمرہ سے عکس بندی میں مصروف تھے۔ میں اپنی ڈائری تھامے خیالوں میں گم سب کچھ دیکھتا جا رہا تھا۔ صحن میں تالاب کے نل سے کچھ خواتین ہاتھ دھونے میں مصروف تھیں انہیں دیکھا تو میں خیالوں کی دنیا میں ہزار سال پہلے چلا گیا۔ جب سفید عمامے باندھے مسلمان بچے، جوان اور بوڑھے اس تالاب پر وضو کیا کرتے تھے۔

تالاب کے قریب مینار کے اوپر مؤذن کھڑا ہو کر اذان دیتا تھا۔ تب صحن کے دوسرے دروازوں سے باپردہ خواتین نماز کی ادائیگی کے لئے مسجد میں داخل ہو رہی ہوتی تھیں۔ خواتین اپنے ساتھ بچوں کو بھی لاتیں تھیں تاکہ وہ بھی دین کو عملی لحاظ سے سیکھیں۔ لیکن آج سب کچھ اس کے برعکس تھا۔ آج نہ تو سفید عماموں میں مسلمان گھوم پھر رہے تھے، نہ باپردہ خواتین اور نہ مینار پر مؤذن کھڑا تھا۔ اُس کی جگہ اہل کلیسا نے ایک بڑی گھنٹی نصب کر رکھی تھی۔ جب ہم صحن میں گھوم رہے تھے تب مسجد کے اندر عیسائی عبادت میں مصروف تھے۔ اس دوران مسجد کے مینار پر نصب گھنٹیاں مسلسل بجتی رہیں۔

مسجد کی پہلی جھلک

عبادت کے اختتام پر جب گھنٹیاں بجنی بند ہوئیں تو مسجد سے عیسائی مرد و خواتین باہر نکلے۔ مردوں نے سوٹ پہن رکھے تھے۔ جبکہ خواتین صاف ستھرے انگریزی لباس میں تھیں۔ خواتین اور مرد جب باہر نکل چکے تو پھر سیاحوں کو اندر جانے کی اجازت ملی۔ ہم بھی قطار میں کھڑے ہو گئے۔ جب گیٹ پر پہنچے تو دربان نے ہمیں بڑی سختی سے تلقین کی کہ مسجد کے اندر نہ تو اذان دینے کی اجازت ہے اور نہ نماز ادا کرنے کی۔

ہم مسجد کے احترام میں سر جھکائے اندر داخل ہوئے تو یوں محسوس ہوا جیسے ہم ایک اور دنیا میں پہنچ چکے ہیں۔ مسجد کی طرز تعمیر اپنی مثال آپ تھی۔ جس میں وقفہ وقفہ پر ہلال کی مانند قوس نما چھتیں تھیں جنہیں خوبصورت ستون سہارا دیئے ہوئے تھے۔ حد نظر تک ہر طرف رنگین محرابی شکل میں چھتیں اور خوبصورت سنگ مرمر کے بڑے بڑے ستون تھے۔ میں سوچنے لگا کہ علامہ اقبال بھی اسی راستے سے مسجد میں داخل ہوئے تھے۔ اور شاید یہ تمام مناظر دیکھ کر مسجد

قرطبہ سے یوں مخاطب ہوئے تھے:

تیرا جلال و جمال ، مردِ خدا کی دلیل
وہ بھی جلیل و جمیل ، تو بھی جلیل و جمیل

تیری بنا پایدار ، تیرے ستون بے شمار
شام کے صحرا میں ہو جیسے ہجومِ نخیل!

ہم ستونوں اور چھتوں کو دیکھتے ہوئے جوں جوں آگے بڑھتے گئے توں توں مسجد کی خوبصورتی میں اضافہ ہوتا گیا۔ اس دروان میرے ساتھی منیر حسین اور محمد شبیر مغل اپنے کام میں مصروف عکس بندی کر رہے تھے۔ جبکہ عبدالقیوم آفریدی میرے ساتھ ساتھ کلمہ طیبہ پڑھتے ہوئے اِدھر اُدھر کا جائزہ لے رہے تھے۔

جب ہم مسجد کی محراب کے قریب پہنچے تو آفریدی صاحب نے کہا: ''نظامی صاحب سیکورٹی کے جوان ہاتھوں میں واکی ٹاکی پکڑے ہمارے چاروں طرف کھڑے ہیں۔ ممکن ہے انہیں اندیشہ ہو کہ ہم مسجد میں اذان دے کر ہسپانیہ کے عیسائیوں کو ناراض نہ کر دیں۔'' میں نے آفریدی صاحب کو بتایا کہ: ''مجھے سیکورٹی والوں کی پروانہیں لیکن مشکل یہ ہے کہ اس وقت صبح کے دس بجے ہیں جو اذان دینے کا وقت نہیں اور نہ کسی نماز کا وقت ہے۔ اور پھر مسجد کے فرش کو اگر غور سے دیکھیں تو اس پر سب سیاح گندے جوتے پہنے گھوم رہے ہیں۔

اسی مسجد میں رات کو گھوڑے ہنہناتے دوڑتے پھرتے تھے۔ یہاں ایک انچ جگہ بھی نہیں تھی جہاں سیاح بمعہ جوتوں کے نہیں پہنچے۔ نماز پاکیزگی اور طہارت کا درس دیتی ہے۔ ایسے میں جہاں ہر طرف گندگی ہو اور پھر دیواروں پر بت نصب ہوں وہاں نماز ادا کرنے کی اسلام اجازت بھی نہیں دیتا۔ اسلام امن کا درس دیتا ہے ضد بازی کا نہیں۔ جو مسلمان یہاں نماز ادا کرنے کی کوشش کرتے ہیں۔ ممکن ہے وہ عام حالت میں پانچ وقت کی نماز بھی ادا نہ کرتے ہوں۔ اگر چہ میرے بہت سے دوست مسجد قرطبہ میں دل ہی دل میں خاموش اذانیں دے کر نمازیں ادا کر چکے ہیں۔ لیکن میرا جواب ہمیشہ یہ رہا کہ نماز کے لئے پاکیزگی، طہارت اور مقررہ وقت کا ہونا ضروری ہے۔ صبح دس بجے آپ نہ نماز فجر ادا کر سکتے ہیں اور نہ نماز ظہر۔ اور پھر اذان تو بلند آواز میں نماز کی دعوت کا اعلان ہے۔

خاموش اذانیں تو حضرت عمرؓ کے دائرہ اسلام میں آنے کے بعد ختم ہو چکی

تھیں۔ میرے خیال میں اذان تو اُسے کہتے ہیں جس سے:

ناگاہ فضا بانگِ اذاں سے ہوئی لبریز
وہ نعرہ کہ ہل جاتا ہے جس سے دلِ کہسار!

محراب ومنبر

مسجد قرطبہ کا سب سے خوبصورت حصہ محراب و منبر ہے۔ سیاحوں کو محراب تک جانے سے روکنے کے لئے لوہے کے جنگلے ہیں تا کہ سیاح اس مقام سے دور رہیں۔ ہم بھی اُن جنگلوں کو پکڑ کر کھڑے ہو گئے اور غور سے در و دیوار کا جائزہ لینے لگے۔ محراب ہلالی قوس نما صورت میں ابھی تک اپنی اصل حالت میں ہے۔ اس پر بہت ہی خوبصورت رنگین تزئین اور قرآنی آیات لکھی ہوئی ہیں جس کے اوپر بہت بلند گنبد ہے۔

گنبد کے اندرونی حصے میں بہت خوبصورت نقش و نگاری تھی۔ مجھے یوں محسوس ہو رہا تھا جیسے ایک خوبصورت گلاب کا پھول کھلا ہے جس کی پنکھڑیوں پر خوبصورت نقش و نگاری کی گئی ہے۔ اور پھر پھول کی پتیوں کے آخر میں ایک گول دائرے میں اللہ تعالیٰ کے ننانوے اسم اور قرآنی آیات خط کوفی میں لکھے ہوئے ہیں۔ جس کے بعد پھول، بوٹے اور بل کھاتی بیلیں بڑی مہارت سے گنبد کے اندر سنہری اور سبز رنگوں کے استعمال سے نقش کی گئیں تھیں۔ یہ سب کچھ ابھی تک اُسی حالت میں نمایاں نظر آ رہا تھا۔ مسجد کی دیواروں اور چھت کو عیسائیوں نے رنگ و روغن کر کے بدل دیا تھا۔ اس لئے یہ معلوم نہ ہو سکا کہ مسلمانوں نے دیواروں اور چھت پر کس طرح کی تزئین کی ہوئی تھی۔ لیکن گنبد کے اندر اور محراب کے اوپر جو قرآنی آیات، جس خوبصورتی میں سنہری رنگوں میں لکھی گئیں تھیں، اُن سے معلوم ہوتا تھا کہ جب یہ مسجد مسلمانوں کے قبضہ میں تھی تو یقیناً دنیا کی منفرد ترین مساجد میں سے ایک تھی۔

فرش پر سنگ مرمر نصب ہے۔ جبکہ روشنی کے لئے فانوس لٹک رہے ہیں۔ جب بجلی ایجاد نہیں ہوئی تھی تب ان فانوسوں میں زیتون کے تیل سے جلنے والے چراغ رکھے جاتے تھے جن کی تعداد ہزاروں میں تھی۔ ایسے چراغ مسجد کے باہر گلی اور محلے میں بھی ہوتے تھے۔

اس محراب میں کھڑے ہو کر امام قرطبی جیسے اماموں نے خطبے دیئے، نمازیں ادا کیں۔ امام حزم یہاں سجدہ ریزے ہوئے۔ قرطبہ کے مسلمان خلیفہ نمازیں ادا کرتے رہے۔ لیکن آج اُس مسجد میں مسلمانوں کو نمازیں ادا کرنے سے حکومت منع کر رہی ہے۔ بلکہ نگرانی

کے لئے پولیس تعینات ہے۔ علامہ اقبال بھی مسجد قرطبہ میں تشریف لائے تھے۔ انھوں نے مسجد میں نماز ادا کی، جس کی مختلف کہانیاں گردش کر رہی ہیں۔ لیکن علامہ حکومت ہسپانیہ کے سرکاری مہمان تھے اس لئے انہیں نماز کی ادائیگی کی خصوصی اجازت ملی تھی۔ میرے خیال میں علامہ اقبال جب مسجد میں حاضر ہوئے تو مسجد کی زبوں حالی کو دیکھ کر ہی انہوں نے فرمایا تھا:

وہ سجدہ روحِ زمیں جس سے کانپ جاتی تھی
اُسی کو آج ترستے ہیں منبر و محراب!
ہوائے قرطبہ شاید یہ ہے اثر تیرا
مری نوا میں ہے سوز و سرُور عہدِ شباب!

میں دنیا کے بیشتر مسلمان ممالک کی سیاحت کر چکا ہوں۔ دمشق میں مسجد امیہ کے بعد یہ دنیا کی سب بڑی مسجد معلوم ہوتی ہے۔ حرم شریف اور مسجد نبوی کی بات کچھ اور ہے۔ لیکن میں یہاں عام مساجد کا تقابلی جائزہ لے رہا ہوں۔ لاہور کی بادشاہی مسجد رقبہ کے لحاظ سے بڑی اور خوبصورت ہے لیکن زیادہ تر حصہ بغیر چھت کے صحن کی شکل میں ہے۔ چھت والے حصے میں صرف دس ہزار آدمی نماز ادا کر سکتے ہیں۔ جبکہ مسجد قرطبہ کی چھت کے نیچے چالیس ہزار آدمی نماز ادا کیا کرتے تھے۔

مسجد کے موجودہ محراب سے بائیں طرف کچھ فاصلہ پر پہلی محراب جو عبدالرحمان دوئم نے بنوائی تھی، موجود ہے۔ خلیفہ منصور کے زمانے میں جب مسجد کی توسیع ہوئی تو محراب کو درمیان میں لانے کے لئے جگہ تبدیل ہوئی تھی۔ محراب کے دائیں اور بائیں پانچ کمرے ہیں جہاں سیاحوں کا داخلہ ممنوع ہے۔ محراب کے دائیں طرف جانب مغرب ایک کمرہ سے خلافت ہاؤس تک خفیہ راستہ تھا جس سے خلیفہ مسجد سے مقصورہ میں آتا تھا۔ بائیں طرف مغرب کے کمروں میں مسجد کی قیمتیں چیزیں اور مسجد کے استعمال میں آنے والے مال و دولت رکھے جاتے تھے۔ ان کمروں کے اوپر دوسری منزل پر بھی کچھ کمرے تھے جو غالباً اسلامی کتب اور نادر قلمی نسخوں کے لئے مخصوص تھے۔

عبدالرحمان سوئم نے اسی مسجد کے محراب میں کھڑے ہو کر جنوری 929ء میں اپنی خلافت کا اعلان کر کے سپین کو بغداد میں اسلامی ریاست کی خلافت سے الگ کر دیا تھا۔ اس سے قبل سپین کے مسلمان حکمران اپنے آپ کو امیر یا سلطان کہلواتے تھے اور اطاعت بغداد کے

خلیفہ کی ہوتی تھی۔ لیکن عبدالرحمان نے خود خلیفہ ہونے کا اعلان کیا۔ اور سپین کی تمام مساجد میں ان کے نام کا خطبہ پڑھا جانے لگا۔ سپین کی الگ خلافت 1031ء میں امیہ حکمرانوں کے خاتمہ کے ساتھ ختم ہوئی۔ آج میں اُس تاریخی مقام پر کھڑا تھا جہاں سے مغرب کی پہلی اسلامی ریاست قائم کرنے کا اعلان ہوا تھا۔

مقصورہ

1236ء میں جب مسلمانوں سے قرطبہ چھین لیا گیا تو پھر 1371ء میں عیسائیوں نے محراب کے ساتھ خلیفہ کے لئے مخصوص کمرہ مقصورہ کو چرچ میں بدل دیا تھا۔ جب سپین کے بادشاہ چارلس پنجم نے 1526ء میں مسجد کے اندر چرچ تعمیر کرنے کی اجازت دی تو مقصورہ کو چرچ کی قیمتی چیزوں کو محفوظ رکھنے کے لئے مخصوص کر دیا گیا تھا۔ اب یہ چرچ کا خزانے والا کمرہ کہلاتا ہے۔ قیمتی خزانے اندر ہونے کی وجہ سے یہ کمرہ اکثر بند رہتا ہے۔ جب ہم وہاں پہنچے تو اچانک کمرے کا کالے رنگ کا دروازہ کھلا۔ ایک عورت کمرہ سے باہر آئی۔ جس نے ہمیں اندر جانے کی اجازت دی۔ مجھے آج تک معلوم نہ ہوسکا کہ اتنے سارے سیاحوں میں سے صرف انہوں نے ہمیں ہی اندر کیوں بلایا۔

ہسپانوی خاتون کی دعوت پر میں اور میرے دوست ملک عبدالقیوم آفریدی بند کمرے کے اندر چلے گئے جہاں پندرہ بیس عیسائی مرد اور عورتیں موجود تھیں۔ وہ دو تین ٹولیوں میں کھڑے باتیں کرتے اور قہقہے لگا رہے تھے۔ اُن کی وضع قطع سے معلوم ہوتا تھا کہ وہ لوگ مسجد کی انتظامیہ یا پھر حکومت کے کوئی اہم عہدہ داران ہیں۔ بہر حال ہمیں لوگوں کی بجائے مسجد سے دلچسپی تھی۔ ہم نے دیکھا کہ یہ گول کمرہ تقریباً تیس فٹ لمبا اور بیس فٹ چوڑا تھا۔ معلوم ہوتا تھا کہ اس جگہ کو بہت زیادہ تبدیل کیا گیا ہے۔ چھت گول سفید رنگ کی تھی اور دیواروں پر مجسمے لٹکے ہوئے تھے۔ مسجد کی ایک قدیم محراب اس کمرہ کے اندر بھی تھی۔ جوں جوں مسجد کی توسیع ہوتی گئی توں توں مسجد کی وسعت کے مطابق محرابیں بھی بدلتی گئیں۔

جس منبر پر امام صاحب بیٹھ کر تلاوت کلام پاک اور وعظ کیا کرتے تھے عین اُسی جگہ حضرت مریم کی بہت بڑی خیالی تصویر رکھی ہوئی تھی۔ دوسری طرف حضرت عیسیٰ کی صلیب والی خیالی تصویر تھی۔ حضرت عیسیٰ کے آٹھ حواری بھی ہاتھ باندھے اور بعض مختلف انداز میں نظر آرہے تھے۔ بعض حضرت مریم کو تحفہ پیش کر رہے تھے۔ ایک حواری انار دے رہا تھا۔ ایک بچے

کواٹھائے ہوئے تھا۔ایک نے صلیب اٹھائی ہوئی تھی۔ یوں پورا کمرہ ایک بت خانہ تھا۔اس کمرے میں موجود نصرانی مردوں اور خواتین کے چہروں پر خوشی اور مسرت تھی اور اُن کے سر فخر سے بلند تھے۔

اس دوران ایک عیسائی عورت میرے پاس آئی اور چہرے پر مسکراہٹ بکھیرتے ہوئے مجھ سے پوچھا آپ کس مذہب کے پیروکار ہیں اور کس ملک سے تشریف لائے ہیں؟ میں نے کہا: الحمد اللہ میں مسلمان ہوں اور اس وقت برطانوی شہری ہوں۔ لیکن پیدائشی کشمیری اور پاکستانی ہوں۔ میرے جواب پر عورت کا لہجہ بدل گیا اور اُس نے ڈپلومیٹک انداز میں مجھ سے باتیں شروع کر دیں۔ اس عورت کا نام کیتھرین تھا اور اس نے اپنے آپ کو مذہب عیسائیت کے لئے وقف کر رکھا تھا۔کیتھرین نے مجھے بتایا کہ:

"جب ہم عیسائیوں نے مسلمانوں کو شکست دے کر اس شہر سے بے دخل کیا تو عرب اور بربر رات کے اندھیرے میں یہاں سے سر پر پاؤں رکھ کر بھاگے۔ہم عیسائی اس لئے خوش تھے کہ ہم نے اپنا آبائی شہر اور یہ مسجد، جو چرچ کی جگہ تعمیر کی گئی تھی، ظالم بربروں سے چھین لیے تھے۔ بربر ظالم تھے۔ انہوں نے اس شہر کو تباہ کیا اور پھر مدینۃ الازہرہ کو آگ لگا کر خاکستر کیا تھا۔ بربر عربوں سے اور عرب بربروں سے ہر وقت لڑتے جھگڑتے رہتے تھے۔ لیکن ہمارے عیسائی سورماؤں نے مسلمانوں کو عبرت ناک شکست دے کر اس شہر اور صوبے سے بے دخل کیا تھا۔

پھر مچل مچل کر مجھے ایک ایک چیز کے بارے میں بتانے لگی کہ اس مقام پر آپ کی مسجد کی فلاں چیز تھی جسے ہم نے ہٹا کر یہ مورتی رکھی۔اُس مقام پر فلاں چیز تھی جس کی جگہ ہم نے فلاں حواری کا بت رکھا، وغیرہ وغیرہ۔"

جب یہ ہسپانوی خاتون چہک چہک کر فتح قرطبہ کے بارے میں اپنے آباء واجداد کی بہادری کی کہانیاں بڑھا چڑھا کر سنا رہی تھی تب میرے کانوں میں عبدالقیوم آفریدی کی آواز پڑی جو بڑے غمگین انداز میں گنگنا رہے تھے:

بت صنم خانوں میں کہتے ہیں مسلمان گئے
ہے خوشی اُن کو کہ کعبے کے نگہبان گئے
منزلِ دہر سے اونٹوں کے حدی خوان گئے
اپنی بغلوں میں دبائے ہوئے قرآن گئے
خندہ زن کفر ہے احساس تجھے ہے کہ نہیں؟
اپنی توحید کا کچھ پاس تجھے ہے کہ نہیں؟

محراب و منبر سے ملحق ایک اور کمرہ ہے جو اس وقت مسجد کا میوزیم ہے۔ مسجد کی ملکیت زمانہ قدیم کی کچھ چیزیں وہاں شیشے کے شوکیس میں محفوظ رکھی گئی ہیں۔

مسجد میں چرچ

محراب و منبر کے بائیں طرف تھوڑا پیچھے ہٹ کر مسجد کے بڑے ہال کے اندر چرچ ہے۔ جب مسلمان قرطبہ سے چلے گئے۔ پھر بہت عرصہ تک عیسائیوں کو مسجد میں تبدیلی کی ہمت نہیں ہوئی کیونکہ قرطبہ کے پڑوس غرناطہ میں مسلمانوں کی عکومت تھی۔ لیکن عیسائیوں کو یہ مسجد ایک کانٹے کی طرح ہر وقت کھٹکتی رہتی تھی اور ان کے دلوں میں یہ دبی خواہش تھی کہ مسجد کو مسمار کر دیا جائے یا اسے چرچ میں بدل دیا جائے۔ جب 1492ء میں مسلمان مکمل طور پر سپین سے نکال دیئے گئے تب سپین کے بادشاہ چارلس پنجم نے 1526ء میں مسجد قرطبہ کے اندر چرچ تعمیر کرنے کی اجازت دی۔ چرچ کے افتتاح کے لئے بادشاہ سلامت تشریف لائے جنہوں نے مسجد کے اندر چرچ دیکھ کر عیسائیوں کو مخاطب کرتے ہوئے کہا تھا:

"مجھے یہ علم نہیں تھا کہ یہ مسجد اس قدر خوبصورت ہے۔
مسجد میں آپ نے جو چرچ تعمیر کیا وہ آپ کسی اور جگہ بھی
تعمیر کر سکتے تھے۔ لیکن آپ نے ایک ایسی منفرد اور انوکھی
عمارت کو برباد کیا جس کا دنیا میں کوئی ثانی نہیں"

مسجد کے اندر چرچ تعمیر کر کے مسجد کے حسن کو بُری طرح بگاڑ دیا گیا ہے۔ یہ بالکل ایسے نظر آتا ہے جس طرح سفید اُجلے کپڑے پر ملیشیا کی پیوندکاری کر دی جائے۔ مسجد کے 63 ستون نکال کر وہاں چرچ تعمیر ہوا۔ اب چرچ مسجد کا حصہ ہے بلکہ پوری مسجد کو چرچ بنا دیا گیا ہے۔ میں چرچ والے حصے میں گیا تو دیکھا کہ عیسائی اپنی خصوصی عبادت کے بعد اپنا سامان

لپیٹ رہے تھے۔ چرچ کے ہال میں شاہ بلوط کی لکڑی سے خصوصی طور پر تیار کردہ کرسیاں ایک ترتیب کے ساتھ رکھی ہوئی ہیں۔ وسط میں تخت نما ایک چبوترا ہے جس پر غالباً بادشاہ بیٹھا کرتے تھے۔

جس چبوترے پر کسی زمانے میں بادشاہ سلامت بیٹھا کرتے تھے۔ میں بھی اُس پر جا بیٹھا اور بادشاہوں کی طرح نہیں بلکہ عام آدمی کی طرح سوچنے لگا کہ:

''ہم مسلمانوں کو یہ گلہ ہے کہ نصرانیوں نے مسجد قرطبہ کو چرچ میں بدل دیا ہے۔ یہ گلہ اپنی جگہ حق بجانب ہے۔ لیکن اگر حقائق کے تناظر میں دیکھیں تو ہر حاکم محکوم پر اپنی مرضی کے قوانین نافذ کرتا ہے۔ جب مسلمان سپین میں شکست کھا رہے تھے، اُسی دور میں اسلام کا سورج ترکی میں بڑی آب و تاب سے طلوع ہو رہا تھا اور عیسائی شکست سے دوچار تھے۔ خلافتِ عثمانیہ کے دور میں استنبول کے بڑے چرچ سینٹ صوفیہ کو مسجد میں تبدیل کر کے اُس کا نام ''آیا صوفیہ مسجد'' رکھا تھا جو آج بھی استنبول میں نیلی مسجد کے سامنے بہت اچھی حالت میں موجود ہے۔

قیامِ پاکستان کے وقت بہت سے مندر اور گردوارے پاکستان کی سرزمین پر موجود تھے۔ اُن مندروں کا کیا حشر ہوا وہ ہم سب جانتے ہیں۔ اِسی طرح ہندوستان کے ہندوؤں نے مسلمانوں سے نفرت کی بناء پر بابری مسجد سمیت دوسری کئی مساجد کو شہید کر دیا۔ جب پنجاب میں رنجیت سنگھ نے حکومت سنبھالی تو بادشاہی مسجد لاہور کو اسلحہ خانہ میں بدل دیا تھا بلکہ مسجد میں گھوڑے باندھے جاتے رہے۔

جب مسلمان قرطبہ کھو بیٹھے تو نصرانیوں نے مسجد کے اندر کلیسا کی تعمیر کی جو ایک لحاظ سے مسلمانوں کے لئے فائدہ مند رہی۔ نصرانی اپنے چرچ کی بدولت مسجد کی بھی دیکھ بھال کرتے رہے اور آج ہم سب مسجد کو اُسی حالت میں دیکھ رہے ہیں جس حالت میں ہزار سال پہلے تھی۔ اگر کلیسا کی بجائے مسجد بند کر دی جاتی تو امکان تھا

کہ یہ دوسری تاریخی عمارتوں کی طرح زمین بوس ہوجاتی۔ آج قرطبہ میں اگر کوئی عمارت اپنی اصلی حالت میں موجود ہے تو وہ صرف مسجد قرطبہ ہے۔ باقی تو پیسے کمانے والوں نے اپنا ایک کاروبار بنایا ہوا ہے جس میں وہ اُن کھنڈرات اور باقیات کی نشاندہی کرتے ہیں کہ یہ فلاں خلیفہ نے بنوائی تھی۔ اگر ایسا نہ کریں تو پھر قرطبہ جیسے دور افتادہ قصبہ میں سیاح کیوں جائیں۔"

مسجد مسلمانوں کے دور میں

مسجد قرطبہ کی بنیاد عبدالرحمان اول نے 785ء میں دریا الکبیر کے کنارے رکھی۔ اس سے قبل یہاں ایک چرچ تھا جسے عیسائیوں نے مسلمانوں کے ہاتھ فروخت کر کے پیسے جیب میں ڈال لیے تھے۔ آغاز میں مسلمان اُسی چرچ میں نمازیں ادا کرتے رہے۔ مسجد کی تعمیر کا آغاز عبدالرحمان اول نے کیا۔ بعد میں ہشام اور دوسرے حکمرانوں نے مسجد میں اضافے کیے۔ آخری تعمیر خلیفہ منصور نے 987ء میں مکمل کی۔ اس طرح موجودہ مسجد دو سو سال میں مکمل ہوئی۔ مسجد کا کل رقبہ 96 کنال ہے۔ موجودہ مسجد کا نماز والا ہال 421 فٹ لمبا اور 376 فٹ چوڑا ہے۔ مسجد کا صحن 421 فٹ لمبا اور 198 فٹ چوڑا ہے۔ اس طرح مسجد کا کل رقبہ 574 فٹ لمبا اور 421 فٹ چوڑا ہے جو 23,400 مربع میٹر یا 251550 مربع فٹ ہے۔ مسجد کے کل 1293 ستون اور 19 دروازے ہیں۔ دائیں اور بائیں طرف سات سات بڑے بڑے دروازے تھے۔ جبکہ سامنے منبر کی طرف بھی کچھ دروازے تھے جن میں سے ایک خلفیہ اور ایک خطیب و امام کے لئے تھا۔ آج بھی سعودی عرب، مصر اور دوسرے اسلامی ممالک میں محراب کے قریب خطیب و امام اور سربراہ حکومت کے لئے خصوصی دروازے موجود ہیں۔ مسجد کو روشن کرنے کے لئے 1445 لیمپ تھے جو زیتون کے تیل سے روشن ہوتے تھے۔ محراب کی طرف باہر گلی سے مسجد کی دیوار 65 فٹ اونچی ہے۔

اسلامی دور میں جمعہ کے دن مسجد قرطبہ کے تمام دروازے کھول دیے جاتے تھے۔ کچھ دروازے خواتین کے لئے مخصوص تھے جو سب کے سب مسجد کے اندر کھلتے تھے۔ نماز جمعہ کے بعد نمازی مسجد کے صحن میں جمع ہوجاتے اور گھر سے لایا ہوا کھانا کھاتے تھے۔ اس طرح ایک میلہ لگ جاتا تھا۔ اس دوران جمعہ بازار بھی سج جاتا تاکہ لوگ کھانے پینے سے فارغ ہوکر

خریداری بھی کریں۔ مسجد کے صحن میں درخت اسی لئے لگائے جاتے تھے تا کہ گرمی میں لوگ سائے میں بیٹھ سکیں۔ (جمعہ کے بعد مساجد کے صحن میں بیٹھ کر کھانا کھانے کا اہتمام اب بھی عرب ملکوں میں ہوتا ہے۔ میں نے جب بغداد میں حضرت غوث اعظم الگیلانی کے روضے پر حاضری دی اور پھر مسجد میں نماز جمعہ ادا کی تو ایسے مناظر وہاں بھی دیکھے تھے۔) تمام دروازے بند ہونے پر مسجد ایک بند قلعہ کی شکل اختیار کر لیتی ہے۔ مسجد کی بیرونی دیوار آج بھی دیکھیں تو وہ ایک قلعہ کی دیوار سے کسی بھی صورت کم نہیں۔

زمانہ قدیم میں مساجد کو عبادات کے علاوہ عدل و انصاف، تعلیم و تحقیق، درس و تدریس، فن سپہ گری اور دوسرے بہت سے فوجی، سماجی، دینی اور معاشرتی کاموں کے لئے بھی استعمال کیا جاتا تھا۔ جب مسلمان قرطبہ میں حکمران تھے تب قاضی کی عدالت اسی مسجد میں منعقد ہوتی تھی جہاں سائل اپنی فریادیں لے کر دادرسی کے لئے آتے اور بلا جھجک قاضی کے سامنے پیش ہو کر انصاف طلب کرتے تھے۔ قاضی بھی قرآن اور حدیث کی روشنی میں فیصلہ صادر کرتا اور اُس پر عمل درآمد بھی ہوتا تھا۔

مسجد کے صحن میں چار خوبصورت حوض وضو کے لئے تھے جن میں تازہ پانی جبل عروس کے پہاڑوں سے لایا جاتا تھا۔ صحن میں کھجور، انار، انگور، سیب، زیتون اور مالٹوں کے درخت تھے۔ مسجد کے ساتھ لاتعداد کمرے اور حجرے تھے جن میں طلباء اور مسافر قیام کرتے تھے۔ قرطبہ کی مسجد اپنے زمانے میں اعلیٰ پائے کی درس گاہ بھی تھی۔ یہ ایک ایسی یونیورسٹی کی شکل اختیار کر چکی تھی جہاں اسلام کے بہت پائے کے سکالروں نے تعلیم پائی۔ جامع مسجد ہمیشہ سے مسلمانوں کا مرکز رہی ہے۔ مسجد کے ساتھ بازار تھا جہاں سے لوگ خریداری کرتے تھے۔

مسجد کے چاروں طرف گلیاں اور اُن کے ساتھ محلے ہیں۔ محلوں کی گلیاں تنگ ہیں جن پر گاڑیوں کا چلنا مشکل ہے۔ لیکن مسجد کے چاروں طرف کی گلیاں اس قدر چوڑی ہیں کہ اُن پر گاڑی چل سکتی ہے۔ لیکن یہ شاہراہ عام نہیں۔ اِدھر صرف وہ گاڑیاں آتی ہیں جو مسافروں کو مسجد کی سیاحت کے لئے اس کے قریب اُتارتی ہیں یا اُن سیاحوں کو لاتی ہیں جو قریبی ہوٹلوں میں آ کر ٹھہرتے ہیں۔ گلیوں میں زمانہ قدیم کی طرز کے پتھر نصب ہیں۔ مسجد کے باہر گلیوں میں چھوٹی چھوٹی دکانیں ہیں جہاں سیاحوں کی دلچسپی کا سامان فروخت ہوتا ہے۔

مسجد کے چاروں طرف دیوار ہے جو بیس گز سے زیادہ اونچی ہے۔ اس طرح مسجد

قلعہ کی مانند محفوظ اور مضبوط ہے۔گلی میں کھڑے ہو کر مسجد کی اونچائی کی طرف نظریں کریں تو یقیناً سر پر رکھی ہوئی ٹوپی گرنے کے زیادہ امکانات ہیں۔ بیرونی طرف کھلنے والے بلند و بالا دروازوں کے اوپر چھت کی دیواروں کی نقش نگاری آج بھی اصلی حالت میں موجود ہے۔یوں معلوم ہوتا ہے جیسے کسی نے کل ہی اس میں پھول بوٹے بنائے ہیں۔ دروازوں کے اوپر کچھ فاصلہ پر جگہ جگہ کھڑکیاں بھی ہیں جن پر اسی انداز سے نقش نگاری کی گئی تھی۔ بیرونی دروازے بھی لکڑی کے ہیں جن میں لوہے کے موٹے موٹے کیل لگے ہوئے ہیں۔انھیں دیکھ کر محسوس ہوتا ہے کہ یہ مسجد کے نہیں بلکہ کسی قلعہ کے دروازے ہیں۔افسوس کہ بیرونی دیواروں میں سے صرف چند ایک پر نقش و نگاری ہے۔ باقی زمانے کے ستم اور نصرانی شدت پسندوں نے اکھیڑ دیئے ہیں۔

مسجد کے 19 دروازے چاروں طرف گلیوں کی طرف کھلتے ہیں۔ ہر دروازے کے اوپر ہلالی طرز کی ڈیزائننگ ہے جہاں تک عیسائیوں کے ہاتھ پہنچ سکتے تھے۔ وہاں تک انہوں نے پلستر اور رنگین تزئین کو اکھاڑ دیا ہے۔لیکن انسانی ہاتھ کی پہنچ سے اوپر ابھی تک مختلف رنگوں میں قرآنی آیات اور پھول بوٹے موجود ہیں۔ مسجد کے بیرونی دروازوں کی اونچائی اور خوبصورتی دیکھ کر میں سوچتا رہا کہ یقیناً اُس دور کے کاریگر اپنے ہنر اور فن میں بہت بلندی پر تھے۔ مسجد کی تعمیر میں انہوں نے جس محبت، خلوص اور پیار سے دل لگا کر کام کیا وہ ہزار سال سے خود اپنی گواہی دے رہا ہے اور ہم جیسے سیاحوں سے داد اور تحسین کے ڈونگرے بقول علامہ اقبال اس طرح وصول کر رہا ہے۔

اے حرمِ قرطبہ! عشق سے تیرا وجود
عشق سراپا دوام جس میں نہیں رفت و بود
رنگ ہو یا خشت و سنگ، چنگ ہو یا حرف وصوت
معجزۂ فن کی ہے خونِ جگر سے نمود!
تیری فضا دل فروز، میری نوا سینہ سوز
تجھ سے دلوں کا حضور، مجھ سے دلوں کی کشوُد

جامع مسجد قرطبہ شہر کا سب سے مرکزی اور بارونق علاقہ تھا (اور اب بھی ہے) جہاں دنیا جہاں کے سکالروں، سیاحوں، مسافروں اور طالب علموں کا ہجوم رہتا تھا۔ قرطبہ

مغرب میں علم وادب کا گہوارہ تھا جہاں مسلمان، یہودی اور عیسائی سکالر اور فلسفی رہتے تھے۔ انہوں نے اپنے خیالات سے لوگوں کو متاثر کیا۔ قرطبہ کی درسگاہوں سے اہل علم نے اپنی پیاس بجھائی۔ مسلمانوں کے زمانے میں دنیا کا سب سے بڑا کتب خانہ قرطبہ میں تھا۔ حقیقت یہ ہے کہ مسلمانوں کے دور میں قرطبہ حقیقی معنوں میں کثیر المذاہب معاشرہ تھا جہاں تمام مذاہب کے لوگ پیار محبت کے ساتھ رہتے تھے۔ نفرتوں کی دیواریں تو مسلمانوں کی حکومت کے خاتمہ کے بعد شروع ہوئیں۔ جب مسلمانوں اور یہودیوں کو مذہب کی بنیاد پر قتل کیا گیا اور اس ملک سے نکال دیا گیا تھا۔

الوداع مسجد قرطبہ

مسجد قرطبہ سے رخصت ہوتے وقت میں نے بڑے گیٹ سے پیچھے مڑ کر دیکھا تو مسجد کو غیروں کے درمیان تنہا بڑی استقامت سے کھڑا پایا۔ اس پر زمانے نے بڑے ستم ڈھائے لیکن اس نے ہر ستم کا ڈٹ کر مقابلہ کیا۔ نصرانیوں نے اس کے کئی حصے کیے۔ اس میں چرچ کا اضافہ کیا۔ اس نے یہ ستم بھی اس امید سے سہہ لیے کہ ممکن ہے کل میرے چاہنے والوں کی حمیت بھی جوش میں آئے اور وہ میرے پاس واپس آئیں۔ صدیوں اکیلے ظلم سہنے والی مسجد قرطبہ کی کہانی ہم مسلمانوں کے لئے باعث عبرت ہے۔

مسجد قرطبہ کو الوداع کہتے وقت خیالات کے طوفان میرے دل و دماغ پر حشر بر پا کر رہے تھے۔ ایسی کیفیت میں مسجد قرطبہ کو مخاطب کر کے میں یہی پیغام دے سکا کہ:

مسجد قرطبہ تو ایک ایسا آئینہ ہے
جس میں ہمیں اپنے اسلاف کی جھلک نظر آتی ہے
تیری وسعت
تیری بلندی
تیرا وقار
تیری عظمت
تیری استقامت
تیری خوبصورتی
ہمارے ماضی کی آئینہ دار ہے

تجھ میں
ہمیں اپنے اسلاف کے ذوق
اُن کی بلند اور پاکیزہ سوچیں
اُن کی اسلام دوستی
جھلکتی نظر آتی ہے
تو صدیوں مسلمانوں کے سجدوں سے آباد رہی
تو اہلِ اُندلس کا مرکز رہی
پھر
ایک دن ایسا آیا کہ
تیرے آباد کرنے والے
اپنی کوتاہیوں اور نا اتفاقیوں سے
تجھے چھوڑ کر
اپنی جانیں بچا کر
تجھ سے ہمیشہ کے لئے جُدا ہو گئے
تو تنہا کھڑی
انہیں جاتے ہوئے دیکھتی رہی
تیرے سینے میں ہزاروں راز پنہاں ہیں
تو ہماری تاریخ کی امین ہے
تو بڑی استقامت سے اپنوں کا انتظار کر رہی ہے
لیکن
اب ایسا ممکن نہیں
اب صرف میرے جیسے سیاح تیرا دکھڑا سننے آئیں گے
جو تیری داستانِ غم دوسروں کو سنائیں گے
ممکن ہے سننے والے
جذباتی ہو کر تڑپیں، آنسو بہائیں

لیکن میرا وِجدان کہتا ہے کہ
تیرے چاہنے والے
اب دوبارہ
اپنے سجدوں سے تجھے آباد نہیں کرسکیں گے
کیونکہ
آج کے مسلمان
تیری داستان سے عبرت حاصل کرنے کی بجائے
آپس میں دست وگریباں
ایک دوسرے کا خون بہانے
مساجد میں بم دھماکے کرنے
نمازیوں کو شہید کرنے
اور تجھ جیسی عبادت گاہوں کو ویران کرنے میں مصروف ہیں
مسجد قرطبہ!!!
تجھے ویران کرنے والے دشمن دین تھے
لیکن
آج یہ کام ہم مسلمان خود کررہے ہیں،
ایسے میں ہم الزام کسے دیں؟
غیروں کو.........................!
یا.....................اپنوں کو!

میری آنکھوں کا نور ہے تو
میرے دل کا سرور ہے تو
اپنی وادی سے دور ہوں میں
میرے لئے نخلِ طور ہے تو

قرطبہ اور مسلمان

قرطبہ 711ء میں خلیفہ ولید بن عبدالملک کے ایک آزاد کردہ غلام مغیث نے فتح کیا تھا۔ جب طارق بن زیاد نے سپین کے پہلے معرکہ میں بادشاہ راڈرک کو قتل کیا تو فیصلہ ہوا کہ فوج کو مختلف حصوں میں تقسیم کرکے ایک ہی وقت میں مختلف شہروں اور علاقوں کو فتح کرنے کیلئے بھیجا جائے۔ اسی حکمت عملی کے تحت مغیث کو قرطبہ سر کرنے کی ذمہ داری سونپی گئی۔ مغیث ایک تجربہ کا فوجی افسر تھا، جو سات سو گھوڑا سواروں کے ساتھ قرطبہ کی نواحی پہاڑیوں میں آکر چھپ گیا۔ جہاں اُسے چرواہے ملے جنہوں نے بتایا کہ حکومت کے اعلیٰ عہدہ داران قرطبہ سے بھاگ کر طلیطیہ چلے گئے ہیں۔ کچھ فوجی دستے قلعہ میں موجود ہیں۔ مغیث ایک چرواہے کے ساتھ حدود قرطبہ میں پہنچا۔ بارش ہو رہی تھی، جس کی وجہ سے لوگ گھروں کے اندر دبکے بیٹھے تھے۔ بارش سے زمین نرم ہوگئی تھی جس سے گھوڑوں کے ٹاپوں کی آواز بھی پیدا نہیں ہوئی۔

مغیث بڑی آسانی کے ساتھ قلعہ کے اندر چلا گیا لیکن وہاں معلوم ہوا کہ فوجی اور شہر کے پادری قلعہ سے ملحق چرچ کے اندر قلعہ بند ہو چکے ہیں۔ اس طرح چرچ کا محاصرہ کرلیا گیا جو تین ماہ تک جاری رہا۔ آخر عیسائیوں نے شکست مان لی اور شہر مسلمانوں کے حوالے کر دیا گیا۔

قرطبہ نومبر 711ء میں فتح ہوا۔

جب مسلمانوں نے سپین فتح کر لیا تو اس کا دار الخلافہ وقتی طور پر اشبیلیہ میں رکھا گیا تھا۔ اگست 716 میں موسیٰ بن نصیر کا بھانجا ایوب بن حبیب لخمی اُندلس کا عارضی والی مقرر ہوا تو اُس نے دار الخلافہ اشبیلیہ سے قرطبہ منتقل کیا۔ مجھے قرطبہ اور اسلام آباد میں بڑی مماثلت نظر آئی۔ پہلی مماثلت دونوں شہروں کا محل وقوع یعنی دونوں کی پشت پر پہاڑیاں۔ دونوں کو دار الخلافہ بنانے والے ایوب نامی صاحبان تھے۔ سپین کا دار الخلافہ اشبیلیہ سے قرطبہ منتقل کرنے والے ایوب جبکہ اسلامی جمہوریہ پاکستان کا دار الحکومت اسلام آباد منتقل کرنے والے جنرل ایوب تھے۔ قرطبہ اسلامی سپین کا دار الخلافہ 1010ء تک بنو امیہ کی حکومت کے خاتمہ تک رہا۔

آج کا جدید یورپ قرطبہ میں مسلمانوں کے زمانے کو سنہری دور کے طور پر تسلیم کرتا ہے۔ اُس زمانے میں بغداد کے بعد قرطبہ ہی ایک ایسا شہر تھا جسے لوگ ''شہر علم'' کہتے تھے۔ جب پورا یورپ جہالت کے گھپ اندھیرے میں ڈوبا ہوا تھا تب قرطبہ میں درسگاہیں، یونیورسٹیاں، تحقیقی سنٹر، ہسپتال، شفا خانے، کتب خانے، کشادہ سڑکیں، ہوٹل، سرائیں، مساجد، چرچ، سینیگاگ، پھلوں کے باغات اور کاشت کاری کے لئے نہری نظام تھا۔ اور پھر اس میں ایک ایسا معاشرہ جو حقیقی معنوں میں کثیر المذاہب اور کثیر الثقافت تھا۔ قرطبہ کے زرخیز خطہ میں ابوالقاسم الزہراوی، امام قرطبی، ابن رشد، ابن عربی، ابن حزم اور ابن میمون جیسے عظیم سکالر پیدا ہوئے۔ جنہوں نے علم کو فروغ دینے میں رات دن ایک کر کے فلسفہ، منطق، طب، سرجری اور اسلامی قوانین پر قابل قدر کام کیا۔ قانون کی بالادستی کے لئے قاضی منذر بن سعید، اسد بن فرات، محمد بن بشیر کے نام بہت ہی معتبر ہیں۔ آج دنیا بھر کے مفکرین ان حضرات کے کام کے معترف ہیں۔

آیئے قرطبہ کے ان بزرگوں سے بھی ملاقاتیں کریں۔

الزہراوی

ابوالقاسم بن خلف العباس الزہراوی 936ء میں قرطبہ میں پیدا ہوئے۔ مسجد قرطبہ کے داخلی دروازے کی طرف گلی ابو قاسم Calle Albucasis کے نام سے موجود ہے۔ جہاں مکان نمبر چھ میں ابوالقاسم رہتے تھے۔ یہ مکان ابھی تک موجود ہے۔ جہاں سیاح جدید سرجری کے باوا آدم کو خراج عقیدت پیش کرنے ہر روز ہزاروں کی تعداد میں جاتے ہیں۔ مسجد قرطبہ کی

زیارت کے بعد جب میں باہر نکلا تو گلی ابو قاسم میں مجھے بھی الزہراوی کے مکان پر حاضری دینے کا شرف حاصل ہوا۔ مکان کے باہر ایک تختی پر لکھا ہوا ہے ''یہ وہ مکان ہے جہاں ابوالقاسم رہتے تھے''۔

الزہراوی اپنے زمانے کے نام ور فزیشن، سرجن، کیمیادان اور سائنسدان تھے۔ خلیفۂ وقت الحکیم دوم کے شاہی طبیب ہونے کے ساتھ ساتھ طب کے طلباء کو حکمت بھی پڑھاتے تھے۔ قرطبہ میں ان کی شہرت تو موجود تھی۔ لیکن باہر کی دنیا میں ان کی شہرت ان کی وفات کے بعد پہنچی جس کا انکشاف پہلی بار محمد بن حزم نے اپنی کتاب میں یوں کیا ''عربوں کا سب سے بڑا سرجن الزہراوی تھا''۔

الزہراوی نے جراحی اور طب کے موضوع پر ''کتاب التصرف'' لکھی۔ جو تیس جلدوں پر مشتمل ایک انسائیکلوپیڈیا ہے۔ اس کتاب میں عملی لحاظ سے تصویروں کے ساتھ طب، سرجری، دانتوں، ہڈیوں اور بچوں کی بیماریوں کے علاوہ ادویات، عمل جراحی کے لئے اوزار اور خوراک کے بارے میں وضاحت کی گئی ہے۔ بارہویں صدی میں ''کتاب التصرف'' کا ترجمہ جیراڈ Gerard نامی ایک صاحب نے لاطینی زبان میں کیا اور یوں اس کتاب سے یورپی ڈاکٹر اور سرجن پانچ سو سال تک استفادہ کرتے رہے۔ بلکہ سرجری میں آج بھی ان کے ایجاد کردہ کچھ طریقے استعمال کیے جاتے ہیں۔

الزہراوی نے زمانہ قدیم کی سرجری کو ایک نئے انداز میں پیش کیا۔ 26 نئے اوزار بھی متعارف کروائے جن میں سے بعض اس وقت بھی سرجن استعمال کرتے ہیں۔ الزہراوی نے اپنی کتاب میں دوسو اوزاروں کا ذکر کیا بلکہ اُن کی تصویریں بھی شامل کیں۔ سرجری کے لئے الزہراوی نے جس طرح ٹانکے لگانے کا طریقہ متعارف کروایا وہی طریقہ اس وقت بھی سرجن استعمال کرتے ہیں۔ بلکہ جسم کے اندر ٹانکے لگانے کے لئے ایک خاص قسم کے میٹریل Catgut کا استعمال کرتے تھے۔ جو کچھ عرصہ بعد خود ہی گل جاتا تھا۔

الزہراوی سے پہلے یورپ میں علاج معالجہ روحانی پیشوا کرتے تھے۔ بالکل اُسی طرح جیسے آج بھی دنیا میں بہت سے لوگ تعویز، گنڈا اور منتر جنتر سے علاج پر یقین رکھتے ہیں۔ کچھ عرصہ یورپی چرچوں کے مذہبی درویش Monk یہ فریضہ ادا کرتے رہے۔ بلکہ ضرورت کے وقت بعض اوقات سرجری بھی کرتے تھے۔ بارہویں صدی میں چرچ کی طرف

سے مذہبی درویشوں پر پابندی لگا دی گئی کہ وہ علاج معالجہ اور سرجری کا کام انجام نہیں دیں گے۔ ایسے میں سرجری کا پیشہ حجاموں نے اختیار کرلیا تھا جو زلفوں کی تراش خراش کے ساتھ ساتھ سرجری بھی کرتے تھے۔ حجاموں کی اس پیشہ میں بالادستی اٹھارہویں صدی تک رہی۔ پھر سرجری کو جدید خطوط پر لانے کے لئے اسے باقاعدہ کالجوں اور یونیورسٹیوں میں پڑھایا جانے لگا۔ ورنہ حجام تو یہ علم نسل در نسل میں منتقل کرتے چلے آرہے تھے۔

الزہراوی کی وفات کے ساٹھ سال بعد ان کی حیات پر ایک کتاب لکھی گئی تھی جس سے موجودہ دنیا کو ان کی زندگی کے تمام پہلوؤں سے واقفیت ہوئی۔ الزہراوی نے پوری زندگی قرطبہ میں گزاری۔ آخر ہزاروں انسانوں کا علاج کرنے والا نامور سرجن خود اپنی زندگی کو نہ بچا سکا اور یوں 77 سال کی عمر پا کر 1013ء میں قرطبہ میں فوت ہوا اور مقامی قبرستان میں سپرد خاک ہوا۔

ابو محمد علی بن حزم

ابو محمد علی بن احمد بن سعید بن حزم 7 نومبر 994ء میں قرطبہ میں پیدا ہوئے۔ اُن کا خاندان قرطبہ میں معزز تسلیم کیا جاتا تھا۔ ابن حزم کے والد احمد اور دادا خلیفہ ہشام دوم کے دربار میں بڑے اعلیٰ منصب پر فائز تھے۔ اسی شاہی تعلق داری اور ذاتی قابلیت کی بدولت ابن حزم خلیفہ منصور کے سینئر وزیر مقرر ہوئے۔ منصور کے بعد ہشام سوئم کے بھی یہ وزیر رہے۔ پھر قرطبہ میں خانہ جنگی شروع ہوگئی جو 1031ء تک رہی۔ اس دوران ابن حزم مسلسل امیہ خلافت کی حمایت کرتے رہے۔ اسی کی وجہ سے انہیں قید کیا گیا اور تمام خاندانی جائیداد چھین لی گئی۔ 1031ء میں جب مقامی حکومت بحال ہوئی تو اُن کی جائیداد، جو اشبیلیہ کے نواح Lisham Manta میںٹا لشہم میں تھی، واپس ملی۔

ابن حزم حافظ القرآن اور محدث اور فقہ کے جید عالم دین تھے۔ یہ سادہ طبیعت، عجز اور انکساری کا مجسمہ تھے۔ ابن حزم کا قول ہے: ''اگر تم امیرانہ زندگی بسر کرنا چاہتے ہو تو تم ایسا طریقہ اختیار کرو کہ اگر تمہارے پاس دولت نہ رہے تو غربت میں بھی زندگی بسر کرنے سے تکلیف نہ ہو۔''

ابن حزم نے فقہی مسائل اور مسلمانوں کے فرائض پر ''الایصال الی فہم الخصال'' نامی ایک بہت بے مثل کتاب لکھی تھی۔ اپنی ایک دوسری کتاب میں تمام مذاہب کا تقابلی

جائزہ لیا تھا۔ ان کی فقہ پر بھی ایک بہت ہی مستند کتاب موجود ہے۔ غصیلی طبیعت کی بناء پر ان کے ہم عصر علماء ان سے خوش نہیں تھے جس کی وجہ سے یہ بہت دفعہ قرطبہ سے جلاوطن بھی ہوئے۔

ابن حزم نے اسلامی فقہ، سائنس اور فلسفہ پر بہت کام کیا۔ اشبیلیہ اور حلوا Huelve کے درمیان میں واقع اپنے آبائی گاؤں مین ٹالشہم میں 15 اگست 1064ء کو وفات پائی اور مقامی قبرستان میں سپردخاک کیے گئے۔

امام قرطبی

امام ابوعبداللہ القرطبی 1214ء میں مسجد قرطبہ کے قریب ہی ایک مکان میں پیدا ہوئے۔ جب امام قرطبی پیدا ہوئے تب قرطبہ میں مسلمانوں کا زوال شروع ہو چکا تھا۔ انہوں نے مقامی درسگاہوں سے علم حاصل کیا۔ پھر علم کی پیاس بجھانے کی خاطر مدینہ منورہ اور مکہ معظّمہ تشریف لے گئے۔ امام قرطبی امام مالک ؒ کے پیروکار تھے۔ یہ مالکی فقہ کے بہت بڑے عالم تھے جنہوں نے فقہ اور حدیث کا گہرا مطالعہ کیا۔ تفسیر جمال حکیم القرآن بیس جلدوں میں مکمل کی۔ اس کے علاوہ دس جلدوں میں قرآن پاک کی اُن آیات کی تفسیر لکھی جن کا قانونی معاملات سے تعلق ہے۔ 1236ء میں قرطبہ سے اسلامی دور کا سورج ہمیشہ کے لئے غروب ہوا تو امام قرطبی مصر چلے گئے جہاں 1273ء میں انتقال فرمایا۔

ابن رشد

قرطبہ میوزیم کے داخلی دروازے پر ایک بہت بڑا مجسمہ ہے جس میں ایک بزرگ پگڑی باندھے ہاتھ میں کتاب تھامے بڑی متانت کے ساتھ پروقار انداز میں بیٹھے ہوئے نظر آتے ہیں۔ مجسمہ کے نیچے لکھا ہوا ہے کہ یہ قرطبہ کے نامور فلسفی ابن رشد ہیں۔

نامور مسلم مفکر ابن رشد نے 1126ء میں قرطبہ کے ایک علمی و ادبی گھرانے میں آنکھ کھولی اور قرطبہ کے علم کے چشموں سے سیراب ہوئے۔ ان کے والد ابوالقاسم اور ان کے دادا ابوالولید محمد قرطبہ کے چیف جسٹس رہے تھے۔ ابن رشد نے ابن طفیل کی مدد سے تحقیقی کام کا آغاز کیا۔ ابن رشد کا کام بیس ہزار صفحات پر مشتمل ہے جس میں انہوں نے عربی لغت، اسلامی فقہ، فلسفہ، جغرافیہ، علم طب، علم فلکیات، حساب اور فزکس پر کام کیا۔ یہ حضرت مالک بن انس،

الفارابی، الغزالی، ابن ماجہ اور ابن طفیل سے متاثر تھے اور نامور مسلمان فزیشن الزہراوی سے متعارف ہوئے۔

ابن طفیل نے ابن رشد کی زندگی پر بڑا گہرا اثر ڈالا۔ ابن طفیل کی تحریک اور خلیفہ وقت کی فرمائش پر ابن رشد نے ارسطو کی کتاب ''سلطنت جمہوری'' اور دیگر قدیم فلسفہ یونان کی شرحیں لکھیں جس سے ارسطو گوشۂ گمنامی سے باہر نکلا۔ آج مغرب اور دوسری دنیا تک ارسطو کی جو تعلیمات پہنچیں وہ ابن رشد کی بدولت ہی پہنچ سکیں۔ ارسطو کی بدولت ابن رشد نے بھی شہرت پائی۔

1160ء میں ابن رشد کو اشبیلیہ کا جج مقرر کیا گیا۔ دوران ملازمت یہ قرطبہ اور مراکش میں بھی خدمات انجام دیتے رہے۔ اور ستر سے زیادہ کتابیں لکھیں۔ جن میں سے 28 فلسفہ پر، بیس طب پر، آٹھ قانون پر، پانچ مذہب پر اور چار عربی گرائمر پر ہیں۔ ابن رشد نے مختلف کتب اور مختلف موضوعات پر تبصرے بھی لکھے۔

ابن رشد نڈر اور بے خوف طبیعت کے حامل فلاسفر تھے جس کی وجہ سے علماء انہیں آزاد خیال تصور کرتے ہوئے ان کی مخالفت کرتے تھے۔ ایک بار انہیں اپنے نظریات کی بدولت شہر سے نکال کر قرطبہ کے قریب الیسانہ نامی گاؤں بھیج دیا گیا۔ کچھ مدت بعد سلطان نے انہیں معاف کر دیا۔

حقیقت یہ تھی کہ ابن رشد علم میں رکاوٹ پیدا کرنے والے مسائل کو سخت نفرت سے دیکھتے تھے۔ اُس زمانے میں مذہبی لوگ علم تشریح بدن کی خاطر میت کا پوسٹ مارٹم کرنے کے خلاف تھے کیونکہ اس سے میت کی بے حرمتی ہوتی تھی۔ لیکن ابن رشد کا خیال تھا کہ ''علم تشریح ابدان سے خداشناسی و معرفت میں اس علم کے ذریعہ سے اضافہ ہوتا ہے۔'' ابن رشد کا عقیدہ تھا کہ ہر آدمی کو اس جہاں میں ہی جزا و سزا مل جاتی ہے۔ بعد وفات کچھ نہیں ہوتا۔ ابن رشد روح کے غیر فانی ہونے کے بھی قائل نہیں تھے۔ عورتوں کی حکمرانی کے قائل تھے کیونکہ عورتوں میں لڑنے کی قوت زیادہ ہوتی ہے۔ ابن رشد تصوف اور صوفیا کے قائل نہیں تھے۔ اس قسم کے خیالات سے علماء اور دیندار لوگ انھیں ملحدانہ خیالات کا حامل تصور کر کے ان کی مخالفت کرتے تھے۔ لیکن ابن رشد خدا کے وجود، تعلیم اسلام کے متعلق عقیدہ راسخ رکھنے کے ساتھ ساتھ حضرت محمد ﷺ کا صدق دل سے احترام اور آپ ﷺ کی تعلیمات کے پیروکار تھے۔

ابن رشد کی مخالفت میں عیسائی علماء مسلمانوں سے چار ہاتھ آگے تھے۔ ان کی تعلیمات اور فکر سے جب عیسائیوں کو اپنی مذہبی عمارت گرتی ہوئی نظر آنے لگی تو پوپ لیو دہم نے 1512ء میں ایک قانون نافذ کر کے ابن رشد کی تصانیف کو پڑھنا جرم قرار دے دیا تھا۔

ابن رشد 10 دسمبر 1198ء میں مراکش میں فوت ہوئے۔

موسیٰ ابن میمون

موسیٰ ابن میمون قرطبہ میں ایک یہودی خاندان میں 30 مارچ 1135ء میں پیدا ہوئے۔ میمون یہودیوں کی مقدس کتاب توریت کے عالم اور فلاسفر تھے۔ یہ ارسطو، الفارابی، ابن رشد، ابن ماجہ اور الغزالی کے فلسفہ سے متاثر تھے۔ انہوں نے ارسطو کے فلسفہ کو فروغ دیا اور اسی تناظر میں مزید تحقیقی کام کیے اور یہودی شریعت کے قوانین کو ترتیب دیا۔ پھر موسیٰ میمون قرطبہ سے مراکش چلے گئے جہاں سے یہ مصر پہنچے۔ میمون اپنے زمانے کے نام ور سرجن تھے۔ یہ قرطبہ اور مراکش میں بحیثیت فزیشن کام کرتے رہے لیکن مصر میں یہ پیشہ چھوڑ دیا تو ان کے خاندان نے تجارت پر توجہ دی۔ ساری دولت جمع کر کے میمون نے اپنے چھوٹے بھائی کو ایک جہاز تجارتی ساز و سامان سے بھر کر ہندوستان کی طرف بھیجا۔ بدقسمتی سے جہاز ہندوستان پہنچنے سے قبل ہی سمندر میں ڈوب کر غرق ہو گیا۔ اس واقعہ کا میمون کو سخت دکھ ہوا۔ خاندان کا تمام سرمایہ ڈوب چکا تھا چنانچہ اسے دوبارہ فزیشن کی حیثیت سے کام کرنا پڑا۔ میمون کچھ عرصہ سلطان صلاح الدین ایوبی کا ذاتی معالج بھی رہے۔

میمون نے اپنی زندگی کے آخری دن مصر میں گزارے۔ جہاں 69 سال کی عمر میں 13 دسمبر 1204ء میں فوت ہوئے۔ اس وقت قرطبہ کے سینیگاگ میں میمون کا مجسمہ بڑی نمایاں جگہ نصب ہے۔

عباس بن فرناس

ہوائی جہاز کے بانی عباس بن فرناس بھی قرطبہ میں پیدا ہوئے اور قرطبہ میں ہی انہوں نے ایک مسجد کے مینار سے اپنے جسم کے ساتھ پر لگا کر دنیا میں پہلی اڑان لے کر دنیا کو حیرت میں ڈال دیا تھا۔ عباس بن فرناس کے باپ زریاب کو اللہ تعالیٰ نے بہت خوبصورت آواز سے نوازا تھا۔ وہ بغداد میں خلیفہ ہارون رشید کے دربار میں شاہی گویا تھا۔ ایک سازش

کے تحت اسے بغداد دربار سے الگ ہونا پڑا۔ اور 821ء میں قرطبہ چلا گیا۔ جہاں اسے قرطبہ کے شاہی دربار میں عبدالرحمٰن اوسط کے دربار میں جگہ ملی اور قرطبہ کے نواح میں جاگیریں اور شاہی محل کے متصل ان کی رہائش گاہ تھی۔

عباس بن فرناس قرطبہ میں پیدا ہوئے اور وہاں ہی تعلیم حاصل کی۔ ایک دن قرآن پاک کا مطالعہ کرتے ہوئے جب اس آیات پر پہنچے جس میں اللہ تعالیٰ نے انسانوں کو پرندوں کے اڑنے پر غور کرنے کی ہدایت فرمائی تو عباس نے اس پر غوروفکر شروع کر دیا جس کے نتیجہ میں وہ اس بات پر پہنچے کہ اگر انسان کو بھی پر لگا دیئے جائیں تو وہ اڑ سکتا ہے۔ انھوں نے اس کا عملی مظاہرہ خود کیا۔ لیکن ایک بات پر غور کرنا بھول گئے کہ پرندے جب اڑتے ہیں تو پروں کے بل بوتے پر، لیکن جب واپس زمین پر اُترتے ہیں تو دم کے بل بوتے پر۔ چنانچہ عباس پر لگا کر اڑے تو ضرور لیکن دم لگانا بھول گئے۔ جس کے نتیجہ میں جب نیچے اترے تو اُن کی کمر میں شدید چوٹیں لگیں۔ لیکن اُنھوں نے دنیا کو ایک تصور دیا کہ انسان اُڑ سکتا ہے۔ اس بات کے ہزار سال بعد رائیٹ برادرز نے عملی شکل دے کر موجودہ جہازوں کے مؤجد کا خطاب حاصل کیا۔ اس وقت لیبیا کے ڈاک ٹکٹ پر عباس کی تصویر ہے اور بغداد کے ایک ہوائی اڈے نام بھی عباس بن فرناس ہے۔

جب 1999ء میں مجھے بغداد جانے کا اتفاق ہوا تو وہاں کے ایک چوک میں عباس بن فرناس کا مجسمہ بھی دیکھا جس میں وہ پر کھولے اس طرح کھڑا نظر آئے کہ یہ اب اڑے کہ اڑے۔

عبدالرحمان اول

عبدالرحمان اول بنوامیہ کا چشم و چراغ تھا۔ جب دمشق میں اسلامی خلافت کمزور ہوئی تو ایسے میں عباسی اٹھے اور وہ بنوامیہ کی حکومت کو ختم کر کے اس خاندان کے باشندوں کو ڈھونڈ ڈھونڈ کر قتل کرنا شروع کر دیا۔ اس خونریزی اور افراتفری میں بنوامیہ کے بہت سے لوگ اِدھر اُدھر بھاگ کر گمنامی میں چلے گئے۔ روپوش ہونے والوں میں بنوامیہ کا ایک نوجوان عبدالرحمان بھی تھا۔

عبدالرحمان بنوامیہ کا ایک شہزادہ تھا جس کی پرورش اس کے دادا ہشام نے شاہی محل میں کی تھی۔ اس طرح یہ شاہی آداب اور حکمرانی کے ہنر سے بخوبی واقف تھا۔ عبدالرحمان نظم

نسق کا ماہر ایک باجرأت فوجی اور اعلیٰ معیار کا حکمران تھا۔ ایک آنکھ سے محروم تھا۔ لیکن انتہائی منظم آدمی تھا۔

عبدالرحمان بن معاویہ بن ہشام کی والدہ بربر قبائل سے تھی۔ چنانچہ عبدالرحمان بھاگ کر شمالی افریقہ میں بربر قبائل میں چھپ گیا۔ اُس وقت سپین میں بھی مستحکم حکومت نہ ہونے کی بناء پر خونریزی ہو رہی تھی۔ ایسے میں عرب، یمن اور بربر قبائل نے مشترکہ طور پر عبدالرحمان کو خفیہ طورٌ پر سپین بلانے کے لئے ایک وفد بھیجا جس کے ساتھ عبدالرحمان اول 755ء میں سپین پہنچا تھا۔ وہاں ابوعثمان اور خالد نے اسے غرناطہ کے قریب وادی طرش پہنچایا جہاں بنوامیہ کے لوگوں نے اسے ہاتھوں ہاتھ لیا۔ عبدالرحمان جوں جوں آگے بڑھا اس کے ساتھیوں اور فوج میں بھی اضافہ ہوا۔ آخر عبدالرحمان سپین کے دارالخلافہ قرطبہ پہنچا جہاں ایک معمولی جھڑپ کے بعد والئ سپین یوسف نے شکست کھا کر صلح کر لی۔ اس طرح عبدالرحمان نے سپین کی حکومت سنبھال لی۔

عبدالرحمان سے قبل اسلامی سپین کا حکمران یوسف تھا۔ یوسفؑ کا دست راست وزیر بلکہ اُندلس کا بادشاہ گر صمیل بن حاتم بن شمر نامی ایک شخص تھا۔ صمیل اُسی شمر کا پوتا تھا جس نے حضرت امام حسین رضی اللہ عنہ کو کربلا میں شہید کیا تھا۔ جب شمر کو مختار نے قتل کیا تو شمر کا بیٹا حاتم کوفہ سے نقل مکانی کر کے سپین میں الجزیرہ کے مقام پر آ کر آباد ہو گیا تھا۔ عبدالرحمان نے یوسف کی حکومت چھینی تو اس کے دو بیٹوں اور صمیل کو قید کر دیا تھا۔ صمیل قرطبہ کے قید خانے میں زہر پی کر ہلاک ہوا تھا۔

عبدالرحمان نے سپین میں بنی امیہ کی حکومت کی داغ بیل ڈالی۔ یہ بنوامیہ کا پہلا فرد تھا جو سپین میں داخل ہوا جس کی وجہ سے یہ عبدالرحمان داخل کے نام سے مشہور ہوا۔ سپین پر امیہ خاندان کے تیرہ افراد نے مجموعی طور پر 244 سال حکومت کی جو امیہ حکومت کہلاتی ہے۔ ان کے دور حکومت میں اُندلس کا دارالحکومت قرطبہ رہا اور اسی زمانے میں قرطبہ عروج پر پہنچا۔ امیہ حکومت کے خاتمہ پر سپین ٹکڑوں ٹکڑوں میں تقسیم ہوا۔

عبدالرحمان نے سپین کے مختلف علاقوں کو اُن کی آب و ہوا کے مطابق مقامی وسائل کو بروئے کار لاتے ہوئے ترقی دی۔ زراعت کے لئے کنوؤں، نہروں اور دریاؤں سے پانی حاصل کرنے کا انتظام متعارف کروایا۔ کماد، کپاس، چاول، گندم اور سبزیاں اُگانے کے لئے

ان فصلوں کی ضرورت کے مطابق زمینوں اور علاقوں کا انتخاب کیا۔ مالیگاہ میں مالٹے اور انگور، ولنسیہ میں مالٹے، کھجور اور چاول، مرسیہ میں شاہ توت کے درخت لگوائے تا کہ ریشم کے کیڑے پال کر اُن سے ریشم کا دھاگا حاصل کیا جاسکے۔ اسی وجہ سے اُس زمانے میں اُندلس بڑے پیمانے پر ریشمی کپڑا دوسرے ممالک کو برآمد کرتا تھا۔ قرطبہ میں چمڑے کا کام، تولیدو میں اسلحہ سازی اور سامان حرب، المریا میں برتن سازی کے کارخانے قائم کیے تھے۔ عبدالرحمان مذہب سے سچی محبت کرتا تھا۔ دین کے ساتھ ساتھ صنف نازک کے لئے بھی دل میں نرم بلکہ گرم گوشہ رکھتا تھا۔

عبدالرحمان کی محبوبہ حلل نام کی ایک کنیز تھی۔ اس کنیز کے بطن سے اُندلس کا ولی عہد ہشام پیدا ہوا تھا۔ جب عبدالرحمان نے قرطبہ محل پر قبضہ کیا تو سابق حکمران یوسف کی بیوی اور بیٹی کو گرفتار کر کے عبدالرحمان کے سامنے لایا گیا تو ماں اور بیٹی نے اس سے پناہ اور رحم دلی کی درخواست کی جسے عبدالرحمان نے قبول کیا تو یوسف کی بیٹی نے اس احسان کے بدلے حلل نام کی اپنی کنیز عبدالرحمان کو دی۔ اسی کنیز نے ہشام کے برسر اقتدار آنے پر ''مادرِ سلطان'' کا خطاب حاصل کیا تھا۔ عشق ومحبت کے علاوہ عبدالرحمان علم وادب کا قدردان تھا۔ شعرا کو پسند کرتا اور خود بھی شعر کہتا تھا۔ عبدالرحمان سمارٹ لمبے قد اور گندمی رنگ کا مالک تھا۔ انتہائی پھرتیلا تھا۔ دشمن پر باز کی طرح جھپٹتا تھا۔ عرب اسے '' صقر قریش'' یعنی قریش کا عقاب کے نام سے پکارتے تھے۔

عبدالرحمان اہل ذوق تھا۔ آغاز میں قرطبہ کے قدیمی محل میں رہائش رکھی۔ پھر اپنے دادا ہشام کی دمشق میں رصافہ نامی ایک سیرگاہ اور محل کے طرز پر قرطبہ شہر سے تھوڑا باہر رصافہ نام سے محل تعمیر کروایا۔ عبدالرحمان باغات کا بڑا دلدادہ تھا۔ چنانچہ شاہی محل میں دنیا کا ہر پودا لگایا۔ باغ بڑے پرفضا مقام پر تھا۔ آج کے مؤرخین اور ماہرین آثار قدیمہ باغات والے مقام کا تعین کرنے میں ناکام ہیں۔ میرا قیاس ہے کہ یہ مقام قرطبہ سے جانب شمال کی طرف جدھر سے دریائے الکبیر آتا ہے، جبل عروس کے دامن میں تھا۔ بعد میں عبدالرحمان سوئم نے جب مدینہ الزہرا تعمیر کروایا تو وہ اس مقام سے جانب مغرب کوئی آٹھ دس میل کے فاصلہ پر آباد ہوا تھا۔

رصافہ کے باغات میں رنگ برنگے پھول، سبزیاں، شیریں لذیز اور رس بھرے

پھلوں کے درخت لگوائے۔اس باغ کا ''رمان صفری'' نامی انار اپنی مٹھاس اور رس کی زیادتی اور دانوں کی خوش رنگی کی وجہ سے اُندلس بھر میں مشہور تھا۔کھجور کا ایک پودا اور انار کے درخت بھی دمشق سے ان کی بہن ام اصبغ نے خاص طور پر اپنے بھائی کے لئے تحفہ کے طور پر بھیجے تھے۔کھجور کے اسی پودے کو تنہا دیکھ کر عبدالرحمان نے یہ نظم لکھی تھی۔

تبدت لنا وسط الرصافه نغلة
تنات بارض الغرب عن بلد النخل

رصافہ کے وسط میں کھجور کا ایک تنہا درخت نظر آیا جو نخلستان کی آب وہوا سے جدا ہو کر مغرب کی زمین میں آ گیا ہے۔

فقلت شبیھی بالتغرب و النویٰ
و طول اکتناج مق نبی و عن اھلی

میں نے اس سے کہا کہ تو غریب الوطنی اور جدائی اور بال بچوں سے طول وفراق میں میرے مشابہ ہے۔

نشات بارض انت فیه غریبة
فمثلک فی الانصاء و المتنای مثلی

تو نے ایسی سرزمین میں نشو ونما حاصل کی جہاں تو بالکل ہی پردیسی ہے۔ تیری مثال اپنے وطن سے دور دراز مقام پر جدا کردیئے جانے پر میری مانند ہے۔

علامہ اقبال نے عبدالرحمان اول کی اس نظم کو اردو کے قالب میں یوں ڈھالا تھا:

میری آنکھوں کا نور ہے تو
میرے دل کا سرور ہے تو

اپنی وادی سے دور ہوں میں
میرے لئے نخل طور ہے تو

مغرب کی ہوا نے تجھ کو پالا
صحرائے عرب کی حور ہے تو

پردیس میں ناصبور ہوں میں
پردیس میں ناصبور ہے تو

بال جبریل میں اس نظم کے ساتھ ایک نوٹ لکھا ہوا ہے: (یہ اشعار جو عبدالرحمان اول کی تصنیف سے ہیں، تاریخ المقری میں درج ہیں۔ مندرجہ ذیل نظم ان کا آزاد ترجمہ ہے۔ درخت مذکورہ مدینۃ الزہرا میں بویا گیا تھا)

لیکن حقیقت یہ ہے کہ مدینۃ الزہرا عبدالرحمان اول کی وفات سے کوئی ڈیڑھ سو سال بعد تعمیر ہوا۔ یہ شعر مدینۃ الزہرا میں کھجور کا درخت دیکھ کر نہیں بلکہ رصافہ کے باغات میں دیکھ کر لکھے گئے تھے۔ جس کا ذکر عبدالرحمان کے پہلے مصرع میں موجود ہے۔ کیا یہ ممکن ہے کہ ماہر اقبالیات ریکارڈ کی درستگی کی خاطر کلام اقبال کے اس نوٹ میں بھی درستگی کر دیں تا کہ میرے جیسے طالب علموں کو درست معلومات ملتی رہیں۔

عبدالرحمان سوئم

عبدالرحمان اول اپنے آپ کو خلیفہ کی بجائے سلطان کہلاتا تھا۔ یہ سلسلہ عبدالرحمان سوئم تک پہنچا۔ عبدالرحمان سوئم پہلا اندلسی حکمران ہے جس نے 16 جنوری 929ء کو اپنی خلافت کا اعلان کر کے خود کو خلیفہ کہلوانا شروع کیا۔ تاریخ اُندلس میں عبدالرحمان سوئم کا دور حکومت عروج کا زمانہ تھا۔ 932ء میں اس نے شمالی افریقہ کے ملک مراکش کو خلافت قرطبہ میں شامل کر لیا تھا۔ اس طرح اس کی حکومت یورپ اور افریقہ دو براعظموں پر پھیلی ہوئی تھی۔

عبدالرحمان سوئم نے جہاں مسجد قرطبہ کی توسیع کی وہاں مدینۃ الازہر نامی شہر بھی آباد کیا جو ایک بے مثل شہر تھا۔ اس کے دور میں عیسائی، یہودی اور مسلمان شیر وشکر ہو کر رہتے تھے۔

اس نے میدان جنگ میں بھی اپنی طاقت کالوہا منوایا۔ سب خوبیوں کے باوجود عبدالرحمان میں بھی بشری خامیاں تھیں۔ یہ خواتین کا بہت ہی رسیا تھا۔ اس کے حریم میں بیگمات کے علاوہ کنیزیں بھی کافی تعداد میں تھیں۔

عبدالرحمان سوئم طروف نامی کنیز کو دل وجان سے چاہتا تھا۔اس کے عشق کی داستانیں بڑی مشہور تھیں۔ایک مرتبہ خلیفہ نے ایک لاکھ دینار کا ایک ہیرا طروف کو پیش کیا۔ وزراء نے سوال اٹھایا کہ اتنا قیمتی ہیرا ایک کنیز کو عطا کردیا۔عبدالرحمان نے کہا یہ ہیرا جس کے جسم کی زینت بنے گا وہ اس سے بھی قیمتی ہے۔اس کی ایک اور کنیز مدثرہ نامی تھی جس سے بعد میں اس نے شادی کرلی تھی۔ مدثرہ حسن وجمال کا پیکر ہونے کے ساتھ ساتھ خوبصورت شاعرہ اور ادیبہ بھی تھی۔ عبدالرحمان کے پنتالیس لڑکے جبکہ ایک روایت میں ایک سو پچاس لڑکے اور پچاس لڑکیاں تھیں۔ خلیفہ کی رنگین زندگی میں موسیقی بھی شامل تھی۔ یہ اپنے زمانے کے نامور گویے زریاب کا شیدائی تھا اور اُسے بغداد سے اپنے ہاں بلاکر محل اور جاگیریں عطا کی تھیں۔

عبدالحکیم دوم

عبدالرحمان سوئم کا جانشین اُس کا بیٹا عبدالحکیم دوم ہوا۔ یہ دوست شخصیت کا مالک تھا۔ اس کے ذاتی کتب خانے میں چار لاکھ سے زائد کتابیں تھیں۔ وہ نہ صرف کتابیں جمع کرنے کا شوقین تھا بلکہ گہرا مطالعہ بھی کرتا تھا۔عبدالحکیم نے سپین میں کتابوں کے ترجمہ کرنے کا بندوبست کرتے ہوئے دارالترجمہ نام سے ایک ادارہ قائم کیا تھا جہاں سکالر اور ترجمہ کرنے والے اصحاب کام کرتے تھے۔ یہ ادارہ حکومت کے زیراہتمام تھا۔اس طرح مغرب میں پہلا ترجمہ کا محکمہ سپین میں عبدالحکیم دوم نے قائم کیا تھا۔ اس ادارہ نے کئی کتابوں کے یونانی اور دوسری زبانوں سے ترجمے کیے اور انہیں خلیفہ کی لائبریری میں رکھوایا تھا۔آج کی مغربی دنیا علمی کارناموں کی بدولت عبدلحکیم کا نام بڑے ادب سے لیتی ہے۔

دارالترجمہ کے علاوہ عبدالحکیم نے پہلی ٹکسال بھی مدینہ الزہرا میں قائم کی جہاں دینار نام سے سکہ خلفیہ کے نام سے جاری ہوا۔ ہسپانیہ میں مسلمانوں کا یہ پہلا سکہ تھا جس کے ایک طرف قرآنی آیات اور دوسری طرف کلمہ طیبہ اور بادشاہ کا نام لکھا ہوتا تھا۔ یہ سکے سونے کے تھے۔

ابن زیدون اور ولادہ

ابوالولید احمد بن زیدون قرطبہ میں 1003ء میں پیدا ہوا۔ یہ وہی زمانہ ہے جب امیہ حکومت زوال پذیر ہو رہی تھی۔ زیدون نامور شاعر تھا جس نے اپنی شاعری اور شاہی خاندان کی ایک شہزادی ولادہ بنت المستکفی سے محبت کی بدولت شہرت پائی۔ دونوں کی محبت دیرپا ثابت نہ ہو سکی۔

ولادہ قرطبہ کے بادشاہ محمد سوئم کی بیٹی تھی۔ قرطبہ میں 994ء میں پیدا ہوئی تھی۔ ولادہ کی پرورش شاہی محل میں ہوئی۔ یہ شاعرہ تھی اور آزاد خیال کی مالکہ تھی۔ پردہ کے بغیر بازار چلی جاتی تھی اور علماء پر سخت تنقید کرتی تھی۔ منہ زور قسم کی شہزادی تھی۔ ایک بار شہزادی نے ابن زیدون کو یہ پیغام بھیجا:

ترقب اذا جنَ الظلامُ زیارتی
فانی رایتُ اللیلَ اکتمَ للسِرِ

وبی منک مالوکان بالندرِ ما بدا
وباللیلِ ، ما ادحیٰ وبالنجمِ لم یَسرِ

ترجمہ: جب اندھیرا خوب چھا جائے تو میری ملاقات کا منتظر رہنا کیونکہ میں نے دیکھا ہے کہ رات کا وقت راز داری کے لئے زیادہ موزوں ہے۔ تیرے سبب سے میری جو کیفیت ہے اگر مہ کامل کی ہوتی تو وہ جلوہ گر نہ ہو سکتا اور اگر رات کی یہ کیفیت ہوتی تو تاریک ہونا اس کے لئے ممکن نہ رہتا اور اگر ستارے کی ہوتی تو سفرِ شب اس کے لئے دشوار ہو جاتا۔"

شہزادی ولادہ پر قرطبہ کا ابو عامر نامی وزیر بھی مرتا تھا اور بعض اوقات شہزادی ابو عامر (ابن عبدوس) کو بھی خوش کر دیتی تھی جس کی وجہ سے ابن زیدون رقابت میں جلتا رہتا تھا۔ ابو عامر کا لقب "الفار" یعنی چوہا تھا۔ اس مناسبت اور رقابت کی آگ میں جلتے ہوئے ابن زیدون نے ولادہ کی زبانی ابو عامر کے نام ایک خط لکھا جو "رسالہ ابن زیدون" کے نام سے اُندلس کے نثری ادب کا ایک شہکار ہے۔ نثر کے علاوہ ابن زیدون نے یہ شعر لکھ کر اپنے دل کی بھڑاس نکالی:

عیر تمونا بان قد صار یخلفنا
فی من نحب ، وما فی داك من عار

اکل شهی اصبنا من اطایبه
بعضاً و بعضاً صفحنا عنهُ للفار

ترجمہ: ''تم نے ہمیں یہ طعنہ دیا ہے کہ یہ شخص ہمارے محبوب کے پاس ہوتا ہے۔اس میں عار کی کیا بات ہے۔ایک لذیذ غذا تھی جس کے بعض صاف ستھرے حصے ہمارے تصرف میں آئے اور بعض حصے ہم نے خود ہی ''چوہے'' کے لئے چھوڑ دیئے تھے۔''

محمد سوئم کا کوئی لڑکا نہیں تھا اس کی تمام جائیداد کی کلی وارث شہزادی ولادہ تھی۔اس نے قرطبہ میں اپنے محل میں علم وادب اور شاعری کے لئے ایک بڑا ہال تعمیر کروایا تھا جہاں لڑکیاں ادب اور آرٹ سیکھنے جاتی تھیں۔زیدون نے ولادہ کی محبت میں کافی شاعری کی۔زیدون کی ایک نظم کا اردو ترجمہ کچھ یوں ہے:

وہ محل جنہیں ہم دل وجاں سے چاہتے تھے
اُن میں ہمارا داخلہ ممنوع تھا
اللہ تعالیٰ نے اُن پر بارش برسائی
محل نے رنگارنگ پھولوں کی چادر اوڑھ لی
پھولوں میں سے ایک پھول ستارے کی مانند نمودار ہوا
کتنی لڑکیاں اُن پھولوں کی مانند خوش لباس تھیں
جب ہم جوان تھے اور وقت ہمارا ساتھ دے رہا تھا
ہم بہت خوش تھے......وہ دن اب بیت چکے ہیں
جب ہم اُس کے ساتھ زندگی بسر کرتے تھے
جو بالوں میں پھول سجاتی تھی
پھولوں سے اُس کے کندھے سفید نظر آتے تھے

جب ولادة اور زیدون کی محبت ناکام ہوئی تو ولادۃ نے کہا تھا:

تمہیں معلوم ہے

میں چاند ہوں

لیکن میری تذلیل کے لئے

تم نے مجھ پر ایک حبشی لڑکی کو ترجیح دی۔

جواب میں ابن زیدون نے کہا تھا کہ:

واللهِ ماطَلَبَت اهوؤنا بدَلاً

منكم ولا انصَرَفت عنكم اَمانِينا

ترجمہ: "بخدا ہماری محبتوں نے تمہارا کوئی بدل تلاش نہیں کیا اور نہ ہماری آرزوؤں کا رخ تمہاری طرف سے پھرا ہے۔"

ابن زیدون کو شہزادی سے عشق کی پاداش میں جب جیل میں بند کیا گیا تو اس نے ولادۃ کی یاد میں بڑی غمگین شاعری کی۔ چند شعر آپ بھی پڑھیں:

حالت لفقدِ کُمُ ایامُنافغدِت
سوُداً وكانت بِكم بيضاً ليا لِينا

اذ جانبُ العيشِ طَلق مِن تالفِنا
ومورِدُ اللهوِ صاف من تَصافِينا

واذ هصرنَا غصونَ الاُنس دانية
قطوفُها فجنَينَا منه ما شَيناان الزمان

غيظ العدى من تسا قينا الهوى فَدعوا
بان نغص فقال الدر آمينا

الـذی مـا زالَ یُـضـحِـکُـنَـا
اُنسـاً بِـقُـربِـکُـمُ قـد عَـاد یُبـکِـینـا

ترجمہ: تم کیا بچھڑے ہمارے دن ہی بدل کر سیاہ ہو گئے حالانکہ تمہارے ساتھ ہماری راتیں بھی روشن ہوا کرتی تھیں۔

وہ زمانہ کہ جب ہمای یکجائی کے سبب پہلوئے زیست خوشگوار تھا اور ہمارے دلوں کی صفائی باہمی محبت کے باعث چشمہ لطیف وطرب صاف شفاف تھا۔

جب ہم وصل کی شاخوں کو اس طرح جھکاتے کہ ان کے پھل قریب آجاتے اور ہم ان میں سے جو چاہتے توڑ لیتے تھے۔

ہمارے دشمنوں کو بہت بُرا لگا کہ ہم ایک دوسرے کو محبت کے جام پلائیں، سو انہوں نے بددعا کی کہ یہ ہمارے حلق میں اٹک جائیں اور زمانے نے اس پر آمین کہی۔

وہی زمانہ جو اب تک ہمیں تمہارے قرب مانوس میں ہنسایا کرتا تھا۔ اب ہمیں رُلانے لگتا ہے۔

آبِ روانِ کبیر! تیرے کنارے کوئی
دیکھ رہا ہے کسی اور زمانے کا خواب
جس میں نہ انقلاب، موت ہے وہ زندگی
روحِ اُمم کی حیات کشمکشِ انقلاب!

(علامہ اقبال)

قرطبہ شہر کی سیر

مسجد قرطبہ کو شہر میں وہی حیثیت حاصل ہے جو انسانی جسم میں روح کو ہوتی ہے۔ دنیا بھر کے سیاح قرطبہ میں اسی تاریخی مسجد کو دیکھنے کے ساتھ ساتھ مسلمانوں کے شاندار ماضی کی یادگاروں کو دیکھتے ہیں۔ مسجد کو صدیوں سے شہر کی مرکزی حیثیت حاصل ہے جس کے پہلو میں خلافت ہاؤس ہوا کرتا تھا۔ خلافت ہاؤس کی جگہ بعد میں عیسائی حکمرانوں نے قلعہ تعمیر کیا جس میں خلافت ہاؤس کے کچھ حصے شامل کیے گئے تھے۔ آج دنیا بھر کے سیاح قلعہ نہیں بلکہ اُس میں شامل خلافت ہاؤس کی نشانیاں ڈھونڈ ڈھونڈ کر دیکھتے ہیں۔ خلافت ہاؤس جامع مسجد قرطبہ کے ساتھ موجودہ انفارمیشن سنٹر والی عمارت سے جانب مغرب موجودہ شاہی محل تک پھیلا ہوا تھا۔ جس میں خلیفہ، اُس کے حریم، انتظامی دفاتر، فوجی افسروں کی رہائش گاہیں، وزرا کے دفاتر، عدالت عظمیٰ کے علاوہ وسیع باغات تھے جن میں پانی کے فوارے، تالاب، شاہی حمام اور بہت کچھ تھا۔ خلافت ہاؤس کی دیواروں پر پھولوں اور قدرتی مناظر کی اس طرح نقاشی کی گئی تھی کہ دیکھنے والوں کو نقل کی بجائے اصلی باغات معلوم ہوتے تھے۔

قرطبہ کسی زمانے میں یورپ کی دلہن کہلاتا تھا۔ اُس کی وجہ غالباً یہی تھی کہ جس طرح دلہن سج دھج کر لوگوں کی توجہ کا مرکز ہوتی ہے بالکل اُسی طرح یہ شہر بھی اپنی خوبصورتی کی بدولت دلہن کی طرح سجا تھا۔ اور دنیا کے شہروں میں صف اول میں تھا۔ 711ء میں جب مسلمانوں نے

قرطبہ فتح کیا تب یہ ایک معمولی قصبہ تھا۔ لیکن جوں ہی خلافت ہاؤس قرطبہ منتقل ہوا پھر اس شہر نے دن دوگنی اور رات چوگنی کچھ اس طرح ترقی کی کہ خلیفہ حکیم دوم کے زمانے میں قرطبہ کے اردگرد جو شہر پناہ تھی اُس کی لمبائی بائیس کلومیٹر ہوگئی تھی۔ شہر پانچ ہزار ایکڑ زمین پر پھیلا ہوا تھا جو مدینہ الزہرا کے روئل سٹی تک پھیل چکا تھا۔ شہر کے سات گیٹ تھے جن میں سے چند گیٹ آج بھی موجود ہیں لیکن اردگرد کی دیواریں گر چکی ہیں۔

آج کا قرطبہ قدیم و جدید کا آمیزہ ہے۔ اسلامی دور میں جس شہر کی آبادی دس لاکھ تھی آج اُس شہر کی آبادی 325,453 افراد پر مشتمل ہے۔ ایک زمانہ میں جو شہر پورے سپین کا دارالخلافہ تھا، آج اس کی حیثیت ایک میونسپلٹی کی ہے۔ 17 دسمبر 1984ء میں اس شہر کے قدیمی حصہ کو اقوام متحدہ کے ادارے یونیسکو نے بین الاقوامی ورثہ قرار دیا۔ تب سے شہر قدیم کی مرمت پر پوری توجہ دی جانے لگی تو دنیا بھر کے سیاح بھی دنیا کے اس قومی ورثہ کو دیکھنے آنے لگے۔ ہم بھی اپنے اسلاف کے ورثہ کو دیکھنے اس شہر میں ٹھہرے ہوئے ہیں۔

آج ہم نے اسی شہر کو گھوم پھر کر دیکھنا ہے۔ ماضی کا قرطبہ جس شہر کے اردگرد بائیس کلومیٹر دیوار ہوا کرتی تھی اور جس میں دس لاکھ لوگ رہتے تھے۔ شہر کی جامع مسجد میں چالیس ہزار لوگ نماز ادا کرتے تھے۔ شہر میں چار ہزار مساجد، نو سو حمام، ستائیس سکول، پچاس ہسپتال، دو لاکھ تیرہ ہزار مکان اور اسی ہزار دکانیں، سنگ مرمر کے متعدد حوض، مصنوعی جھیلیں تھیں جن سے شاہی باغات اور شہر کو پانی فراہم کیا جاتا تھا۔ قرطبہ مغربی دنیا کی تہذیب وتمدن، آرٹ اور علم وادب کا مرکز تھا۔ قرطبہ کی لائبریری میں چار لاکھ کتابیں تھیں۔ آج اُس شہر کی کیا حالت ہے۔

آیئے ہمارے ساتھ گھوم پھر کر قرطبہ شہر کی سیر کریں۔

قرطبہ کے محلے

ہم مسجد قرطبہ کے داخلی دروازے سے باہر نکلے تو سامنے وہ محلے دیکھے جہاں مسلمانوں کے دور میں اہل ہنر، اہل علم اور اہل دانش طبقہ رہتا تھا۔ مختلف ہنرمندوں کے اپنے اپنے محلے تھے۔ جیسے محلّہ لوہاراں، محلّہ نان بائیاں، محلّہ ترکھاناں، محلّہ نائیاں، محلّہ کمھاراں اور محلّہ جولاہاں وغیرہ۔ یہ لوگ شاہی دربار کے ساتھ منسلک تھے اور زیادہ تر شاہی محل کے لئے اُن کی خدمات وقف تھیں۔

مسجد سے نکل کر مجھے گلی ابوقاسم جانا تھا تا کہ نامور سرجن ابوقاسم کے مکان کا دیدار کروں۔ اس مکان کی تلاش میں مجھے زمانہ قدیم کے مختلف محلوں کا چکر لگانا پڑا۔ محلوں کی گلیاں تنگ اور ان پر پتھر لگے ہوئے تھے۔ پہلے وطن عزیز کے محلوں کی طرح پانی کی نالیاں بھی نظر آتیں تھیں لیکن اب انہیں زیرِ زمین کر دیا گیا ہے۔ میں ابوقاسم کے مکان کے اندر گیا تو معلوم ہوا کہ اُس زمانے کے مکان باہر سے تو معمولی نظر آتے تھے لیکن اندر ایک حویلی طرز کے تھے۔ چاروں طرف کمرے اور درمیان میں کھلی جگہ۔ صحن میں کھجور، مالٹے، انار کے درختوں کے علاوہ انگور کی بیلیں اور رنگ برنگے پھول ہوا کرتے تھے۔ اہلِ ہنر تخلیقی ذہن کے مالک ہوتے ہیں چنانچہ انہوں نے پھولوں کو ٹوکریوں میں رکھ کر دیواروں پر لٹکانے کا فن ایجاد کیا تھا۔ اس وقت یورپ اور دنیا کے بہت سے ممالک کے لوگ گھروں کی زیبائش کے لئے اسی طرح پھول ٹوکریوں میں اُگا کر دیواروں پر لگاتے ہیں۔ لیکن اس کا آغاز قرطبہ سے ہوا جہاں سب اہلِ ہنر ایک ہی علاقہ میں رہتے تھے۔ چنانچہ وہ اپنی تخلیقی صلاحیتوں کو استعمال کرتے ہوئے نت نئے نئے تجربے کرتے رہتے تھے۔ ان ہی محلوں میں یہودی بستی کے قریب بابائے سرجری ابوقاسم پیدا ہوئے تھے اور انہوں نے اپنے ہنر کو اُس مقام تک پہنچایا کہ وہ کئی صدیوں تک مشرق و مغرب کی طب پر حکمرانی کرتے رہے۔

گلی ابوقاسم کی جانب مغرب ایک محلہ یہودی بستی کے لئے وقف تھا جہاں یہودی رہتے تھے۔ ان کا تعمیر کردہ سینیگاگ اس وقت بھی موجود ہے۔ اسی یہودی بستی میں نامور یہودی فلاسفر موسیٰ ابن میمون بھی پیدا ہوئے۔ یہ بستی خلافت ہاؤس کے قریب مغرب کی جانب تھی۔ موجودہ دور میں خلافت ہاؤس اور جامع مسجد جانے کے لئے سیاحوں کو جو گاڑیاں اندر لے جاتی ہیں وہ بڑی شاہراہ سے اُتر کر اسی یہودی بستی سے گزر کر جاتی ہیں۔ ہم بھی یہودی بستی کی گلیوں میں سے گاڑی چلاتے ہوئے اپنے ہوٹل پہنچے تھے۔

یہودی قرطبہ کیسے پہنچے؟

یہ کہانی بھی دلچسپ ہے۔ جب ایران کے بادشاہ بخت نصر نے 598 قبل مسیح میں یروشلم کو فتح کیا تو لڑائی میں بہت سے یہودی قتل ہوئے۔ کچھ کو بخت نصر قیدی بنا کر بابل لے گیا اور چند امیر بھاگ کر بحیرہ روم کے کنارے جا پہنچے جہاں سے کشتیوں میں بیٹھ کر اُندلس اور دوسرے یورپی ملکوں میں گمنامی کی زندگی بسر کرنے پر مجبور ہوئے۔ یہودی تجارت پیشہ لوگ

ہیں چنانچہ انہوں نے جلد ہی اپنا تجارتی جال یورپ میں پھیلانا شروع کر دیا۔ جب یورپ عیسائیت کے شکنجے میں آیا تو متعصب عیسائیوں نے یہودیوں پر ظلم کے پہاڑ ڈھانے شروع کر دیئے۔ ان کی زندگی اجیرن کر دی۔ غالباً یہی سبب تھا کہ جب مسلمان ہسپانیہ پہنچے تو یہودیوں نے ان کی بھرپور مدد کی اور پھر مسلمانوں نے بھی ان کے ساتھ احسن سلوک کیا۔ غالباً یہی وجہ تھی کہ سپین میں مسلمانوں کے زمانے میں تمام یہودی بستیاں شاہی محل کے قریب ہی بسائی گئیں اور پھر یہودیوں کو مسلمانوں نے حکومت میں بھی اعلیٰ عہدے دے رکھے تھے۔ اُس وقت یہودی اور مسلمان ایک ساتھ خوشی خوشی رہتے تھے۔ عیسائی یہودیوں پر الزام لگاتے رہے کہ ان کی سازش سے حضرت عیسیٰ کو صلیب پر چڑھانے کی کوشش کی گئی تھی جس کی بدولت عیسائیوں اور یہودیوں کے درمیان نفرت کی دیواریں بہت اونچی تھیں۔ یہ معلوم نہیں ہو سکا کہ یہ حضرت موسیٰ کی کرامت نے اثر دکھایا یا حضرت عیسیٰ نے کوئی معجزہ دکھایا کہ آج یہ دونوں ایک ساتھ کھاتے پیتے سوتے اور مسلمانوں کے خلاف سازشیں تیار کرتے ہیں۔

زمانہ قدیم میں شہروں کے اردگرد دیواریں ہوتی تھیں۔ قرطبہ شہر بھی دیواروں میں آباد تھا جس کے سات بڑے بڑے گیٹ تھے۔ ایک گیٹ طلیطلیہ کی طرف دوسرا اشبیلیہ کی طرف، ایک مدینہ الزہرا کی طرف، ایک قبرستان کی طرف اور ایک غرناطہ کی طرف جانے والا دریائے الکبیر کی طرف رومن پل کی طرف کھلتا تھا۔ دیواریں تو مسمار ہو چکیں ہیں لیکن یہ گیٹ اب بھی اکیلے کھڑے ہیں۔ ہم یہودی بستی سے واپس شاہی محل، میوزیم اور مسجد قرطبہ کی درمیانی گلی سے گزرتے ہوئے اُس گیٹ پر پہنچے جہاں سے زمانہ قدیم میں غرناطہ کی طرف راستہ جاتا تھا۔ اس گیٹ کے پاس سیاحوں کی دلچسپی کے لئے کھلی جگہ بنی ہوئی ہے جس میں سینٹ رافیل نامی ایک اونچا مینار ہے جس کے اوپر قرطبہ شہر کا امتیازی نشان نصب ہے۔

قرطبہ کی دلچسپ بات یہ ہے کہ آپ جس طرف بھی جائیں آپ کو مسجد قرطبہ کے قریب سے گزرنا پڑتا ہے۔

مسجد قرطبہ سے جانب مغرب شاہی قلعہ ہے۔ اس قلعہ کی بنیادیں اور باغات عربوں کی یادگاریں ہیں۔ یہ قلعہ بڑے بڑے نام ور خلفاء کی رہائش گاہ کے طور پر استعمال ہوتا رہا۔ اس محل میں بادشاہ، ولی عہد، شہزادے اور شہزادیاں بھی رہتی تھیں۔ اُن شہزادیوں میں ولادہ نامی ایک شہزادی بھی تھی جو خلیفہ المستکفی کی بیٹی تھی۔ ولادہ بڑی بیباک قسم کی

شہزادی تھی۔ یہ شاعرہ اور ادیبہ ہونے کے ساتھ ساتھ اپنے زمانہ کی نام ور قتالہ بھی تھی۔ ولادہ پر جہاں شاہی خاندان کے نوجوان مرتے تھے وہاں حکومت کے وزرا بھی جان چھڑکتے تھے۔ یہ انگلیوں پر عاشقوں کو نچانے والی ایسی محبوبہ تھی جو دل شکن حسینہ کے طور پر مشہور تھی۔ عاشقوں کے دل توڑنے میں اسے بڑا لطف آتا تھا۔

عربوں کا آبی نظام

ہم غرناطہ گیٹ سے شہرِ قدیم سے باہر نکل کر دریا الکبیر کے کنارے پہنچے۔ پہلے دائیں ہاتھ مڑے تو چند سو گز کے فاصلہ پر مسلمانوں کے زمانے کے اُس شہرت یافتہ واٹر ویل یعنی رہٹ Albolafia پر پہنچے جو خلافت ہاؤس کو پانی فراہم کرتا تھا۔ یہ واٹر ویل بالکل اُن کنوؤں کی مانند ہے جن پر پانی نکالنے کے لئے ایک گول چرخے کے ساتھ بالٹیاں (جنہیں پنجاب میں ٹنڈیں کہتے ہیں) یا کوئی اور چیز باندھی ہوتی ہے۔ جسے گول دائرے میں ایک لکڑی سے بیل یا گدھے کھینچتے رہتے ہیں اور بالٹیوں سے پانی باہر نکلتا رہتا ہے۔ عربوں کا یہ رہٹ بھی بالکل اُسی طرز کا تھا جو کنوئیں کی بجائے دریائے الکبیر کا پانی کھینچ کر خلافت ہاؤس تک پہنچاتا تھا۔ موجود زمانے میں یہ ایک ایسا عجوبہ ہے جسے یورپی سیاح بڑے غور سے دیکھتے رہتے ہیں۔

مسلمانوں نے اس طرح کے رہٹ دریائے الکبیر کی مختلف جگہوں پر کاشت کاری کے لئے لگائے ہوئے تھے۔

قرطبہ مسلمانوں کے دور میں

دریا کے اسی کنارے عربوں کا شاپنگ سنٹر تھا جہاں ایک میل لمبا بازار تھا۔ اسلامی دور میں قرطبہ شہر میں 80455 دکانیں تھیں۔ مشہور زمانہ جمعہ بازار بھی دریا کے کنارے اسی طرف لگایا جاتا تھا جہاں نماز جمعہ کے بعد مسلمان خریداری کرتے تھے۔ اس سے تھوڑا چھوٹا بازار مسجد قرطبہ کے آس پاس بھی جمعہ کے دن لگایا جاتا تھا جس میں ضروریات زندگی کی ہر چیز فروخت ہوتی تھی۔

شام ڈھلے دریا کے کنارے عرب اپنی محفلیں جماتے تھے۔ قصہ خوان شام ہوتے ہی رومن پل کے قریب اپنے تھڑے لگاتے تو لوگ جوق در جوق وہاں آکر قصے سنتے تھے۔ کبھی کبھار شعرا بھی مشاعرے منعقد کرتے۔ اسی دریا کے کنارے کرتب اور کھیل تماشے دکھانے

والے بھی اپنے اکھاڑے سجاتے جہاں مردوں کے ساتھ ساتھ بچے بھی شوق سے جاتے تھے۔

دریائے الکبیر کی سیر

ہم دریا کے کنارے چہل قدمی کر رہے تھے کہ محمد شبیر مغل نے برطانیہ کے شہر شفیلڈ کالج کے پروفیسر سعید سید صاحب کو تحریری پیغام (ٹیکس میسج) بھیجا کہ اس وقت ہم مسجد قرطبہ کی زیارت کے بعد دریا کی سیر کر رہے ہیں۔ اس پیغام کے جواب میں پروفیسر سعید سید نے فوری ہمیں پیغام بھیجا:

"نظامی بھائی! چند سال قبل بھی مسجد قرطبہ میں اذان کی آواز آئی تھی لیکن گونجی نہیں تھی۔ جب میں اور میرے ساتھیوں نے محراب کے قریب مدھم آواز میں اذان دی اور نماز پڑھی تھی۔ سوچتا ہوں جب جنوری 1933ء میں علامہ اقبال قرطبہ تشریف لائے تو اُن کے دل پر کیا بیتی تھی۔"

سعید بھائی کا پیغام ملا تو اُن کی قسمت پر رشک آیا کہ انہوں نے مسجد میں خاموش اذان دی اور با جماعت نماز پڑھی۔ ہمارے ساتھ کیا ہوا وہ آپ گذشتہ باب "مسجد قرطبہ" میں پڑھ چکے ہیں۔ بہر حال علامہ اقبال کے دل پر کیا بیتی کے حوالہ سے یاد آیا کہ جب علامہ قرطبہ تشریف لائے تو انہوں نے مسجد قرطبہ کی زیارت کے بعد دریائے الکبیر کے کنارے چہل قدمی کرتے ہوئے مسلمانوں کے شاندار ماضی اور مستقبل کے بارے میں اپنی دلی کیفیت کا اظہار کرتے ہوئے فرمایا تھا:

آبِ روانِ کبیر! تیرے کنارے کوئی
دیکھ رہا ہے کسی اور زمانے کا خواب
عالم نو ہے ابھی پردۂ تقدیر میں
میری نگاہوں میں ہے اس کی سحر بے حجاب
پردہ اٹھا دوں اگر چہرۂ افکار سے
لا نہ سکے گا فرنگ میری نواؤں کی تاب
جس میں نہ ہو انقلاب، موت ہے وہ زندگی
روحِ اُمم کی حیات کشمکشِ انقلاب!

پروفیسر سعید سید کے مسجد قرطبہ کے حوالے سے جذبات معلوم ہوئے تو میرے ساتھی ملک عبدالقیوم آفریدی نے بھی اپنے جذبات کا اظہار کرتے ہوئے مجھے بتایا کہ:

''جب میں مسجد کے اندر گیا اور وہاں بت دیکھے تو مجھے سخت دکھ اور دلی افسوس ہوا اور میں پریشانی کے عالم میں بغیر کوئی بات کیے باہر نکل آیا۔ اگر مسجد میں بت نہ ہوتے تو میں وہاں نماز ادا کرتا۔ مسجد کی عمارت اتنی وسیع اور خوبصورت ہے کہ میں نے اتنی خوبصورت عمارت دنیا میں کم ہی دیکھی۔ مسجد کی دیواریں چوڑی، چھت مضبوط اور دروازے سنہری رنگ کے تھے۔''

ملک عبدالقیوم آفریدی کی رائے سن کر میرے ساتھی محمد شبیر مغل نے اپنے تاثرات بیان کرتے ہوئے مجھے بتایا کہ:

''مسجد کو دیکھ کر دلی خوشی ہوئی کہ مسلمانوں نے اپنے زمانہ حکمرانی میں اتنی وسیع اور خوبصورت مسجد بنوائی تھی۔ لیکن جب میں مسجد کے اندر داخل ہوا تب چرچ کی گھنٹیاں بج رہی تھیں۔ میں سوچنے لگا جن میناروں سے اذانیں گونجا کرتی تھیں اب وہاں سے گھنٹیوں کی آوازیں آ رہی ہیں جنہیں سن کر میں بہت رنجیدہ ہوا اور میرے آنسو نکل آئے۔ تب دل سے دُعا نکلی کہ اللہ میاں مسلمانوں کو دوبارہ سطوت عطا کر کہ ہم اس مسجد کو دوبارہ بحال کر سکیں۔

آج سے ہزار سال پہلے ایک اعلیٰ اور خوبصورت مسجد کو تعمیر کرنے میں پتہ نہیں کتنا خرچ آیا۔ اتنی بڑی مسجد تعمیر کرنے کا مطلب یہ ہے کہ اس شہر میں مسلمان بھی اتنی بڑی تعداد میں آباد تھے۔ گو مسلمانوں کا نام مٹانے کی کوشش کی گئی لیکن یہ مسجد ایسا شاہکار ہے جسے چاہتے ہوئے بھی یہ لوگ ختم نہ کر سکے۔ اسی وجہ سے آج یہ اسے چرچ کے ساتھ مسجد بھی تسلیم کرنے پر مجبور ہیں۔''

محمد شبیر مغل کے بعد ہمارے ساتھی منیر حسین نے اپنے تاثرات بیان کرتے ہوئے بتایا کہ:

مسجد قرطبہ کی وسعت دیکھ کر مجھے اُس دور کے مسلمانوں کا دبدبہ معلوم ہوا کہ وہ کتنے بڑے حکمران تھے۔ لیکن قوموں پر اُتار چڑھاؤ آتا رہتا ہے۔ اسی انقلاب میں مسجد کا چرچ بن جانے کا مجھے دکھ نہیں۔ آپ دیکھ رہے ہیں کہ پاکستان میں مساجد کو طالبان اور دوسرے دہشت گردوں سے بچانا مشکل ہو رہا ہے اور اب لفظ مسجد تو اہل قرطبہ کاروبار کے طور پر استعمال کرتے ہیں جو اُن کی آمدن کا بہت بڑا ذریعہ ہے۔''

ہم باتیں کرتے دریا کے کنارے چلتے رہے۔ دریائے الکبیر قرطبہ شہر کے بیچ میں سے تھوڑی گہرائی میں بہتا ہے۔ مسجد قرطبہ کی طرف سے نیچے دریا پر جانے کا کوئی راستہ نہیں۔ سڑک پر کھڑے ہو کر دریا دیکھا تو اُس میں شفاف پانی کی بجائے سرخی مائل گدلا پانی بہہ رہا تھا۔ پانی بھی زیادہ مقدار میں نہیں تھا۔ معلوم ہوتا تھا کہ جس طرف سے دریا بہہ کر آتا ہے اُس طرف پہاڑوں پر بارش ہوئی ہے جس سے پانی میں مٹی ملی اور پانی سرخی مائل ہوا۔

ہم دریائے الکبیر کے اُس تاریخی پل پر پہنچے جو رومن برج کے نام سے مشہور ہے۔ یہ پل رومن نے تعمیر کیا تھا۔ مسلمان جب قرطبہ پہنچے تو پل کی حالت خستہ تھی۔ چنانچہ مسلمان حکمرانوں نے مرمت کر کے پل کو قابل استعمال بنایا۔ ہم پل سے گزر کر دوسرے کنارے پہنچے تو ایک گول اور اونچی ٹاور نما عمارت دیکھی۔ قریب گئے تو معلوم ہوا یہ چھوٹا ٹاور نما قلعہ مسلمانوں کے دور میں فوجی چوکی اور شاہی خاندان کے باغی قیدیوں کا زنداں خانہ بھی تھا۔ پھر ایک زمانے میں سکول کے لئے بھی استعمال ہوتا رہا۔ مقامی لوگ اسے Calahorra Tower ''قلعہ ہورا ٹاور'' کہتے ہیں۔ ٹاور کے قریب سے دریا میں اُترنے کے لئے راستہ ہے۔ دریا پر پن چکیاں (گھراٹ) ہیں جنہیں مسلمانوں نے آٹا پیسنے کے لئے لگایا تھا۔ زمانہ قدیم میں تو ان کی تعداد بے شمار تھی لیکن اب صرف تین ہی یادگار کے طور پر رہ گئی ہیں۔ باقی زمانہ کے ہاتھوں مسمار ہو چکی ہیں۔

رومن پل اور اُس کے دامن میں پن چکیاں، عربوں کے رہٹ اور سامنے خلافت ہاؤس کا مقام، جو کسی زمانے میں طاقت کا گڑھ تھا، دیکھ کر میں کسی اور زمانے کے خواب دیکھنے لگا۔ دور دریا کے کنارے چہل قدمی کرتے لوگوں کو دیکھ کر مجھے یوں محسوس ہونے لگا جیسے

میرے سامنے دریائے الکبیر کے کنارے سفید عمامے باندھے عرب اپنی ہسپانوی بیویوں اور ڈھیر سارے بچوں کے ساتھ چہل قدمی کر رہے ہیں۔ میرے کانوں میں اذانوں کی آوازیں آنے لگیں۔ لوگ دریا پر وضو کرتے اور مساجد کی طرف جاتے نظر آنے لگے۔

لیکن یہ میرا وہم تھا۔ حقیقی مناظر بہت عرصہ پہلے بیت چکے تھے۔

دریا الکبیر کے کنارے علم و ادب کی محفلیں برپا ہوتی تھیں۔ چاندنی راتوں میں مشاعرے منعقد ہوتے تو اہل ذوق جوق در جوق شرکت کرتے جہاں شعروشاعری کے ساتھ ساتھ علم و ادب پر باتیں ہوتیں۔ سیاسی، سماجی اور مذہبی مسائل اور اُن کے حل پر گفتگو ہوتی تھی۔

ایک منظر میں مجھے الزہراوی، امام قرطبی، ابن حزم اور ابن رشد جیسے لوگ چلتے پھرتے اپنی سوچوں میں گم نظر آئے۔ ایک اور منظر میں سفید عمامے باندھے مسلمان ایک دوسرے سے دست و گریبان ہوتے نظر آنے لگے۔ رومن پل پر حکمران اپنے مخالف مسلمان بھائیوں کو قتل کر کے دریا میں پھینک رہے تھے۔ لوگ سہمے ہوئے تھے۔

میری آنکھوں کے سامنے منظر بدلتے رہے۔ ایک منظر میں مسلمانوں کو قرطبہ سے بے کسی میں بھاگتے اور فاتح عیسائیوں کو مسلمانوں کا قتلِ عام کرتے دیکھا۔ مسلمان گھروں میں اور جہاں جہاں کسی کو پناہ ملتی دبکے ہوئے تھے۔ یہ منظر بڑا دردناک تھا۔ مسلمانوں پر ایک سکتہ طاری تھا۔ عیسائی مسلمانوں کے گھروں، اُن کی مساجد اور یادگاروں کو مسمار کر رہے تھے۔ لیکن جب یہ جامع مسجد پہنچے تو کسی انجانی طاقت نے جیسے، اُن کے ہاتھ روک دیئے ہوں۔ تباہ کاروں کے ہاتھ رک گئے۔ مسجد قرطبہ بچ گئی.......... اللہ تعالیٰ نے اپنا معجزہ دکھا دیا۔

میلے کی رونقیں

اب شام کا وقت تھا۔ ہماری پشت کی طرف میدان میں قرطبہ کا میلہ سجا تھا۔ ہم چہل قدمی کرتے قرطبہ میلہ میں جا پہنچے۔ تو دیکھا کہ داخلی دروازے کو اس طرح ڈیزائین کیا گیا تھا جس طرح مسجد قرطبہ کے اندر ستون اور اوپر گول نوکیلی چھتیں ہیں۔ ماڈل میں رنگ بھی وہی استعمال کیے گئے تھے۔ محمد شبیر مغل بولے کہ: ”یوں محسوس ہوتا ہے کہ اہل قرطبہ کے حواس پر ہماری مسجد مکمل طور پر چھائی ہوئی ہے اور پھر اسی مسجد کی بدولت سیاح اس شہر میں آتے ہیں جن کی آمدن سے مقامی لوگوں کا کاروبار چلتا ہے۔“

اہل قرطبہ کو میلے ٹھیلے لگانے کے بہانے چاہئیں۔ مئی میں یہاں تین میلے منعقد ہوتے ہیں۔ اِن میلوں کا آغاز پینے پلانے سے شروع ہوتا ہے۔ اپریل کے آخری ہفتے میں شراب ''چکھنے'' کے مقابلے ہوتے ہیں۔ شراب تیار کرنے والی کمپنیاں انواع و اقسام کے شرابوں کے سٹال لگاتے ہیں۔ جہاں سے پینے والے مفت میں ایک گھونٹ پی کر آگے دوسرے سٹالوں کی طرف بڑھتے جاتے ہیں۔ آخر میں عوامی رائے کے بعد اول آنے والی شراب کو ایوارڈ دیا جاتا ہے۔ اور پھر انعام یافتہ کمپنی کی شراب لوگ اس طرح جی کھول کر خریدتے اور پیتے ہیں کہ کمپنی تھوڑے عرصہ میں ہی لکھ پتی بن جاتی ہے۔

آغاز مئی میں صلیبوں کا میلہ ہوتا ہے۔ اس موقع پر لوگ اپنی اپنی صلیب تیار کرتے ہیں۔ جس کے لئے شرط یہ ہے کہ صلیب تین فٹ اونچی ہونی چاہیے۔ مقررہ دن لوگ صلیبیں لیکر شہروں کے مختلف چوکوں اور عوامی جگہوں پر جمع ہوتے ہیں۔ یہ صلیبیں رنگ برنگے پھولوں سے سجائی جاتی ہیں۔ سب سے خوبصورت سجاوٹ پر انعام دیا جاتا ہے۔ یوں محسوس ہوتا ہے جیسے اس میلہ کا آغاز مسلمانوں کے قرطبہ سے چلے جانے کے بعد شروع ہوا تاکہ پیچھے رہ جانے والے عرب اسلام کو چھوڑ کر عیسائیت اختیار کریں۔ کچھ مسلمانوں نے جان بچانے کی خاطر عیسائیت اختیار کی تھی۔ لیکن اُن کے ایمان کا امتحان لینے کی خاطر اس طرح کے میلے منعقد ہونے لگے اور ساتھ خنزیر پالنے اور کھانے میں بھی ایمان کا امتحان ہونے لگا۔ جو جو اس امتحان میں پاس ہوا عیسائیوں نے اُسے گلے لگایا۔ جنہوں نے یہ امتحان دینے سے انکار کیا انہیں موت نے گلے لگایا۔

صلیب یا کراس کے میلے کے اختتام پر پے ٹیو Patios Festival کا میلہ شروع ہو جاتا ہے۔ اس میلہ کا مقصد شہر کی رونق بڑھانے اور اہل قرطبہ کے ذوق فطرت کی حوصلہ افزائی کرنی ہو ۔ میلہ کے دوران اہل قرطبہ اپنے گھروں کے صحن کی طرف کھلنے والے دروازے کھول دیتے ہیں تاکہ سیاح گھروں کے اندر جھانک کر گھروں کو رنگ برنگ پھولوں سے سجانے پر اُنہیں داد دیں۔ سب سے خوبصورت سجاوٹ والے مکان اور مکین کو انعام سے نوازا جاتا ہے۔ اس طرح اہل قرطبہ مکانوں کو رنگ برنگے پھولوں سے سجاتے اور شہر کے ماحول کو بہتر بنانے میں اپنا کردار ادا کرتے ہیں۔ کیا ممکن ہے کہ ہم پاکستانی جو اہل قرطبہ سے محبت کرتے ہیں اُس کے اظہار یکجہتی کے طور پر اُن کی تقلید کرتے ہوئے اپنے پیارے وطن کو

مزید خوبصورت بنائیں اور اسی طرح اپنے گھروں، محلوں اور شہروں کو پھولوں سے سجائیں۔

تیسرا میلہ قرطبہ کا میلہ کہلاتا ہے۔ جو آخیر مئی میں بھی منعقد ہوتا ہے۔

آج دریا کے کنارے قرطبہ کے اس میلے میں نوجوان ہلے گلے میں مصروف تھے۔ جس طرح میلوں میں مست جوانیاں پھڑکتی ہیں اُسی طرح کے منظر یہاں بھی نظر آرہے تھے۔ منیر حسین اور محمد شبیر مغل مختلف مناظر کی عکس بندی کرنے لگے۔ آفریدی صاحب مختلف سٹالوں پر گھوم پھر کر دل پشوری کرنے میں مصروف ہوگئے اور میں ایک اونچی جگہ بیٹھ کر ان نظاروں کا جائزہ لینے لگا۔

مجھے خیال آیا ممکن ہے اس میدان میں مسلمان بھی اپنے دور حکومت میں میلوں کی بجائے جشن عید، جشن حج اور عید میلاد جیسی تقریبات مناتے تھے۔ اُس زمانے میں جشن عید تین دن جاری رہتا تھا۔ عرب دنیا کی رسموں میں یہ بات شامل ہے کہ وہ اپنے مذہبی تہواروں والے دن ایک جگہ جمع ہوتے ہیں۔ جہاں کھاتے پیتے اور اجتماعی جشن مناتے ہیں۔ جب مسلمان قرطبہ سے چلے گئے تو مقامی لوگوں نے جشن کا سلسلہ جاری رکھا لیکن اُس کا نام اور طریقہ کار بدل لیا۔

میں دیکھ رہا تھا ایک طرف دریائے الکبیر خراماں خراماں بہہ رہا تھا۔ دوسری طرف جوان ہسپانوی لڑکیاں اور لڑکے رقص اور سرور کی محفلیں سجا رہے تھے۔ میں تو ہسپانیہ اور خاص کر قرطبہ میں مسلمانوں کے زمانہ عروج کی یادگاریں دیکھنے آیا تھا لیکن یہاں کچھ اور منظر دیکھنے لگا۔ اگر کسی ملک کی خوبصورتی دیکھنی ہو تو میلہ ہی ایک ایسا مقام ہوتا ہے جہاں ہر رنگ، نسل اور عمر کے لوگ ہوتے ہیں۔

آج مجھے قریب سے ہسپانوی حسن دیکھنے کا موقع ملا تو میں نے محسوس کیا کہ ہسپانیہ کا حسن یورپ کے دوسرے ممالک کو مات دے رہا ہے۔ دوسرے ممالک میں سفید چمڑی کے اوپر سنہرے بال اور مصنوعی دل کشی عام ہوتی ہے۔ لیکن ہسپانوی حسن میں حسین چہرے، ریشم کی طرح نرم و ملائم خوبصورت جلد، کالے بال، سڈول جسم، متوازن قد، خوبصورت غزالی آنکھیں دیکھیں تو مجھے ہسپانیہ کی حد تک اس بات کو تسلیم کرنا پڑا کہ:

آج بھی اس دیس میں عام ہے چشم غزال
اور نگاہوں کے تیر آج بھی ہیں دل نشیں

ایک زمانہ تھا جب عرب، بربر اور افریقی لوگوں کی اکثریت سپین کی مقامی خواتین کو زوجیت میں لا کر اپنے حرم میں اضافے کرنے کے ساتھ ساتھ دن رات آبادی بڑھانے میں مشغول رہتی تھی۔ سائنسدان اس بات کو تسلیم کرتے ہیں کہ دو نسلوں کے ملاپ سے جو حسن اور عقل جنم لیتا ہے وہ دوسروں کو مات دیتا ہے۔ غالباً یہی وجہ ہے کہ دو نسلوں کے ملاپ والا ہسپانوی حسن آج یورپی حسن پر بازی جیت رہا تھا۔

اب میلہ جوبن پر تھا۔ ہسپانیہ حسن خیز ہے جہاں کی خوش اندام دوشیزگان اور ''مسٹنڈے'' میلہ کو ہر طریقے سے گرمانے میں مصروف تھے۔ دل ربائی میں ہر کوئی دوسرے کو مات دینے میں مصروف تھا۔ ویسے اس میلہ کا مقصد بھی یہی تھا کہ حسن اور حسینوں کی حوصلہ افزائی کی جائے۔ ہم اس کام میں اتنے ماہر نہیں اس لئے بہتر تھا کہ یہاں سے کوچ کیا جائے۔ فیصلہ ہوا کہ آنکھیں تو سیر ہو چکیں اب شکم کو بھی سیر کیا جائے۔ چنانچہ ہم نے قریبی پل سے دریا کو پار کیا اور قرطبہ کے ایک جدید ترین علاقے میں چلے گئے جہاں کی ایک سپر مارکیٹ میں مشہور امریکی ریسٹورنٹ ''میکڈونلڈ'' میں رات کا کھانا کھایا۔

قرطبہ میں پاکستانی

کھانے کے بعد میں باہر نکلا تو وہاں قریب ہی ایک کیفے ہاؤس کے باہر اُردو میں ہاتھوں سے لکھا ہوا ایک اشتہار تھا ''یہاں حلال کھانا ملتا ہے'' یہ پڑھا تو ایک خوشگوار مسرت ہوئی۔ ہم سب ساتھی کیفے ہاؤس کے اندر گئے تو وہاں اپنے چہرے نظر آئے۔ انھوں نے ہمیں دیکھتے ہی خالص پنجابی میں ہماری خیریت پوچھی۔ جب ہم نے بھی اُسی انداز میں جواب دیا تو وہ سراپا محبت بن کر بڑی گرم جوشی اور عقیدت سے ملے۔ تعارف پر معلوم ہوا کہ کیفے کے مالک حبیب اللہ نامی نوجوان پاکستان جلال پور جٹاں سے چند سال قبل تلاش رزق اور بہتر مستقبل کی خاطر سپین آئے تھے۔ ان کے بزنس پارٹنر رزاق تھے۔ اعجاز نامی ایک لمبے قد کے سمارٹ اور خاموش طبع نوجوان بھی اسی کیفے میں کام کرتے ہیں جو سپین آنے سے قبل گجرات یونیورسٹی میں پڑھاتے تھے۔ لیکن سپین کے عشق میں سب کچھ قربان کیا اور طارق بن زیاد کی طرح کشتیاں جلا کر اب اسی شہر میں روزی کما رہے تھے۔ یہ سب کے سب نوجوان تھے اور اخلاق میں ایک دوسرے کو مات دے رہے تھے۔

ہم کیفے میں بیٹھ کر باتیں کرنے لگے۔ حبیب اللہ نے بتایا کہ:

"اس وقت قرطبہ میں تقریباً ایک سو کے لگ بھگ پاکستانی آباد ہیں۔ اکثریت مرزائی حضرات کی ہے۔ جنہوں نے اپنی عبادت گاہ بھی بنائی ہے۔ قرطبہ کی کونسل بھی مرزائی حضرات کی مالی مدد کرتی ہے۔ قرطبہ میں دو پاکستانیوں نے اپنی فیملی بھی ساتھ رکھی ہوئی ہیں۔ حبیب اللہ کے بڑے بھائی وکٹوریہ میں اسی طرح کے کیفے ہاؤس کے مالک ہیں۔ لال علی فرم کے نام سے ان بھائیوں کے سپین میں اس وقت آٹھ کیفے ہاؤس ہیں۔ قرطبہ میں کوئی فیکٹری نہیں۔ لوگ زیادہ تر کھیتی باڑی اور زیتون کے باغات میں کام کرتے ہیں۔ غالباً یہی سبب ہے کہ پاکستانی اس شہر میں بہت کم ہیں۔ سپین میں تقریباً ستر ہزار کے لگ بھگ پاکستانی ہیں جو زیادہ تر قہوہ خانوں، پی سی او، جنرل سٹور کے علاوہ عام محنت مزدوری کرتے ہیں۔ کچھ کھیتی باڑی اور باغات سے پھل توڑنے جیسے کام کرتے ہیں۔ کھانے پینے کی اشیاء جس میں مرچ مصالحے، دالیں، آٹا انگلینڈ سے منگوائی جاتی ہیں۔"

حبیب اللہ نے ہمیں عرفان نامی نوجوان سے متعارف کروایا جس کا تعلق بانیاں گجرات سے تھا اور کافی عرصہ سے قرطبہ میں مقیم تھا۔ عرفان نے ہمیں اپنی گاڑی میں قرطبہ کی سیر کا پروگرام بنایا۔ ہم عرفان کی گاڑی میں بیٹھے تو اُس نے بتایا: "اس شہر میں مسجد قرطبہ بھی ہے۔ میں ایک بار مسجد قرطبہ گیا وہاں بت اور مورتیاں دیکھ کر دل شکنی ہوئی تو دوبارہ اُدھر کا رخ نہیں کیا۔ چونکہ وہاں نماز پڑھنے کی اجازت نہیں صرف گھومنے پھرنے اور فوٹو بنانے کی اجازت ہے ایسے میں وہ مسجد تو نہ ہوئی بلکہ سیر گاہ بنادی گئی ہے"۔ اسی طرح باتیں کرتے کرتے ہم علامہ اقبال سٹریٹ پہنچے۔

شاعر اقبال سٹریٹ

حکیم الامت علامہ ڈاکٹر سر محمد اقبال کو قرطبہ سے جو عشق تھا وہ ان کی شاعری میں بہت ہی نمایاں ہے۔ بال جبریل میں مسجد قرطبہ، دُعا (مسجد قرطبہ میں لکھی گئی) سرزمین اُندلس میں، ہسپانیہ، طارق کی دُعا جیسی نظمیں علامہ اقبال کی سرزمین اُندلس سے محبت کو عیاں کرتی

ہیں۔قرطبہ آ کر مجھے معلوم ہوا کہ یہ پیار محبت یک طرفہ نہیں بلکہ محبت کی یہ آگ دونوں طرف برابر لگی ہوئی ہے۔ اہل اُندلس علامہ صاحب کے بہت بڑے مداح ہیں۔ ان کے کلام کو ہسپانوی زبان میں ترجمہ کیا گیا ہے اور پھر اہل قرطبہ نے شہر کی ایک گلی کو علامہ صاحب کے ساتھ منسوب کر کے اپنی عقیدت کا اظہار کیا۔

ہم ''شاعر محمد اقبال Poeta Muhammad Iqbal'' سٹریٹ گئے جو شہر کے جدید ترین علاقہ میں ایک کمرشل سٹریٹ ہے۔دونوں طرف بازار اور اونچے اونچے فلیٹ ہیں۔ یہ ایک بارونق اور انتہائی مصروف سٹریٹ ہے۔ جہاں زیادہ تر ریسٹورنٹ اور کھانے پینے کی اشیاءفروخت کرنے والی دکانیں ہیں۔ہم نے علامہ صاحب سے عقیدت کی بدولت اُس گلی کی تصویریں لیں۔قرطبہ میں مجھے اس بات کا بھی علم ہوا کہ اس شہر کو علامہ صاحب کی محبت میں لاہور کا جوڑواں شہر قرار دیا گیا ہے۔

نماز جمعہ

اب بعد دوپہر کا وقت تھا۔ فیصلہ ہوا پہلے نماز ادا کی جائے پھر کھانا۔نماز جمعہ کے لئے ہم قرطبہ کی واحد مسجد میں پہنچے۔ یہ مسجد قرطبہ کے کچھ قدیم محلے مسمار کر کے جہاں ایک پارک بنا دیا گیا ہے، اُس میں ہے۔ پارک کافی بڑا اور خوبصورت تھا جس میں مختلف قسم کے درخت اور پھول بوٹے تھے۔ اسی پارک کے ایک کونے میں ایک چھوٹی سی مسجد تھی جس میں تقریباً پچاس آدمی نماز ادا کر سکتے تھے۔آج موسم گرم تھا چنانچہ دھوپ سے بچنے کی خاطر مسجد کے باہر عارضی طور پر ایک خیمہ لگا دیا گیا تھا۔

مسجد مختصر اور بارونق تھی۔ ایک دروازہ خواتین اور بچوں کے لئے جبکہ دوسرا مرد حضرات کے لئے تھا۔ہم نے مسجد میں ہر رنگ اور ہر نسل کا مسلمان دیکھا۔ میں مسجد کے اندر محراب ومنبر کے سامنے جا کر بیٹھ گیا۔ کچھ دیر بعد محمد شبیر مغل ایک نوجوان عرب کو میرے پاس لائے اور تعارف کرواتے ہوئے بولے یہ ابوبکر عبدالمقصود، مصری الازہری ہیں جو اس مسجد کے امام بھی ہیں۔ میں نے اٹھ کر اُن سے ہاتھ ملایا تو انہوں نے کھینچ کر گلے لگا لیا۔اب یوں محسوس ہو رہا تھا جیسے میں امام صاحب کو صدیوں سے جانتا ہوں۔ اس پہچان کی وجہ ہمارا دینی رشتہ تھا۔ مولانا صاحب نے بتایا کہ اس شہر میں اکثریت مراکش کے مسلمانوں کی ہے۔ لیکن عرب، افریقہ اور پاکستان کے مسلمان بھی اس شہر میں آباد ہیں۔

یہ مسجد مراکش کے فوجی مسلمانوں کی وجہ سے ملی ۔ ورنہ 1236ء میں مسلمانوں کے قرطبہ سے چلے جانے کے بعد پھر اس سرزمین میں سجدہ کرنا قانوناً جرم قرار دیا گیا تھا۔ یہ حکم کوئی آٹھ سو سال تک رہا۔ 1930 کے لگ بھگ سپین کے صدر جنرل فرانکو نے خانہ جنگی کی روک تھام اور فرانس کے خلاف جنگ کی خاطر مراکش سے فوجی مدد مانگی تو مراکش کی حکومت نے فوج بھیجی۔ جس میں سے ایک بٹالین قرطبہ میں بھی آئی۔ مراکش کے فوجیوں کو نماز کی ادائیگی کے لئے پارک میں یہ جگہ دی گئی تھی جہاں عارضی ایک مسجد بنائی گئی۔ فوج کے جانے کے بعد کچھ عرصہ یہ مسجد بند رہی۔ لیکن حالیہ سالوں میں معاشی ہجرت کی وجہ سے دنیا کے مختلف ممالک سے مسلمان یہاں قرطبہ آئے جنہوں نے مقامی حکومت سے طویل بات چیت کے بعد اس مسجد کو دوبارہ نماز کی ادائیگی کے لئے واگزار کروایا ہے۔

اس وقت قرطبہ میں دو ہزار مسلمان آباد ہیں۔

قرطبہ کی پارک میں اس مختصر اور خوبصورت مسجد کو نمازیوں سے بھرا دیکھ کر میں نے اللہ تعالیٰ سے دُعا مانگی کہ: ''اللہ میاں اس مسجد کی صورت میں اسلام کی جوئی کونپل قرطبہ میں پھوٹی اُس کو تناور درخت بنا''۔ آج صبح بھی میں مسجد قرطبہ کی زیارت کے دوران جب مغربی خواتین وحضرات کے ذریعے مسجد کی بے حرمتی دیکھ رہا تھا۔ جہاں چاہتے ہوئے بھی میں نماز ادا نہ کر سکا تھا۔ بہر حال اللہ میاں سے دُعا ضرور مانگی تھی کہ ''اللہ میاں قرطبہ کی اس سرزمین میں نماز پڑھنے کی توفیق اور ایسا پاکیزہ ماحول فراہم کر جہاں نماز کی ادائیگی کی جاسکے۔''

مسجد میں نماز جمعہ کی ادائیگی اور دنیا کے مختلف ملکوں کے مسلمان خواتین وحضرات کو دیکھا تو دل نے آواز دی کہ۔ یعقوب نظامی تو نے صبح جو دُعا مانگی تھی یہ اُس کی قبولیت ہے۔

امام صاحب نے خطبہ دینا شروع کیا تو وہ عربوں کی روایات سے ہٹ کر تھا۔ عرب میں خطبہ مختصر اور نماز جلدی پڑھائی جاتی ہے تاکہ جن لوگوں نے کاروبار یا کسی اور وجہ سے جانا ہو وہ جاسکیں۔ لیکن امام ابوبکر نے ہمارے پاکستانی خطیبوں کی طرح اپنے دل کی بھڑاس کوئی گھنٹہ بھر نکالی۔ اس دوران محمد شبیر مغل امام صاحب کے خطاب کی فلم بندی کرتے رہے۔ نماز کی ادائیگی کے بعد امام صاحب نے ہاتھ اٹھائے اور اللہ میاں سے دُعا مانگی:

رَبّنَا وَلَا تحمِل عَلَینا اِصراً کَمَا حَملته عَلی الذین

مِن قَبلِنَا رَبّنَا وَلَا تُحمِلنَا مَا لَا طَاقَةَ لَنَا به وَاعفُ

عَنا وَاغفِرلَنَا وَارحمنا اَنتَ مَولَنا فَانصُرنا عَلَی القَومِ الکٰفِرِینَ O

اے ہمارے رب! ہم سے بھول چوک میں جو قصور ہو جائیں، ان پر گرفت نہ کر۔ مالک! ہم پر وہ بوجھ نہ ڈال جو تو نے ہم سے پہلے لوگوں پر ڈالے تھے۔ پروردگار! جس بار کو اُٹھانے کی طاقت ہم میں نہیں ہے، وہ ہم پر نہ رکھ۔ ہمارے ساتھ نرمی کر، ہم سے درگزر فرما، ہم پر رحم کر، تو ہمارا مولیٰ ہے، کافروں کے مقابلے میں ہماری مدد کر۔

نماز جمعہ کے بعد جب ہم حبیب اللہ صاحب کے کیفے ہاؤس واپس آئے تو مغرب میں مشرقی کھانا مشرقی پیار محبت سے کھایا۔ کھانے میں ڈونر بھی تھا۔ عرفان نے بتایا کہ: ’’میں مختلف کیفے ہاؤس میں ڈونر گوشت فراہم کرتا ہوں۔ یہ حلال ہیں۔ جنہیں غرناطہ کے قریب ایک فیکٹری میں تیار کیا جاتا ہے۔ ایک فیکٹری باسا Bazal میں بھی ہے۔ ڈونر کے لئے جو گوشت فراہم ہوتا ہے وہ مراکش کے باشندوں کے المار یا میں ذبح خانہ سے سپلائی کیا جاتا ہے۔‘‘

کیفے ہاؤس کے بزنس پارٹنر محمد رزاق نے بتایا کہ: ’’پاکستان میں علی انصر نامی میرا ایک دوست ہے۔ جو گلوکار بھی ہے۔ اُس کی آواز نامور گلوکار ابرار الحق کی آواز سے ملتی جلتی ہے۔ لیکن ابرار الحق اب گانے بجانے کی انڈسٹری میں اس قدر کامیاب ہو گیا ہے کہ اُس کی موجودگی میں کسی دوسرے کی دال گلنی مشکل ہو گئی ہے۔ ہماری فرمائش پر رزاق نے علی انصر کی ایک ڈی وی ڈی لگائی تو معلوم ہوا علی انصر اور ابرار الحق کی آواز میں بہت مماثلت ہے۔‘‘

قرطبہ میں لسی

آج گرمی کافی زوروں پر تھی۔ چنانچہ کھانے کے بعد ہمیں خالص دیسی لسی پلائی گئی۔ اس لسی میں اس قدر لذت تھی کہ ہم اپنے دورۂ ہسپانیہ میں اس کی لذت محسوس کرتے رہے۔ آج ہمیں قرطبہ کو خیر باد کہہ کر رات اشبیلیہ جانا تھا۔ چنانچہ کھانے کے بعد جب تیار ہوئے تو دیکھا کہ ملک عبدالقیوم آفریدی غائب ہیں۔ ہم نے اِدھر اُدھر ڈھونڈا لیکن وہ نہ ملے۔ اس دوران کیفے کے پچھواڑے سے قہقہوں کی آوازیں آئیں تو میں نے جھانک کر اندر دیکھا تو آفریدی صاحب ایک گدے پر شان سے بیٹھے جبکہ رزاق، اعجاز، عرفان وغیرہ ان کے اردگرد بیٹھے سوٹے لگا رہے تھے۔ اور آفریدی صاحب کے سفری قصے بڑی لچھے دار آواز میں سن

دیدۂ انجم میں ہے تیری زمیں آسماں
آہ! کہ صدیوں سے ہے تیری فضا بے اذاں
کون سی وادی میں ہے، کون سی منزل میں ہے
عشقِ بلا خیز کا قافلۂ سخت جاں!

قرطبہ سے اشبیلیہ

ہم چار بجے قرطبہ سے اشبیلیہ کو روانہ ہوئے تو گاڑی محمد شبیر مغل نے چلانی شروع کی۔ ملک عبدالقیوم آفریدی فرنٹ سیٹ پر اور پچھلی دونوں نشستیں منیر حسین اور میں نے سنبھال لیں۔ قرطبہ شہر قدیم سے نکلتے ہی مغل صاحب نے گاڑی دریائے الکبیر کو ایک پل سے عبور کرنے کے بعد دائیں طرف اشبیلیہ جانے والی سڑک پر موڑی تو ہم جلد ہی شہر کے ہنگاموں سے نکل کر قرطبہ کے مضافات میں پہنچ گئے۔ اب آہستہ آہستہ پہاڑی سلسلہ ختم ہو رہا تھا۔ ایک چھوٹی سی پہاڑی کے اوپر ایک بیل کا دیو قامت مجسمہ نصب تھا جو اس بات کا اشارہ تھا کہ اس خطہ میں بُل فائٹنگ یعنی بیل کے ساتھ لڑائی کا کھیل ہوتا ہے۔

ایک ڈھلوان اُترنے کے بعد ہم میدانی علاقے میں پہنچے تو حدِ نظر تک سرسبز کھیت نظر آنے لگے۔ جب ہم نے غرناطہ سے قرطبہ کا سفر کیا تو یہ سفر پہاڑوں کے بیچوں بیچ ہوتا رہا لیکن اب یہ سفر، جس کا قرطبہ سے آغاز ہوا وہ میدانی ہے۔ یوں محسوس ہوتا رہا کہ ہم سپین کی بجائے اپنے پاکستان کے پنجاب میں سفر کر رہے ہیں۔ مسلمانوں کے زمانے میں پانچ سو سال تک یہ مضافات امیر زادوں اور خلیفہ کے منظورِ نظر لوگوں کی جاگیریں تھیں جن میں عربوں نے اپنے ڈیرے ڈالے ہوئے تھے۔ غلام اور غریب مزدور دن رات اِن کھیتوں میں کام کرتے تھے۔ لیکن اب یہاں نہ عرب تھے اور نہ اُن کے غلام۔ اگر کوئی تھا تو وہ ہسپانیہ کے صحت مند عیسائی جو جدید مشینوں سے کاشت کاری میں مصروف تھے۔

میں سوچنے لگا ممکن ہے ان نصرانی کاشت کاروں کی رگوں میں بھی عربوں کا خون دوڑ رہا ہو کیونکہ عرب کثیر اولاد کے قائل تھے۔قرطبہ کے خلیفہ عبدالرحمان سوئم کے ڈیڑھ سو لڑکے اور پچاس لڑکیاں تھی۔ یہ جان کر ہمارے ساتھی منیر حسین کی رگ ظرافت پھڑکی اور انہوں نے ایک لطیفہ سنایا:

ایک صاحب کی اولاد نہیں تھی۔ وہ ایک ولی اللہ کے پاس گئے اور دعا کے لئے کہا اور ساتھ یہ وعدہ بھی کیا کہ اگر میرے ہاں بیٹے ہوئے تو میں اُن کے ناموں کے ساتھ لفظ ''اللہ'' کا اضافہ کروں گا۔ بزرگ نے دعا مانگی اور اللہ کے فضل سے اُن صاحب کے ہاں بیٹا ہوا تو انہوں نے حسب وعدہ اُس کا نام ''حبیب اللہ'' رکھا، پھر دوسرا بیٹا ہوا تو اُس کا نام ''غلام اللہ'' رکھا اس طرح بچے پیدا ہوتے گئے اور وہ صاحب نام رکھتے گئے۔ آدمی غریب تھا اور کثیر اولاد نے انہیں پریشان کر دیا۔ اسی پریشانی میں جب بیسواں بچہ پیدا ہوا تو انہوں نے اُس کا نام رکھا.......... ''بس کر اللہ''۔

عبدالرحمان سوئم چونکہ خلیفہ وقت تھے انہیں معاشی مشکلات تو تھیں نہیں اس لئے انہیں ''بس کر اللہ'' کی نوبت نہیں آئی۔

منیر حسین کا لطیفہ سن کر محمد شبیر مغل نے بھی ایک لطیفہ سنا ڈالا:

ایک عورت بڑی شکی مزاج تھی۔ اُسے ہمیشہ یہ فکر رہتی تھی کہ کہیں میرا خاوند دوسری شادی نہ کر لے۔

ایک دن عورت نے اپنے خاوند سے پوچھا: ''جانی اگر میں مرگئی تو تمہارا کیا ہوگا؟۔''

مرد نے جواب دیا: ''اگر تم مرگئی تو میں پاگل ہو جاؤں گا''۔

یہ سن کر عورت نے خوشی خوشی پوچھا: ''تو پھر آپ دوسری شادی تو نہیں کریں گے''؟

مرد نے کہا بیگم: ''پاگل کچھ بھی کر سکتے ہیں''

اب ملک عبدالقیوم آفریدی بھی جوش میں آئے۔ اور انہوں نے بھی ایک لطیفہ سناڈالا:

ایک گھر میں رات کو چور داخل ہوا۔ تو اچانک اہل خانہ جاگ اٹھے۔ گھر کی مالکہ بڑی موٹی تازی اور بھاری جسم کی عورت تھی۔ جس نے لپک کر چور کو پکڑا اور نیچے گرا کر اوپر بیٹھ کر خاوند کو کہا کہ جاؤ پولیس بلا کر لاؤ۔

خاوند ابھی نیند سے بیدار ہوا تھا۔ جو بدحواسی میں گھر میں اِدھر اُدھر بھاگتا پھر رہا تھا۔ پانچ منٹ بعد بیگم نے پوچھا کہ تم جاتے کیوں نہیں ہو۔ اس پر خاوند نے کہا کہ بیگم مجھے اپنی جوتی نہیں مل رہی ہے۔

یہ سن کر چور جو بیگم کے وزن سے دبا پڑا تھا نے بڑے کرب کی حالت میں کہا کہ صاحب اگر اپنی جوتی نہیں ملتی تو میرے جوتے پہن کر جاؤ۔ اور مجھے اس عذاب سے نجات دلوا۔

استجہ Ecija

باتیں کرتے، لطیفے سناتے اور نغمے گاتے پتا ہی نہ چلا کہ ہم تقریباً پچاس کلومیٹر سفر طے کر کے استجہ Ecija نامی قصبہ میں پہنچ چکے ہیں۔ جب مسلمان اُندلس پہنچے تب یہ ایک بڑا شہر تھا۔ اس شہر کو طارق بن زیاد نے 711ء میں فتح کیا۔ عیسائی بادشاہ راڈرک کے کچھ فوجی یہاں قلعہ بند ہو چکے تھے۔ طارق نے شہر کا محاصرہ کرلیا۔ ایک دن طارق نے دریائے الکبیر میں، جو شہر کے نزدیک بہتا ہے، ایک نوجوان کو غسل کرتے دیکھا۔ طارق جھپٹ کر اُسے پکڑ کر اپنے کیمپ میں لے آیا۔ بات چیت کے بعد معلوم ہوا یہ اس شہر کا حکمران ہے۔ چنانچہ ایک معاہدہ کے تحت اس شہر پر طارق نے قبضہ کیا۔ شہر میں پانی کی قلت تھی۔ طارق نے میٹھے پانی کی فراہمی کے لئے دریائے الکبیر سے ایک نہر کھدائی جو نہر طارق کے نام سے مشہور ہوئی۔

طارق بن زیاد نے استجہ کو فتح کرنے کے بعد اسی شہر کو اپنا مرکز قرار دیا تھا اور پھر اسی جگہ سے فوجی دستے مختلف شہروں کو فتح کرنے بھیجے۔ جبکہ خود بڑی فوج لے کر سپین کے دارالحکومت پہنچا اور اُسے فتح کر کے اسلامی جھنڈے گاڑ کر مسلمانوں کو وہاں آباد کیا تھا۔

یہ قصبہ اُندلس کا توا (Frying pan) کہلاتا ہے۔ اُس کی وجہ غالباً یہی ہے کہ اُندلس کا یہ سب سے گرم مقام ہے۔ یہاں موسم گرما میں درجہ حرارت 52 ڈگری تک پہنچ جاتا ہے۔ اُندلس کے پہاڑی سلسلہ کا یہ آخری قصبہ ہے جس کے بعد میدانی علاقہ شروع ہو جاتا ہے۔ درمیانے درجہ کی چھوٹی چھوٹی پہاڑیوں کے دامن میں دریائے شنیل کے کنارے یہ شہر صدیوں سے آباد ہے۔ جب رومن سپین پہنچے تب یہ قصبہ موجود تھا۔ اس طرح یہ یورپ کے سب سے قدیمی شہروں میں سے ایک ہے۔ یہ قصبہ سورج اور میناروں کا شہر بھی کہلاتا رہا۔ جس کی وجہ غالباً گرمی اور اونچے میناروں کی کثرت ہے۔

جب مسلمان اس قصبہ میں پہنچے تو انہوں نے دریائے شنیل سے آبپاشی کے لئے آبی نظام ایجاد کیا جس سے علاقہ کی تمام زمینیں کاشت کے قابل ہوگئیں۔ کاشت کار گندم، چاول، مکئی اور کپاس کی فصلیں اُگاتے تھے۔ کپاس کی مانگ میں اضافہ ہوا تو اُس کی کاشت اتنی بڑھی کہ اُس کی دُھوم چار سو پھیلی تو یہ قصبہ ''کپاس کا شہر'' کے نام سے پکارا جانے لگا تھا۔

اس خطہ میں مسلمان جرنیلوں، امیرزادوں اور دوسرے اہل فن کی جاگیریں تھیں۔ شہر میں جامع مسجد کے علاوہ کئی دوسری مساجد بھی تھیں۔ جامع مسجد کے قریب مؤذن کے لئے تعمیر ہونے والا مینار اب بھی موجود ہے لیکن مسجد کی جگہ چرچ ہے۔ 1757ء میں ایک زبردست زلزلہ سے قصبہ کی تمام تاریخی عمارتیں زمین بوس ہوگئیں تھیں۔

کارمونا Carmona

ایسا جا نامی قصبہ کے بعد ہم نے دوبارہ اشبیلیہ کی طرف اپنا سفر جاری رکھا۔ اب یہ سفر میدانی علاقہ میں ہو رہا تھا۔ خوشگوار ماحول میں باتیں کرتے وقت گزرنے کا احساس تب ہوا جب ہم سو کلومیٹر کا سفر طے کر کے کارمونا نامی قصبے میں پہنچے۔ یہ قصبہ دریائے الکبیر کے کنارے ہے اور آبادی سات ہزار افراد پر مشتمل ہے۔ ہسپانیہ کا قدیم ترین قصبہ ہے جسے 206ء میں رومنوں نے فتح کر کے یہاں ایک عظیم الشان شہر آباد کیا تھا۔ سپین کا یہ پہلا شہر تھا جو اس قدر خوبصورت اور دفاع کے اعتبار سے مضبوط تھا۔ قصبہ کے اردگرد اب بھی چار کلومیٹر رومن دیوار شکستہ حالت میں موجود ہے۔ قریب ہی رومن قبرستان بھی موجود ہے جہاں ڈھائی سو کے لگ بھگ رومن قبریں مقبروں کی صورت میں موجود ہیں۔

جب مسلمانوں نے اس شہر پر قبضہ کیا تو قلعہ اور شہر کی فصیل کو ناقابل تسخیر بنا دیا۔

قدرے اونچی پہاڑی پر شاہی قلعہ تھا۔ کبھی اس قلعہ میں مقامی راجگان رہتے تھے۔ قلعہ سے ملحقہ میدانی علاقے میں مسلمانوں، یہودیوں اور عیسائیوں کی بستیاں تھیں۔ لیکن اکثریت مسلمانوں کی تھی۔ قلعہ کے اندر مسجد تھی اور شہر میں جامع مسجد کے علاوہ کئی چھوٹی چھوٹی مساجد گلی محلوں میں بھی آباد تھیں۔ پھر اس شہر پر زوال آیا اور آج یہ ایک معمولی قصبہ ہے۔ آج اُن مساجد کے کھنڈرات بھی یہاں موجود نہیں جن کی اذانوں سے یہ شہر گونجا کرتا تھا اور یوں یہ قصبہ علامہ صاحب کے ان اشعار کی عکاسی کر رہا تھا:

دیدۂ انجم میں ہے تیری زمیں آسماں

آہ ! کہ صدیوں سے ہے تیری فضا بے اذاں

کارمونا کا قلعہ اونچی پہاڑی پر ہے۔ قرطبہ کی طرف سے سفر کرتے ہوئے آئیں تو میدانی علاقے میں سفر کرتے کرتے اچانک چھوٹی چھوٹی پہاڑیوں پر یہ قصبہ نظر آتا ہے جو دو تین میل میں پھیلی ہوئی پہاڑیوں پر مشتمل ہے۔ اس کے بعد میدانی سفر دوبارہ شروع ہو جاتا ہے۔ کارمونا کا قصبہ اشبیلیہ جانے والی سڑک کے بائیں طرف ہے۔ قلعہ کے اونچے اونچے برج ہیں۔ اس کے بارے میں مقامی لوگوں میں ایک کہاوت مشہور ہے کہ زاہدہ نامی ایک معصوم شہزادی کو سینکڑوں سال پہلے قتل کر دیا گیا تھا۔ لیکن اُس کی بے چین روح ابھی تک علاقہ میں بھٹکتی پھرتی ہے جو ہر سال 28 مارچ کو سفید لباس میں قلعہ کے جنوب والے میناروں پر نظر آتی ہے۔ میں نے قصبہ میں داخل ہوتے ہی شہزادی کی روح دیکھنے کے لئے دور دیکھنے والی عینکیں پہن لی تھیں۔ لیکن علاقہ میں دور دور تک کسی شہزادی کی روح نظر نہیں آئی۔ البتہ جیتی جاگتی کئی شہزادیاں نظر آئیں جنہیں دیکھ کر یوں محسوس ہوتا تھا کہ ان کی روح نہیں بلکہ یہ خود اب فضاؤں میں اڑنے والی ہیں۔ جاذب نظر ان قاتل حسیناؤں کو دیکھ کر ہمارے ہم سفر ملک صاحب اور منیر حسین دونوں نے دلوں پر ہاتھ رکھ لیے کہ ہو نہ ہو کہیں یہ حوران افرنگ کے ساتھ ہم اپنے دل بھی نہ اس قصبہ میں چھوڑ جائیں۔ ہمارے ساتھی ابھی یہ سوچ ہی رہے تھے کہ ہم کارمونا کی حدود سے نکل کر دوبارہ ہرے بھرے کھیتوں کے درمیان ایک خوبصورت سڑک پر سفر کرنے لگے۔

اشبیلیہ جانے والی اس سڑک کے کنارے ہم لامولائی نامی گاؤں کے قریب ایک سروس سٹیشن پر رکے۔ نام سے معلوم ہوتا تھا کہ یہ گاؤں مسلمانوں نے آباد کیا تھا جس کا نام ابھی

تک نہیں بدلا گیا ورنہ اکثر قصبات کے نام بدل دیئے گئے ہیں۔ ہمارے ساتھی چائے پینا چاہتے تھے اس لئے ہم سروس سٹیشن پر رکے۔ جب میرے ساتھی قہوہ پینے گئے تو میں سروس سٹیشن کے قریب زیتون کے باغات میں چلا گیا۔ میں نے دیکھا کہ تمام درخت ایک ترتیب کے ساتھ قطار در قطار اس طرح کھڑے تھے جس طرح فوج کے جوان صبح پریڈ کے میدان میں کھڑے ہوتے ہیں۔

چائے پینے کے بعد ہم نے دوبارہ سفر شروع کیا تو سڑک کے کنارے ہم نے بڑی تعداد میں اس قسم کی چمکیلی جستی چادریں دیکھیں جن سے سورج کی روشنی منعکس ہوتی تھی۔ معلوم ہوا کہ یہ دھوپ سے بجلی پیدا کرنے کا شمسی سٹیشن ہے۔ چھ سو کے لگ بھگ شیشوں کا رخ سورج کی طرف تھا۔ ان شیشوں پر پڑنے والی سورج کی شعاعیں منعکس ہو کر دور ایک چالیس منزلہ ٹاور کے اوپر پانی کے ٹینک پر پڑتی تھیں۔ شمسی حرارت سے پانی گرم ہو کر بخارات میں بدلنا شروع ہو جاتا ہے۔ بخارات کی قوت سے ٹربائین چلتی ہیں جو بجلی پیدا کرتی ہیں۔ چھ سو شیشوں پر مشتمل اس نظام سے اشبیلیہ کے چھ ہزار گھروں کو بجلی فراہم کی جاتی ہے۔ اس وقت یہ ایک مہنگا نظام ہے لیکن جلد ہی یہ سستی بجلی فراہم کرنا شروع کر دے گا۔

اشبیلیہ کے مضافات

سفر کرتے ہم اٹلاسیہ Italica نامی رومن سٹی میں پہنچے۔ یہ شہر قرطبہ سے آنے والی ڈیول کیرج وے پر اشبیلیہ شہر سے نو کلو میٹر پہلے آ جاتا ہے۔ یہ شہر رومن جنرل پبلس نے جنگ میں زخمی ہونے والے فوجیوں کے لئے 206 قبل مسیح میں آباد کیا تھا۔ اس شہر میں رومن ایمپائر کے دو بادشاہ ہیڈرین Hadrian اور ٹراجین Trajan پیدا ہوئے۔ اب کھدائی ہوئی تو معلوم ہوا کہ یہ رومن سلطنت کا تیسرا بڑا شہر تھا۔ جہاں گلیڈی ایٹر Gladiators کے میدان اور وہ سرنگیں بھی موجود ہیں جن میں سے غلام گزر کر میدان میں جاتے اور وہاں شیر سے مقابلہ ہوتا تو تماش بین خوش ہوتے اور جب شیر ہزاروں انسانوں کے سامنے ایک غلام کو چیر پھاڑ کر مار دیتا تو بادشاہ اور شاہی مہمان تالیاں بجا کر شیر کو داد دیتے تھے۔ اس میدان میں بیس ہزار تماش بین بیٹھ کر یہ کھیل دیکھ سکتے تھے۔

رومن سٹی میں سڑکیں، فٹ پاتھ، پانی فراہم کرنے کے پائپ اور سیوریج کا نظام بھی موجود تھا۔ جب یہ شہر زیر زمین چلا گیا تھا تو اِدھر اُدھر پڑے پتھر اہل اشبیلیہ اٹھا کر لے

گئے۔ خوش قسمتی سے جو چیزیں بچ گئیں وہ آج کھدائی سے سامنے آئیں جنہیں دنیا بھر کے سیاح دیکھنے جاتے ہیں۔ کھدائی کا کام جاری ہے۔

رومن سٹی کے بعد ہم نے گاڑی دائیں ہاتھ موڑ دی۔ اگر ہم سیدھے جاتے تو اشبیلیہ شہر میں پہنچ جاتے لیکن آج رات ہم نے شہر کی بجائے ایک قصبہ میں رہنا پسند کیا تھا۔ اب ہم نے Sanlucar La Mayor سینلیو کار لا میئر نامی قصبہ کا رخ کیا جہاں ہمیں گرانڈ ہوٹل سولی کار میں رات کو قیام کرنا تھا۔ یہ قصبہ اشبیلیہ کے مضافات میں جانب مغرب تھا۔ ہم شام سات بجے قصبہ میں پہنچے جو ایک اونچی پہاڑی پر آباد ہے۔

ہم ہوٹل پہنچے تو دیکھ کر حیران ہو گئے۔ ہوٹل قصبہ سے قدرے دور ایک ویرانے میں تھا لیکن اس پانچ ستاروں والے ہوٹل نے جنگل میں منگل کا سماں پیدا کیا ہوا تھا۔ ہم نے اپنے کمروں کی چابیاں لیں تو معلوم ہوا ہمارا کمرہ نمبر 301 ہے جبکہ محمد شبیر مغل صاحب کو کمرہ نمبر 350 ملا۔ ہوٹل میں غسل کے بعد ہم قصبہ کی سیر کو نکلے۔

جس پہاڑی پر ہوٹل تھا وہاں سے نیچے اُترے تو چاروں طرف میدانی علاقہ تھا۔ جس میں دور دور تک ہرے بھرے کھیت تھے۔ کھیتوں میں لہلہاتی فصلیں دیکھیں تو سفر کی تھکاوٹ دور ہو گئی۔ منیر حسین اس خوبصورت قصبہ سے سورج غروب ہونے کے مناظر کیمرے کی آنکھ میں بند کرنا چاہتے تھے۔

قصبہ کے قریب امام ابن حزم کا گاؤں اور جاگیر تھی جہاں وہ 15 اگست 1064ء میں فوت ہوئے اور انہیں مقامی قبرستان میں سپرد خاک کیا گیا تھا۔ ہم کافی عرصہ کھیتوں اور اردگرد کے گاؤں اور بستیوں میں گھومتے پھرتے تصاویریں اُتارتے اور ہسپانوی کسانوں کو کھیتوں میں کام کرتے دیکھتے رہے۔ کھیتوں میں اُس وقت گندم اور سورج مکھی کی فصلیں جوبن پر تھیں۔ پھر قصبہ میں واپس جا کر گاڑی ایک جگہ کھڑی کی اور گلیوں محلوں میں گھومنے لگے۔

قصبہ کی مین سڑک پر دکانیں تھیں ان میں اکثریت شراب اور قہوہ خانوں کی تھی۔ سپین میں شراب اور قہوہ ایک جگہ ہی فروخت ہوتا ہے۔ ہم بڑی سڑک سے ہٹ کر ایک گلی میں مڑے اور گلی کی ڈھلوان اُترے تو نیچے ایک سٹال نظر آیا۔ جس کے مالک میاں بیوی تھے۔ ہم نے سٹال سے خشک فروٹ خریدنا چاہا۔ لیکن زبان کا مسئلہ درپیش [illegible] یں بیوی جو چالیس

سال کے لگ بھگ تھے ہسپانوی کے علاوہ کسی بھی زبان میں بات چیت نہیں کر سکتے تھے۔ جب زبان کا مسئلہ درپیش ہو تب انسان اشاروں کی زبان کا سہارا لیتا ہے۔ یہاں بھی ہمیں اشاروں کا سہارا لینا پڑا۔ اس زبان کے ماہر ہمارے ساتھی ملک عبدالقیوم آفریدی نے اپنی صلاحیتوں کا بھرپور مظاہرہ کیا۔

ہسپانوی دکاندار کی بیوی خوبصورت اور دلکش تھی۔ لیکن اپنے حسن سے زیادہ باتونی تھی جو ایک اور بوڑھی ہسپانوی عورت سے باتیں بغیر سانس لیے کیے جا رہی تھی۔ مجھے یوں محسوس ہو رہا تھا جیسے اس کا حلق بھی خشک ہو چکا ہے۔ لیکن اُس کی زبان رکنے کا نام نہیں لے رہی تھی۔ باتیں کس موضوع پر ہو رہی تھیں یہ ہمیں معلوم نہ ہو سکا۔ لیکن اچانک باتیں کرتی کرتی اُس عورت نے ایک فوٹو البم نکالا اور شادی بیاہ کی تصاویر اور مختلف ڈیزائین دوسری عورت کو دکھانے لگی تو معلوم ہوا یہ کسی شادی کا قصہ بیان کر رہی تھی۔ اس سے معلوم ہوا کہ قصبہ کے لوگ ایک دوسرے کو اچھی طرح جانتے ہیں۔ ورنہ یورپ کی مصروف زندگی نے انسان کو تنہا کر دیا ہے۔

اب ہمیں بھوک ستانے لگی تو ریستورنٹ کی تلاش شروع ہوئی۔ جس دکان کے اندر جھانکتے وہاں شراب کی ریل پیل تو ہوتی لیکن کھانے کے لئے کچھ نہ ملتا۔ جب ہم نے قصبہ کی تقریباً تمام دکانیں چھان ڈالیں تو پھر واپس ہوٹل پہنچے۔ اِسے اتفاق سمجھئے کہ ہوٹل کی کچن بھی اُس وقت بند ہو چکی تھی۔

اب ہم ہوٹل میں بیٹھے گپ شپ لگانے لگے۔ دوران گفتگو ملک عبدالقیوم آفریدی نے سنجیدگی توڑتے ہوئے ایک لطیفہ سنایا کہ:

ایک صاحب ڈاکٹر کے پاس گئے اور کہا کہ ڈاکٹر صاحب مجھے قبض ہوگئی ہے۔ کوئی اچھی سی دوائی دیں۔

ڈاکٹر نے دوائی دی۔

تو دوسرے دن مریض پھر آ گیا اور کہا کہ وہ دوائی کوئی اثر نہ دکھا سکی۔

ڈاکٹر نے اُس سے زیادہ طاقتور دوائی دی۔ لیکن مریض دوسرے دن پھر آ گیا۔ اس طرح چار دن کے بعد ڈاکٹر نے مریض سے

پوچھا۔ صاحب آپ کام کیا کرتے ہیں؟

مریض نے جواب دیا۔ ڈاکٹر صاحب میں شاعری کرتا ہوں۔

یہ سن کر ڈاکٹر نے جیب سے دس روپے نکال کر مریض کو دیئے اور ہدایت کی کہ جاؤ کھانا کھاؤ۔ جب پیٹ میں غذا ہوگی تو پھر قبض بھی ختم ہوجائے گی۔

منیر حسین نے لطیفہ سنا اور کہا آپ فکر نہ کریں صبح ہوتے ہی میں آپ لوگوں کو اس قسم کا زبردست ناشتہ کھلاؤں گا کہ آپ کو ڈاکٹر کے پاس جانے کی ضرورت نہیں رہے گی۔

سپین آج اور کل

سپین کی تاریخ بڑی دلچسپ ہے۔

ساتویں صدی قبل مسیح میں سپین یونان کی کالونی تھی۔ 200ء میں اسے رومنوں نے فتح کیا۔ پانچویں صدی میں گوتھک حکمرانوں نے رومنوں کو نکال باہر کیا اور خود حکومت کرنے لگے۔ 711ء میں طارق بن زیاد کی قیادت میں مسلمانوں نے گوتھک کو شکست دے کر اس ملک پر قبضہ کرلیا تھا۔ آٹھ سو سال تک سپین پر مسلمانوں کا قبضہ رہا۔

1498ء میں ملکہ سپین نے کولمبس کو نئی دنیا دریافت کرنے برصغیر کی طرف بھیجا۔ لیکن کولمبس راستہ بھول کر امریکہ جا پہنچا۔ کولمبس نے بھول کر جو نئی دنیا دیافت کی اُسے آج ہم امریکہ کے نام سے جانتے ہیں۔ سپین نے امریکی مال و دولت پر قبضہ کیا اور وہاں کا مال و زر کو سپین لائے جس سے ملک میں انقلاب آیا۔ انقلاب کا مرکز اشبیلیہ تھا۔ امریکی دولت کے زور پر سپین نے 1503ء میں سسلی اور اٹلی کی مشہور بندرگاہ نیپلز، 1535ء میں میلان، 1580ء میں پرتگال اور ہالینڈ کو فتح کیا۔ اُس وقت جرمنی اور آسٹریا سپین کی حمایت کررہے تھے۔ لیکن یہ بھائی چارے کا جوش و جذبہ پچاس سال سے زیادہ قائم نہ رہ سکا۔ بادشاہ فرڈیننڈ اور ملکہ ازبیل کے پوتے چارلس کی حکومت کے خاتمہ پر یہ اتحاد بھی جاتا رہا۔

سپین اپنی بالادستی سو سال سے بھی کم عرصہ قائم نہ رکھ سکا۔ 1588ء میں ہالینڈ کو آزادی ملتے ہی سپین کے زوال کا آغاز ہوا۔ ملک میں مذہبی آزادی، افراط زر، بدعنوان حکمران اور مسلسل خانہ جنگی کی بدولت ملکی حالات انتہائی بدتر ہوئے۔ مسلمانوں اور یہودیوں کو زبردستی نکالنے کی وجہ سے معیشت پر بڑا اثر پڑا تھا۔ مسلمان ملکی معاشی حالات سے واقف اور

انہیں اچھی طرح سے چلانے کے ماہر تھے۔لیکن ان کی رخصتی کے بعد جوش جنون میں سپین کے حکمرانوں نے دوسرے ملک فتح تو کیے لیکن نا تجربہ کاری کی وجہ سے جلد ہی نا کام ہو گئے۔ 1713ء میں نیپلز، سسلی، میلان ان کے ہاتھوں سے جاتا رہا۔

فرانس اور سپین کسی زمانے میں اتحادی تھے۔ لیکن پھر وہ زمانہ آیا کہ یہ ایک دوسرے کے دشمن ہو گئے۔ 1808ء میں نپولین کی قیادت میں فرانس نے سپین پر قبضہ کر کے بادشاہ فرڈیننڈ ہفتم کو معزول کر کے اُس کے بھائی چارلس کو تخت پر بٹھایا۔ پھر سپین نے برطانیہ کی مدد سے فرانس کو 1814ء میں شکست دی اور سابق بادشاہ کو بحال کیا جس نے ولی عہد اپنی بیٹی کو مقرر کیا تو بادشاہ کے بھائی چارلس نے بغاوت کر دی۔ ملک خانہ جنگی کا شکار ہو گیا۔ 1830ء میں سپین امریکی کالونی سے ہاتھ دھو بیٹھا۔ طویل خانہ جنگی سے ملک میں بدامنی اور غربت انتہا پر جا پہنچی۔

1936ء میں جنرل فرانکو نے ملک پر قبضہ کیا تو تین سال تک امن قائم نہ ہو سکا پھر آہستہ آہستہ حالات درست ہونے لگے۔ جنرل فرانکو کو جرمن نازیوں اور اطالوی فاشسٹوں کی حمایت حاصل تھی۔ جنرل فرانکو نے ملک میں فوجی آمریت قائم کی۔ 1947ء میں سپین میں بادشاہت کو بحال کر کے اسے محدود اختیارات دیئے گئے۔ 1975ء میں جنرل فرانکو فوت ہوا تو ملک کا سربراہ بادشاہ جیان کارلس بنا۔ 1977ء میں پہلی بار ملک میں منصفانہ انتخاب ہوئے۔ 6 دسمبر 1978ء میں ایک ریفرنڈم کے ذریعے عوام نے ملک کے نئے آئین کی منظوری دی۔ 1986ء میں سپین کو یورپین کمیونٹی ECC کی رکنیت ملی۔ اس وقت سپین انتظامی لحاظ سے سترہ ریجن اور پچاس صوبوں میں تقسیم ہے۔ پارلیمنٹ کے دو ہاؤس ہیں۔ کانگریس کے 350 اور سینٹ میں 259 ممبرز ہیں۔

سپین کی آبادی 47 ملین ہے جس میں ساڑھے پانچ ملین تارکین وطن ہیں۔ رقبہ کے لحاظ سے یہ یورپ کا دوسرا بڑا ملک ہے۔ جس کا کل رقبہ 504782 مربع کلومیٹر ہے۔

سپین صنعتی نہیں بلکہ زرعی ملک ہے۔ آمدن کا سب سے بڑا ذریعہ زیتون کے باغات، پھل اور شیری نامی شراب ہے۔ لوگوں کی اکثریت کاشت کاری سے منسلک ہے۔ سپین پر یورپی کلچر کا غلبہ ہے لیکن ہسپانیہ کا طرز تعمیر اور ثقافت دوسرے یورپی ملکوں سے مختلف ہے۔ بلکہ سپین کے شمالی صوبوں سے ہسپانیہ کے وہ علاقے جن کی سرحدیں شمالی افریقہ کے قریب ہیں

اُن کی طرز زندگی دوسروں سے مختلف ہے۔

ملک میں میلے ٹھیلے بڑے اہتمام کے ساتھ منائے جاتے ہیں۔ ایک زمانے میں سپین کے لوگ انتہائی مذہبی تھے بلکہ انتہا پسند قسم کے کٹر عیسائی تھے۔ جب دنیا کے حالات بدلے تو ان کے مذہبی جنون میں بھی کمی آئی۔ لیکن اپنے درویشوں اور فقیروں کے عرس بڑے اہتمام کے ساتھ ڈھول باجے کے ساتھ مناتے ہیں۔ بل فائٹنگ کا کھیل صرف سپین میں ہی زیادہ مشہور ہے۔ اگرچہ اس کھیل کا آغاز یونان سے ہوا، جہاں سے رومن اسے روم لے گئے اور پھر گیارہویں صدی میں مسلمان اسے سپین لائے جو آج تک لوگوں میں بڑا مقبول کھیل ہے۔ سپین کی آبادی دن بدن کم ہو رہی ہے۔ جس کی وجہ خاندانی منصوبہ بندی اور سپین کی عورتوں کی کم بچے خوشحال گھرانے کی سوچ ہے۔ 1970ء میں سپین میں فی گھرانہ اوسطاً تین بچوں پر مشتمل تھا۔ جبکہ آج اُس کی شرح کم ہو کر فی گھرانہ اوسطاً 1.5 بچے پر جا پہنچی۔ ایسے میں اہل ہسپانیہ کافی پریشان ہیں۔ ملک میں تین لاکھ جپسی بھی رہتے ہیں۔

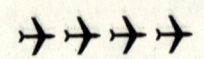

✈✈✈✈

مردِ حُر زنداں میں ہے بے نیزہ و شمشیر آج
میں پشیماں ہوں، پشیماں ہے مری تدبیر بھی!
خود بخود زنجیر کی جانب کھنچا جاتا ہے دل
تھی اسی فولاد سے شاید مری شمشیر بھی!
جو مری تیغِ دو دم تھی، اب مری زنجیر ہے
شوخ و بے پروا ہے کتنا خالقِ تقدیر بھی!

اشبیلیہ

آج ہمیں اُندلس کے صوبائی دارالحکومت اشبیلیہ کی سیر کرنی ہے۔ سیر پر روانگی سے قبل ہمارے ساتھی اوراس سیاحت کے دوران ہمارے خزانچی منیر حسین نے حکم صادر کیا کہ: ''بادشاہو، پہلے پیٹ بھر کر ناشتہ پھر سیر وسیاحت! ہو سکے تو اتنا کھاؤ کہ دوپہر کو بھی کچھ کھانے کی ضرورت پیش نہ آئے۔'' رات کو کھانا نہ کھانے سے ہمارے پیٹ میں چوہے دوڑ رہے تھے۔ ہم منیر حسین کے حکم کی تعمیل کرتے ہوئے ہوٹل کے ڈائنگ ہال میں گئے تو دیکھا کہ سیاح سر نیچے کیے دونوں ہاتھوں سے یوں کھا رہے تھے جیسے منیر حسین کے شاہی حکم کا اطلاق ان پر بھی ہوتا ہے۔ آج مجھے یقین ہوا کہ ان گوریوں اور منیر حسین کے ضرور کوئی خفیہ تعلقات اور آپس میں رابطے ہیں اور ان کا کفایت شعاری کا عالمی نظریہ بھی ایک ہے۔

ہم نے ایک میز پر قبضہ کیا۔ ہمارے قریب ہی ہال کے درمیان ایک لمبی میز پر انواع واقسام کے کھانے ترتیب وار رکھے ہوئے تھے۔ مختلف قسم کے سیریل، روٹیاں، مکھن، دہی، سلاد، پنیر، انڈے، تازہ پھلوں سے کشید کردہ رس اور دوسرے مشروبات سے ہم نے اپنی ضرورت کے مطابق جی بھر کر ناشتہ کیا۔ محمد شبیر مغل کھانے پینے کے مرد میدان نہیں۔ لیکن میں نے دیکھا کہ آج وہ خوب کھا بھی رہے تھے......اور...... پی بھی!

بھرپور ناشتہ کے بعد ہم نے ہوٹل سے سامان لیا اور گاڑی میں جا بیٹھے۔ آج گاڑی ملک عبدالقیوم آفریدی چلا رہے تھے۔ ہوٹل ایک چھوٹی پہاڑی کے اوپر تھا جس سے اُترے تو

اُس بڑی شاہراہ پر پہنچے جو اشبیلیہ کو جاتی تھی۔ یہ ایک خوبصورت کشادہ سڑک تھی جو ہرے بھرے کھیتوں کے درمیان سے گزر رہی تھی۔

اب ہماری گاڑی اشبیلیہ کی طرف فراٹے بھرنے لگی۔ سڑک کے دونوں طرف حدنظر تک پھیلے ہوئے سرسبز کھیتوں میں کسان کاشت کاری میں مصروف نظر آئے۔ میں نے محسوس کیا کہ کسان کسی بھی ملک کا ہو وہ جفاکش ہوتا ہے اور خون جگر سے کھیتوں کی رکھوالی کرتا ہے۔ آدھے گھنٹہ میں ہم اشبیلیہ شہر میں داخل ہوئے تو سامنے دریائے الکبیر خراماں خراماں بہہ رہا تھا۔ دریا کی سست رفتاری کی وجہ غالباً یہی تھی کہ اشبیلیہ کا علاقہ میدانی ہے۔ دریا عبور کرنے کے بعد میں نے ملک عبدالقیوم کو کہا کہ گاڑی دائیں موڑ کر اسی دریا کے کنارے کنارے چلاتے جائیں۔ کیونکہ ہمیں جن جگہوں کی سیر کرنی ہے وہ میرے علم کے مطابق اسی دریا کے کنارے ہیں۔ ملک صاحب نے گاڑی دائیں طرف موڑ دی۔

منیر حسین پریشان تھے کیونکہ اشبیلیہ اُندلس کا سب سے بڑا شہر ہے۔ اگر کوئی راستہ بھول جائے تو تلاش کرنے میں پورا دن صرف ہو جاتا ہے۔ ملک عبدالقیوم آفریدی میری ہدایت کے مطابق گاڑی چلاتے ہوئے ایک مقام پر جا رکے۔ گاڑی کھڑی کر کے باہر نکلے تو سامنے قدیم شہر تھا جس کی سیاحت کے لئے ہم یہاں آئے تھے۔ اس قدر آسانی سے اصل مقام پر پہنچنے پر سب حیران تھے۔ لیکن ملک عبدالقیوم آفریدی کا خیال تھا کہ یہ سید یعقوب نظامی مدظلہ کے روحانی، علمی کمالات اور اندر کی روشنی کا نتیجہ ہے۔ یہ سن کر مجھے فارسی کا وہ مشہور مقولہ یاد آیا کہ: ''پیراں نمے پرند مریدان مے پرانند'' پیر تو نہیں اُڑتے لیکن مُرید اُڑاتے ہیں۔ یعنی پیروں کی کرامات مُرید مشہور کرتے ہیں۔

میں ہمیشہ سیاحت پر جانے سے قبل اُن علاقوں، شہروں اور ملکوں کا مطالعہ کرنے کے علاوہ سیٹلائیٹ کے ذریعے اُن راستوں کو بھی دیکھ لیتا ہوں تاکہ راستہ تلاش کرنے میں آسانی رہے۔ جدید سائنس کے کمالات کو ملک صاحب میرے کھاتے میں ڈال کر مجھے ایک ولی اللہ قرار دے رہے تھے۔

ملک صاحب نے یاری پالنے کی خاطر مجھے روحانی دنیا میں کھڑا کرنے کی کوشش کی تھی لیکن حقیقت یہ ہے کہ اشبیلیہ کے اس خطہ میں روحانیت کے پودے نے ہمیشہ اچھی طرح نشوونما پائی۔ روحانی دنیا کے بادشاہ ابن عربی کی پرورش بھی اشبیلیہ میں ہوئی تھی۔ محی الدین محمد

بن علی بن محمد، ابن عربی جو تصوف کی دنیا میں ''شیخ اکبر'' کے نام سے مشہور ہیں، اُندلس کے شہر مرسیہ میں 1240ء میں پیدا ہوئے۔ آٹھ سال کی عمر میں ان کا خاندان اشبیلیہ آ گیا جہاں انہوں نے زندگی کے تیس سال گزارے۔ روایت ہے کہ ایک دن بادشاہ وقت کو مسجد قرطبہ میں سجدہ ریز ہو کر گڑگڑ کر روتے دیکھا تو سوچنے لگے کہ دنیا کے بادشاہ جس شہنشاہ کے آگے جھکتے ہیں کیوں نہ میں بھی اپنے بادشاہ کی پیروی کرتے ہوئے اُسی شہنشاہوں کے شہنشاہ سے قلبی تعلق پیدا کروں۔

اس واقعہ کے بعد ابن عربی نے دنیا ترک کی اور اُندلس کے مختلف شہروں سے سفر کرتے ہوئے موصل، بغداد، مکہ معظّمہ اور مدینہ منورہ کے بعد دمشق میں جا مقیم ہوئے اور زندگی کے بقیہ دن دمشق میں گزارے۔ جب میں 1999ء میں دمشق گیا تو ابن عربی کے مزار پر بھی حاضری دی تھی جس کا ذکر میرے سفر نامہ ''پیغمبروں کی سرزمین'' میں تفصیل کے ساتھ ہے۔

اشبیلیہ میں جہاں ہم نے گاڑی کھڑی کی تھی اُس کے ایک طرف دریائے الکبیر بہہ رہا تھا اور دوسری طرف شہر قدیم تھا۔ گاڑیاں کھڑی کرنے کے لئے سڑک کے کنارے جگہ تھی۔ ہم مشین سے کار پارکنگ ٹکٹ خریدنے گئے تو مشکل میں پھنس گئے کیونکہ مشین پر ہدایات ہسپانوی زبان میں لکھی ہوئی تھیں اور ہم اس زبان سے ناواقف تھے۔ ایسے میں ملک صاحب نے ایک ہسپانوی مٹیار کی مدد سے کار پارکنگ ٹکٹ خریدا اور پھر اُس حسینہ سے پوچھا گاڑی کھڑی کرنے کے لئے کیا یہ جگہ محفوظ ہے۔ حسینہ فرنگ نے چہرے پر خوبصورت مسکراہٹ بکھیرتے ہوئے کہا بالکل صحیح جگہ آپ نے گاڑی کھڑی کی ہے اور پھر شہر قدیم کی طرف اشارہ کرتے ہوئے بولی وہ سامنے مسلمانوں کے زمانے کی مسجد ہے۔

جامع مسجد اور چرچ

ہم ایک گلی سے چلتے ہوئے اشبیلیہ کی جامع مسجد کے صحن میں جا پہنچے۔ یہ مسجد سلطان ابو یعقوب یوسف نے 1172ء میں تعمیر کروائی تھی۔ مسجد کی جگہ اب سینٹ ماریہ کا چرچ ہے۔ اس کے ساتھ ٹرام سٹیشن اور ایک طرف تانگے اور بھگیاں کھڑی تھیں جو سیاحوں کو شہر کی سیر کرواتی ہیں۔ ایک طرف بازار ہے جبکہ دوسری طرف زمانہ قدیم کی طرز کی گلیاں اور اُن میں دکانیں بالکل اُسی طرز کی ہیں جس طرح وطن عزیز پاکستان کے گلیاں محلے ہوتے ہیں۔ ہم پہلے چرچ کے صحن اور گردنواح میں گھوم پھر کر اس عظیم الشان عبادت گاہ کا جائزہ لیتے ہوئے مشہور

زمانہ مینار جیرالڈ کے پاس جا کھڑے ہوئے۔

زمانہ قدیم میں یہ مینار مسجد کے داخلی دروازے پر تھا جس کے اوپر کھڑے ہوکر مؤذن پانچ وقت کی اذان دیتے جو پورے شہر میں سنائی دیتی تھی۔ مینار کے اوپر جانے کے لئے سیڑھیوں کی بجائے اندر بل کھاتا راستہ ہے جو اتنا وسیع ہے کہ خلیفہ اور امراء گھوڑوں پر سوار مینار کے اوپر چلے جاتے تھے۔ تین سو بیس فٹ اونچا یہ مینار مسجد کے ساتھ موحدین سلطنت کے سلطان ابو یعقوب یوسف نے 1184ء میں تعمیر کروایا تھا۔ یہ چکور شکل میں ہے۔ بل کھاتے اوپر اٹھتے راستے کو ہسپانوی زبان میں جیرالڈ کہتے ہیں۔ اسی وجہ سے یہ مینار بھی جیرالڈ کے نام سے مشہور ہے۔ اسی طرح کے مینار مراکش کی مسجد کتبین اور حسین ٹاور رباط میں بھی ہیں جو اس بات کا ثبوت ہیں کہ یہ مسلمانوں نے تعمیر کیے تھے۔ 1365ء میں زلزلہ میں مینار کی اوپر کی منزل تباہ ہوگئی تھی۔ ٹاور کی پہلی دو منزلیں مسلمانوں کی تعمیر کردہ ہیں۔ باقی عیسائیوں نے تعمیر کر کے مینار کو اصل حالت میں بحال کیا تھا۔

1248ء میں مسلمان اشبیلیہ سے چلے گئے تو جامع مسجد کو گرجا گھر میں بدل دیا گیا۔ ڈھائی سو سال تک مسجد چرچ کے طور پر استعمال ہوتی رہی پھر 1507ء میں مسجد شہید کر کے اُس جگہ سینٹ ماریہ چرچ تعمیر ہوا۔ جیرالڈ مینار کے اوپر جہاں مؤذن کھڑا ہوکر اذان دیتا تھا وہاں اب چرچ کی گھنٹیاں ہیں۔ یہ گھنٹیاں 1568ء میں نصب کی گئی تھی۔ گھنٹیاں تیرہ فٹ اونچی اور 23 فٹ چوڑی ایک فریم میں ہیں۔ جس طرح مذہب اسلام میں نماز سے قبل اذان دی جاتی ہے اسی طرح عیسائیت میں گھنٹیاں بجائی جاتی ہیں۔ اس مینار میں چند تبدیلیوں کے علاوہ اس کی بنیادیں ابھی تک مسلمانوں کی ہیں۔

منیر حسین اور ملک عبدالقیوم آفریدی چرچ اور شاہی محل دیکھنے کی بجائے دریا کی سیر کو چلے گئے۔ جبکہ میں اور شبیر مغل چرچ کے اندر گئے تو ہم دنگ رہ گئے۔ 413 فٹ لمبا 272 فٹ چوڑا اور ایک سو فٹ اونچا یہ چرچ گوتھ فرقہ کا دنیا کا سب سے بڑا اور عیسائی دنیا میں ویٹی کن روم اور سینٹ پال چرچ لندن کے بعد تیسرا بڑا چرچ ہے۔ انتہائی وسیع اور بلند و بالا چھت کے نیچے ہر فرقہ کی نمائندگی کے لئے مختلف عبادت گاہیں ہیں۔ چھت کو سہارا دینے کے لئے بڑے بڑے ستون ہیں جو انتہائی کاریگری کے ساتھ تیار کیے گئے ہیں۔ یہ ستون غالباً سنگ مرمر کے ہیں۔ چھت اور دیواروں پر انتہائی خوبصورت تصویر کشی کی گئی ہے۔ حضرت عیسٰیؑ کے

بڑے بڑے مجسمے جن میں انہیں صلیب پر دکھایا گیا ہے، نمایاں جگہوں پر نصب ہیں۔ حضرت مریم کے بت بھی اندر رکھے ہوئے ہیں۔

جب ہم اندر گئے تو چرچ کے بڑے ہال میں عبادت ہو رہی تھی جو ایک کانفرنس کی شکل اختیار کیے ہوئے تھی۔ پادری اور چرچ کے دوسرے رہنما اپنے مخصوص مذہبی لباس میں بڑے کروفر کے ساتھ شاہانہ انداز میں گھوم پھر رہے تھے۔ چرچ کی راہبہ خواتین بھی سفید لباس پہنے سر ڈھانپے چرچ کی خدمت میں مصروف تھیں۔

چرچ کے درمیانی حصے میں بڑے بڑے ہال ہیں جہاں اجتماعی عبادت ہوتی ہے۔ یہ اتنے وسیع ہال ہیں کہ وہاں ہزاروں کی تعداد میں لوگ عبادت کے لئے کرسیوں پر بیٹھ سکتے ہیں۔ چرچ کی دیوار کی طرف مختلف فرقوں نے اپنے رہنماؤں، پادریوں اور فقیروں کی یاد میں چھوٹے چھوٹے عبادت خانے یعنی چیپل بنائے ہوئے ہیں جنہیں فقیروں اور پادریوں کی تصویروں کے ساتھ سجایا ہوا ہے۔ تصویروں کے ساتھ اُن کے حالات زندگی بھی لکھے ہوئے ہیں۔ سیاحوں کو معلومات فراہم کرنے کے لئے اُس فرقہ کے ماننے والے پادری اور راہبائیں موجود ہیں۔ حاجت مند وہاں دلی مرادیں پانے کی خاطر دُعائیں مانگتے ہیں۔ ان میں کچھ اس قسم کے فقیروں یا بڑے عظیم لوگوں کی قبریں بھی ہیں جہاں اُن کے ماننے والے دلی مرادیں پانے کی دُعائیں مانگتے ہیں۔

انتھونی نامی ایک فقیر کے چیپل میں محبت پانے کے لئے دعائیں مانگی جاتی ہیں۔ کوئی شادی کے لئے ہاتھ اٹھائے دعائیں مانگ رہا تھا تو کوئی اولاد کے لئے دعائیں مانگنے میں مصروف تھا۔ میں نے ایک لڑکی اور لڑکے کو دیکھا جو ایک دوسرے سے چمٹے ہوئے تھے لیکن پھر بھی ایک ساتھ رہنے کی دعائیں مانگ رہے تھے۔ معلوم نہیں ایسا کیوں؟۔

چرچ کے اندر امریکہ دریافت کرنے والے کولمبس کی قبر ہے جس کی ہڈیوں کو 1899ء میں کیوبا سے لاکر یہاں رکھا گیا تھا۔ یہ ہڈیاں ایک بکس میں بند ہیں۔ جسے سپین کے چار بڑے صوبوں کے راجگان نے کندھوں پر اٹھایا ہوا ہے۔ دو آگے اور دو پیچھے کی طرف ہیں۔ یہ بالکل اُسی طرح کا منظر ہے جس طرح زمانہ قدیم میں دلہن کی ڈولی چار آدمی اٹھا کر چلتے تھے۔ بحری سفر پر جانے والے بحفاظت سفر کے لئے کولمبس کے مزار پر حاضری دیتے ہیں۔ سنا ہے کولمبس خود بھی اسی مقام پر کھڑا ہو کر کامیاب سفر کے لئے دعائیں مانگا کرتا تھا۔ فاتح اشبیلیہ

فرینڈس سوئم کی قبر بھی اسی میں ہے۔ جب ہم نے چرچ کے اندر عیسائیوں کو قبر پرستی کرتے دیکھا تو شبیر مغل نے کہا:

''نظامی صاحب یہ بالکل ایسے ہی ہے جیسے برصغیر میں خانقاہوں میں ہوتا ہے۔ مرادیں مانگنے والی بات ہم میں مشترک ہے۔ فرق صرف یہ ہے کہ یہ مزارات ایک چرچ کے مختلف کونوں میں ہیں۔ جبکہ پاک و ہند میں ہم نے بزرگوں کے مزارات مختلف جگہوں پر بنائے ہوئے ہیں۔ اہل ہسپانیہ نے بزرگوں کی تعلیمات اور کرامات کے بارے میں مزار کے باہر لکھا ہوا ہے۔ جبکہ ہمارے ہاں بہت سے ایسے مزار ہیں جن میں دفن بزرگوں کے نام اور اُن کی تاریخ سے بھی ہم واقف نہیں۔ ہمارے ہاں بھی مختلف مزار مختلف قسم کی مُرادیں پوری کرنے کے لئے موجود ہیں جہاں عقیدت مند سجدہ ریز ہو کر دعائیں مانگتے ہیں۔''

اشبیلیہ کا شاہی محل

سابق جامع مسجد اور جیرالڈ مینار کے جانب جنوب اشبیلیہ کا شاہی محل ہے۔ میں اور شبیر مغل محل دیکھنے گئے تو پندرہ یورو کے دو ٹکٹ خریدنے پڑے۔ گیٹ سے جوں ہی اندر داخل ہوئے تو ہم ایک باغ میں پہنچے جو سنگتروں والا باغ کے نام سے مشہور ہے۔ یہ باغ محل اور مسجد کے درمیان ہے۔ باغ کے محل وقوع سے معلوم ہوتا ہے کہ یہ جامع مسجد کا صحن تھا۔ باغات لگانے کے مسلمان شیدائی تھے۔ ایسا ہی باغ ہم مسجد قرطبہ کے صحن میں دیکھ چکے تھے۔ باغ میں سنگترے، کھجور، انار اور دوسرے پھل دار درخت تھے۔ باغ سے گزر کر ہم محل کے اُس حصے میں داخل ہوئے جو مسلمانوں نے دسویں صدی میں تعمیر کیا تھا۔ طرز تعمیر مسلمان کاریگروں کی شہادت دیتا ہے۔ دیواروں پر اُسی طرح قرآنی آیات تھیں جس طرح غرناطہ میں الحمرا محل میں ہیں۔ محل کے چاروں طرف کمرے اور درمیان میں کھلی حویلی نما جگہ میں فواروں سے پانی اچھل رہا تھا۔

محل کا وہ حصہ جو مسلمانوں نے تعمیر کیا تھا اُس میں سیاحوں کا بہت ہجوم تھا۔ سیاح مختلف ٹولیوں میں گائیڈ کے ساتھ سیاحت میں مصروف تھے۔ محل کے اسی حصے میں وہ قید خانہ بھی تھا جہاں اشبیلیہ کے بادشاہ ابو قاسم محمد ابن عباد معتمد کو یوسف بن تاشفین نے افریقہ لے جانے

سے قبل قید میں رکھا تھا۔ اگرچہ یوسف بن تاشفین کو اُندلس پر حملہ کرنے کی دعوت بھی خود معتمد نے دی تھی کیونکہ عیسائی بادشاہ اسے جزیہ کی ادائیگی کے لئے تنگ کرتے تھے۔

ایک دن اشبیلیہ کے پڑوسی عیسائی بادشاہ نے جزیہ کی وصولی کے لئے اپنا یہودی سفیر بھیجا۔ یہودی نے بادشاہ معتمد سے گستاخی کی تو ردعمل میں اُسے قتل کردیا گیا۔ اس طرح مسلمانوں اور عیسائی حکمرانوں کے درمیان کشیدگی بڑھی تو معتمد نے عیسائی حکمران کی بجائے مسلمان حکمرانوں کو ترجیح دیتے ہوئے کہا تھا: ''مجھے خنزیروں کی نگہداشت سے اونٹوں کا چرانا زیادہ عزیز ہے''۔ اسی نظریہ کے تحت معتمد نے یوسف بن تاشفین کو اپنی مدد کے لئے دعوت دی تھی۔

معتمد عربی کا بہت خوبصورت شاعر تھا جس نے اپنی قید تنہائی کے دوران بڑی دردناک شاعری کی تھی۔ مجھے معتمد اور آخری مغل تاج دار بہادر شاہ ظفر کی زندگی میں بڑی مماثلت نظر آئی۔ دونوں بادشاہ بھی تھے اور شاعر بھی۔ اور پھر دونوں نے اپنی زندگی کے آخری سال زنداں میں گزارے اور قید تنہائی میں غمگین شاعری کرتے رہے۔

جب معتمد کے بیٹے کی باغیانہ کارروائیوں کا یوسف بن تاشفین کو علم ہوا تو اُس نے معتمد کو لوہے کی زنجیروں میں جکڑ ڈالا۔ ایسے میں اس کا بیٹا ابو ہاشم، چہیتی بیگم اعتماد اور بچیاں گلی گلی محلے محلے گھومتی اور محنت مزدوری کر کے دو وقت کی روٹی کما کر کھانے پر مجبور تھیں۔ ایک بار عید پر جب معتمد کی بیٹیاں پھٹے پرانے کپڑوں میں اُس سے جیل میں ملنے آئیں تو معتمد نے انہیں خستہ حالی میں دیکھ کر برجستہ کہا تھا:

تری بناتک فی الاطمار جائعتہ
یغزلن للناس، لا یملکن قطمیرا

برزن نحوک للتسلیم خاشعتہ
ابصارھن، حسیرات مکاسیرا

ترجمہ: (تو اپنی بیٹیوں کو پھٹے پرانے کپڑوں میں بھوکا دیکھ رہا ہے، جو لوگوں کے لئے سوت کاتتی ہیں۔ لیکن ان کے پاس پھوٹی کوڑی بھی نہیں۔

وہ تمہاری طرف سلام کرنے کے لئے آنکھیں جھکائے ہوئے آئی ہیں۔ان کی نگاہیں تھکی ہوئی اور کمزور ہیں۔)

اِدھر معتمد کی بیوی اور بیٹیاں لوگوں کے گھروں میں سوت کات کر روٹی کھانے پر مجبور تھیں تو اُدھر معتمد قید خانے زنجیروں میں جکڑا اپنے حساسات کو شاعری کے قالب میں ڈھالنے میں مصروف تھا:

قیدی اما تعلمنی مسلما
ابیت ان تشفق او ترحما

یبصرنی فیک ابو هاشم
فینیی القلب و قد هشما

ترجمہ: (اے میری زنجیر کیا تو مجھے نہیں جانتی کہ میں مسلمان ہوں تو نے شفقت اور رحم کرنے سے انکار کر دیا۔اے زنجیر مجھ کو ابو ہاشم (معتمد کا بیٹا) تجھ میں جکڑا ہوا دیکھے گا تو سخت دل بھی نرم ہو جائے گا۔)

معتمد کی قید تنہائی میں زنجیروں میں جکڑے شاعری کے چند مزید اشعار:

تبدلتُ من عزظِ البنُود
بذُل الحدیدِ و ثقُل القیود

وکان حدیدی سنانا ذلیقاً
وعضباً رقاً صقیل الحدُود

فقد صارَ ذاك وذا ادهماً
یعضُ بساقی عض الاسود

ترجمہ: ''پرچموں کے سائے کی عزت کے عوض مجھے لوہے کی ذلت اور بیڑیوں کا بوجھ میرے نصیب میں آیا۔

لوہا میرے لئے نیزے کی تیزانی اور باریک، صیقل شدہ دھاروں والی شمشیر

براں سے عبارت ہوا کرتا تھا۔

اب وہ اور یہ دونوں ایک بیڑی میں ڈھل گئے ہیں جو میری پنڈلیوں کو شیروں کی طرح چباتی ہے۔“

معتمد کی اسی شاعری کو علامہ اقبال نے اردو کے قالب میں یوں ڈھالا تھا:

مردِ حُر زنداں میں ہے بے نیزہ و شمشیر آج
میں پشیماں ہوں ، پشیماں ہے مری تدبیر بھی !

خود بخود زنجیر کی جانب کھنچا جاتا ہے دل
تھی اسی فولاد سے شاید مری شمشیر بھی !

جو مری تیغِ دو دم تھی ، اب مری زنجیر ہے
شوخ و بے پروا ہے کتنا خالقِ تقدیر بھی !

محل کی سیاحت کے دوران میں ماضی میں گم اُس زمانے کی سوچ رہا تھا جب مسلمان یہاں آباد تھے۔قریب جامع مسجد کی اذان پانچ وقت کانوں میں پڑتی تو بادشاہ اور وزراسب نماز پڑھتے۔شہراشبیلیہ میں سینکڑوں مساجد تھیں جن سے بیک وقت اذانیں گونجتیں تو پوری فضاء میں پھیل جاتی تھیں۔اسی محل میں عیسائی سفیر مسلمان حکمرانوں کے سامنے دوزانو ہوتے تھے۔محل کے اردگرد اسلامی فوجیں موجود رہتی تھیں۔محل کے ایک حصے میں اسلامی عدالتیں قائم تھیں۔آج اشبیلیہ میں اذانیں بھی خاموش ہیں اور وہاں رہنے والے مسلمان بھی سہمے ہوئے ہیں۔

محل کے ایک حصے میں مجھے ایک پرانا گھڑا نظر آیا۔قریب جاکر دیکھا تو وہ مسلمانوں کے دورشاہی کا مٹی کا گھڑا تھا جو صراحی سے ملتا جلتا تھا۔گھڑے پر نقش نگاری کی بجائے سنہرے حروف میں قرآنی آیات لکھی ہوئی تھیں۔مٹی کا یہ گھڑا کئی زمانوں سے موجود ہے جس کا خالق اور مالک دونوں گمنام ہیں۔اب تو اس کا معمار اور جس بادشاہ کے لئے تیار کیا گیا تھا،سب اس جہاں سے دوسرے جہاں میں چلے گئے ہیں لیکن گھڑا اُس کاریگر کے فن کو ابھی تک زندہ رکھے ہوئے ہے۔

جب شکست خوردہ مسلمان ایک معاہدے کے مطابق 1248ء میں اشبیلیہ سے بیدخل ہوئے تو پھر یہ محل عیسائی حکمرانوں کے تصرف میں آ گیا۔1364ء میں اس میں اضافے ہوئے۔محل کی خاص بات چاروں طرف باغات، پھل دار درخت، پانی کے تالاب، فوارے، پانی کی نالیاں، خوش بودار رنگا رنگ پھول، کھجور کے درخت اور ہرے بھرے میدان ہیں۔ سیاح ان تمام چیزوں کو غور سے دیکھتے اور مسلمان حکمرانوں اور اُن کے کاریگروں کو خراج تحسین پیش کرتے ہیں جبکہ کٹر نصرانی ان تعمیرات سے حسد کرتے ہیں۔

محل کے باغات میں دیوار کے ساتھ ایک قدیم زمانے کا حمام بھی تھا جسے سیاح بڑے شوق سے دیکھتے اور پھر آپس میں کھسر پھسر کرتے قہقہے لگاتے ہوئے باہر نکل جاتے۔ میں بھی اندر گیا تو وہاں موجود ایک ہسپانوی حسینہ نے بتایا کہ:

''یہ حمام ایک کنیز کا تھا جو اتنی حسین وجمیل تھی کہ شاہی محل کے کئی مرد اُس کے عاشق بلکہ اُس پر مرتے تھے۔ جب وہ کنیز اس حمام میں غسل کرتی تو اُس کے عاشق غسل کا پانی بڑے شوق سے غٹ غٹ کر کے پی جاتے تھے''۔

ویسے تو یہ بات دل کو نہیں بھاتی لیکن جنہوں نے عشق کیا وہ اس کی اہمیت سے پوری طرح آگاہ ہیں۔اور یورپ جہاں مفت میں یہ مال مل جاتا ہے وہ غسل کا پانی پینے کا سن کر قہقہے نہ لگائیں تو اور کیا کریں۔مرزا غالب اس بارے میں فرما چکے ہیں:

عشق پر زور نہیں ، ہے یہ وہ آتش غالبؔ
جو لگائے نہ لگے اور بجھائے نہ بنے

اشبیلیہ کے اس محل میں اب بھی سپین کا شاہی خاندان آ کر قیام کرتا ہے۔شاہی خاندان جب بھی اشبیلیہ کے دورہ پر آتا ہے تو وہ اسی محل میں قیام کرتا ہے۔اس طرح یہ واحد محل ہے جو مسلمانوں کے زمانے سے آباد چلا آ رہا ہے۔یوں یہ دنیا کا قدیم ترین رہائشی محل بھی ہے۔

محل کی سیاحت کے دوران گھومتے گھومتے میں ایک ہال میں داخل ہوا جہاں ہسپانوی لڑکیاں فلیمنکو Flamenco ڈانس کے ذریعہ سیاحوں کا دل لبھا رہی تھیں۔ لڑکیوں نے چوڑی دار چست پاجامے اور گھیرے دار لمبے فراک پہنے ہوئے تھے۔فرش لکڑی کا

تھا اور غالباً لڑکیوں نے جو سینڈل پہنے ہوئے تھے اُن کے نیچے لکڑی یا کوئی اور سخت چیز تھی۔ جب لڑکیاں مچلتی، ناچتی اپنے پاؤں زور سے فرش پر مارتیں تو بڑے زور کی آوازیں پیدا ہوتی تھیں۔ لڑکیاں بل کھاتیں، ہاتھوں کو خاص زاویوں سے ہوا میں لہراتیں اور پھر تیزی کے ساتھ ہال کے ایک کنارے سے دوسرے کنارے تک فرش پر دوڑ لگاتیں تو خوبصورت لڑکیوں کے حسن سے ماحول میں جہاں حسن پیدا ہوتا تھا وہاں دلکش موسیقی بھی سیاحوں کے دل کو لبھاتی تھی۔ یہ ایک خوبصورت منظر تھا۔

اُندلس میں ڈانس کو خانہ بدوشوں نے عروج دیا۔ اب بھی غرناطہ شہر کی پشت پر پہاڑیوں کے دامن میں خانہ بدوش ہر شام رقص کی محفلیں سجاتے اور سیاحوں کا دل لبھا کر اچھی بھلی کمائی کرتے ہیں۔

محل میں گھومتے پھرتے آخر مجھے شبیر مغل مل گئے جو ابھی محل کی عکس بندی میں مصروف تھے۔ دوپہر کا وقت ہو چکا تھا۔ چنانچہ ہم محل سے باہر نکلے تو لان میں خوبصورت رنگا رنگ پھول دیکھے۔ ایک درخت، جو بیل کی شکل میں بڑھتے بڑھتے محل کی چھت تک پہنچ چکا تھا، پر اس قدر خوبصورت اور رنگا رنگ پھول تھے کہ سیاح اس کی عکس بندی کر رہے تھے۔ ہم نے بھی اُن پھولوں کی چند تصویریں اُتاریں۔

محل سے باہر نکلے تو جامع مسجد کے سامنے ٹرام لین کے قریب ایک قہوہ خانے میں گئے۔ مغل صاحب نے قہوہ اور میں نے آئس کریم کھائی۔ پھر بچوں کے لئے تحفے خریدنے کے بعد جس گلی سے اس علاقہ میں آئے تھے اُسی پر چلتے ہوئے واپس دریائے الکبیر کے کنارے جا پہنچے۔

گولڈن مینار

دریا کے کنارے گولڈن مینار تھا جسے ہسپانوی زبان میں ''ٹوری ڈل کرو'' کہتے ہیں۔ یہ مینار مسلمانوں نے 1220ء میں تعمیر کیا تھا۔ ہم مینار کو دیکھنے اندر داخل ہوئے تو دیکھا کہ پہلی منزل پر ایک میوزیم تھا جس میں قدیم زمانے کے نقشے، خاکے اور تصویریں تھیں۔ ایک تصویر میں وہ منظر دکھایا گیا تھا جب یہ شہر مسلمانوں کے زیر تسلط تھا۔ تصویر میں دریا اور جامع مسجد کے درمیان آبادی کی بجائے خوبصورت پارک دکھائی دیتا تھا۔ کچھ نقشہ جات سمندری سفر کے بھی تھے۔

گولڈن مینار کے اس میوزیم میں کچھ ایسے آلات بھی رکھے ہوئے تھے جو بحری سفر کے دوران جہاز ران استعمال کیا کرتے تھے۔ یہ مینار دفاعی نقطہ نظر کے تحت تعمیر کیا گیا تھا۔ اس پر ہر وقت فوجی پہرا دیتے تھے جنہیں دور دور تک دشمن کی آمد و رفت نظر آتی رہتی تھی۔ دریائے الکبیر کی دوسری طرف بھی ایک مینار تھا جو سلور مینار کے نام سے مشہور تھا۔ لیکن اب اس کا نام و نشان مٹ چکا ہے۔ زمانہ قدیم میں غیر ملکی جہازوں کو روکنے کے لئے دریا کے کنارے دونوں میناروں کے ساتھ لوہے کی زنجیر لگا دی جاتی تھی۔ یہ زنجیر اب بھی موجود ہے۔

گولڈن مینار کی تین منزلیں ہیں۔ ہم سب سے اوپر والی منزل پر گئے تو دیکھا کہ اشبیلیہ کا سارا شہر ہمارے قدموں میں ہے۔ دریا میں آتے جہاز بھی دور سے دکھائی دے رہے تھے۔ شہر کے مضافات میں ہرے بھرے کھیتوں میں کسان کام کر رہے تھے۔ یہ مینار گول ہے اور دریائے الکبیر کے بالکل اوپر واقع ہے۔ جب کولمبس نے امریکہ دریافت کیا اور وہاں کی دولت لوٹ کر سپین لائی جانے لگی تو وہ اشبیلیہ کے اسی مقام پر جہازوں سے اُتاری جاتی تھی۔ سونا اس مینار کے اندر محفوظ رکھا جاتا تھا اسی وجہ سے عوام میں یہ گولڈن ٹاور کے نام سے مشہور ہوا۔

دریا کی سیر

ہم گولڈن ٹاور سے باہر نکلے تو ہمیں منیر حسین اور ملک عبدالقیوم آفریدی بھی مل گئے۔ فیصلہ ہوا کہ اب دریائے الکبیر کی سیر کی جائے۔ ہم دریا کے کنارے چہل قدمی کر رہے تھے کہ ایک جگہ چند خواتین کو کپڑے دھوتے دیکھا تو مجھے یاد آیا کہ ایک دن اشبیلیہ کا شاعر بادشاہ المعتمد اپنے جگری یار، نام ور شاعر اور وزیر عباد کے ساتھ اسی دریا کے کنارے ہماری طرح چہل قدمی کر رہا تھا کہ دریا میں اٹھتی موج کو دیکھ کر برجستہ کہا:

صَنع الریحُ من الماء زِرد

(ہوا نے پانی پر زرہ سی بُن دی ہے۔)

اس پر معتمد نے عماد کو کہا کہ اس مصرع پر گرہ لگاؤ۔ ابن عمار نے بڑی کوشش کی لیکن دوسرا مصرع نہ بن سکا۔ وہاں قریب ہی ایک عورت کپڑے دھو رہی تھی جس نے جواب دیا:

ای درع لقتال لو جمِد

(کاش یہ یہیں جم جائے تو جنگ کے لئے خوب زرع ثابت ہو۔)

معتمد عورت کے برجستہ جواب پر چونکا اور غور سے دیکھا تو وہ ایک انتہائی حسین و جمیل عورت تھی۔ معتمد اُس پر عاشق ہوا اور بعد میں اُس سے شادی کرلی۔ شادی کے بعد یہی عورت ملکہ رمیکیہ کے نام سے نام ور ہوئی۔ رمیکیہ کا اصل نام اعتماد تھا۔ غالباً یہی وجہ تھی معتمد نے اپنا لقب اسی نام سے اخذ کیا تھا۔ معتمد اور رمیکیہ کا پیار اور حکومت میں عمل دخل بالکل اُسی طرح تھا جیسے ہارون رشید کی حکومت میں اُس کی چہیتی ملکہ زبیدہ کو حاصل تھا۔

یہ بات میں نے اپنے ساتھیوں کو سنائی تو ہمارے ساتھی ملک عبدالقیوم آفریدی نے سیف الملوک پڑھنا شروع کردیا۔ لیکن افسوس کہ کسی بھی ہسپانوی دوشیزہ نے اِس طرف توجہ نہیں دی۔ اگرچہ ''ملک'' تو یہ بھی تھے۔ لیکن افسوس کہ اشبیلیہ کے بادشاہ اور شاعر نہیں تھے۔

دریا کے کنارے چہل قدمی کرتے ہوئے ہم اُس مقام پر گئے جہاں سے سیاحوں کو دریا کی سیر سٹیمر پر کروائی جاتی ہے۔ اس مقصد کے لئے ہم نے پندرہ یورو کے حساب سے چار ٹکٹ خریدے اور دریا کی سیر کے لئے سٹیمر نما جہاز پر جا بیٹھے۔ یہ ایک وسیع تین منزلہ سٹیمر تھا۔ اندر بیٹھنے کے لئے خوبصورت صوفے تھے جبکہ باہر صحن میں بھی بیٹھنے کے لئے کرسیاں موجود تھیں۔ ہم دھوپ میں جا بیٹھے۔

جب مسافر سٹیمر پر بیٹھ چکے تو ایک خاتون سیاحوں کو اشبیلیہ اور اس سٹیمر پر خوش آمدید کہتے ہوئے بتانے لگی:

> ''اشبیلیہ شہر دریائے الکبیر کے دونوں کناروں پر دو ہزار سال سے آباد ہے۔ اس پر رومنوں نے حکومت کی لیکن اسے چار چاند مسلمانوں نے لگائے۔ یہ شہر 711ء میں موسیٰ بن نصیر نے فتح کیا تھا اور پھر پانچ سو سال تک یہ مسلمانوں کا گڑھ رہا۔ شہر کو اشبیلیہ نام بھی عربوں نے دیا تھا جسے اب ہسپانوی زبان میں بگاڑ کر سیول Seville بنا دیا گیا ہے۔ مسلمانوں کے زمانے میں اس شہر کی اُندلس بھر میں بڑی اہمیت تھی۔ زرعی خطہ ہونے کی وجہ سے پورے ملک کی غذائی ضرورت پوری کرتا تھا۔ جب قرطبہ کی مرکزیت ختم ہوئی اور اُندلس مختلف صوبوں اور ریاستوں میں تقسیم ہوگیا تب اشبیلیہ کی ریاست سب سے امیر تھی۔ 1248ء میں اس

شہر کو فرینڈ سوئم نے مسلمانوں سے چھین لیا تھا۔لیکن مسلمانوں کے اثرات اور یادگاریں آج بھی اس شہر میں موجود ہیں۔

اس شہر نے بڑے عروج و زوال دیکھے۔آج شہر کی آبادی سات لاکھ افراد پر مشتمل ہے۔یہ سپین کا چوتھا بڑا شہر ہے۔مسلمانوں کے بعد دو سو سال تک یہ شہر زوال پذیر رہا لیکن جب کولمبس نے امریکہ دریافت کیا تو وہاں کے مال و دولت جب اس شہر میں پہنچے تو راتوں رات شہر کو عروج ملا۔اشبیلیہ سے امریکہ ہر روز ایک جہاز جاتا اور آتا تھا۔جس میں مال و دولت کے ساتھ ساتھ سپین کے لوگ بھی قسمت آزمائی کے لئے ایک نئی دنیا آباد کرنے جاتے تھے۔

1600ء میں اس شہر کی آبادی پچاسی ہزار تھی جس میں سات ہزار غلام بھی شامل تھے۔اُس زمانے میں یہ شہر اٹلی کے شہر نیپلز، فرانس اور وینس کے بعد دنیا کا چوتھا بڑا شہر تھا۔1649ء میں طاعون کی بیماری نے اس شہر کو ویران کر کے رکھ دیا۔ہر روز چھ سو آدمی فوت ہوتے تھے۔یوں چند سالوں میں شہر کی آبادی نصف ہو گئی تھی۔

آج کا اشبیلیہ رنگا رنگ شہر ہے۔اپریل اور مئی میں ہمارے ہاں دو میلے منعقد ہوتے ہیں جنھیں دیکھنے کے لئے دنیا بھر کے لوگ آتے ہیں۔یہ میلے دو ہفتے جاری رہتے ہیں۔ان میں مرد سوٹ اور خواتین فلیمنکو لباس پہنتی ہیں۔اہل اشبیلیہ دو ہفتے کھاتے، پیتے، ناچتے گاتے یہ جشن مناتے ہیں۔''

اسٹیمر کی میزبان لڑکی اشبیلیہ کے ماضی اور حال سے سیاحوں کو آگاہ کر چکی تو کپتان نے جہاز چلانا شروع کیا تو گائیڈ کی زبان بھی چلنے لگی۔اس نے دریا کے کنارے دونوں طرف کی خوبصورت عمارتوں کے بارے میں معلومات پہنچائیں۔سٹیمر پہلے جنوب کی طرف اور پھر واپس شمال کو صوبائی پارلیمنٹ کی عمارت تک گیا۔جب جہاز اشبیلیہ یونیورسٹی کے پاس سے گذرا تو گائیڈ نے بتایا کہ یہاں پہلے تمباکو فیکٹری تھی جو 1728ء میں قائم ہوئی اور 1960ء

تک چلتی رہی۔ تمبا کو امریکہ سے لا کر اس فیکٹری میں سگریٹ، سگار، نسوار اور حقہ پینے والوں کے لئے تمبا کو تیار کیا جاتا تھا۔

فیکٹری کی خاص بات یہ تھی کہ یہاں سب خواتین ہی کام کرتی تھیں تا کہ گھریلو اخراجات میں مدد کی جا سکے۔ اور پھر گائیڈ نے ایک گلی کی طرف اشارہ کیا کہ جو خواتین یہاں کام کرتی تھیں اُن کے خاوند اُس گلی کے کونے پر کھڑے ہو کر وہ سگار پیتے تھے جو اُن کی بیگمات فیکٹری سے چوری کر کے گھر لے جاتی تھیں۔ فیکٹری میں ساڑھے تین ہزار خواتین کام کرتی تھیں۔ اُس زمانے میں یہ فیکٹری سب سے بڑے آجر کے طور پر سامنے آئی تھی۔ سگار سپین نے ایجاد کیا جو دنیا میں پہلی بار اشبیلیہ کی اسی فیکٹری میں تیار ہوا تھا۔ سولہویں صدی میں جب سپین کے لوگ امریکہ گئے تو وہاں کے مقامی باشندوں ریڈ انڈین کو پام کے پتوں میں تمبا کو لپیٹ کر پیتے دیکھا تو اس تجارتی قوم کے ذہن میں تمبا کو کو لپیٹ کر سگار بنانے کا تصور پیدا ہوا تھا۔ جسے عملی جامہ پہنانے کے لئے یہ فیکٹری لگائی گئی تھی۔

دریائے الکبیر کے کنارے دونوں طرف خوبصورت عمارتیں، ہوٹل اور بُل فائٹنگ رنگ ہیں۔ سیویل Seville یعنی اشبیلیہ کا یہ بل فائٹنگ رنگ 1758ء میں تعمیر ہوا جو سپین کا سب سے قدیم فل فائٹنگ رنگ ہے۔ دوسرا قدیم ترین اور خوبصورت ترین رنگ رونڈا کا ہے جو 1785ء میں تعمیر اہوا تھا اور اب تک زیر استعمال ہے۔

بل فائٹنگ رنگ کے پاس سپین کے پہلے خیراتی ہسپتال کی عمارت ہے جو سترہویں صدی میں غریبوں، مسافروں اور بے کسوں کے لئے قائم کیا گیا تھا۔ ہم دریائے الکبیر کی سیر کوئی ایک گھنٹہ کرتے رہے۔ ہماری پوری توجہ تو اردگرد کے نظارے کرنے میں صرف ہوئی لیکن بعض سیاح دنیا جہاں سے بیگانے ہو کر اپنے ساتھی کو اپنی محبت کا یقین دلوانے میں مصروف رہے۔

گولڈن ٹاور کے قریب اسٹیمر سے اُترے تو قریب ہی ہماری گاڑی کھڑی تھی۔ ہم گاڑی کے پاس گئے اور اردگرد کا جائزہ لیا تو یہ دیکھ کر حیران ہو گئے کہ جہاں ہم نے گاڑی کھڑی کی تھی وہاں سامنے اشبیلیہ کا سب سے بڑا بل فائٹنگ رنگ ہے۔ بل فائٹنگ رنگ کو ہسپانوی زبان میں Plaza de Toros کہتے ہیں۔ اشبیلیہ کے بل فائٹنگ رنگ میں چودہ ہزار تماش بینوں کے بیٹھنے کی گنجائش ہے۔ بادشاہ اور ملکہ کے لئے الگ شاہی کیبن ہیں۔

ہسپانیہ میں بل فائٹنگ بڑا ہردلعزیز کھیل ہے۔ اس کھیل کا موسم شروع ہونے سے قبل بیل، بھینسے گلیوں، محلوں اور بازاروں میں کھلے چھوڑ کر دوڑائے جاتے ہیں جن کے ساتھ ساتھ عورتیں مرد اور بچے بھی ہا...... ہو کی آوازیں نکالتے ساتھ ساتھ دوڑتے رہتے ہیں۔ اس طرح بیل اور بھینسے خوف سے اور تیز بھاگتے ہیں جس سے بہت سے لوگ زخمی بھی ہو جاتے ہیں۔ لیکن یہ لوگ روایت پسند ہیں اور اپنی اس روایت کو چھوڑنے کے لئے تیار نہیں۔ حالانکہ دنیا بھر کی انسانی حقوق (ہیومن رائیٹ) کی تنظیمیں اس کھیل کے خلاف ہیں۔

گلیوں محلوں میں بیلوں کی دوڑ کے بعد ملک بھر کے بل فائٹنگ رنگ میں اس کھیل کا آغاز ہو جاتا ہے۔ کھیل والے دن شہر میں ہر طرف لوگوں کے ہاتھوں میں سرخ رنگ کی جھنڈیاں ہی جھنڈیاں نظر آتی ہیں۔ اُس کی وجہ غالباً یہی ہے کہ جب بل فائٹنگ ہوتی ہے تو اُس وقت بیل کے ساتھ کھیلنے والے آدمی کے ہاتھ میں سرخ رنگ کا کپڑا ہوتا ہے جسے وہ بیل کو اشتعال دلانے کے لئے لہراتا رہتا ہے۔ اور جوں ہی بیل اُس آدمی پر حملہ کرتا ہے وہ اپنی پوزیشن بدل لیتا ہے۔ بیل کو دوڑا دوڑا کر جب تھکا دیا جاتا ہے تو پھر وہ آدمی چھرے سے اُس پر حملہ کر کے اُسے قتل کرنے کے بعد فتح کا نشان بناتا ہوا میدان سے چلا جاتا ہے۔

آج بل فائٹنگ کا دن نہیں تھا۔ اس لئے علاقہ میں سکون بھی تھا اور کار پارکنگ کے لئے ہمیں آسانی سے جگہ بھی مل گئی تھی۔

ایک عرب شاعر

اشبیلیہ سے رخصت ہوتے وقت مجھے ابن سہل اشبیلی اسرائیلی یاد آنے لگے۔ یہ عربی کے خوبصورت شاعر تھے۔ 1212ء میں اشبیلیہ کے ایک یہودی خاندان میں پیدا ہوئے جس کی وجہ سے اسرائیلی کہلائے۔ لیکن ہوش سنبھالا تو حلقۂ اسلام میں داخل ہو گئے۔ لیکن مرزا غالب کی طرح دخترِ رز سے بھی محبت بلکہ رج کر پیار کرتے تھے۔ اس بناء یہ تنقید کا نشانہ بھی بنتے رہے۔

ابو اسحاق ابراہیم بن سہل اشبیلی خوبصورت پیار محبت کرنے والے شاعر تھے۔ جب اشبیلیہ پر عیسائیوں نے قبضہ کیا تو یہ ہجرت کر کے شمالی افریقہ چلے گئے تھے۔ ان کی ایک نظم کا اردو ترجمہ کچھ یوں ہے:

جب ہم رخصت ہوئے تو چودھویں کا چاند نکلا

خطرناک راستوں پر روشنی پڑی
دل نے گواہی دی محبت کوئی گناہ نہیں
ایک جھلک دیکھنے سے وہ بہت حسین نظر آئی
جذبات سے میں باغ و بہار ہو گیا
جب کبھی میں نے اپنے جذبات کا اظہار کیا
وہ مسکرائی
اُس پہاڑ کی مانند جس پر بادل چھائے ہوں
کیا وہ یہ جانتے ہوئے بھی
کہ
میں محبت میں جل رہا ہوں
پیار کرنے والے کے دل کو بچائے گی
وہ دل .... جس میں وہ ہمیشہ رہتی ہے

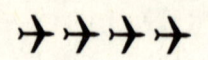

✦ ✦ ✦ ✦

دلبری ٹھہرا زبانِ خلق کھلوانے کا نام
اب نہیں لیتے پری رُو زلف بکھرانے کا نام
اب کسی لیلیٰ کو بھی اقرار محبوبی نہیں
ان دنوں بدنام ہے ہر ایک دیوانے کا نام
(فیض احمد فیض)

اشبیلیہ سے جبل طارق

ہم تین بجے اشبیلیہ سے چلے تو ہماری منزل جبل طارق تھی جہاں ہم نے رات گزارنے کے لئے ہوٹل بک کروا رکھا تھا۔ لیکن جبل طارق پہنچے سے قبل ہمیں راستے میں بہت سے شہروں اور قصبوں اور ساحل سمندر کی سیر بھی کرنی تھی۔ ہم جوں ہی اشبیلیہ شہر سے نکلے تو E5 نامی سڑک پر ہماری گاڑی سرسبز کھیتوں میں فراٹے بھرنے لگی۔ ہماری پہلی منزل Cadiz قادس کا ساحل سمندر تھا جو اشبیلیہ سے چالیس کلومیٹر کے فاصلہ پر ہے۔ لیکن قادس پہنچے سے قبل ہم راستے میں جریز Jerez پہنچے تو علاقہ کی خوبصورتی دیکھ کر حیران رہ گئے۔ جریز شیری Sherry نامی مشہور زمانہ شراب کی بدولت دنیا بھر میں مشہور ہے۔

شراب کی ماں دھرتی

آپ نے دیکھا ہوگا کہ مغربی ممالک کے کھلاڑی جب فٹ بال یا کوئی اور کھیل جیتے ہیں تو کپتان خوشی کا اظہار کرتے ہوئے شراب کی بوتل کو لہراتے ہوئے جب کھولتا ہے تو شراب فوارے کی طرح چاروں طرف پھیل جاتی ہے۔ اس بوتل میں شیری شراب ہوتی ہے جو جریز کے اسی علاقہ میں تیار ہوتی ہے۔ شیری نامی شراب اسی علاقہ کے انگوروں سے کشید کی جاتی ہے۔ اس علاقہ میں کتنے انگوروں کے باغات ہیں؟ اُس کا اندازہ اس بات سے لگائیں کہ ہر سال ایک کروڑ ستر لاکھ گیلن شراب ان انگوروں سے کشید کر کے دنیا کے کونے کونے میں بھیجی جاتی ہے۔

انگوروں کے باغات کی سرحدیں قادس تک پھیلی ہوئی ہیں۔ یہ باغات کسی زمانے میں مسلمانوں کے تھے۔ تب یہاں مسلمان، یہودی، عیسائی اور جپسی سب مل جل کر بھائی چارے کی ایک ایسی فضاء میں رہتے تھے کہ جس پر زمانہ رشک کرتا تھا۔ لیکن جب مسلمانوں کو اس ملک سے نکال دیا گیا تو پھر یہودی بھی بے دخل کر دیئے گئے۔ جپسی بے وطن تھے۔ وہ زیر زمین چلے گئے تو باغات کے وارث عیسائی قرار پائے۔ جب حالات معمول پر آئے تو جپسی دوبارہ سامنے آئے۔ اس وقت اس علاقہ میں مقامی آبادی کے ساتھ ساتھ جپسی بھی کافی تعداد میں رہتے ہیں۔

طارق اور راڈرک کا معرکہ

جریز کا قدیمی نام شریش Xeres تھا۔ یہ نام اس خطہ کو مسلمانوں نے عطا کیا تھا۔ جب ہم شریش اور قادس کی سرحد پر پہنچے تو مجھے یاد آیا کہ اسی مقام پر دریائے الکبیر کے کنارے طارق بن زیاد اور سپین کے بادشاہ راڈرک کا پہلا معرکہ 19 جولائی 711ء میں ہوا تھا جس میں بارہ ہزار مجاہدین نے ایک لاکھ عیسائی فوج کو اس طرح عبرت ناک شکست دی کہ بادشاہ راڈرک دریا میں ڈوب مرا اور زندہ بچ جانے والی فوج سر پر پاؤں رکھ کر اس طرح بھاگی کہ وہ سپین اور فرانس کی سرحد پر واقع پہاڑوں میں جا چھپی۔ اسی شکست نے مسلمانوں کے لئے ہسپانیہ کی سرزمین پر حکومت کرنے کے دروازے کھولے جس کی بدولت مسلمانوں نے سپین پر آٹھ سو سال حکومت کی۔

جریز میں مسلمانوں کے دور کا ایک قلعہ بھی ہے جس میں حمام، باغات اور مسجد بھی تھی۔ باقی سب کچھ اُسی طرح ہے صرف مسجد کو چرچ میں بدل دیا گیا ہے۔ جب سے سپین نے سیاحت کے فروغ کے لئے کام شروع کیا ہے تو مسلمانوں کی چیزوں کو دوبارہ اہمیت دیتے ہوئے اجاگر کر رہے ہیں تا کہ سیاح اس علاقہ کا رخ کریں اور مقامی آمدنی میں اضافہ کے ساتھ ساتھ روزگار کے مواقع بھی پیدا ہو سکیں۔

اس خطہ کے نام شریش کو بگاڑ کر ہسپانوی زبان میں جریز Jerez اور انگریزوں نے اسے مزید بگاڑ کر شیری Sherry رکھا۔ علاقہ کی نسبت سے مقامی شراب کا نام بھی شیری دنیا میں مشہور ہوا۔ بعض مفکرین کی رائے ہے کہ جب مسلمان اس خطہ میں آئے تو خطہ کی خوبصورتی اور باغات کو دیکھ کر اس کا نام شیراز رکھا تھا۔ شیراز ایران کا ایک خوبصورت شہر ہے۔ جس کی نسبت

سے شیخ سعدی......شیرازی کہلاتے ہیں۔

ہم چائے پینے ایک قہوہ خانہ میں اُترے تو وہاں ایک صاحب نے مجھے بتایا کہ:

''جب انگور کا پھل تیار ہوتا ہے تو اہل جریز ایک بہت بڑے میلے کا اہتمام کرتے ہیں۔ جس میں اُندلس بھر کے نوجوان لڑکے، لڑکیاں ناچتے گاتے شرکت کرتے ہیں۔ نوجوانوں کے علاوہ زندگی کے ہر مکتبہ فکر کے لوگ اور اب دنیا جہاں کے سیاح بھی اس میلے میں شرکت کرتے ہیں۔ تب یہ میلہ بین لاقوامی حیثیت اختیار کر لیتا ہے۔ اس دوران گلی محلوں میں رونق ہو جاتی ہے''۔

یہ منظر بالکل اُسی طرح کا ہوتا ہے جس طرح کسی زمانے میں پنجاب میں فصل تیار ہونے پر بیساکھی کے میلے اور جشن برپا ہوتے تھے جو اس بات کا ثبوت ہوتے تھے کہ نئی فصل تیار ہو چکی ہے اور کسان خوشی میں ناچتے گاتے بھنگڑے ڈالتے تھے۔ یہ زمانہ قدیم کی بیساکھی کے مناظر ہیں ممکن ہے اب بھی پنجاب میں کسان اُسی طرح کے جشن برپا کرتے ہوں۔ میں نے محسوس کیا کہ کسان پنجاب کے ہوں یا ہسپانیہ کے وہ اپنی محنت کا پھل پا کر خوشی کا اظہار ضرور کرتے ہیں۔

سینٹ ماریا

انگوروں کے باغات میں سے سفر کرتے ہوئے ہم سینٹ ماریا نامی بستی میں پہنچے جو دریائے الکبیر کے دہانے پر آباد ہے۔ دریائے الکبیر شمال کے پہاڑوں سے نکل کر قرطبہ، اشبیلیہ سے گزرتا ہوا سینٹ ماریا قصبہ سے گزر کر بحرِ اوقیانوس میں جا گرتا ہے۔ سینٹ ماریا نامی اس بستی کی شہرت بھی کولمبس ہے۔ کولمبس جس بحری جہاز پر دوسری بار سفر کرتے ہوئے امریکہ گیا تھا اُس کا نام ''سینٹ ماریا Santa Maria'' تھا۔ یہ جہاز اسی قصبہ کے جیون Juan نامی ایک صاحب کی ملکیت تھا جو خود کولمبس کے ساتھ جہاز چلا کر امریکہ پہنچا تھا۔

کولمبس کی نسبت کے علاوہ اس بستی کی شہرت شیری نامی شراب کی ایک خاص قسم سے ہے جو زیادہ نشہ آور نہیں بلکہ دھیمے نشہ آور مشروبات میں اُس کا شمار ہوتا ہے۔ اس قصبہ میں بل فائٹنگ کا میدان یعنی رنگ بھی موجود ہے جو 1880ء میں تعمیر ہوا تھا۔ یہ سپین کا تیسرا بڑا رنگ ہے جس میں پندرہ ہزار تماش بین بیٹھ کر بل فائٹنگ کا نظارے کر سکتے ہیں۔ جس طرح

لاہور کے بارے میں مشہور ہے کہ جس نے ''لاہور نہیں دیکھا اُس نے کچھ نہیں دیکھا'' بالکل اُسی طرح اس قصبہ کے بل فائٹنگ رنگ کے بارے میں بھی مشہور ہے کہ: ''جس نے سینٹ ماریا ایل پیروٹو El puerto کے رنگ میں بل فائٹنگ نہیں دیکھی اُسے علم ہی نہیں کہ بل فائٹنگ کیا ہوتی ہے۔''

اشبیلیہ سے سینٹ ماریا تک کا سفر سرسبز کھیتوں اور باغات میں سے ہوتا رہا۔ نیلے آسمان اور معتدل موسم میں ہر چیز بہت بھلی اور پیاری لگ رہی تھی۔ سارے ساتھی خوش باش اور ایک ایک لمحہ سے لطف اندوز ہو رہے تھے۔ ہم بعد دوپہر قادس پہنچے۔

قادس Cadiz

قادس اُندلس کا ساحلی شہر ہے۔ جو سمندر کے اندر ایک خلیج کی شکل میں آباد ہے۔ ایک پل نے شہر کو خشکی کے ساتھ ملایا ہوا ہے۔ یہ ایک بہت ہی اہم بندرگاہ ہے۔ مسلمانوں نے اسے 711ء میں فتح کیا۔ ساڑھے پانچ سو سال تک یہ شہر مسلمانوں کے قبضہ میں رہا۔ 1262ء میں اس پر عیسائی حکمرانوں نے قبضہ کیا تھا۔

سپین کے زمانہ عروج میں اس بندرگاہ کی بڑی اہمیت تھی۔ اسی بندرگاہ سے کولمبس نے اپنا دوسرا اور چوتھا بحیری سفر شروع کیا تھا۔ شہر میں ابھی تک کچھ درخت موجود ہیں جن کے بارنے میں مقامی لوگوں کا کہنا ہے کہ یہ درخت کولمبس امریکہ سے لایا تھا۔ جب امریکہ دریافت ہوا۔ اور وہاں کا مال اسپین آنا شروع ہوا۔ تو پہلے یہ سامان قادس سے دریا الکبیر کے ذریعے اشبیلیہ جاتا تھا۔ اس طرح اہل قادس اور اشبیلیہ کے درمیان لڑائی جھگڑے شروع ہوئے۔ تو تجارتی جہاز اسی بندرگاہ پر آ کر لنگر انداز ہونے لگے تھے۔ قادس کی شہرت اس کی بندرگاہ اور ریت سے بھرے خوبصورت ساحل ہیں۔

قادس دنیا کے قدیم ترین شہروں میں سے ایک ہے۔ جو 1104 ق م میں آباد ہوا۔ تین ہزار سال کے بعد آج اس کی آبادی ایک لاکھ تیس ہزار ہے۔ گذشتہ دس سالوں میں شہر کی آبادی میں اضافہ کی بجائے بارہ ہزار کی کمی ہوئی ہے۔ جس کی وجہ بے روزگاری اور رہائش کی قلت ہے۔

جب ہم قادس پہنچے تو یوں محسوس ہوا جیسے دنیا جہاں کا حسن اسی شہر میں آ بسا ہے۔ اگر میں شاعر ہوتا تو مقامی حسن سے متاثر ہو کر شاعری کرتا۔ بالکل اُسی طرح جیسے انگریزی کے

رومانی شاعر لارڈ بائرن نے 1809ء میں اس شہر کی سیاحت کے دوران ''قادس کی لڑکی'' نام سے ایک خوبصورت نظم لکھی تھی۔ جس کا اردو ترجمہ کچھ یوں ہے:

ہائے......مجھ سے مت پوچھو
شمال کی سرزمین اور برطانوی خواتین
تمہیں ابھی تک کسی نے آنکھ کے اشارے سے نہیں لوٹا
میری طرح......جسے قادس کی پیاری من موہنی لڑکی نے لوٹ لیا
اُس کی آنکھیں نیلی نہیں
اور نہ وہ انگریز دوشیزاؤں کی طرح ہے
محسوس ہوتا ہے جیسے یہ مختلف رنگوں کی آمیزش ہے
جیسے وہ اپنا حسن جنت سے چُرا کر لائی ہے
اُس کی پلکیں جیسے ریشم کی لڑیاں
دل موہ لینے والی قادس کی لڑکی
ایک ایسی ہسپانوی لڑکی
جو محبت کے معیار پر پوری اُترتی ہے
وہ رات کو ستاروں کی روشنی میں
کسی سے جیسے لپٹ کر گٹار بجاتی ہے
اور پھر عیسائی بادشاہوں
یا مسلمان ہیرو کے گیت گاتی ہے

قادس میں مقامی لڑکیوں کا حسن اور اُن کی ذہانت کے بہت قصے بھی گردش کرتے رہتے ہیں۔ ایک کہاوت ہے کہ اس شہر پر ایک بادشاہ حکومت کرتا تھا۔ جس کی ایک بہت ہی خوبصورت لڑکی تھی۔ لڑکی کے حسن کے چرچے پھیلے تو بادشاہوں، نوابوں اور راجگان نے رشتہ کے پیغام بھیجنے شروع کیے۔ اس پر بادشاہ پریشان ہوا کہ اگر وہ کسی ایک کو رشتہ دیتا ہے تو باقی بادشاہ اس کے دشمن ہو جائیں گئے۔ بادشاہ کی لڑکی حسین تو تھی ہی لیکن وہ اپنے حسن سے زیادہ

دانشمند بھی تھی۔ وہ باپ کی پریشانی کو بھانپ گئی۔ ایک دن باپ سے کہا کہ آپ رشتہ مانگنے والوں سے کہیں کہ میری لڑکی کا مطالبہ ہے کہ وہ سب سے دانش مند بادشاہ کے ساتھ شادی کرے گی۔ جواب میں دو بادشاہوں نے کہا کہ ہم اپنی دانش مندی ثابت کرنے کیلئے تیار ہیں۔ اس پر بادشاہ پھر غمگین ہو گیا کہ دونوں میں سے ایک رشتہ نہ ملنے پر میرا دشمن ہو جائے گا۔ لڑکی نے باپ کی پھر حوصلہ افزائی کی اور کہا آپ فکر نہ کریں۔ انہیں دربار میں بلائیں۔ چنانچہ دونوں رشتہ کے خواہش مند بادشاہ دربار میں حاضر ہوئے تو لڑکی نے کہا کہ ایک بادشاہ میرے لئے ایسا پہیہ تیار کرے جو تازہ پانی سے چلے جس سے پورے شہر کو تازہ پانی ملے۔ دوسر بادشاہ ایک ایسا طلسماتی مجسمہ تیار کرے جس کے ڈر سے افریقہ کے بربر اِدھر کا رخ نہ کریں۔

اب دونوں بادشاہوں میں مقابلہ شروع ہوا۔ جس نے طلسماتی مجسمہ بنانا تھا۔ اُس نے ساحل سمندر پر ریت میں کھدائی کا آغاز کیا اور دوسرا پانی کھینچنے والا پہیہ بنانے لگا۔ دونوں کی کوشش تھی کہ وہ ایک دوسرے پر سبقت لے جائے۔ مجسمہ ساز نے ایک بلند مجسمہ بنایا جس کے سر پر پگڑی، ڈاڑھی اور ہاتھ میں تالا اور چابی دیکر اس بات کا اشارہ ظاہر کیا کہ اس طرف کا رخ کرنے والا طلسماتی کرشمہ جات اور جناتی طاقت سے تباہ ہو جائے گا۔ مجسمہ والا بادشاہ ایک دن نوک پلک درست کرنے گنبد کے اوپر کام کر رہا تھا۔ جب اُسے اطلاع ملی کہ دوسرے بادشاہ نے پہیہ بنا کر پانی چلا دیا ہے۔ یہ سن کر مجسمہ والا بادشاہ بے ہوش ہو کر نیچے گرا اور مر گیا۔ اور یوں عقل مند شہزادی نے زندہ بچ جانے والے بادشاہ سے شادی کر لی۔

لارڈ بائرن کی ’’قادس کی لڑکی‘‘ جیسی ہزاروں حسیناؤں کا دیدار کرتے ہم قادس

کے ساحل سمندر پر جا پہنچے۔ سمندر دیکھا تو مجھے یوں محسوس ہوا جیسے سمندر کا پانی ساحل سے اونچا ہے۔ بحیرہ اوقیانوس کا پانی طوفان کی طرح پہاڑ بنا تا ہماری طرف بڑھتا نظر آ رہا تھا۔ لیکن ساحل سے ٹکراتے ٹکراتے طوفان کا جوش و جذبہ جوانی اور طغیانی ٹھنڈی پڑ جاتی تھی۔ سمندر میں تیرتے لڑکے، لڑکیاں طوفان کے تھپیڑوں سے کھیلتے تھے۔ میری طرح کے آرام کش لوگ ساحل کی ریت پر کرسیوں یا ریت پر لیٹے غسل آفتابی کے عمل سے گزر رہے تھے۔

میرے سامنے بحرِ اوقیانوس موجیں مارتا ہوا امریکہ تک ہزاروں میلوں میں پھیلا ہوا تھا۔ قادس کے اس ساحل سے امریکہ کے ساحل تک راستے میں سمندر ہی سمندر ہے۔ میں سمندر کی دہشت، ہیبت، طغیانیوں اور موجوں میں حد سے زیادہ کھو گیا۔ میرے ساتھی بھی سمندر کے نظاروں سے اپنے انداز میں لطف اندوز ہو رہے تھے۔ میرے دائیں بائیں حد نظر تک ریت تھی۔ جن پر یورپی، امریکی اور دوسرے ممالک کی گوریاں ننگ دھڑنگ اس طرح گھوم پھر رہیں تھیں گویا وہ ساحل کی بجائے اپنی خواب گاہ میں ہوں۔ یوں گھومتے پھرتے انہیں بالکل شرم نہیں آ رہی تھی۔ بلکہ بعض تو اپنے من جانی کے ساتھ اسی حالت میں فٹ بال، والی بال کھیلنے میں مصروف تھیں۔ ذرا ست قسم کی ڈھلتی عمر کی گوریاں بھی نیم برہنہ ریت پر لیٹ کر دھوپ تاپ رہیں تھیں۔ شریر فوٹو گرافر ان مناظر کو کیمرہ کی آنکھ میں بند کرنے کے لئے ٹیلی لینز کا استعمال کر رہے تھے تا کہ عکس بندی بھی ہو جائے اور حسینوں کو بھی تکلیف نہ پہنچے۔

ساحل پر کچھ لوگ آگ جلا کر کباب اور کھانے پینے کی اشیاء تیار کرنے میں مصروف تھے۔ ان تمام مناظر کو شبیر مغل نے مووی کیمرے اور منیر حسین نے کیمرے کی آنکھ میں بند کیا۔ میں نے محسوس کیا کہ منیر حسین فوٹو اُتارنے کے لئے اپنا رخ تو سمندر کی طرف رکھتے تھے لیکن فوٹو ساحل سمندر کی مخلوق کے اُتار رہے تھے۔ یہ دیکھ کر مجھے ماننا پڑا کہ منیر حسین واقعی ''استاد'' فوٹو گرافر ہیں۔

میں اور شبیر مغل بحرِ اوقیانوس کے پانی میں ساحل پر چلنے لگے۔ یہ بڑا فرحت بخش ساحل تھا۔ گرمی قابل برداشت اور موسم بڑا معتدل تھا۔ بلکہ سچ یہ ہے کہ سمندر کا یہ منظر بڑا حسین، دل فریب اور دل موہ لینے والا تھا۔ چہل قدمی کے دوران ہم سمندر کی دہشت، پانی کی گہرائی اور اُس کے خوفناک مناظر پر باتیں کرتے اُندلس پر مسلمانوں کے سنہری دور کو یاد کرتے ساحل پر کافی دور تک چلے گئے۔ یہاں دیکھا کہ گوریاں اور گورے مستی

میں بھنگڑے ڈال رہے تھے۔ بعض نوجوان جوش جنون میں عجیب وغریب حرکتیں کر رہے تھے۔ مجھے شک ہوا کہ انہوں نے حد سے زیادہ شراب پی ہوئی ہے۔ لیکن شبیر مغل کی رائے تھی کہ یہ شراب کے نشے کی مستی نہیں بلکہ شراب پینے کی تیاری کا سرور ہے۔ ایسے میں مجھے اقبال یاد آئے جنہوں نے ممکن ہے ایسا ہی کوئی منظر دیکھ کر فرمایا تھا:

مے خانۂ یورپ کے دستور نرالے ہیں
لاتے ہیں سرور اول ، دیتے ہیں شراب آخر

قادس میں ملنگ بابا

ہم واپس آئے تو ملک عبدالقیوم آفریدی غائب تھے۔ مجھے فکر ہوئی اور اُن کی تلاش میں اِدھر اُدھر نگاہ دوڑائی لیکن وہ نظر نہ آئے۔ تلاش شروع کی تو دیکھا کہ دور تپتی دھوپ میں گرم ریت پر ایک ''ننگا ملنگ'' لنگوٹ باندھے آلتی پالتی مارے بیٹھا ہے۔ ملنگ بابا کے منہ سے دھواں کچھ اس طرح نکل رہا تھا جیسے بھلے وقتوں میں برطانیہ کی ملوں کی چمنیوں سے نکلا کرتا تھا۔ ملنگ بابا کے اردگرد دوشیزگان فرنگ نیم برہنہ یوں بیٹھی ہوئیں تھیں جیسے کسی گرو کے اردگرد دیوداسیاں۔ جبکہ ملنگ بابا مستی میں سگریٹ کے کش پر کش لگا رہا تھا۔

اس منظر کو دیکھ کر مجھے تجسس ہوا۔ قریب گیا تو دیکھا کہ یہ ملنگ نہیں بلکہ میرے دوست ملک عبدالقیوم آفریدی ہیں جو دیوداسیوں کے درمیان بڑی مستی میں چلہ کشی کی کیفیت میں نظر آئے۔ میں نے پاس جا کر اُنہیں پکارا تو اُنھوں نے مجھے پہچاننے سے انکار کر دیا۔ ایسی مستی میں بلا مجھ جیسے آدمی کو کون پہچانتا۔ آخر ''ننگا پیر بابا'' بولا میں اس وقت کشف کی حالت میں ہوں۔ فقیروں ملنگوں اور درویشوں کو ایسی حالت میں ستانا اچھی بات نہیں۔ میں آفریدی نہیں بلکہ ''قرطبی بابا جناں والا ملنگ'' ہوں۔ ہم نے قرطبہ، اشبیلیہ اور قادس کے جنگلات میں چلہ کشی کی ہے۔ اور اب قادس کے اس ساحل پر ہم ''جن سنٹر'' قائم کریں گے جہاں ہم جنات، چڑیلیں اور بھوت نکالا کریں گے۔

میں نے ملنگ بابا سے پوچھا کہ یہ دیوداسیاں کہاں سے مل گئیں؟۔ تو ''ننگا پیر بابا'' نے زور سے ایک سوٹا لگایا اور دھوئیں کے مرغولے فضا میں چھوڑتے ہوئے بولا:

وارث شاہ اساں نال جادواں دے
کھیں رانیاں کیتیا چیلیاں نے

ہم نے اس بگڑے مست بابا کو چلہ کشی سے زبردستی اٹھا کر گاڑی میں بٹھایا تو اُن کے اردگرد بیٹھی دیوداسیاں بھی اٹھ کر چلی گئیں اور کسی من چلی نے پلٹ کر دیکھا بھی نہیں۔ کیونکہ یہ ماڈرن لیلیٰ اور مجنوں کے وہی کردار تھے۔ جن کے لئے فیض احمد فیض نے فرمایا تھا:

اب کسی لیلیٰ کو بھی اقرار محبوبی نہیں
ان دنوں بدنام ہے ہر ایک دیوانے کا نام

ہم قادس کے ساحل سمندر کے قریب ایک قہوہ خانہ میں رکے تاکہ چشم سیری کے بعد شکم سیری بھی کرلیں۔ اتفاق سے قہوہ خانہ بند تھا۔ یہاں چائے اور قہوہ کی بجائے مقامی کشید کردہ شیری شراب کی مانگ زیادہ ہوتی ہے جن کے گاہکوں کو ابھی ہم پینے کی تیاری کرتے ساحل سمندر پر دیکھ آئے تھے۔

بحرِ اوقیانوس کے ساحل

اب ہماری اگلی منزل طریف تھی جس کے بعد رات کو ہمیں جبل طارق پہنچنا تھا۔ جب مغل صاحب نے گاڑی کا رخ طریف کی طرف موڑا تو ہمارے دائیں بحرِ اوقیانوس اور بائیں ہرے بھرے کھیت، اونچی نیچی ڈھلوان اور پہاڑیاں تھیں۔ جوں جوں ہم آگے بڑھتے گئے ہموار میدانوں پر سرسبز پہاڑوں کا غلبہ ہوتا گیا۔ یوں ہی سفر کرتے ہوئے ہم ایک شاداب وادی میں پہنچے تو دیکھا کہ ایک گاؤں پہاڑ کی چوٹی پر آباد ہے۔

ویجر ڈی لا فرنٹرا Vejer dela Fronteral نامی اس گاؤں کے تمام مکان سفید پوشاک میں ملبوس نظر آئے۔ یہ گاؤں اپنی سفید پوشی کے علاوہ خواتین کے کالے برقعے پوشی کی وجہ سے بھی صدیوں مشہور رہا۔ ایک زمانے میں اس گاؤں کی خواتین مکمل پردہ کرتی تھیں۔ اُن کا برقعہ ایسا تھا جس میں سر سے پاؤں تک جسم ڈھانپا رہتا تھا۔ مسلمانوں کے جانے سے اسلام تو اس علاقہ میں نہیں رہا تھا لیکن اسلام کے اثرات صدیوں اس علاقہ میں رہے۔ اب مغربی ثقافتی یلغار سے جہاں مشرق وسطیٰ اور پاکستان جیسے ملک نہ بچ سکے وہاں یہ گاؤں بھی مغربی تہذیب کے ہاتھوں نہ بچ سکا اور پردہ پوش خواتین کی نسل آج نیم برہنہ حالت میں گھومتی پھرتی نظر آتی ہے۔ گاؤں کے عین درمیان ایک خوبصورت مسجد تھی جسے اب چرچ میں بدل دیا گیا ہے۔

اس گاؤں سے Los canos de Meca نامی ساحل سمندر زیادہ دور نہیں جہاں اماں حوا کی بیٹیاں جسم پر لباس پہننا ممنوع سمجھتی ہیں۔ یہ ساحل سمندر ننگی مخلوق کی وجہ سے

کافی شہرت رکھتا ہے۔ ساحل کے مشرقی کنارے پر مرد اور عورتیں ننگے مست فقیروں کی طرح گھومتے پھرتے نظر آتے ہیں۔ گاؤں کی سفیدی، کالے برقعوں اور پھر جدید دور کے کالے کرتوتوں کے علاوہ یہ گاؤں بل فائٹنگ کے لئے بیلوں کی پرورش اور نسل بڑھانے کے لئے پورے ہسپانیہ میں شہرت رکھتا ہے۔ ہم نے گاؤں کے پہلو میں وادی میں خوبصورت بیل چرتے، دوڑتے، اُچھلتے، کودتے دیکھے تو خوشی ہوئی کہ اس دیس کے نہ صرف انسان بلکہ حیوان بھی خوش وخُرم ہیں۔ یہ دیکھ کر میں سوچنے لگا کاش! ان حیوانوں جیسے حقوق وہاں سے چند میل دور افریقہ کے اُن لوگوں کو بھی نصیب ہو جائیں جو کھانے، پینے جیسی بنیادی سہولیات سے بھی محروم ہیں۔

برطانیہ اور فرانس کی جنگ

تھوڑا آگے بڑھے تو اُس مقام پر پہنچے جہاں برطانوی امیر البحر نیلسن نے بحرِ اوقیانوس کے کیبو ٹریفالیگر نامی قصبہ سے تھوڑی دور سمندر میں فرانسیسی جہازوں کو ایک زبردست جنگ میں شکست دی تھی۔ یہ معرکہ 21 اکتوبر 1805ء میں ہوا۔ اگرچہ نیلسن نے خود بھی اس جنگ میں جان دی۔ لیکن یورپ میں برطانوی بحریہ کی برتری اور برطانوی تاریخ میں اپنا نام سنہری حروف میں لکھوا گیا ہے۔ نیلسن ایک بہادر ایڈمرل تھا جس کی یاد میں لندن کا مشہور چوک ''ٹریفالیگر اسکوائر'' اس کے نام سے منسوب کیا گیا جہاں اس کا مجسمہ اور دوسری یادگاریں موجود ہیں۔

اس بستی سے تھوڑا آگے باربیٹی Barbate نامی ساحل پر پہنچے۔ اس مقام پر ٹیونا نامی مچھلی پکڑی جاتی ہے۔ سال کے آغاز میں یہ مچھلی بحرِ اوقیانوس سے بحیرۂ روم کی طرف سفر کرتے ہوئے جب اس مقام سے گزرتی ہے تو مچھیرے اُسے پکڑ لیتے ہیں اور پھر جولائی میں یہ مچھلی واپس بحرِ اوقیانوس کی طرف جاتی ہے تو مچھیرے اس کے انتظار میں ہوتے ہیں جسے پکڑ کر مقامی مارکیٹ میں فروخت کرتے ہیں۔ راستہ میں زہرا نامی مچھیروں کی بستی کے پاس سے گزرے۔ یہاں بھی ٹیونا نامی مچھلی پکڑی جاتی ہے۔ تیز ہوائیں چلنے کی وجہ سے سیاح اس بستی میں جانا پسند نہیں کرتے۔

قادس سے طریف تک ساحل سمندر سے تھوڑا ہٹ کر جتنے بھی علاقے ہیں وہاں چیڑ کے جنگلات کی بہتات دیکھی۔ جنگلات کے ساتھ ساتھ ہری بھری چراگاہیں ہیں جن میں اعلیٰ

نسل کی گائیں اور بیلوں کی پرورش کی جاتی ہے۔

طریف Tarifa

ہم بحرِ اوقیانوس کے کنارے اونچے اونچے پہاڑوں پر سے سفر کرتے ہوئے طریف پہنچے۔ طریف ساحل سمندر کے کنارے مچھیروں کی قدیمی بستی ہے جس پر ہسپانیہ کی بجائے عرب کلچر کا زیادہ غلبہ ہے۔ قصبہ کی پشت پر سرسبز پہاڑ اور سامنے بحرِ اوقیانوس اور اُس کے پار آٹھ کلومیٹر کے فاصلہ پر شمالی افریقہ کے ملک مراکش کی بندگاہ سبتہ Ceuta اور طنجہ Tanger ہیں۔ مسلمان سب سے پہلے طریف کے اسی ساحل پر طریف بن مالک نامی ایک سالار کی قیادت میں اُترے اور حالات کا جائزہ لے کر واپس چلے گئے تھے۔ اس بستی کا نام اُسی مسلمان سالار طریف کے نام پر پڑا جسے ہسپانوی زبان میں Tarifa کہتے ہیں۔

طریف بستی ڈھلوان پر ہے جہاں سے اُتر کر ہم ساحل سمندر کے کنارے عربوں کے قلعہ کے پاس جا رکے۔ قلعہ دیکھا جو 960ء میں تعمیر ہوا تھا۔ تب سپین پر اموی حکومت تھی۔ گاڑی سے نکل کر ہم چلتے ہوئے سمندر کے اندر بنے ہوئے راستے پر اُس مقام پر پہنچے جو برِاعظم یورپ کا جنوب میں خشکی کا آخری کنارہ ہے جسے ہسپانوی Punta de Tarifs کہتے ہیں۔ یہ سمندر کے اندر ایک جزیرہ نما جگہ ہے جہاں ایک اور قلعہ کے کھنڈرات ہیں۔ یورپ کی آخری نکڑ ہونے والے مقام پر ایک تختی نصب ہے۔

اس مقام پر تیز اور سرد ہوائیں چلتی ہیں۔

ساحل کے کنارے ریت پر کسی فلم کی عکس بندی ہو رہی تھی۔ لیکن لوگ اُدھر توجہ دینے کی بجائے سیر و سفر میں مگن تھے۔ ساحل پر گھومنے پھرنے کے بعد بازار گئے تاکہ کھانا کھائیں۔ قصبہ زیادہ بڑا نہیں۔ شہر کے مرکز میں قدیمی بستی کے اردگرد ابھی تک دیوار ہے۔ دیوار کے اندر بستی میں لوگ رہتے ہیں۔ تنگ و تاریک گلیوں میں قہوہ خانے، ہوٹل اور شراب خانے بھی تھے۔ ہم پیزرا Pizzeria نامی ریسٹورنٹ میں گئے جو اس بستی کے ہوٹلوں میں سب سے بہتر حالت میں تھا۔ ہم نے یہاں پیزا کھایا۔

کھانے کے بعد میرے ساتھی چائے اور قہوہ پینے میں مصروف تھے۔ لیکن میں کھانا کھا کر باہر آ کر لوگوں، گلیوں اور محلوں کا جائزہ لینے لگا۔ میں نے دیکھا کہ اس قصبہ میں گلیوں کے نام ہسپانوی اور عربی دونوں زبانوں میں لکھے ہوئے تھے۔ یہاں میری ملاقات عبدالسلام

مراکشی نامی ایک صاحب سے ہوئی جو ڈھلتی عمر کے ایک سمارٹ آدمی تھے اور عربی کے ساتھ ساتھ انگریزی اور ہسپانوی بھی فرفر بولتے تھے۔ جب عبدالسلام کو معلوم ہوا کہ میرا تعلق کشمیر اور پاکستان سے ہے تو وہ کافی دیر کشمیر میں بھارتی فوج کی زیادتیوں اور پاکستان میں طالبان اور امریکہ کی دہشت گردی اور پاکستانی حکمرانوں کی بے بسی پر بات چیت کرتے رہے۔

کشمیر اور پاکستان کے علاوہ انھوں نے افغانستان، عراق اور فلسطین کے مسلمانوں کی بے کسی اور مسلمانوں کی بے چارگی پر بڑی دلیل سے خوبصورت گفتگو کی۔ اور پھر دنیا میں امریکی بالادستی کے حوالے سے نیو ورلڈ آرڈر کی بڑے زوردار الفاظ میں مذمت کی اور اس بات پر خاص کرد کھ کا اظہار کیا کہ آج کا مسلمان قرآن پاک کی تعلیم سے دور ہو چکا ہے۔ اسلامی اقدار کی پاسداری کی بجائے مغرب کے آگے گھٹنے ٹیک دینے میں ہی اپنی عافیت سمجھ رہا ہے۔ اس طرح بات چیت کے دوران جب بے تکلفی پیدا ہوئی تو میں نے عبدالسلام سے پوچھا کیا یہ سچ ہے کہ:

> ''عرب اور افریقہ کے صحرانشین اللہ تعالیٰ سے گڑگڑا کر دعائیں مانگا کرتے تھے کہ اللہ میاں ہمیں جنت عطا کر۔ ایک دن اللہ نے اُن کی سن لی اور انہیں اس دنیا میں ہی ایک ایسا ملک عطا کیا جو مثل جنت تھا۔ جب عرب سمندر عبور کر کے سپین پہنچے تو اُن کی دعاؤں کی قبولیت کے مطابق مثل جنت جو ملک ملا اُس میں نیلا آسمان، کھلی فضائیں، باغات، انواع و اقسام کے پھل، خوش ذائقہ کھانے، بھنے ہوئے پرندوں کا گوشت، دودھ، شہد، رنگا رنگ پھول اور خوبصورت دوشیزگان تھیں۔
>
> عرب مسلمان اللہ کی نعمتوں کو پاتے ہی عیش و عشرت میں اس قدر ڈوبے کہ وہ اللہ کا شکر ادا کرنے کی بجائے آپس میں دست و گریباں اور قتل و غارت گری میں مصروف ہو گئے۔ اس ناشکری کی بدولت جس اللہ نے انہیں جنت ارض عطا کی تھی اُسی نے انہیں اس عارضی جنت سے بالکل اُسی طرح نکالا جس طرح باوا آدم کو جنت بریں سے نکالا تھا۔ باوا آدم نے اپنی کوتاہیوں کی معافی رو رو کر مانگی تو اللہ نے معاف کر دیا لیکن مسلمانوں نے معافی نہیں مانگی جس کی

وجہ سے ابھی تک اللہ تعالیٰ نے انہیں معاف نہیں کیا۔ بہتر ہے ہم مسلمان امریکہ اور مغرب کی جی حضوریوں کی بجائے اللہ میاں سے اجتماعی معافی مانگیں تو ہوسکتا ہے اللہ میاں ہم پر پھر مہربان ہوجائیں۔"

میری باتوں کو عبدالسلام مراکشی غور سے سنتے اور سر ہلا ہلا کر بڑے زور و شور سے تائید کرتے رہے۔ لیکن جب ایک ہسپانوی مٹیار نے مسکراتے ہوئے عبدالسلام کو شراب پینے کی دعوت دی تو اُنھوں نے اپنی مسلمانی اور جوش جذبوں کو ایک طرف رکھا اور ہسپانوی دوشیزہ کو باہوں میں لے کر سامنے شراب خانے سے اُندلس کی خالص انگوروں سے کشید کردہ شراب شیری خرید کر پینے میں مشغول ہوگئے۔

عبدالسلام مراکشی کو انگور کی بیٹی سے دل خوش کرتے دیکھ کر مجھے دادا بھائی واچ میکر، جو پارسی تھے، کا ایک واقعہ یاد آیا۔ آپ بھی سنیں۔

دادا بھائی نے ایک بار اپنے ایک مسلمان دوست ضیاء الدین احمد سرنی سے کہا کہ: "اسلام نے بہت ہی اچھا کیا کہ شراب حرام کردی۔ ہم پارسی اُس کے لئے مذہب اسلام کے بے حد شکر گزار ہیں۔

اس پر ضیاء الدین نے حیران ہو کر پوچھا: کہ اگر اسلام نے شراب حرام کردی تو آپ کو کیا فائدہ ہوا؟ یہ سن کر دادا بھائی کہنے لگے: "تم میرا مفہوم نہیں سمجھے، شراب حرام ہونے پر تو مسلمان اس کثرت سے پیتے ہیں، اگر حلال ہوتی تو پھر پینے کے لئے ہم پارسیوں کو ایک قطرہ بھی نہ ملتا"۔

طریف سے افریقہ جانے کے لئے لوگ لانچوں یا فیری پر سفر کرتے ہیں۔ آٹھ کلو میٹر کا یہ بحری سفر 35 منٹ میں طے ہوتا ہے۔ یہاں سے بحرِ اوقیانوس سمٹنا شروع ہوجاتا ہے۔ اور تھوڑا آگے جبل طارق پر اس کی سرحد ختم ہوجاتی ہے جہاں سے بحیرہ رُوم کا آغاز ہوتا ہے۔ بحرِ اوقیانوس تیز ہواؤں کی وجہ سے مشہور ہے جس میں طوفان اور طوفانی ہواؤں کی رفتار نوے میل فی گھنٹہ ہوتی ہے۔

غروب آفتاب کا وقت تھا جب ہم نے طریف سے جبل طارق کی طرف سفر کا آغاز کیا۔ ہم ایک خوبصورت پختہ سڑک پر سیدھا اوپر کی بجائے 45 ڈگری دائیں طرف سفر کرتے ہوئے ایک پہاڑی کے اوپر پہنچے تو شبیر مغل نے گاڑی کھڑی کردی۔ یہ ایک ویو پوئنٹ تھا جو اسلام آباد کے دامنِ کوہ کی مانند ہرے بھرے درختوں میں پہاڑی کے درمیان میں تھا۔ جہاں میں کھڑا تھا وہاں سے ہمارے دائیں طرف نشیب میں طریف کا قصبہ تھا۔ بائیں جبل طارق اور سامنے سمندر کے اُس پار افریقہ کی سڑکیں، مکان اور گاڑیاں تک سڑکوں پر چلتی ہوئی نظر آرہی تھیں۔ مجھے بالکل ایسے محسوس ہو رہا تھا جیسے میرپور ویو پوئنٹ پر کھڑے ہوں تو سامنے منگلا جھیل کے اُس پار اسلام گڑھ (اکالگڑھ) اور چکسواری کا علاقہ نظر آتا ہے۔ یورپ اور افریقہ کے درمیان اتنا کم فاصلہ ہے، اس بارے میں، میں نے کبھی سوچا بھی نہیں تھا۔

طریف کا ویو پوئنٹ

ویو پوئنٹ پر ایک ریستورنٹ، انفارمیشن سنٹر اور دکان تھی۔ اس جگہ کا نام Mirador Estrecho مریڈو ایسٹریچو تھا۔ ویو پوئنٹ کے علاوہ اردگرد دور دور تک سرسبز پہاڑوں کے علاوہ کوئی آبادی نہیں تھی۔ جبکہ سمندر پار افریقہ میں سبزہ کم نظر آرہا تھا۔ ہم کافی دیر یہاں گھومتے پھرتے رہے۔ منیر حسین نے فوٹو گرافی بھی کی۔

ویو پوئنٹ سے قدرتی مناظر دیکھتے ہوئے جب طبیعت سیراب ہوئی تب ہم نے دوبارہ سفر شروع کیا۔ یہاں سے سپین کی الجزیرہ Algreciras نامی بندرگاہ گیارہ کلومیٹر تھی۔ سرسبز ہونے کی وجہ سے عرب اسے جزیرہ خضریٰ کہتے تھے۔ یہ بندرگاہ ایک گول دائرہ میں جبل طارق کے پہلو میں ہے۔

ویو پوئنٹ سے چلے تو پندرہ منٹ میں جزیرہ خضریٰ پہنچ گئے۔ جہاں سے ایک گول دائرے میں سفر کرتے ہوئے ہم رات نو بجے جبل طارق کے ہوائی اڈے کے ساتھ سپین کے سرحدی قصبہ لالینیا La Linea پہنچے۔

ہمارا خیال تھا جبرالٹر کا سائن ہمیں دور سے ملنا شروع ہو جائے گا کیونکہ یہ برطانیہ عظمیٰ کے زیر تسلط علاقہ ہے جس کی بین الاقوامی اہمیت ہے۔ لیکن ہمیں اُس وقت سخت حیرانگی ہوئی جب ہمیں سپین کے سرحدی گاؤں **لا لینیا** کا سائن تو مل گیا لیکن کسی جگہ جبرالٹر کا سائن نہ ملا۔ یوں معلوم ہوا کہ حکومت سپین جبرالٹر کو اپنے ایک گاؤں سے بھی زیادہ اہمیت نہیں دیتی۔

لا لینیا نامی اس سرحدی قصبہ کے ایک طرف جبل طارق، دوسری طرف بحیرۂ روم اور تیسری طرف سپین ہے۔ ہمارا ہوٹل سٹی مار میڈ یٹیریو Citymar Mediterraneo اسی قصبہ میں بحیرۂ روم کے کنارے تھا۔
ہوٹل کے کمرہ نمبر 306 میں ہم نے رات بسر کی۔

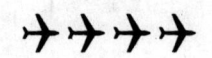

✈ ✈ ✈ ✈ ✈

یہ غازی یہ تیرے پُر اسرار بندے
جنھیں تو نے بخشا ہے ذوقِ خدائی
دو نیم ، اِن کی ٹھوکر سے صحرا و دریا
سمٹ کر پہاڑ اِن کی ہیبت سے رائی

جبل طارق

صبح بیدار ہو کر ہوٹل کی بالکونی سے باہر دیکھا تو سامنے بحیرۂ روم دھند میں لپٹا ہوا نظر آیا۔ جوں جوں سورج بلند ہوتا گیا توں توں دھند اڑتی گئی اور فضاء صاف اور سمندر حد نظر تک موجیں مارتا ہوا نظر آنے لگا۔ سمندر میں مال بردار جہاز آہستہ آہستہ اپنی منزل کی طرف رواں تھے۔ سمندر کے اُس پار شمالی افریقہ کا ساحل اور بندرگاہوں پر کھڑے جہاز اور اُن میں کام کرتے ہوئے قلی بھی نظر آرہے تھے۔ ناشتہ کے بعد ساحل سمندر پر چہل قدمی کے لئے نکلا تو ہوٹل کے سامنے سمندر کے ساتھ دائیں طرف ایک پہاڑی دیکھی۔

یہی جبل طارق ہے۔

اگر اونٹ زمین پر بیٹھ جائے تو جو شکل بنتی ہے بالکل اُسی شکل کا جبل طارق ہے۔ یہ وہی پہاڑ ہے جہاں طارق بن زیاد 711ء میں سات ہزار فوج کے ساتھ اُترا تھا۔ طارق کا پہلا قدم جس پہاڑ پر پڑا وہ اُس کے نام کی مناسبت سے ''جبل طارق'' کہلانے لگا۔ جسے عرب ''باب فتح'' بھی کہتے تھے جبکہ ''جبل طارق'' کے نام کو انگریزوں نے حسب معمول بگاڑ کر ''جبرالٹر'' بنادیا۔

جبل طارق آٹھ سو سال تک مسلمانوں کے قبضہ میں رہا۔ یہ وہی زمانہ تھا جب اس علاقہ میں ہر طرف سفید عمامے اور جبے پہنے مجاہدین اس دھرتی پر گھومتے پھرتے نمازیں ادا

کرتے ، روزے رکھتے ،زکوٰۃ دیتے اور جہاد کی تیاری میں مصروف رہتے تھے۔اس پہاڑ پر مسلمانوں نے قدم رکھے تو یہ مجاہدین کی پہلی تربیت گاہ بنا اور بعد کے آٹھ سو سالوں میں مجاہدین اسی پہاڑ پر فوجی تربیت لیتے اور جہاد پر اُندلس کے مختلف علاقوں میں جاتے تھے۔ مسلمانوں نے جو فوجی تربیتی کیمپ قائم کیے تھے وہ آج بھی کسی نہ کسی شکل میں موجود ہیں جہاں اب برطانوی فوجی تربیت لے کر اسلامی ملکوں کے خلاف جنگ کرتے ہیں۔

اُندلس سے جب مسلمان چلے گئے تو جبرالٹر کچھ عرصہ سپین کے قبضہ میں رہا۔ پھر 1704ء میں جارج روکی نامی برطانوی ایڈمرل نے ولندیزیوں کے ساتھ مل کر اسے فتح کیا۔ 1713ء میں حکومت سپین کے ساتھ ایک معاہدے کے تحت اسے برطانیہ کے حوالہ کردیا گیا۔ اگرچہ سپین نے واپسی کی بڑی کوشش کی لیکن ناکامی ہوئی۔1967ء میں ایک ریفرنڈم کے ذریعہ جبرالٹر کے لوگوں نے برطانیہ کے ساتھ رہنے کی حمایت میں ووٹ دیئے۔سپین کی ناراضگی کے باعث 1969ء سے 1985ء تک مسلسل سولہ سال اس کی سرحد بند رکھی گئی۔پھر 1989ء میں برطانیہ نے اپنی نصف فوج اس پہاڑی سے واپس بلائی تو یہ سرحد دوبارہ کھول دی گئی۔لیکن جبرالٹر ابھی تک برطانیہ کے زیرتسلط ایک متنازعہ علاقہ ہے۔

یہ پہاڑی ساڑھے چھ کلومیٹر لمبی، ڈھائی کلومیٹر چوڑی اور 426 میٹر اونچی ہے۔ خشکی کی طرف سے پون میل کی سرحد سپین کے ساتھ ہے۔ باقی تینوں طرف سمندر ہے۔اس چھوٹے سے زمین کے ٹکڑے پر انگریزی سکہ چلتا ہے۔ پشت کی طرف سپین اور بائیں سمندر کی جانب بالکل سیدھا اونچا پہاڑ ہے جہاں آبادی ناممکن ہے۔البتہ دائیں طرف اور سامنے نکڑ کی جانب قدرے میدانی علاقے میں آبادی ہے۔جس کے بعد سرسبز پہاڑی شروع ہوجاتی ہے۔

جبل طارق سرسبز ہے جس پر زیتون اور چیڑ کے درخت کثرت سے ہیں۔ زمین اس قدر زرخیز ہے کہ پانچ سو قسم کے صرف پھول ہی پیدا ہوتے ہیں۔ جبرالٹر کی کل آبادی دو ہزار افراد پر مشتمل ہے لیکن اُس کی اہمیت طارق کی آمد سے لے کر آج تک دن بدن بڑھتی ہی گئی۔اُس میں کمی بالکل نہیں آئی۔اُس کی خاص وجہ اس پہاڑ کا محل وقوع ہے جو دفاعی نقطہ نظر سے بہت ہی اہمیت رکھتا ہے۔جبرالٹر کے حکمرانوں کی اجازت کے بغیر کوئی بھی جہاز بحرِ اوقیانوس سے بحیرۂ روم میں نہ داخل ہوسکتا ہے اور نہ واپس جاسکتا ہے۔ اور پھر سامنے براعظم افریقہ پر بھی نظریں رکھی جاتی ہیں۔

آج ہم نے اسی چھوٹے اور مختصر لیکن اہمیت میں کوہ ہمالیہ سے بھی بلند پہاڑ کی سیر کرنی ہے۔

صبح نو بجے ہم نے سامان گاڑی میں رکھا تو ملک عبدالقیوم آفریدی نے گاڑی چلانی شروع کی۔ ہوٹل کے سامنے والی سڑک کے آخر سے گاڑی دائیں موڑ کر پھر بائیں مڑی تو سامنے جبرالٹر میں داخل ہونے کے لئے امیگریشن کا عملہ بڑے گیٹ کے ساتھ کھڑا تھا۔ غیر ملکیوں کو داخلہ کے لئے ویزہ چاہیے لیکن ہم تو تھے ہی برطانوی شہری اس لئے ہمارے ہاتھوں میں پاسپورٹ دیکھ کر ہمیں گاڑی سمیت جانے کی اجازت مل گئی۔

سرحد عبور کی تو گاڑی جبرالٹر کے ہوائی اڈے کے درمیان سے گزر کر دوسری طرف گئی۔ اُس کی وجہ صاف ظاہر ہے کہ یہ علاقہ اپنی تنگ دامنی سے مجبور ہے کہ ہوائی اڈے کا رن وے بھی سمندر کے اوپر بنایا گیا ہے۔

جبل طارق میں داخل ہوتے ہی دائیں طرف سمندر کے کنارے اونچے اونچے فلیٹ اور ساتھ کچھ مکان ہیں جو پہاڑ کے دامن تک پھیلے ہوئے ہیں اور اسی ترتیب کے ساتھ آگے پہاڑ کی نکڑ تک چلے گئے ہیں۔ جبرالٹر کی ساری آبادی پہاڑ کے اسی رخ پر ہے۔ ہم آبادی سے گزر کر پہاڑی کے اوپر کی طرف جانے والی ایک سنگل سڑک پر سفر کرنے لگے۔ سڑک اس قدر تنگ ہے کہ اُس پر صرف ایک طرف سے ہی گاڑی گزر سکتی ہے۔ اور واپسی کے لئے ایک گول دائرے میں چکر لگاتے ہوئے سیاح پہاڑ سے اُتر کر واپس نیچے بستی میں جاتے ہیں۔ سڑک پختہ ہے اور ہرے بھرے درختوں سے ڈھانپی ہوئی ہے۔ سڑک پیچیدہ موڑ کاٹتی، بل کھاتی پہاڑی کی ڈھلوان سے اوپر کی طرف جاتی ہے۔

اس سڑک پر سفر کرتے ہوئے مجھے کشمیر کے پہاڑوں کی وہ سڑکیں یاد آنے لگیں جہاں گاڑی کے موڑ مڑتے وقت ڈرائیور کا مددگار کندھے پر پتھر اٹھائے گاڑی کے ساتھ ساتھ چلتا رہتا ہے تاکہ ضرورت پڑنے پر پتھر ٹائروں کے نیچے رکھا جا سکے۔ فرق صرف یہ تھا کہ جبل طارق کی سڑک پختہ اور حفاظتی اقدام موجود تھے۔ جبکہ وطن عزیز کی اکثر پہاڑی سڑکیں کچی اور حفاظتی اقدامات سے بے نیاز ہوتی ہیں۔

جبرالٹر کی پہاڑی

تقریباً نصف میل سفر کے بعد ایک ہم گیٹ پر پہنچے جہاں ایک نوجوان گورے نے

خوبصورت برطانوی لہجے میں انگریزی بولتے ہوئے ہمارا خیر مقدم کیا اور اس علاقہ میں داخل ہونے کے لئے ہمیں چھتیس برطانوی پونڈ کے چار ٹکٹ فروخت کیے۔ ٹکٹوں کے ساتھ ایک معلوماتی پرچہ (لیفلٹ) بھی دیا جس میں بتایا گیا تھا کہ اس پہاڑی پر کون کون سا دلچسپ مقام کس جگہ ہے۔ اگر ہم گاڑی کی بجائے سائیکل پر جاتے تو پھر ڈیڑھ پونڈ فی آدمی اور پیدل جاتے تو پچاس پنس فی کس ادا کرتے۔ گورے نے ٹکٹ دیتے ہوئے اپنی حس مزاح کا پرجوش مظاہرہ کرتے ہوئے ہمیں بتایا کہ تھوڑا آگے اس جنگل میں میری نسل کی مخلوق آپ کو ملے گی جو حقیقت میں میرے ''کزن'' ہیں۔ اُن سے ڈرنے اور گھبرانے کی ضرورت نہیں۔

ہم نے پوچھا وہ کون سے کزن ہیں؟

تو گورے نے زور کا قہقہہ لگاتے ہوئے کہا ''بندر''۔

ابھی ایک میل ہی سفر طے کیا تھا کہ ہم ایک قہوہ خانہ پر رکے۔ اندر جانے لگے تو بندروں نے ہمیں گھیر لیا جو قہوہ خانہ کے باہر اور ارد گرد درختوں پر بیٹھے یا اُچھلتے کودتے سیاحوں کا انتظار کرتے رہتے ہیں۔ چائے پی کر میں باہر ٹوائلٹ کی طرف جانے لگا تو بندروں نے میری رہنمائی کرتے ہوئے بڑے آداب (پروٹوکول) کے ساتھ کچھ آگے کچھ دائیں اور بائیں چلتے ہوئے مجھے ٹوائلٹ تک پہنچایا۔ اور پھر اسی شان سے مجھے واپس قہوہ خانے لائے۔ یہی حسن سلوک وہ سب سیاحوں کے ساتھ کرتے تھے۔ لیکن اگر کوئی سیاح گوری دوشیزہ ہوتی تو اُسے ہنسانے اور خوش کرنے کے لئے کچھ اس قسم کی عجیب حرکتیں کرتے کہ گوری ہنس ہنس کر لوٹ پوٹ ہو جاتی ہے۔ شوقین اُن کے ساتھ فوٹو بنوانے کی کوشش کرتے تو وہ شرارتی بچوں کی طرح عجیب وغریب شکلیں بنا کر فوٹو بنواتے ہیں۔

سینٹ مائیکل کی غار

قہوہ خانے کے ساتھ ہی ایک بہت بڑی غار ہے جو مائیکل نامی ایک درویش کی غار بتائی جاتی ہے۔ اس کے بارے میں مختلف قصے کہانیاں گردش کرتی رہتی ہیں کہ رومنوں نے جب عیسائیوں کو تنگ کرنا شروع کیا تو مائیکل نامی ایک سینٹ اس غار میں پناہ گیر ہوا تھا جس کی دیکھا دیکھی دوسرے عیسائی بھی اس غار میں آچھپے۔ یہ بھی مشہور ہے کہ جب برطانیہ نے جبرالٹر پر قبضہ کیا تو سپین کے تین سو فوجی اس غار میں آکر چھپے تاکہ موقع پا کر برطانوی فوجیوں پر حملہ کیا جا سکے۔

اس غار کے بارے میں یہ بھی مشہور ہے کہ یہاں جنات کا قبضہ ہے اور بعض اوقات لوگ یہاں غائب ہو جاتے ہیں۔ یہ سن ہمارے ساتھی ملک عبدالقیوم آفریدی نے منتر جنتر پڑھنا شروع کر دیے اور پھر ہمیں خوش خبری سنائی کہ میں نے جنات کو حکم دیا ہے کہ وہ آج کے لئے یہاں سے چلے جائیں۔ اور پھر بتانے لگے کہ مجھے ابھی یاد آیا کہ ہم نے اس غار میں صدیوں چلہ کشی کی ہے۔ اس لئے آپ بے فکر ہو کر اس کی سیر کریں۔ ہم نے آفریدی صاحب کی جناتی کرامات اور اُن کی چلہ کشی کے قصے سننے کی بجائے مناسب سمجھا کہ غار کو اندر سے دیکھیں۔ ہم غار کے اندر گئے تو دیکھ کر حیران ہو گئے۔ بہت ہی بلند اور بالا غار تھی۔ اندر سے بہت کشادہ، اندرونی چھت بلند اور ایک ہال نما جگہ پر بیٹھنے کے لئے نشستیں تھیں۔ غالباً اس مقام پر پادری لوگوں کو وعظ سناتے ہوں گے۔ سچ یہ ہے کہ میں غاروں میں جانا پسند نہیں کرتا لیکن یہ غار نہیں بلکہ کوئی نمائشی سٹیج قسم کی چیز تھی۔

طارق کی دستار

سینٹ مائیکل کی غار سے نکلے تو معلوم ہوا کہ اس سے اوپر گاڑی نہیں جا سکتی۔ اگر کسی نے پہاڑی کے اوپر جانا ہو تو وہ پیدل جا سکتا ہے۔ ہم نے پیدل اوپر جانے کا پروگرام بنایا۔ وہاں سے پہاڑی پر نگاہ دوڑائی تو سرسبز درختوں میں پہاڑ کی بلند چوٹی یوں نظر آئی جیسے طارق بن زیاد سر پر سبز دستار باندھے اونچی جگہ بیٹھے سب کو دیکھ رہے ہیں۔

ہم چلتے چلتے پہاڑی کے بالکل اوپر پہنچے تو منیر حسین نے فوٹو گرافی اور شبیر مغل نے عکس بندی شروع کر دی۔ میں نے وہاں کھڑے ہو کر جائزہ لیا تو اس پہاڑ کے بارے میں میرا یہ قیاس کہ یہ بیٹھے ہوئے اونٹ کی مانند ہے بالکل سچ ثابت ہوا۔ اونٹ کی پشت ہموار نہیں بلکہ وہ اونچی ڈھلوان کی مانند ہوتی ہے۔ اس پہاڑ کے اوپر کوئی ہموار جگہ نہیں بلکہ بالکل اونٹ کی کوہان کی مانند کھڑی اور ناہموار ہے۔ یہاں سے پیچھے کی طرف سرزمین سپین اور سامنے سمندر کے ایک طرف افریقہ کا علاقہ اور دوسری طرف سپین کا علاقہ طریف تک نظر آ رہا تھا۔ بائیں طرف اونچے سفید ٹیلے ہیں جن پر آبادی کا ہونا ناممکن ہے۔

جبل طارق کے اوپر سے ایک طرف بحرِ اوقیانوس اور دوسری طرف بحیرۂ رُوم نظر آ رہا تھا۔ اُندلس کا ساحل سمندر نو سو کلو میٹر لمبا ہے۔ بحرِ اوقیانوس کے ساحل کو ہسپانوی Costa de La Luz کہتے ہیں۔ یہ طریف اور قادس کی طرف پرتگال تک پھیلے ہوئے ہیں۔

ریت سے بھرے یہ ساحل ساری دنیا میں مشہور ہیں۔ لیکن امریکہ کی طرف سے آنے والی تیز اور ٹھنڈی ہواؤں کی وجہ سے سیاح ان ساحلوں کو زیادہ پسند نہیں کرتے۔ یہاں ماہی گیروں کی بستیاں جگہ جگہ موجود ہیں۔ سیاحوں کی آمدورفت کم ہونے کی وجہ سے ان پر زیادہ ترقیاتی کام بھی نہیں ہوئے جبکہ بحیرۂ روم کی طرف کے ساحل Costa de Sol کہلاتے ہیں۔ یہ معتدل موسم کی وجہ سے سیاحوں کی توجہ کا مرکز بنے رہتے ہیں۔ جبل طارق سے مالیگاہ اور اُس سے آگے المیریا کی طرف اس کے ساحل پھیلے ہوئے ہیں جن پر ترقیاتی کام بڑے زورشور سے ہو رہے ہیں۔

ہم پیدل چلتے ہوئے جبل طارق کے اوپر پہنچے تو وہاں موسم انتہائی خوشگوار تھا، فرحت بخش ہوا، نیلا آسمان، کھلے سمندر، چاروں طرف سبزہ، فضاء میں اڑتے پرندوں کی سریلی آوازیں سن کر مجھے محمد بن غالب رصافی بلنسی کا قصیدہ یاد آنے لگا۔ جس میں انہوں نے جبل طارق کی تعریف اس طرح کی تھی:

حتی ربت جبل الفتحین من جبل
معظم القدر فی الاجبال مذکور

من شامخ الانف فی سحنائه طلس
لـه مـن الغیم حیب غیر مزدور

فـربـمـا مسحتـه مـن ذوائبهـا
بـکل فضل علی فودیه مجرور

مقید الخطو جوال الخوالطر فے
عجیب امریه من ماض و منظور

قد واصل الصمت والا طراق مفتکرا
بادی السکینته مغفر الاساریر

ترجمہ:

☆ہم جبل الفتح (جبل طارق) کے پہاڑ پر چڑھ گئے جو بڑے قد والا اونچا ہے اور پہاڑوں میں یہ شمار ہوتا ہے۔

☆نہایت بلند اس کے چہرہ پر (گہرے سبزے کی) چادر ہے۔ ابر اس کا ایسا گریبان ہے جس میں بٹن نہیں ہیں۔

☆ان ستاروں کی شعاعیں اس پہاڑ کی دونوں زلفوں (پہلوؤں) کے بڑھے ہوئے اور کھنچے ہوئے حصوں کو چھوتی ہیں۔

☆قدم جمائے ہوئے کھڑا ہے اور اس کے دل میں ماضی اور مستقبل کے عجیب عجیب خیالات دوڑتے پھرتے ہیں۔

☆ہمیشہ چپ رہتا ہے اور سر جھکائے رہتا ہے گویا کسی فکر میں ہے۔ ظاہر باوقار ہے جس کی پیشانی کی شکنیں خاک آلود ہوگئی ہیں۔

جبل طارق کی سرنگیں

جبل طارق کی پہاڑی پر بعض مقامات پر برطانوی فوجیوں کو دوربین سے سمندر اور اردگرد کے علاقوں پر نظریں جمائے دیکھا۔ اس پہاڑ پر برطانوی فوج موجود ہے۔ لیکن وہ نظر نہیں آتی اُس کی وجہ یہ ہے کہ فوج پہاڑ کے اندر سرنگیں بنا کر رہتی ہے۔ اور تمام جنگی ساز و سامان بھی اندر رکھا ہوا ہے۔ دوسرے معنوں میں پہاڑ کے اندر ایک دوسری دنیا آباد ہے۔

جنگ عظیم دوم کے دوران برطانوی اتحادیوں نے فوجی نقطہ نظر سے جبرالٹر کی پہاڑی کے اندر سرنگیں بچھانے کی اہمیت پر زور دیا۔ اس مقصد کے لئے سکاٹ لینڈ، ڈرہم، مڈلینڈ اور ویلز کی کوئلہ کی کانوں میں کام کرنے والے ہزاروں لوگوں کو جبرالٹر لاکر سرنگ کھودنے کا کام سونپا گیا۔ انہوں نے مختصر عرصہ میں پہاڑ کے اندر ہزاروں فوجیوں کے لئے تین منزلہ کئی فوجی بارکیں، ایکسرے اور دوسری مشینوں پر مشتمل ایک جدید ہسپتال تعمیر کیا۔ بارکوں کے ساتھ کھانے پکانے کے کچن، بجلی پیدا کرنے کے لئے جنریٹر، تیل، پانی اور خوارک ذخیرہ کرنے کے لئے سٹور روم اور گودام بنائے گئے تھے۔ غسل کرنے کے لئے حمام اور کھانا کھانے کے ہال تعمیر کیے گئے۔ ڈائنگ ہال میں ایک ہزار فوجی بیک وقت بیٹھ کر کھانا کھا سکتے ہیں۔

سرنگیں بنانے کے لئے پہاڑ کو اندر سے کاٹ کر جو پتھر نکالے جاتے تھے وہ سڑکیں،

بجری اور دوسرے مقاصد کے لئے استعمال میں لانے کے لئے ہزاروں لوگ غاروں سے باہر بھی کام کرتے تھے۔ آٹھ ماہ کے اندر غار کے اندر دس میل کی سرنگ کھود دی گئی تھی۔ یہ غاریں اس قدر چوڑی بنائی گئیں تھیں کہ اُن کے اندر ٹرک، ایمبولنس اور گاڑیاں چلی جاتی ہیں۔ اندر ایک راؤنڈ اباؤٹ سے یہ دوسرے راستے سے باہر نکلتی تھیں۔ سرنگ میں وقفہ وقفہ پر پہاڑ کو کاٹ کر باہر نظر دیکھنے کے لئے جگہیں بنائی گئیں جہاں توپیں نصب تھیں بلکہ آج بھی ہیں۔

سرنگ کے اندر فوجی چھاؤنی تھی جہاں دفاتر، میٹنگ روم، ٹریننگ سنٹر اور کھیل کود کے لئے ٹینس کورٹ بھی تعمیر کیے گئے تھے۔ اس طرح جنگ کے آغاز میں جبرالٹر پہاڑ کے اندر چار میل کی جو سرنگ 1782ء میں بنائی گئی تھی دوسری جنگ عظیم کے خاتمہ پر وہ سرنگ چوبیس میل لمبی بنا دی گئی تھی جو آج بھی موجود ہے۔ محدود حد تک سرنگ کے کچھ حصے دیکھنے کے لئے سیاح بھی اندر جا سکتے ہیں۔

اب افغانستان بھیجے جانے والے بعض برطانوی فوجیوں کو ان غاروں کے اندر تربیت دی جاتی ہے کہ اگر اندھیرے میں اچانک حملہ ہو جائے تو اُس کا مقابلہ کیسے کیا جائے۔ کیونکہ افغانستان میں برطانوی فوج پر مجاہدین اکثر رات کے اندھیرے میں حملہ کرتے ہیں۔

مسلمانوں کا قلعہ

جبل طارق کی پہاڑی کے اوپر کوئی گھنٹہ بھر گھومنے پھرنے کے بعد نیچے اُتر کر اُس جگہ گئے جہاں ہماری گاڑی کھڑی تھی۔ ہم نے گاڑی لی اور مسلمان بادشاہوں کا تعمیر کردہ قلعہ دیکھنے گئے۔ یہ قلعہ پہاڑ کی پشت پر سپین کی طرف پہاڑ کے دامن میں ہے۔ جب سپین کی طرف سے جبرالٹر آئیں تو پہاڑ کے پہلو میں ایک قدرے چھوٹی پہاڑی کے اوپر یہ قلعہ دور سے نظر آنا شروع ہو جاتا ہے۔ قلعہ گول ہے۔ مسلمانوں نے اسے فوجی نقطہ نظر کے تحت حفاظتی چوکی کے طور پر تعمیر کیا تھا۔ ہم اس کے اندر گئے تو اندر اتنی زیادہ جگہ نہیں تھی لیکن پھر بھی سڑھیاں لگا کر اسے تین چار منزلوں میں تقسیم کیا گیا تھا۔ ایک منزل مسجد کے لئے تھی جہاں مسلمان فوجی نماز ادا کیا کرتے تھے۔ اس کے تہہ خانے میں قید خانہ بھی تھا۔

پہاڑی پر گھومتے پھرتے دوپہر کا وقت ہو گیا تو بھوک نے ستانا شروع کیا۔ فیصلہ ہوا کہ جنگل سے نکل کر بازار چلیں اور وہاں کھانا کھایا جائے۔ ہم پہاڑی سے اُتر کر اُس کے دامن

میں جبرالٹر کے شاپنگ سنٹر گئے تو دیکھا کہ دنیا بھر کے سیاحوں نے شہر کو بڑی رونق بخشی ہوئی ہے۔ سیاحوں کا ہجوم دیکھ کر یہ بات تسلیم کرنی پڑی کہ ہر سال چالیس لاکھ سیاح جبرالٹر کی سیاحت کو جاتے ہیں۔

برطانیہ کے تمام بڑے بڑے سٹور اور کھانے پینے کے ریسٹورنٹ اور دکانیں وہاں دیکھیں تو خوشی ہوئی۔ سرخ رنگ کے پوسٹ بکس اور سرخ رنگ کے ٹیلیفون بکس، جو کسی زمانے میں برطانیہ کا امتیازی نشان تھے، وہاں دیکھے۔ پولیس بھی اُسی انداز میں گھوم پھر رہی تھی۔

جبل طارق کا بازار

ہم ایک پیزا ہٹ میں گئے جہاں برطانوی انداز میں گاہکوں کو کھانا دیا جا رہا تھا۔ وہاں ہم نے پیزا کھایا اور چار آدمیوں کا بل چالیس پونڈ ادا کیا۔ پاکستانی کرنسی کے حساب سے یہ پانچ ہزار روپے تھا۔ ہم خوش تھے کہ کھانا مزے دار تھا۔ کھانا کھانے کے بعد بازار میں گھومتے پھرتے رہے۔ برطانوی بنک بھی موجود تھے۔ جبرالٹر کی دو ہزار افراد پر مشتمل آبادی میں لین دین کے لئے برطانوی پونڈ استعمال ہوتا ہے۔ جگہ جگہ برطانوی ہیروز کے یادگاری مجسمے چوکوں میں نصب تھے۔ ہم کوئی گھنٹہ بھر وہاں گھومتے پھرتے رہے۔ اب منیر حسین کا اصرار تھا کہ ہم جلد از جلد مائیگاہ کے ہوائی اڈہ کو چلیں تاکہ بروقت اپنی فلائیٹ لے سکیں۔ گاڑی میں بیٹھنے سے قبل میں نے شبیر مغل کے کان میں کہہ دیا کہ ہوائی اڈے کی بجائے جہاں طارق بن زیاد مجاہدین کے ساتھ کشتیوں سے اُترے تھے وہاں چلنا ہے۔ کیونکہ میری معلومات کے مطابق اُس جگہ اب ایک جدید ترین مسجد تعمیر کی گئی ہے۔

جبل طارق میں مساجد

جبرالٹر میں صرف ایک ہی بڑی سڑک ہے جو ایک سرے سے دوسرے سرے تک جاتی ہے۔ یہ اتنی بڑی نہیں بس ایک عام سی سڑک ہے۔ ہم نے اس پر سفر کرتے ہوئے آبادی کا رخ کیا تو مین سٹریٹ کے بائیں طرف رومن کیتھولک کیتھڈرل آف سینٹ میری کی عمارت دیکھی۔ قریب گئے تو معلوم ہوا اس جگہ جبرالٹر کی جامع مسجد تھی جس کے صحن میں سنگتروں کے باغات تھے۔ مسلمانوں کے بعد یہ چرچ بنا دیا گیا۔ مسجد کے تمام نشانات مٹا دیئے گئے صرف سنگتروں کے باغ کا کچھ حصہ باقی بچا ہے۔ چرچ کا محل وقوع اس بات کی گواہی دے رہا تھا کہ

اسلامی دور میں جامع مسجد کے لئے یہ سب سے موزوں جگہ تھی۔

بارہویں صدی میں ابن بطوطہ جب جبرالٹر گئے تو وہ اس مسجد میں بھی گئے جہاں انہوں نے مسجد کے خطیب ابوزکریا یحیٰ بن سراج راندی اور قاضی عیسیٰ بربری سے ملاقات کی تھی۔اس بارے میں ابن بطوطہ اپنے سفرنامہ میں لکھتے ہیں:

''سب سے پہلا شہر اُندلس کا جو میں نے دیکھا وہ جبل الفتح (جبرالٹر) تھا۔وہاں میں نے اس شہر کے خطیب ابوزکریا یحیٰ بن سراج راندی اور قاضی عیسیٰ بربری سے ملاقات کی۔قاضی صاحب کے پاس میں ٹھہرا تھا۔تمام پہاڑ کے گرد اس کے ساتھ پھرا۔مولانا ابوالحسن نے جو جو عمارتیں اس میں بنائی تھیں اور جو جو سامان اس میں جمع کیا تھا اس کو دیکھ کر تعجب ہوا۔وہاں جہاد کے لئے لشکر تیار رہتا ہے۔اسلامی فتح کا آغاز بھی یہیں سے ہوا تھا اور طارق بن زیاد، جو موسیٰ بن نصیر کا آزاد غلام تھا، فرنگستان میں عبور کرتے وقت یہیں آ کر ٹھہرا تھا۔اسی لئے اس کے جبل طارق اور جبل الفتح دونوں نام ہیں۔مولانا ابوالحسن نے پہاڑ کی چوٹی پر ایک نہایت مضبوط قلعہ تیار کیا اور اس میں ہتھیار تیار کرنے کی فیکٹری بھی لگائی تھی۔''

جبل طارق کی جامع مسجد کے بعد ہم نے اُس مقام کا رخ کیا جہاں سب سے پہلے طارق بن زیاد نے اس سرزمین پر قدم رکھا تھا۔ہم سابق جامع مسجد سے سفر کرتے جا رہے تھے کہ دائیں طرف ایک بورڈ دیکھا جس پر لکھا تھا ''ہماری یورپ کی خاتون کی خانقاہ'' ہم وہاں گئے تو معلوم ہوا یہ بھی ایک چرچ ہے جہاں پہلے مسجد تھی۔اس طرح اس خطہ پر دو قدیم مساجد کی نشاندہی ہوئی لیکن دلی تکلیف بھی ہوئی کہ ان مساجد کو تعمیر اور آباد کرنے والے ہمیشہ کے لئے اپنے ابدی سفر پر چلے گئے۔

''ہماری یورپ کی خاتون کی خانقاہ'' جس نکڑ پر تھی وہاں سے ایک موڑ مڑے تو ایک اعلیٰ شان جدید مسجد کو دیکھ کر دل باغ باغ ہو گیا۔زمانہ قدیم کی مساجد کا جو صدمہ تھا وہ جاتا رہا اور ہم خوشی سے چہکنے لگے۔گاڑی مسجد کے قریب کھڑی کر دی گئی۔اس وقت نماز کا وقت نہیں تھا اس

لئے مسجد بند تھی۔ منیر حسین تصویریں اُتارنے لگے جبکہ شبیر مغل اس کی عکس بندی میں مصروف ہو گئے۔ میں نے چاروں طرف گھوم کر اس مسجد کا جائزہ لیا۔

مسجد کی پشت پر پہاڑ اور سامنے ایک کھلا میدان سمندر تک پھیلا ہوا ہے۔ یہ میدان اتنا بڑا ہے جتنا ہمارے ملک میں کھیل کے میدان ہوتے ہیں۔ میں ابھی مسجد کا بیرونی جائزہ لے رہا تھا کہ شبیر مغل ایک صاحب کو لیے میرے پاس آئے اور بتایا کہ یہ عبدالسلام ہیں۔ ان کا تعلق مراکش سے ہے اور اس مسجد کی انتظامی کمیٹی کے چیرمین ہیں۔ عبدالسلام ہم سے بڑی گرم جوشی سے ملے۔ یہ درمیانے قد کے مضبوط قد کاٹھ کے آدمی تھے۔ عربی میں بات چیت کرتے تھے۔ لیکن معمولی انگریزی بھی بول لیتے تھے۔ عبدالسلام نے بتایا کہ:

> ''ابراہیم ال ابراہیم'' نامی یہ مسجد سعودی عرب کے سابق بادشاہ فہد نے تعمیر کروائی تھی جس پر پچپیس لاکھ پونڈ کے اخراجات آئے اور دو سال میں مکمل ہوئی تھی۔ اس کا افتتاح 8 اگست 1997ء میں ہوا تھا۔ مسجد کی بدولت اب یورپ کے اس آخری نکڑ کی رونق دوبالا ہوگئی ہے۔ مسجد سے پہلے سیاح اس طرف لائٹ ہاؤس اور یورپ کا آخری کنارہ دیکھنے آتے تھے۔ اب یورپی سیاحوں کے ساتھ ساتھ مسلمان ممالک کے سیاح بھی مسجد اور جہاں طارق بن زیاد اُترے تھے، کی زیارت کے لئے آتے ہیں۔ جبرالٹر میں اس وقت تین سو کے لگ بھگ مسلمان ہیں جن کی اکثریت مراکش کے مسلمانوں کی ہے۔ اس وقت مسجد میں پانچ وقت نمازیں ادا کی جاتی ہیں۔''

مسجد کی زیارت کے لئے عبدالسلام نے ہمارے لئے مسجد کھول دی تھی۔ اندر جا کر مسجد کی زیارت کی تو قیمتی قالین اور فانوس دیکھ کر حیران رہ گئے۔ مسجد کی تزئین انتہائی نفاست کے ساتھ جدید ترین طریقہ کے مطابق کی گئی تھی۔ منبر انتہائی خوبصورت تھا۔ مسجد کا صحن سنگ مرمر کا تھا۔ سنگ مرمر کی سجاوٹ کے ساتھ صحن میں باغیچے بھی بنائے گئے تھے جن میں خوبصورت پھول اور بیل بوٹے مسجد کے حسن میں اضافہ کر رہے تھے۔ مسجد کی نیچے کی منزل پر دفاتر تھے جبکہ دوسری منزل پر مسجد تھی۔ پہاڑ کی پشت کی جانب نماز ادا کرنے کے لئے بڑا ہال تھا۔ جبکہ سامنے

سمندر کی طرف کھلا سنگ مرمر سے مزین صحن تھا۔ ہم صحن میں کھڑے ہوئے تو سامنے سمندر موجیں مار رہا تھا۔

مسجد کی زیارت کے بعد ہم وہاں سے نیچے اُترے اور میدان کے بیچوں بیچ چلتے ہوئے عین اُس مقام پر جا کھڑے ہوئے جہاں 29 اپریل 711ء بروز بدھ طارق بن زیاد ہاتھ میں اسلامی جھنڈا لہراتے ہوئے سات ہزار مجاہدین کے ساتھ اترے تھے۔ اسی مقام پر طارق نے جو دُعا مانگی تھی اُسے علامہ اقبال نے اپنی شاعری کے قالب میں یوں ڈھالا تھا:

یہ غازی یہ تیرے پُر اسرار بندے
جنہیں تو نے بخشا ہے ذوق خدائی
دو نیم ، اِن کی ٹھوکر سے صحرا و دریا
سمٹ کر پہاڑ اِن کی ہیبت سے رائی
شہادت ہے مطلوب و مقصودِ مومن
نہ مالِ غنیمت ، نہ کشور کشائی!
کشادِ درِ دل سمجھتے ہیں اُس کو
ہلاکت نہیں موت ان کی نظر میں!
دلِ مردِ مومن میں پھر زندہ کر دے
وہ بجلی کہ تھی نعرۂ لاتذر میں
عزائم کو سینوں میں بیدار کر دے
نگاہِ مسلماں کو تلوار کر دے

دُعا مانگنے کے بعد طارق نے حکم دیا کہ جن کشتیوں پر ہم سوار ہو کر یہاں اُترے ہیں انہیں جلا دیا جائے۔ کشتیاں جلانے کی وجہ یہ تھی کہ مجاہدین کے دل میں واپسی کی آس نہ رہے اور وہ دل و جان سے جہاد میں حصہ لیں۔ علامہ اقبال نے اس واقعہ کو ایک فارسی قطعہ میں یوں پیش کیا تھا:

طارق چو بر کنارۂ اُندلس سفینہ سوخت
گفتند کار تو بہ نگاہِ خرد خطاست
دوریم از سوادِ وطن باز چوں رسیم ؟

ترکِ سبب زروئے شریعت کجا رواست؟
خندید و دستِ خویش بہ شمشیر برد و گفت
ہر ملک ملکِ ماست کہ ملک خدائے ماست

(ترجمہ: طارق نے جبل طارق اُندلس میں جب اپنی کشتیاں جلائیں تو ساتھیوں نے کہا کہ عقل کے مطابق تم نے یہ کام غلط کیا ہے۔ہم وطن سے دور ہیں واپس کیسے پہنچیں گے۔ذریعے کو چھوڑ دینا شریعت کی رو سے کہاں جائز ہے؟۔یہ سن کر طارق ہنسا اور تلوار پکڑ کر بولا، ہر ملک ہمارا ملک ہے۔ کیونکہ ہر ملک ہمارے خدا کا ہے۔)

جہاں کشتیاں جلائی گئیں تھیں وہ یورپ کا آخری کنارہ ہے۔وہاں اس وقت ایک لائیٹ ہاؤس ہے جس کے ساتھ ایک دکان ہے جو یورپ کی طرف سے اس خطہ پر آخری دکان تسلیم کی جاتی ہے۔ایک اونچے چبوترے پر لوہے کی تختی پر ایک نقشہ بھی کندہ ہے جس پر اس مقام سے افریقہ کے مختلف جگہوں کے فاصلے لکھے ہوئے تھے۔وہاں سے سپین کی بندرگاہ الجیریز 5.2 کلومیٹر، مراکش کی بندرگاہ سبتہ 14.5 مونٹ سعد موسیٰ 15 کلومیٹر، طنجہ Tanger کی بندرگاہ 34.5 اور سپین کا شہر اور بندرگاہ طریف 29.5 کلومیٹر دور تھی۔

دعا مانگنے اور کشتیاں جلانے کے بعد طارق میدان سے گزر کر موجودہ مسجد کی جگہ پہنچے۔مسجد کی پشت پر پہاڑ اور سامنے کھلا میدان ہے۔طارق نے اس مسجد کی جگہ کھڑے ہو کر مجاہدین کو جو خطاب کیا وہ بھی ایک تاریخی حیثیت رکھتا ہے۔خطاب کرتے ہوئے طارق نے فرمایا:

مجاہدو! میدان جنگ سے اب کوئی بھاگنے کی صورت نہیں ہے۔ آگے دشمن ہے اور پیچھے سمندر۔کشتیاں جلادی گئی ہیں۔خدا کی قسم اب صرف پامردی اور استقلال میں نجات ہے۔یہی وہ فتح مند فوجیں ہیں جو مغلوب نہیں ہوسکتیں اگر یہ دونوں باتیں موجود ہیں تو تعداد کی قلت سے کوئی نقصان نہیں پہنچ سکتا اور بزدلی، کاہلی، سستی، نامرادی، اختلاف اور غرور کے ساتھ تعداد کی کثرت کوئی فائدہ نہیں پہنچا سکتی۔

مجاہدو، میری تقلید کرو، اگر میں حملہ کروں تو تم بھی حملہ آور ہو جاؤ اور جب میں رک جاؤں تو تم بھی رک جاؤ، جنگ کے وقت سب مل کر ایک جسم بن جاؤ۔ اگر میں مارا جاؤں تو تم رنج و غم نہ کرنا اور میرے بعد آپس میں جھگڑ کر لڑ نہ بیٹھنا، اس سے تمہاری ہوا اکھڑ جائے گی اور تم دشمن کے مقابلہ میں پیٹھ پھیر دو گے اور قتل و گرفتار ہو کر برباد ہو جاؤ گے۔"

آج ہم نے جبل طارق کی سیر کی۔ سکول میں طارق بن زیاد کا جبل طارق پر اُترنے اور پھر کشتیاں جلانے والا واقعہ تو درسی کتب میں پڑھا تھا لیکن ذہن میں اس کا کوئی واضح تصور پیدا نہیں ہوا تھا۔ کتابوں میں نقشہ کی بجائے ایک خیالی تصویر شامل نصاب ہوتی تھی جس میں عربی لباس پہنے ایک گھبرو جوان ہاتھ میں اسلامی جھنڈا لہراتا ہوا ایک اجنبی ملک میں داخل ہو رہا تھا۔ اسے دیکھتے ہی مقامی فوج کو بھاگتے ہوئے دکھایا گیا تھا۔ اس تصویر سے یہ تو معلوم ہو جاتا تھا کہ مسلمان کسی ملک کو فتح کر کے اسلامی پرچم لہرا رہے ہیں لیکن یہ تصور نہیں تھا کہ یہ ملک دنیا کے کس حصہ میں ہے۔ ایسی باتیں علم جغرافیہ سے تعلق رکھتی ہیں لیکن بد قسمتی سے ہمیں عملی لحاظ سے نقشے دکھانے کی بجائے رٹا لگوایا جاتا تھا۔ آج بنفس نفیس یہ مقام دیکھا تو دل کی گہرائیوں سے اللہ کا شکر ادا کیا۔

نہ چاہتے ہوئے بھی ہم پانچ بجے جبل طارق سے روانہ ہوئے کیونکہ شام 8 بج کر 35 منٹ پر مالیگاہ کے ہوائی اڈے سے ہماری برطانیہ واپسی کی فلائیٹ تھی۔

✈✈✈✈

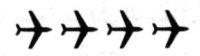

دن دھاڑے حسن والے لوٹ لیتے ہیں یہاں
بچ کے تم چلنا مری سرکار لندن شہر میں
اڑ رہا ہے خود عرب کے ریگ زاروں کی طرح
شیخ کے ایمان کا ہر تار لندن شہر میں

(بخش لائلپوری)

جبرالٹر سے مالیگاہ

ہم شام پانچ بجے جبرالٹر سے مالیگاہ کے ہوائی اڈہ کے لئے روانہ ہوئے۔ ہماری فلائیٹ شام آٹھ بج کر پینتیس منٹ پر تھی۔ ہمیں ہر صورت ساڑھے سات بجے ہوائی اڈے پہنچنا تھا تاکہ ضروری کارروائی سے گزر کر وقت مقررہ پر جہاز میں جا بیٹھیں۔ یوں ہمیں ایک سو چالیس کلومیٹر کا سفر دو گھنٹے میں طے کرنا تھا۔ خیر مغل صاحب نے گاڑی چلانی شروع کی تو دس منٹ کے اندر ہم سرحدی چوکی پر پہنچ گئے جہاں ہمارے پاسپورٹ دیکھتے ہی ہمیں دوبارہ سپین میں داخلہ کی اجازت مل گئی۔

آج موسم انتہائی خوشگوار تھا۔ جبرالٹر کی ہری بھری پہاڑی دور سے اور حسین نظر آرہی تھی۔ پہاڑی کے ساتھ ساتھ بحرِ اوقیانوس پر جب سورج کی شعاعیں پڑتیں تو منعکس ہو کر بڑا دلفریب منظر پیش کر رہی تھیں۔ ان مناظر سے تھوڑی دور براعظم افریقہ بھی دیکھنے میں کچھ کم خوبصورت نہ تھا۔ میں اور منیر حسین پچھلی نشستوں پر جبکہ ملک عبدالقیوم آفریدی فرنٹ سیٹ پر براجمان تھے۔ ہم میں سے جب بھی کوئی دلفریب منظر دیکھتا تو دوسروں کو بھی اُس طرف متوجہ کرتا۔ ایسا ہی ایک روح پرور منظر سامنے آیا تو ہمارے ساتھ شبیر مغل بھی وہ خوبصورت منظر دیکھنے میں محو ہوئے تو اُس وقت ہماری گاڑی ایک راؤنڈ اباؤٹ میں ایک دوسری گاڑی سے ٹکراتے ٹکراتے بچی۔ اگر ٹکراؤ ہو جاتا تو پھر ہمارا یہ سفر بھی آخری تھا اور اس

دنیا کے مناظر بھی۔

گاڑی کی کہانی

سپین میں گاڑی دائیں ہاتھ چلائی جاتی ہے جبکہ برطانیہ، پاکستان اور بھارت میں ہم بائیں ہاتھ گاڑی چلاتے ہیں۔ اس طرح سپین میں گاڑی چلاتے ہوئے نئے ڈرائیور کو ہچکچاہٹ ہوتی ہے۔ خصوصاً اُس وقت جب گاڑی راؤنڈ اباؤٹ یعنی چوک میں پہنچتی ہے۔ ہم حادثہ سے بچے تو ملک عبدالقیوم آفریدی نے کلمہ کلام پڑھنے کے بعد نئی زندگی کے شکرانے کی دعا کے بعد مجھ سے پوچھا یہ دنیا میں دائیں اور بائیں گاڑیاں چلانے کا کیا چکر ہے؟۔ کیا ایسا ممکن نہیں کہ سب ایک طرف گاڑیاں چلانے کا نظام اپنائیں۔ میں نے ملک صاحب کو بتایا کہ ایسا ممکن ہے لیکن ہر کوئی اپنی اپنی ضد پر اڑا ہوا ہے۔ زمانہ قدیم میں جب یہ نظام متعارف ہوا تھا تب دنیا اتنی قریب نہیں تھی جتنی آج ہے۔ بائیں ہاتھ گاڑی چلانے کا آغاز برطانیہ سے ہوا جو بعد میں اُس کے زیر قبضہ ممالک میں متعارف ہوا۔

برطانیہ میں گاڑیاں ایجاد ہونے سے قبل لوگ گھوڑوں پر سفر کرتے تھے۔ یہ ملک اُس زمانے میں لٹیروں کا گڑھ تھا۔ چنانچہ گھوڑوں پر سوار مسافر سفر کے دوران اپنے دائیں ہاتھ میں تلوار رکھتے تھے تاکہ اچانک حملہ ہونے کی صورت میں جوابی مقابلہ کیا جاسکے۔ اس طرح قدیم برطانوی باشندے گھوڑے بائیں ہاتھ چلاتے اور دائیں ہاتھ میں تلوار پکڑ کرتے تھے۔ جب گھوڑوں کی بجائے گھوڑے گاڑیاں استعمال ہونے لگیں تو بائیں ہاتھ چلنے کی روایت کو قائم رکھتے ہوئے 1835ء کے ہائی وے بل کے تحت بائیں ہاتھ گاڑی چلانے کا رواج باقاعدہ قانون بن گیا۔ اور پھر جب موٹر گاڑی ایجاد ہوئی تو ڈرائیور اسی قانون کے مطابق بائیں طرف گاڑیاں چلانے لگے جو اس وقت دنیا کے بیشتر ممالک میں موجود ہے۔

دائیں ہاتھ گاڑی چلانے کا آغاز فرانس سے ہوا۔ جس کے پیچھے بھی ایک کہانی ہے۔ کہتے ہیں فرانس کے شہزادے مغرور، منہ زور اور متکبر تھے جو عوام میں خوف و ہراس پھیلانے کی خاطر گھوڑوں پر سوار ہو کر جب شہر میں نکلتے تو وہ بائیں ہاتھ تیزی سے گھوڑے دوڑاتے۔ راستے میں اگر کوئی غریب، بے کس آجاتا تو گھوڑے اُسے کچل دیتے۔ اس طرح لوگ جان بچانے کی خاطر دائیں ہاتھ چلنے لگے اور شہزادوں کے گھوڑے بائیں ہاتھ تیزی سے دوڑتے گزر جاتے تھے۔ انقلاب فرانس کے بعد جب شہزادے اپنے منطقی انجام کو پہنچے اور پھر

گاڑیاں ایجاد ہوئیں تو دائیں ہاتھ چلنے کی عوامی روایت کا احترام کرتے ہوئے گاڑیاں بھی دائیں ہاتھ چلانے کا قانون بن گیا جو بعد میں جرمنی، روس، اٹلی سپین، مشرق وسطیٰ، ترکی سے ہوتا ہوا امریکہ تک جا پہنچا۔ یوں دونوں طرف گاڑیاں چلانے کے پیچھے ظلم سے بھری داستانیں ہیں جنہیں کوئی بھی چھوڑنے کے لئے تیار نہیں۔

شہر رندہ

جبرالٹر سے نکل کر ہم مالیگاہ جانے والے موٹروے اے سیون پر سفر کرنے لگے۔ یہ دو لائینوں پر مشتمل موٹروے تھا۔ معلوم ہوتا تھا کہ اسے حال ہی میں تعمیر کیا گیا ہے۔ جلد ہی ہم اسٹیپونا Estepona نامی بستی میں پہنچے جہاں موٹروے استعمال کرنے کا ہمیں ٹول ٹیکس ادا کرنا پڑا۔ اسٹیپونا کسانوں اور مچھیروں کی چھوٹی سی ساحلی بستی ہے۔ جس کے ایک طرف اونچے اونچے پہاڑ اور دوسری طرف سمندر ہے۔ اس گاؤں میں تقریباً نو ہزار لوگ رہتے ہیں جن کا ذریعہ آمدن کھیتی باڑی اور مچھلی کا شکار ہے۔ یہ بستی عربوں نے آباد کی تھی اور اسے شہر رندہ کہتے تھے۔ اُس زمانے میں یہاں مسجد اور ساتھ اسلامی مدرسہ بھی تھا لیکن آج وہاں اسلامی دور کی کوئی نشانی نہیں۔ ابن بطوطہ نے اس بستی کا ذکر کرتے ہوئے لکھا ہے:

> ''جبل طارق سے ہم شہر رندہ میں پہنچے۔ یہ بھی اہل اسلام کا ایک نہایت مضبوط اور خوبصورت قلعہ ہے۔ یہاں میرا چچازاد بھائی محمد بن یحییٰ بن بطوطہ، وہاں کا خطیب ابو اسحاق ابراہیم جو شندرخ کے نام سے زیادہ مشہور ہے مجھ سے ملے۔ یہ خطیب صاحب تھوڑے عرصہ کے بعد مغرب کے شہر سلا میں وفات پا گئے۔ میں یہاں پانچ دن رہا اور شہر کے بزرگوں مثلاً عبداللہ صفار وغیرہ کی زیارت کی۔''

شہر رندہ کے عبداللہ صفار نامی جس بزرگ سے ابن بطوطہ نے ملاقات کی تھی یہ 1132ء میں یہاں پیدا ہوئے تھے۔ اپنے زمانے کے صاحب کمال بزرگ تھے۔ تصوف میں اُن کا ایک اہم مقام ہے۔ انہوں نے اسلامی قانون پر کتابیں لکھیں۔ 1182ء میں ابو یوسف یعقوب المنصور کی دعوت پر مراکش گئے جہاں 1185ء میں فوت ہوئے اور مقامی قبرستان میں دفن ہوئے۔ عقیدت مند آج بھی اُن کی قبر پر حاضری دیتے ہیں۔

ہم نے اسی موٹروے پر سفر جاری رکھا۔ یہ سفر ہوائی اڈے تک سمندر کے کنارے

اور اونچے اونچے پہاڑوں کے دامن میں طے ہوتا رہا۔ موٹروے پر ہم چند سرنگوں سے بھی گزرے۔ یہ سرنگیں سڑک کو سیدھا رکھنے کے لئے پہاڑ کاٹ کر تیار کی گئی تھیں۔ بعض گاؤں بڑی مشکل جگہوں پر پہاڑ کاٹ کر تعمیر کیے گئے تھے۔ بالکل کشمیر کے پہاڑی مکانوں کی طرح نظر آرہے تھے۔ موٹروے کے قریب چھوٹی چھوٹی پہاڑیوں پر جو بنگلہ نما مکان تھے وہ انتہائی خوبصورت اور تمام بنیادی سہولیات سے مزین تھے۔ اور دیکھنے سے معلوم ہوتا تھا کہ پہاڑوں اور جنگلوں میں بھی مکان نقشہ کے مطابق تیار کیے گئے ہیں۔

مربلہ کا قصبہ

خوبصورت موٹروے پر سمندر کے کنارے اور پہاڑوں کے دامن میں سفر کرتے ہوئے ہم مربلہ Marbella پہنچے۔ یہ انتہائی جدید ترین اور خوبصورت قصبہ ہے جسے دنیا کے امیر ترین لوگوں کی سیاحت کی ضروریات کو مدنظر رکھ کر تیار کیا گیا ہے۔ اس وقت مربلہ کی آبادی ایک لاکھ افراد پر مشتمل ہے لیکن 1940ء میں یہ نوسو افراد کی ایک چھوٹی سی بستی تھی۔ ہسپانیہ کے سرمایہ کاروں نے امیروں کی دولت سے پورا پورا فائدہ اٹھایا۔ اس وقت یہ برطانیہ، آئرلینڈ اور جرمنی کے امیر ترین گھرانوں کا من پسند سیاحتی مرکز ہے۔ سفید چمڑی کی خاطر عرب کے شیخ بھی اسی مقام پر آ کر دولت بہاتے ہیں۔ سعودی عرب کے سابق بادشاہ شاہ فہد جب شہزادے تھے تو 1974ء میں انہوں نے سعودی شاہی خاندان کے لئے رہائش گاہیں اور شاہ عبدالعزیز نامی ایک مسجد تعمیر کروائی تھی۔

مربلہ نے زمانے کے کئی رنگ دیکھے۔ ایک زمانے میں جب مسلمان یہاں آباد تھے تب یہاں کی مساجد میں پانچ وقت کی اذانیں، نمازیں اور قرآن وحدیث کے درس دیئے جاتے تھے۔ تب یہ ایک خوبصورت قصبہ تھا۔ پھر جب مسلمان زوال پذیر ہوئے اور انہیں 1487ء میں اس خطہ سے نکال دیا گیا تو پھر پانچ سو سال تک اس دھرتی پر کسی نے نہ اذان دی اور نہ نماز ادا کی۔ آخر زمانہ بدلا اور سعودی عرب کو اللہ تعالیٰ نے دولت سے مالا مال کیا تو اُن کے ایک شہزادے فہد کو مربلہ کا ساحل سمندر پسند آیا۔ یہ اتفاق ہے کہ سپین اُس وقت معاشی بحران سے گزر رہا تھا وہ ایسے ہی کسی امیر زادے کی تلاش میں تھا۔ چنانچہ فہد نے مربلہ میں اپنا محل بنوایا جو امریکی ''وائیٹ ہاؤس'' کا ہم شکل ہے۔ محل کے قریب مسجد تعمیر ہوئی۔ اس طرح اہل سپین نے پانچ سو سال پہلے جن مسلمانوں کو اس خطہ سے نکال دیا تھا اور باقی کو قتل کر کے

مسلمانوں سے اپنی نفرت کا اظہار کیا تھا، پانچ سو سال بعد دولت کی خاطر سپین میں مسجد کی تعمیر کی اجازت دی۔ بلکہ اب وہاں پانچ وقت کی اذان اور نمازیں ادا ہوتی ہیں۔ جبل طارق سے آتے ہوئے مربلہ کی حدود میں داخل ہوتے ہی موٹر وے سے مسجد جانے کے لئے ایک خصوصی راستہ نکالا گیا ہے۔ اب اس قصبہ میں دو مساجد ہیں۔

فہد جب بادشاہ بنے اور وہ سیاحت کے لئے سپین آتے تو جیٹ طیاروں پر شاہی خاندان کے سینکڑوں افراد کے علاوہ ہزاروں نوکر چاکر بھی لاتے تھے۔ اپنے قیام کے دوران شاہ فہد صرف خوراک پر بیس ہزار پونڈ روزانہ خرچ کرتے تھے۔ باقی اخراجات کا اندازہ نہیں۔ سپین کی عورتیں اور مرد شاہ فہد کے شاہی محل کے چکر لگاتے رہتے تھے کہ ممکن ہے انہیں اگر زیادہ نہیں تو چند دنوں کی نوکری مل جائے کیونکہ فہد ایک نوکر کو ایک دن کے نوے یورو یعنی دس ہزار روپے معاوضہ دیتے تھے۔ اسی دولت کی ریل پیل نے اہل سپین کے دل سے مسلمانوں کے خلاف ہزاروں سال کی نفرت نکال کر محبت ڈالی۔ جس کے نتیجہ میں اب سپین میں تین لاکھ مسلمان آباد ہو چکے ہیں۔ لیکن مساجد کی تعداد ابھی کم ہے۔ اس وقت جبل طارق میں ایک، مربلہ میں دو، غرناطہ میں ایک اور قرطبہ میں ایک چھوٹی سی مسجد ہے۔ مساجد کی تعداد میں مزید اضافہ ہو جاتا لیکن اس دوران امریکہ کے عراق پر قبضے سے عربوں کے دلوں میں نفرت پیدا ہوئی اور انہوں نے یورپ جانے سے اجتناب کرنا شروع کیا اور پھر شاہ فہد بھی اس دنیا سے دوسرے جہاں چلے گئے۔

مربلہ قصبہ کی پشت پر اسلامی دور کا ایک ہزار سال پرانا قلعہ ہے جہاں سے پورا شہر نظر آتا ہے۔ قلعہ کے پہلو میں جامع مسجد تھی جس کا اب نام ونشان ختم ہو چکا ہے۔ جبل طارق سے مالیگاہ بلکہ المنیکب تک سمندر کی پشت پر اونچے اونچے پہاڑ ہیں۔

پہاڑ مربلہ کی پشت پر تیس میل اوپر رونڈا تک پھیلے ہوئے ہیں۔ یہ پہاڑی علاقہ کافی عرصہ ''علاقہ غیر'' کی حیثیت سے مشہور رہا۔ قاتل، چور اور ڈاکو واردات کے بعد اس علاقہ میں روپوش ہو جاتے تھے۔ یہ لوگ خطرناک پہاڑ اور جنگلوں میں رہتے اور موقع ملتے ہی قافلوں کو لوٹتے اور مال لے کر پھر جنگلوں میں غائب ہو جاتے تھے۔ ان جنگلات میں ڈاکوؤں اور لٹیروں نے اپنے قانون بنائے ہوئے تھے۔

جب عیسائیوں نے مسلمانوں کو زبردستی مذہب تبدیل کرنے پر مجبور کیا تب بہت

سے مسلمان مربلہ کی پشت پر ان غاروں میں روپوش ہو کر اپنے مذہب کو بچانے کی کوشش میں رہے۔ مربلہ کے ان جنگلات میں چھپے ہوئے مسلمان موقع پا کر نکلتے اور ساحل سے کشتی میں بیٹھ کر شمالی افریقہ میں جا اُترتے تھے۔ لیکن بعض اوقات ایسے بھی ہوا کہ عیسائیوں کی نظروں سے بچ کر مسلمان ممالک میں پناہ لینے والے مسلمانوں کو اپنے ہی مسلمان لٹیروں نے لوٹ کر تباہ و برباد کیا۔ بالکل اسی طرح جیسے افغانستان سے جان بچا کر پاکستان میں پناہ لینے والے مسلمانوں کو ڈالروں کے عوض جنرل مشرف اور اُس کے حواریوں نے امریکہ کے ہاتھ فروخت کیا۔ حتیٰ کہ پاکستانی ڈاکٹر عافیہ صدیقی جیسی قوم کی بیٹیاں اور اُن کے بچے بھی محفوظ نہیں رہے۔ جنہیں خفیہ ایجنسیوں نے اغوا کر کے امریکہ کو فروخت کیا۔ امریکی ڈالروں نے قومی حمیت کو خرید کر حکمران تاجروں کی آنکھوں پر اس طرح پٹی باندھ دی تھی جیسے اُن کی اپنی اولاد نہیں اور پھر انہیں ہمیشہ اسی حکومت اور اس دنیا میں رہنا ہے۔

ابن بطوطہ جب سپین کی سیاحت کے لئے آئے تو انہوں نے مربلہ میں بھی قیام کیا تھا اور اپنے سفرنامہ میں اُس کا ذکر اس طرح کیا:

> ''میں جبل طارق سے شہر مربلہ میں پہنچا۔ راستہ بہت دشوار گزار تھا۔ مربلہ بہت سرسبز اور شاداب شہر ہے۔ وہاں مجھے سواروں کی ایک جماعت ملی جو مالقہ جاتی تھی لیکن میں ان سے پیچھے رہ گیا اور وہ سب گرفتار ہوئے اور لٹیروں نے انہیں لوٹ لیا۔''

مربلہ کے مقام پر ہزار سال پہلے بھی لٹیرے لوگوں کو لوٹتے تھے اور آج بھی لوٹ رہے ہیں۔ صرف لوٹنے کا طریقہ بدل گیا۔ اُس زمانے کے لٹیروں کے ہاتھوں میں تلواریں اور چہروں پر نقاب ہوتے تھے۔ لیکن آج کے لٹیرے مرد نہیں بلکہ دوشیزگان مغرب ہیں جو اپنے نازک ہاتھوں میں تلوار کی بجائے نگاہوں کے تیر چلا کر اور نقاب کی بجائے جسم کو کپڑوں سے آزاد کر کے عرب اور دنیا کے امیروں کو اپنے خوبصورت سڈول جسم کے عوض لوٹ رہی ہیں۔ اسی طرح کا ایک منظر لندن کے شاعر بخش لائلپوری مرحوم نے جب لندن میں دیکھا تو انہوں نے کہا تھا:

دن دھاڑے حسن والے لوٹ لیتے ہیں یہاں
بچ کے تم چلنا مری سرکار لندن شہر میں

اڑ رہا ہے خود عرب کے ریگ زاروں کی طرح
شیخ کے ایمان کا ہر تار لندن شہر میں

بخش لائلپوری کی نصیحت پر عمل کرتے ہوئے ہم بیچ کے اس شہر سے گزرے۔ خوشگوار یادوں کو سمیٹتے ہوئے جب ہم فنگریلہ پہنچے تو مجھے یاد آیا کہ اس مقام پر 15 اکتوبر 1810ء میں آٹھ سو برطانوی اور دو ہزار ولندیزی فوجیوں نے جنرل بلے نی Blayney کی قیادت میں فنگریلہ پر قبضہ کرنے کی کوشش کی تھی۔ خوش قسمتی سے اُس وقت ساحل پر دو سو پولینڈ کے فوجی موجود تھے جنھوں نے تین ہزار فوجیوں کو اس طرح شکست دی کہ آج تک برطانوی فوجی اسے اپنے لئے انتہائی شرم ناک واقعہ تسلیم کرتے ہیں۔

اس وقت فنگریلہ برطانوی لوگوں کا من پسند سیاحتی مقام ہے۔ بلکہ اسے لٹل برٹن کہیں تو زیادہ بہتر ہے۔ فنگریلہ کے ہوٹلوں، ریسٹورنٹ، پب، ڈسکو کلب میں ہر جگہ انگریزی بولی جاتی ہے۔ ہوٹلوں میں کھانے اور خاص کر صبح کا ناشتہ انگلش دیا جاتا ہے۔ پب میں شراب بھی ولایتی اور ٹیلی ویژن پر پروگرام بھی انگلش چلتے رہتے ہیں جہاں سیاح دن بھر ساحل سمندر پر گزارنے کے بعد شام کو ولایتی شراب اور فش اینڈ چپس کھاتے ہیں۔ فش اینڈ چپس مشہور برطانوی کھانا ہے۔ یہی وہ چیزیں ہیں جس کی وجہ سے برطانوی سیاح فنگریلہ کا رخ کرتے ہیں۔ ساحل سمندر پر بھی گوروں اور گوریوں کا قبضہ ہے۔

فنگریلہ مسلمانوں کے دور میں بھی موجود تھا۔ 956ء میں جب سپین پر اموی حکومت تھی تب خلیفہ عبدالرحمان نے یہاں پر قلعہ تعمیر کیا تھا جو اب بھی موجود ہے۔ قلعہ کے ساتھ مسجد تھی لیکن مسجد اب مٹ چکی ہے۔

یوں ہی سفر کرتے ہوئے ہم ساڑھے چھ بجے مالیگاہ کے ہوائی اڈے پر پہنچے۔ ایک ہفتہ قبل ہم نے اسی ہوائی اڈے سے اُندلس کا سفر شروع کیا تھا۔ ہم ایک طرف سے گئے اور پورے اُندلس کا چکر لگاتے ہوئے دوسری سمت سے ایک گول دائرہ بناتے ہوئے اُسی مقام پر واپس آپہنچے جہاں سے سفر کا آغاز کیا تھا۔

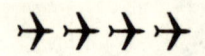

وطن کی فکر کر ناداں! مصیبت آنے والی ہے
تری بربادیوں کے مشورے ہیں آسمانوں میں

(علامہ اقبال)

مالیگاہ سے بریڈفورڈ

اُندلس کی سیاحت کے بعد جب ہم مالیگاہ کے ہوائی اڈے کی انتظار گاہ میں پہنچے تو دیکھا تھکے ماندے سیاح کندھوں پر سامان اٹھائے اِدھر اُدھر گھوم پھر رہے تھے۔ بعض صوفوں پر بیٹھے اونگھ رہے تھے۔ کچھ ڈیوٹی فری شاپ سے خریداری اور بعض صرف مفت کی پرفیوم لگا کر وقت گزار رہے تھے۔ ہم بھی مسلسل سفر میں رہے۔ لیکن اس سفر سے ہمیں تھکاوٹ کی بجائے خوشگوار مسرت ملی اور ہم نے ہر لمحہ اس سے لطف اٹھایا۔ سفر کے دوران ہم معلومات کے خزانے سمیٹتے ، مسلمانوں کی یادگاروں کو محبت اور عقیدت سے دیکھتے واپس اُسی ہوائی اڈے پر پہنچے جہاں سے ہم نے ایک ہفتہ قبل اپنے سفر کا آغاز کیا تھا۔

میرے قریب بیٹھے منیر حسین گہری سوچوں میں گم تھے۔ میں نے پوچھا بادشاہو! کس کی یاد میں کھوئے ہوئے ہو؟ میرے استفسار پر منیر حسین نے چہرے پر ہلکی سی مسکراہٹ بکھیرتے ہوئے جواب دیا:

> ''میں اپنے سفر اُندلس کو یاد کر رہا تھا۔ میرے لئے یہ سفر ''فل آف سرپرائز'' تھا۔ مجھے غرناطہ ، قرطبہ ، اشبیلیہ تو جانے کی خواہش تھی لیکن جبرالٹر جانے کو بالکل جی نہیں چاہتا تھا۔ لیکن آپ دوستوں کے ساتھ گیا تو جبرالٹر مجھے پورے اُندلس سے پیارا لگا۔ اگر میں جبرالٹر نہ جاتا تو زندگی میں ایک خوبصورت تاریخی جگہ کی سیاحت

سے محروم رہتا۔ میں نے آج تک جتنی بھی سیاحت کی ہے، یہ سفر تمام سفروں سے اچھا تھا۔ یہ سفر میرے لئے اس لئے بھی باعث حیرت تھا کہ جن مقامات کو تلاش کرنا مشکل تھا وہاں بڑی آسانی سے پہنچے۔“

منیر حسین ابھی اپنے تاثرات بتا ہی رہے تھے کہ ملک عبدالقیوم آفریدی نے بتانا شروع کر دیا کہ:

”سفر اُندلس نے مجھے خوشگوار یادیں دی ہیں۔ یہ حقیقی معنوں میں خوبصورت اور اعلیٰ معیار کا سفر تھا۔ مجھے فکر تھی کہ یہ سب مقامات کیسے دیکھ سکوں گا لیکن اللہ کے فضل و کرم سے ہم نے یہ سفر اس طرح طے کیا کہ کوئی ایسا مقام نہیں چھوڑا جسے دیکھے بغیر ہم آگے بڑھے ہوں۔ تمام مساجد، پرانے بادشاہوں کے قلعے دیکھے۔ اعلیٰ سے اعلیٰ رہائش اور اللہ کا کرم رہا کہ کھانے پینے کا کوئی مسئلہ نہیں تھا۔ تمام دوست واحباب ٹھیک رہے۔ اکثر سفر کرتے وقت انسان تھکاوٹ سے پریشان ہو جاتے ہیں۔ لیکن میں نے کسی دوست کے چہرے پر تھکاوٹ کے اثرات نہیں دیکھے۔ میں اپنے دوستوں کا ممنون ہوں جن کی بدولت یہ سفر خوشگوار رہا۔“

ہمارے ہم سفر محمد شبیر مغل نے بتایا کہ:

”آپ دوستوں نے جس طریقہ سے یہ پروگرام ترتیب دیا یہ بہت ہی اچھا اور بہتر منصوبہ بندی کے ساتھ ترتیب دیا گیا تھا۔ یہ سفر میری توقع سے زیادہ بہتر رہا۔

مسجد قرطبہ کو دیکھ کر میرے آنسو نکل آئے تھے۔ لیکن اُسی شہر میں ایک چھوٹی مسجد دیکھ کر دلی مسرت بھی ہوئی۔ جبل طارق نے طارق بن زیاد کی یادوں کو تازہ کیا اور اُس مقام پر ایک جدید ترین مسجد دیکھ کر خوشگوار مسرت ہوئی۔ ہم نے تقریباً ایک ہزار کلومیٹر سفر طے کیا اور بالکل محسوس نہیں ہوا کہ ہم نے اتنا سفر طے کیا ہے۔ منیر

حسین کی گلوکاری اور ملک عبدالقیوم آفریدی کی دلچسپ باتوں اور چٹ پٹے لطیفوں نے ماحول کو خوشگوار بنائے رکھا۔
محسوس کیا کہ الحمرا کی بدولت غرناطہ اور مسجد قرطبہ کی وجہ سے قرطبہ کے شہروں میں بڑی تعداد میں سیاح جاتے ہیں۔ جو سپین کی آمدنی کا سبب بن رہے ہیں۔ بعض تاریخی مقامات پر سکول کے بچوں کو بھی دیکھا جن کے ساتھ ٹیچر تھے۔ جو انہیں اُن مقامات کی تاریخی اہمیت سے آگاہ کر رہے تھے۔"

ہم باتیں کر رہے تھے کہ ہمارے ساتھ ایک ولندیزی عورت آ کر بیٹھی۔ وقت گزارنے کی خاطر اُس نے بات چیت کا آغاز کیا تو معلوم ہوا محترمہ بھی دو ہفتے اُن مقامات کی سیاحت سے واپس آ رہی ہیں جنہیں دیکھ کر ہم آ رہے ہیں۔ میں نے پوچھا اُندلس کے سفر کو آپ نے کیسے پایا؟ کیتھرائین نامی ولندیزی خاتون نے بتایا کہ:

"اُندلس میں الحمرا نے مجھے بالکل مسحور کر دیا تھا۔ میرا جی چاہتا تھا کہ میں ہمیشہ کے لئے اسی محل میں رہ جاؤں لیکن ایسا ممکن نہیں۔ مسلمانوں کے خلاف ہمارے ملک میں بڑے منفی تاثرات پائے جاتے ہیں۔ لیکن اس سیاحت کے بعد میرے خیالات بدلے ہیں اور مجھے یہ کہتے ہوئے کوئی شرم محسوس نہیں ہو رہی ہے کہ مسلمانوں نے ہی اہل یورپ کو علم سے متعارف کروایا۔

جب ہم جہالت کے اندھیرے میں تھے تب اسلامی اُندلس میں علم کے دریا بہہ رہے تھے۔ سکول کالج یونیورسٹیاں اور پھر بڑے بڑے سکالر موجود تھے۔ ابوقاسم الزاہروی جیسے عظیم سرجن جن کی ابھی تک دنیا کے سرجن پیروی کر رہے ہیں یہ سب مسلمان تھے اور انہوں نے ہی ہمیں جدید سرجری سے متعارف کروایا۔ حقیقت یہ ہے کہ تعصب نے ہماری آنکھوں پر پٹی باندھ دی ہے اور ایسے میں ہمیں مسلمانوں کی اچھائیاں بھی برائیاں نظر آتی ہیں۔ اب اس سفر نے میری آنکھیں کھول دی ہیں اور واپس جا کر میں اپنے دوست و

احباب کو بھی اُندلس کی سیاحت کا مشورہ دوں گی۔"

کیتھرائین باتیں کر رہی تھی تو اعلان ہوا کہ برطانیہ کے شہر لیڈز جانے والی فلائیٹ تیار ہے مسافروں سے گزارش ہے کہ وہ جہاز میں تشریف لائیں۔ میں نے کیتھرائین نامی ڈچ دوشیزہ سے اجازت لی اور اپنے ساتھیوں کے ساتھ جہاز میں جا بیٹھا۔

بھارت کی پونم شرما

جہاز میں میری نشست کے ساتھ ایک گندمی رنگ کی سمارٹ اور پرکشش لڑکی اور اُس کے ساتھ گوری رنگت کا اُس کا بوائے فرینڈ آ بیٹھے۔ تعارف پر معلوم ہوا کہ لڑکی کا نام پونم شرما ہے اور وہ دہلی کے ایک کاروباری ہندو خاندان کی چہیتی بیٹی ہے۔ جبکہ اُس کا بوائے فرینڈ مارک نامی اطالوی نوجوان تھا۔ دونوں لیڈز یونیورسٹی کے طالب علم تھے اور سیاحت کی غرض سے سپین گئے ہوئے تھے۔ بات چیت سے معلوم ہوا کہ پونم کو اپنے حسب نسب پر بڑا فخر تھا۔ اور پھر بات بات پر اس بات کا احساس دلا رہی تھی کہ چند سالوں کے بعد بھارت سپر پاور بن جائے گا۔ ان باتوں پر مارک طنزیہ فقرہ کستا اور پھر مسکرا دیتا۔ مارک کی خاموشی میں پونم کی جوانی حائل تھی جس کا وہ اِن دنوں بھنورے کی طرح رس چوس رہا تھا۔

میں نہ تو بھنورا تھا اور نہ پونم کا چاہنے والا۔ بلکہ اُس کے برعکس میں کشمیری قوم کا ایک ایسا باشندہ ہوں جس کے ملک اور قوم پر بھارتی فوجیں مظالم کے پہاڑ ڈھا رہی ہیں۔ میں نے پونم سے پوچھا کہ تم کس بناء پر یہ کہہ رہی ہو کہ بھارت سپر پاور بننے والا ہے؟۔ اس پر اُس نے غضب ناک انداز میں مجھے گھورتے ہوئے دیکھا اور کہا:

> "صاحب آپ دیکھتے نہیں کہ بھارت آبادی کے لحاظ سے اس وقت دنیا کا دوسرا بڑا ملک ہے۔ بلکہ عنقریب ہماری آبادی چین سے بھی زیادہ ہو جائے گی۔ بھارت میں امیر ترین لوگ موجود ہیں جنہوں نے ابھی حال ہی برطانیہ کی چند مشہور کمپنیاں خرید لی ہیں۔ برطانیہ کے تمام کال سنٹر بھارت میں منتقل ہو چکے ہیں اور ہمارے لوگ ڈالر اور پونڈ سے کھیل رہے ہیں۔ برطانیہ جیسے بیس ممالک کو ملا یا جائے تو وہ بھارت کے برابر بننے گا بلکہ بھارت سارے یورپ سے رقبہ اور آبادی میں بڑا ہے۔"

میں نے کہا یہ سچ ہے کہ بھارت میں امیر ترین لوگ موجود ہیں لیکن وہ ایک کروڑ آبادی میں دو تین سو کے لگ بھگ ہوں گے اور وہ بھی غریبوں کی دولت کو لوٹ کھسوٹ سے حاصل کر کے امیر ہوئے ہیں۔ اس طرح کے تناسب کرپٹ ملکوں کی نشاندہی کرتے ہیں۔ کال سنٹر میں تو ایسے لوگوں کو روزگار ملتا ہے جنہیں انگریزی بول چال میں مہارت ہو۔ یورپی معیار کے مطابق یہ کم تنخواہ کے روزگار ہیں جو بنیادی طور پر دفتری نوعیت کا کام ہے بلکہ کلرک کی صلاحیت سے بھی کم تر۔ جس میں صرف فون سن کر کمپیوٹر سے معلومات حاصل کر کے صارف کو بتائی جاتی ہیں۔ ایسے میں آپ اُن ممالک کا کیسے مقابلہ کر سکتے ہیں جن کی آپ کلر کی کر رہے ہیں۔

اور پھر آپ کو معلوم ہونا چاہئے کہ بھارت میں سب سے زیادہ چائلڈ لیبر یعنی بچوں سے کم معاوضہ پر مشقت لی جاتی ہے۔ بھارت کی نصف سے زیادہ آبادی دنیا کی غریب ترین سطح سے بھی کم سطح پر زندگی گزار رہی ہے۔ صرف بمبئی میں نوے لاکھ لوگ، جو لندن شہر کی آبادی کے برابر ہے، رات بسر کرنے کے لئے سڑکوں، گندے پانی کے گٹروں اور پارکوں میں سوتے ہیں۔ بھارت میں اس وقت بھی رکشہ انسان کھینچتے ہیں۔ یعنی سوار بھی انسان اور حیوانوں کی طرح رکشہ کھینچنے والا بھی انسان۔ بھارت میں اب بھی ہندو عزت کی خاطر عورتوں کو خاوندوں کے ساتھ ستی کی رسم کے طور پر جلا دیتے ہیں۔ سڑکیں خستہ حال، کرپشن، رشوت ستانی، سفارش عروج پر۔ دوسرے مذاہب کو برداشت کرنے کی اُن میں بالکل ہمت نہیں۔ اگر ہوتی تو بابری مسجد اور گجرات میں مسلمانوں کو زندہ جلانے جیسے واقعات کبھی نہ ہوتے۔ اور اندرا گاندھی اپنے دور حکومت میں سکھوں کو کبھی بھی زندہ نہ جلاتی۔ اس وقت ہندوستان کی بہت سی ریاستیں آزادی کی جنگ لڑ رہی ہیں جنہیں بھارت بین الاقوامی قوانین کی خلاف ورزی کرتے ہوئے طاقت کے بل بوتے پر دبا رہا ہے۔ لیکن ایسا طویل عرصہ تک قائم رکھنا مشکل ہے۔

یورپ نے اگر ترقی کی تو دو عظیم جنگوں کے بعد یہ سبق سیکھا کہ ترقی بندوق کے زور پر نہیں بلکہ بھائی چارے اور ایک دوسرے کی مدد سے ہوتی ہے۔ بھارت ابھی تک یہ بات نہیں سمجھ سکا۔ بلکہ اپنے پڑوسی ممالک پاکستان، بنگلہ دیش، سری لنکا اور چین کے خلاف ہر وقت انگشت زنی کرتا رہتا ہے۔ ایسی حرکتوں کے لئے اُسے ایک اتنی بڑی فوج اور خفیہ اداروں کو پالنا پڑتا ہے۔ جس پر اٹھنے والے اخراجات سے بھارت کے غریبوں کو دو وقت کی روٹی اور سر

چھپانے کے لئے جھونپڑی اور تعلیم دی جاسکتی ہے۔

جمہوریت کا تقاضا ہے کہ اکثریت کی بات سنی جائے اس طرح جو ریاستیں آزادی مانگ رہی ہیں اُن کے جمہوری حقوق کا لحاظ رکھتے ہوئے انہیں آزادی دی جائے۔ آپ کو معلوم ہے کہ برطانیہ میں انگلینڈ، سکاٹ لینڈ، آئرلینڈ اور ویلز شامل ہیں۔ ایک ہی ملک ہونے کے باوجود انگلینڈ اور سکاٹ لینڈ اور آئرلینڈ کی اپنی اپنی کرنسی ہے۔ جس سے برطانیہ تقسیم نہیں ہوا بلکہ برطانیہ کی جمہور دوستی اور بلند ہوگئی ہے۔

آپ یورپی ممالک کو دیکھیں جنہوں نے گذشتہ صدی میں دو عظیم جنگیں لڑیں اور آج بھائی چارے کا یہ حال ہے کہ آپ بغیر پاسپورٹ کے پورے یورپ میں گھوم سکتے ہیں اور پھر گھومتے پھرتے جہاں چاہیں وہاں قیام کرنے کے ساتھ ساتھ کام بھی کر سکتے ہیں۔

اب پونم تم ہی بتاؤ ایک ایسا ملک جہاں جمہوریت کے نام پر ڈکٹیٹر شپ، کرپشن، غربت، رشوت ستانی، بدعنوانی، معاشرہ طبقات میں تقسیم، اچھوت معاشرہ جہاں انسان انسان سے نفرت بلکہ اُسے اپنے سے کمتر مخلوق سمجھے، جس کا اس وقت کسی بھی معزز اور ترقی یافتہ ملک میں تصور بھی نہیں کیا جاسکتا، امیر اور غریب میں زمین آسمان کا فرق، جہالت، ملک ٹوٹ پھوٹ کا شکار ہو، ناانصافی، قانون شکنی، انصاف فروخت اور ذرائع آمد رفت کا فقدان ہو اور رہی سہی کسر بھارتی فلم انڈسٹری نے نکال دی جو دولت کی خاطر اپنی تہذیب وتمدن کی بجائے منی سکرٹ، جنسی مناظر کی کھلم کھلا نمائش کے ذریعہ فحاشی پھیلانے میں مصروف ہے۔

بھارت میں ایڈز کی بیماری کا تناسب دنیا میں سب سے زیادہ ہے۔ خاندانی منصوبہ بندی کا فقدان اور معاشرتی بے راہ روی سے بڑے شہروں میں ناجائز بچوں کی بھرمار سے حکومت کا آبادی پر قابو پانا مشکل ہوگیا ہے۔ سپر پاور بننے کے لئے انسانوں کی تعداد کی بجائے معیار زندگی پر انحصار ہوتا ہے۔ برطانیہ کے ٹیلی ویژن بھارت کے ان مسائل پر ڈاکومنٹری تیار کر کے دکھاتے رہتے ہیں لیکن حکومت کے کانوں پر جوں تک نہیں رینگتی۔ ایسا ملک اگر چاہے بھی تو وہ مزید سو سال تک ان مسائل سے نکل نہیں سکتا۔ بھارت تو ابھی جس گاڑی پر سوار ہے وہ آگے کی بجائے پیچھے کی طرف سفر کر رہی ہے۔

یہ سن کر پونم نے سر جھکا لیا۔ مارک نے مجھے آنکھ مارتے ہوئے ایک زور کا قہقہہ لگایا۔

پاکستان کی کہانی

پونم کو خاموش کرنے کے بعد مجھے اپنا وطن پاکستان یاد آنے لگا بلکہ سچ یہ ہے کہ ہسپانیہ کی سیاحت کے دوران پاکستان مجھے شدت سے یاد آتا رہا۔ اور ساتھ ساتھ بچپن میں پڑھی ہوئی اُس کسان کی کہانی یاد آتی رہی جس کے بارہ بیٹے تھے جو آپس میں لڑتے جھگڑتے رہتے تھے۔ بوڑھا کسان بچوں کی اس حرکت سے ناخوش تھا۔ وقت مرگ اُس نے بچوں کو پاس بلایا اور کہا جاؤ جنگل سے ایک ایک لکڑی کاٹ کر لاؤ۔

بچے باپ کے حکم کی تعمیل کرتے ہوئے ایک ایک لکڑی کاٹ کر لائے تو باپ نے حکم دیا کہ ان کو ایک گٹھے کی شکل میں باندھو۔ بچوں نے اُن لکڑیوں کو باندھ دیا۔ پھر باپ نے سب سے چھوٹے بیٹے کو کہا کہ اسے توڑو۔ اُس نے پورا زور لگایا لیکن وہ باندھی ہوئی لکڑیوں کو توڑ نہ سکا۔ پھر باپ نے دوسرے کو کہا اور اسی طرح بارہ کے بارہ نے کوشش کی لیکن وہ گٹھے کو توڑنے میں کامیاب نہ ہو سکے۔ باپ نے کہا اب اس گٹھے کو کھولو اور ایک ایک لکڑی اٹھا کر اُسے توڑو۔ سب نے کوشش کی تو ہر ایک نے بڑی آسانی کے ساتھ لکڑی کو توڑ دیا تو باپ نے بیٹوں کو مخاطب کر کے کہا کہ میرے بچو اگر تم لکڑیوں کے گٹھے کی مانند یکجا رہو گے تو تمہیں کوئی شکست نہیں دے سکے گا۔ اور اگر تم نے آپس میں لڑائی جھگڑا کیا تو پھر دشمن تمہیں شکست دے کر صفحہ ہستی سے مٹا دے گا۔

بچپن میں پڑھی ہوئی اس کہانی سے ملتے جلتے ہسپانیہ کی اسلامی تاریخ کے ابواب بھی ہیں۔ طارق بن زیاد اور موسیٰ بن نصیر نے ہسپانیہ فتح کیا اور ایک متحدہ ریاست کی شکل دے کر اُسے خلافت کے ساتھ جوڑ دیا۔ لیکن کسان کے بیٹوں کی طرح عرب، بربر، یمنی، مضری اور ہسپانیہ میں آباد مسلمان قبائل کی آپس کی چپقلش نے اس اتحاد اور یکجہتی کو زیادہ عرصہ قائم نہ رہنے دیا۔ یوں اُندلس تیس سے زائد حصوں میں تقسیم ہوا۔ ہر حصہ پر ایک خود مختار امیر المومنین بن بیٹھا۔ ایسے میں ایک عرصہ سے گھات میں بیٹھے ہوئے دشمن نے موقع پاتے ہی ایک ایک ریاست مسلمانوں سے چھیننی شروع کر دی تھی۔

25 مئی 1085ء میں طلیلیہ Toledo ہاتھ سے گیا۔ 1118ء میں سرقسطہ Saragossa گیا۔ 1032ء میں طرسونہ Toulouse ہارے۔ 1248ء اشبیلیہ گیا۔ 1248ء میں بلنیہ (ویلنشیا) ہارے۔ 1264ء میں قادس گیا۔ 1487ء میں مالیگا اور آخر 2

جنوری 1492ء میں غرناطہ بھی چھن گیا۔ یوں آپس کی نااتفاقیوں اور بقول ملک عبدالقیوم آفریدی کے مسلمانوں کی نالائقیوں کی وجہ سے ہسپانیہ سے مسلمانوں کے روشن دور کا ایک باب ختم ہوا۔ قرآن پاک میں ارشادِ خداوندی ہے کہ:

لَقَدْ کَانَ فِی قَصَصِهِم عِبرَةٌ لاوُلِی الاَلبَابِ

اگلے لوگوں کے ان قصوں میں عقل و ہوش رکھنے والوں کے لئے عبرت ہے۔

(سورۂ یوسف)

اب میں برطانوی شہری ہوں۔ لیکن میں پیدائشی کشمیری اور پاکستانی شہری بھی ہوں۔ برطانیہ میں رہتے ہوئے میں دیکھ رہا ہوں کہ عالمی افق پر جو حالات پاکستان کے لئے پیدا ہو رہے ہیں وہ اپنے اندر کوئی نیک شگون نہیں رکھتے۔ امریکہ پاکستان کا دوست نہیں بلکہ اپنے ایجنڈے پر کام کر رہا ہے اور غضب یہ کہ امریکہ کے اشارے پر بھارت بھی پر نکال رہا ہے۔ اور بعض اوقات بھارتی حکمرانوں کے بیانات میں امریکی تکبر نظر آتا ہے۔ بھارت اپنی توسیع پسندانہ چالوں اور امریکی آشیرباد سے افغانستان میں ڈیرے ڈالے ہوئے ہے اور ہمارے افغان بھائی بھارتی دولت کے عوض اُن کے گیت گا رہے ہیں۔

حکومت پاکستان اپنے پاؤں پر کھڑا ہونے کی بجائے امریکی ڈالروں پر نظریں جمائے بیٹھی ہے۔ چاہے یہ ڈالر ڈاکٹر عافیہ جیسی مظلوم اور بے کس عورت کو امریکیوں کو فروخت کر کے حاصل ہوں۔ امریکہ اور مغربی دنیا کی دی ہوئی بھیک پر کب تک گزارہ ہوگا اور یوں بھی بھکاری کبھی بھی پاؤں پر کھڑا نہیں ہو سکتا۔

دوسری طرف وطن عزیز میں ہماری دینی، سماجی اور سیاسی قیادت بھی کسان کے بیٹوں کی طرح لڑائی جھگڑوں اور آپس کے اختلافات کے عمل سے گزر رہی ہے۔ لوٹ مار کا بازار گرم ہے۔ اگر اہل خانہ ہی اپنے گھر کو لوٹنا شروع کریں تو اُس گھر اور خاندان کا خدا حافظ۔ پنجاب، سندھ، بلوچستان اور خیبر پختون خواہ کی شکل میں پاکستان پہلے ہی چار صوبوں میں تقسیم ہے۔ دشمن قوتیں اُسے مزید تقسیم کے عمل سے گزارنے کی کوشش میں ہیں۔

آج کراچی شہر کا باشندہ اندرون سندھ کے باشندوں سے جدا خیالات لیے ہوئے ہے۔ لاہور کے باشندے جنوبی پنجاب کے باشندوں سے مختلف ہیں۔ پشاور کے باشندے

سوات کے باشندوں سے جدا سوچ لیے ہوئے ہیں اور کوئٹہ کے باشندے بگتی اود دوسرے بلوچی قبائل سے الگ ہیں۔ایسے میں اہل وطن کے لئے ضروری ہے کہ وہ کسان کے بیٹوں کی کہانی، ہسپانیہ کی تاریخ اور قرآن پاک کی سورۂ یوسف کی اوپر بیان کی گئی آیات پر غور کرنے کے بعد علامہ اقبال کے اس شعر پر غور کرتے ہوئے مجھے اسی طرح کے کسی اور سفر پر جانے کی اجازت دیں۔اللہ حافظ۔

وطن کی فکر کر ناداں ! مصیبت آنے والی ہے
تیری بربادیوں کے مشورے ہیں آسمانوں میں

✈✈✈✈

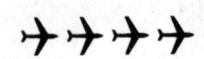

MIC1 TO94
H Deal

Sue — PC C42T
17.11